Der Autor

Piero Ferrucci wurde 1946 in Wien geboren. Er studierte Philosophie und graduierte in Florenz bei Roberto Assagioli, dem Begründer der Psychosynthese. Als Pionier der Psychosynthese leitet er das Centro Studi di Psicosintesi in Florenz, bildet Psychosynthese-Psychotherapeuten an verschiedenen großen Schulen Europas aus und gibt international Seminare und Workshops u.a. auch in Deutschland. Er veröffentlichte zahlreiche Bücher, darunter *Werde was du bist* und *Kinder weisen uns den Weg*, die aus seiner über dreißigjährigen Praxis als Psychotherapeut entstanden. Mit seiner Frau und zwei Söhnen lebt er in der Toskana in der Nähe von Florenz.

Weitere Informationen: www.circadian.de/ferrucci.htm

Von Piero Ferrucci sind in unserem Hause erschienen:

Nur die Freundlichen überleben
Unermesslicher Reichtum des Herzens

Piero Ferrucci

Unermesslicher Reichtum des Herzens

Die großen Vorbilder einer neuen Menschlichkeit und wie sie unser Leben bereichern können

Aus dem Italienischen von
Maja Kaufmann

Ullstein

Besuchen Sie uns im Internet:
www.ullstein-taschenbuch.de

Ullstein Esoterik
Herausgegeben von Michael Görden

Aus dem Italienischen übersetzt von Maja Kaufmann
Titel des italienischsprachigen Originalmanuskriptes
ESPERIENZE DELLE VETTE

Umwelthinweis:
Dieses Buch wurde auf chlor- und säurefreiem Papier
gedruckt.

Neuausgabe im Ullstein Taschenbuch
1. Auflage Dezember 2006

Umschlaggestaltung: FranklDesign, München
Titelabbildung: Shivananda Ackermann, www.artshivananda.com
Druck und Bindearbeiten: GGP Media GmbH, Pößneck
Printed in Germany
ISBN-13: 978-3-548-74360-8
ISBN-10: 3-548-74360-9

Inhalt

Danksagung

Zuallererst möchte ich Roberto Assagioli, dem Begründer der Psychosynthese, danken. Die Themen in diesem Buch wurden größtenteils von seinen Lehren inspiriert. Assagioli war einer der ersten, der Gipfelerfahrungen empirisch anging und deren Bedeutung auf dem Gebiet der Psychologie unterstrich. Seine letzten Lebensjahre verbrachte er mit der Vorbereitung zu einem Buch über die zentrale Idee der Psychosynthese - die Existenz eines transpersonalen Selbst als das Zentrum unseres Seins und Quelle unserer schönsten und bedeutungsvollsten Erfahrungen, und die verschiedenen Möglichkeiten, dieses Zentrum zu erreichen. Dies sollte den Höhepunkt seines Lebenswerkes bilden.

Bedauerlicherweise wurde dieses Buch niemals geschrieben. Assagioli starb 1974, als das Vorhaben sich noch im Anfangsstadium befand. Ich hatte Gelegenheit, während dieser letzten Jahre seines Lebens mit ihm gemeinsam zu studieren und zu kollaborieren und über folgende Themenpunkte ausführlich mit ihm zu sprechen: das Selbst, transpersonale Erfahrungen, die Methoden und Mittel der Selbstwerdung. Dies ist nicht das Buch, das Assagioli geschrieben haben würde; es geht jedoch auf dieselben Fragen ein. Struktur und Aufbau dieses Werkes, die empirischen Werte, die Reflexionen und Darlegungen stammen von mir. Die tragenden Ideen stammen von Assagioli. Ihm gebührt mein durch die Jahre unvermindert aufrichtiger Dank.

Das Schreiben ist ein einsames Abenteuer. Aber das Komplettieren und Perfektionieren dessen, was man geschrieben hat, verlangt die Zusammenarbeit mehrerer Geister. Dies geschah auch in meinem Fall. Die Hilfe verschiedener Menschen war entscheidend, und ich möchte ihnen allen, einem nach dem anderen, danken. Meine Frau

Vivien schrieb das, von mir nach der Übersetzung ins Englische wieder Geschriebene, fast noch einmal neu. Kein Ehemann war so glücklich, 5000 mal korrigiert zu werden. Laura Huxley erinnerte mich daran, daß die Leser nicht nur Eierköpfe, sondern Menschen sein würden. Stuart Miller machte mir begreiflich, daß ein Buch notwendigerweise eine zusammenhängende Architektur benötige. Meine Herausgeberin, Allyn Brodsky, war mir behilflich, die Wichtigkeit des Schreibflusses zu begreifen, die Kontinuität von einem Gegenstand zum nächsten. Maria Rosa Marchis Beobachtungen erinnerten mich, daß der Prozeß der Selbstrealisation voller Gefahren, Verformungen und Probleme steckt. Im Gespräch mit Alberto Alberti wurde mir bewußt, daß dies Buch eher eine psychologische denn eine literarische Arbeit sein sollte. Gemeinsam mit Diana Whitmore habe ich das vorliegende Material in zahllosen Workshops vorgestellt und in angestrengter Suche auf seine praktische Anwendbarkeit untersucht. Andrea Bocconi ermutigte mich, mich weniger auf Zitate zu stützen und mehr auf meine eigenen Gedanken. Nives Favero und Chiara Uderzo wiesen mich auf die Bedeutsamkeit von Einzelheiten hin. Meine Tante, Emilia Rossi Ferruci, steigerte gar meinen Enthusiasmus hinsichtlich der Themen, über die ich schrieb. Meine Mutter, die das Manuskript kurz vor ihrem Tode las, lehrte mich, das Wesentlich nicht aus den Augen zu verlieren. Jeder dieser Beiträge offenbarte mir grundsätzliche Werte beim Schreiben.

Schließlich haben mir auch andere geholfen und mir Mut zugesprochen: Aredana Amadori, Silvia Cerchiai, Sascha Dönges, Francesca Meucci, Fernando Rossi und Fiorella Rossini.

Vorbemerkung zur deutschen Ausgabe

Sogar in den besten Übersetzungen sollen bisweilen boshafte Dämonen ihr Unwesen treiben: den Verwirrung stiftenden Dämonen des Mißverständnisses und des Chaos bereitet es ein teuflisches Vergnügen, Sinn in Unsinn zu verwandeln und Unverständnis zu schaffen.

Es war sehr wichtig für mich, daß mein Buch über große Persönlichkeiten aller Zeitalter in der Sprache Goethes publiziert wird. Die mit den Ideen in diesem Buch bestens vertraute Sascha Dönges hat sich große Mühe gegeben, die richtigen Wörter an die richtige Stelle zu setzen. Als wachsame und unermüdliche Kämpferin hat sie alle Dämonen ausgetrieben, und ich bin sicher, daß mein Buch jetzt in der bestmöglichsten Form ist. Für ihre Unterstützung bin ich ihr zu tiefem Dank verpflichtet: es ist das Geschenk einer wahren Freundin.

Einführung

In der gesamten bisherigen Menschheitsgeschichte gab es immer wieder Menschen, die außergewöhnliche Gaben hatten. Sie hatten Zugang zu Ebenen der Realität, die anderen verschlossen waren; sie erfanden Dinge, die sich keiner vorstellen konnte; sie sind in unbekannte Universen vorgestoßen, und sie haben Schönes gesehen und geschaffen, das einmalig ist. Sie haben selbstlos und aufrichtig geliebt und die höchsten Formen der menschlichen Erfahrungsmöglichkeiten zur Blüte gebracht.

Ich bin den Erlebnissen von mehr als 500 außergewöhnlichen Menschen nachgegangen: darunter große Künstler, Wissenschaftler, Weisheitslehrer, Philosophen, Pädagogen, Mystiker, Männer und Frauen der Tat, Pioniere, Politiker, Schauspieler und Athleten verschiedener Epochen und Kulturräume.

Bei meiner Auswahl hatten diese Einzelpersonen gewisse Kriterien zu erfüllen:

- Sie mußten auf ihren Gebieten ungewöhnlich kompetent und kreativ sein;
- Sie mußten einer möglichst bunten Vielfalt von Kulturen, historischen Epochen und Stätten menschlicher Bestrebungen angehören;
- Sie mußten durch beide Geschlechter vertreten sein;
- Die über sie verfügbaren Informationen (Autobiographien, Biographien, Tagebücher, Briefe) mußten einen hohen Grad historischer Eindeutigkeit aufweisen und jegliche unechten Schriften und Zeugnisse ausschließen.

Was mich an den Lebensdaten dieser Menschen vor allem faszinierte, waren ihre Sternstunden und besonders glücklichen Phasen: Momente der Gnade, die sie selbst als höchst kostbar und schön erlebt haben. Mir ging es dabei um Antworten auf einige Fragen:

- Welches sind die höchsten Ausdrucksformen der menschlichen Natur?
- Wie sind solche Menschen dahin gelangt?
- Was können wir durch sie lernen und für unser eigenes Leben nutzbar machen?

Was ich dabei entdeckt habe, ist durchaus ermutigend. Die Menschen, denen meine Studie galt, haben sich bestimmter Lebenseinstellungen und Techniken bedient, die in den verschiedensten Epochen und Zivilisationen immer wieder vorzufinden sind. Sie sind also gewissermaßen unabhängig von historischen Gegebenheiten und kulturellen Unterschieden. Es sind durchwegs einfache, natürliche Lebenseinstellungen, die auch in uns und unseren Mitmenschen dauernd wirksam sind. Als Anlage schlummern sie in jedem von uns, und zweifellos können auch wir sie zur Entfaltung bringen.

Aufgrund unserer Konditionierung kommen uns die höchsten Ausdrucksformen der Menschheit vor wie seltene Ereignisse oder unerreichbare Bergspitzen. An dieser Stelle werden wir sie als Beispiele dafür betrachten, was aus jedem einzelnen von uns werden kann. Eine solche Möglichkeit verleugnen, heißt, unsere menschliche Natur Lügen zu strafen. Es mag uns schwierig, gar unmöglich erscheinen, höher zu springen als der Spitzensportler, der leicht zwei Meter überwindet, aber gut zu springen ist eine Sache, die wir lernen können.

Da dieses Buch sich mit den Höhen menschlichen Bewußtseins beschäftigt, ist es nicht ungewöhnlich, bei denjenigen, die derlei Erfahrungen beschrieben, Wörtern wie Gott oder göttlich zu begegnen. Für uns bedeutet das, daß sie im Leben jener, die sie hatten, absolute Höhepunkte waren. Dies wird uns nicht zu irgendwelchen metaphysischen oder theologischen Aussagen führen: ob Gott existiert oder nicht, und welcher Natur er sein könnte, sind keine Themen, die uns beschäftigen werden.

Wir werden uns mit menschlichen Erfahrungen als solchen befassen, ebenso wie wir andere Phänomene im Universum studieren: die Strudelbildung in einem Fluß, das Wurzelwerk eines Baumes, die Flugbewegungen eines Adlers oder die Strukturen eines Kometen. Die in diesem Buch niedergeschriebenen Erfahrungen wurden zweifellos gemacht: sie sind Tatsachen - und deshalb ein legitimes Gebiet empirischen Forschens. Aus diesen Tatsachen werden wir Leitgedanken über die Natur des Menschen und Anzeichen für mögliche Verhaltensformen und Praktiken ableiten. Dort, an der Schwelle des Geheimnisvollen, werden wir einhalten.

Wir werden uns dem weit gefächerten Studium verschiedener Menschen und Phänomene widmen. Wir werden auch Traditionen studieren, weil sie, sofern sie nicht zu Dogmen oder abergläubischen Auffassungen versteinert sind, die Quintessenz menschlichen Wissens darstellen, das nach unzähligen Versuchen erlangt wurde. Auf den ersten Blick mag es scheinen, als betrachteten wir ein Wirrwarr von Erfahrungen, die untereinander keinerlei Verbindung aufweisen. Jedoch werden wir schon bald realisieren, wie sie, indem wir sie nebeneinander betrachten, ihre Bedeutung und ihr miteinander Verbundensein offenbaren. Und indem wir sie in diesem Licht betrachten, werden wir sie unvermeidlich als etwas ansehen, das ein und denselben Ursprung hat. Diesen Ursprung werden wir als das Selbst bezeichnen, beschäftigen wir uns doch mit der Essenz eines jeden Menschenwesens, mit seinem oder ihrem Zentrum.

Vom Selbst zu sprechen, ist nicht leicht. Es läßt sich nur schwer in Begriffe oder Worte fassen. Die Symbolsprache wird ihm eher gerecht; so wurde es im Laufe der Jahrhunderte oft beschrieben als Diamant, reine Wasserquelle, aufgehende Blüte, Flamme, Berggipfel, Lebensatem, wolkenloser Himmel oder als Licht, so hell wie tausend Sonnen. Oder in einer eher rationalen Formulierung könnten wir von einem «Feld» sprechen, einem Gravitationsfeld oder elektromagnetischen Feld, von einem Raum also, in dem nur ganz bestimmte Phänomene auftreten können; in unserem Fall höhere Formen des Fühlens und des Seins.

In diesem Buch gehen wir von der Annahme aus, daß jeder von uns ein Selbst hat oder vielmehr ist. Was damit gemeint ist verstehen wir leicht, wenn wir an die kostbarsten Momente in unserem eigenen Leben denken. In solchen Momenten haben wir die besten Einfälle; die Zeit scheint stillzustehen, oder wir fühlen uns empfänglicher denn je für alles Schöne. Dann scheinen sich die Grenzen unseres Wesens auszudehnen; wir können andere Menschen in unsere Fürsorge und Verbundenheit einbeziehen und unser Ich ganz beiseite stellen. Genau das, was wir in solchen Momenten sind, wenn wir uns selber ganz und gar spüren und wahrnehmen, ist das Selbst.

Dieser Forschungsbereich nennt sich heute «Transpersonale Psychologie» und stellt eine Betrachtungsweise dar, in der die Grenzen des persönlichen Ichs überschritten und Phänomene wie Bewußtseinserweiterung, schöpferische Inspiration, Gipfelerfahrungen, Intuition von Archetypen, Ekstase und Erleuchtung beschrieben werden.

Zu diesemThema wurden viele Daten und Ideen aus ganz verschiedenen Wissensbereichen zusammengetragen. Wissenschaftler aus den verschiedensten Disziplinen sind daran beteiligt, so aus der vergleichenden Religionswissenschaft, Kreativitätspsychologie, Physik, Philosophie, Soziologie, Systemtheorie, Anthropologie, Neuropsychologie, Verhaltensforschung, Mythologie, Phänomenologie der veränderten Bewußtseinszustände, Erforschung der Nahtoderfahrungen.

Die transpersonale Psychologie ist keine Schule, sondern eher eine Denkrichtung, die weder Dogmen noch Etiketten noch eine scharf abgegrenzte Definition besitzt. Wer sich zu dieser Richtung bekennt, hält trotz sehr vielfältiger und voneinander abweichender Vorstellungen und Methoden an einem zentralen Grundsatz fest: Unsere normale bewußte Erfahrung ist weder der echteste noch der stimmigste Ausdruck dessen, was wir wirklich sind. In uns gibt es noch andere, umfassendere, echtere und glücklichere Zustände, die unserem wahren Wesen viel eher entsprechen.

Von den vielen Vorläufern, Gründern und Förderern dieser Gedankenrichtung wollen wir nur einige nennen: William James, Frederic Myers, Rudolph Otto, Richard Maurice Bucke, Sri Aurobindo, Evelyn Underhill, Martin Buber, Daisetz Teitaro Suzuki, Carl Gustav Jung, Erich Neumann, Sarvepalli Radhakrishnan, Aldous Huxley, Teilhard de Chardin, Pitimin Sorokin, Roberto Assagioli, Mircea Eliade, Abraham Maslow, Gregory Bateson, Elisabeth Kübler-Ross, Ram Dass, Stan Grof, Ken Wilber.

Im Laufe der siebziger Jahre ist, parallel zur transpersonalen Psychologie, eine weitere bedeutsame Entwicklung in den Humanwissenschaften herangereift. Hauptsächlich durch die Arbeiten von Erich

Jantsch und Ervin Laszlo ins Leben gerufen, handelt es sich dabei um eine neue Art, Evolution zu betrachten. In dieser Sichtweise sind die kosmische, biologische und soziokulturelle Evolution eine Form von, auf unterschiedlichen Ebenen stattfindender, aber denselben Gesetzen gehorchender Selbstorganisation und Selbsttranszendenz. Evolution ist nicht bloß das Überleben des Tauglichsten in der biologischen Welt, sondern auch ein Paradigma, das eine Vielfalt von Phänomena erklären kann, die von Bildung von Sternennebeln bis zur Entwicklung von Tierspezies oder menschlichen Gesellschaften reicht.

Dieses Paradigma ist in unserem Kontext von großer Relevanz, zeigt es doch, daß transpersonale Zustände nicht einfach nur singuläre und zufällige Ereignisse, sondern Ausdruck zukünftiger Stufen menschlichen Bewußtseins sind.

Wenn wir die verschiedenen Menschenbilder betrachten, die unsere heutige Kultur anbietet, dann begegnen wir nur spärlichen Hinweisen auf diese Art von Forschung. Die gängigen Modelle sind fast durchwegs viel undifferenzierter und meistens Abkömmlinge der großen gedanklichen Revolutionen, die im letzten und zu Beginn unseres Jahrhunderts die Geister geprägt haben. Noch ein paar andere Ursachen begünstigen die bisher mangelnde Beachtung der «höheren» menschlichen Natur:

- In einer Welt, in der Kriege, Verbrechen und Ausbeutung des Menschen offenbar vorherrschen, scheint es absurd, ja fast peinlich, von den höheren Aspekten der menschlichen Natur zu sprechen.
- Das Selbst ist den meisten Menschen nicht bewußt, weil es jenseits des Sichtbaren verborgen liegt.
- In der westlichen Welt herrschen reduktionistische Tendenzen vor. Der Mensch ist «nicht mehr» als ein Zusammenspiel von elektrochemischen Reaktionen, ein Datensystem wie der Computer, eine statistische Zahl, ein Produkt wirtschaftlicher und sozialer Wechselwirkungen, ein Organismus, der den Tod meidet und Vergnügen sucht.
- Viele sträuben sich sogar dagegen, dem Menschen auch höhere, «transpersonale» Dimensionen zuzugestehen. Das sind intensive, revolutionäre Bewußtseinszustände, die faszinierend, aber auch beängstigend sind.

- Jahrhundertelang gab es immer wieder dogmatische, einseitige oder verrückte Äußerungen über das Selbst. Daher ist es um seinen Ruf nicht zum besten bestellt, was nicht an ihm liegt.

Wir wollen hier eine kopernikanische Wende vornehmen: Wir werden die höchsten Äußerungen, zu denen der Mensch fähig ist, nicht als Einzelphänomene betrachten, sondern als den getreuesten Ausdruck dessen, was wir sind. Für diese These dürfen wir einen hieb- und stichfesten Beweis in Anspruch nehmen; schon immer hat es Menschen gegeben, deren Erfahrungen mit den gängigen theoretischen Erklärungsmodellen nicht zu erfassen waren. Aus dieser neuen Sicht heraus vom Menschen zu sprechen, ohne das Selbst zu beachten, wäre genau so absurd, als wollten wir vom Sonnensystem sprechen, ohne die Sonne zu erwähnen, was wohl ein recht verzwicktes und mühsames Unterfangen wäre!

Wir werden also Menschen begegnen, die unterwegs sind. Ihr Ziel ist das Universum des Selbst. Und jeder bewegt sich auf seine eigene Art dorthin; jeder hat seinen eigenen Weg. Das Bild des Weges ist deshalb so ausdrucksvoll, weil es den Menschen als ein *werdendes* Wesen versteht. Er kann sich festfahren, doch meistens geht er vorwärts, macht Entdeckungen, verändert sich. Er betritt Neuland, ist dem Unbekannten auf der Spur, nach dem er sich sehnt und das er wiedererkennt, sobald er ihm begegnet. Seine Suche beschert ihm Hindernisse, Irrwege, Erschöpfung; manchmal verliert er vielleicht auch den Mut oder gibt das Suchen auf, wie dies manchem geschehen mag, der sich auf einen langen, beschwerlichen Weg begeben hat. Vielleicht gibt er auch auf.

Die «Wege», die wir im Folgenden betrachten werden, sind als Unterteilung zu verstehen, die die Darstellung erleichtern, keinesfalls als definitiv feststehende Kategorien. Eine kurze Vorschau auf diese «Wege» mag hilfreich sein, die Absicht des Buches zu umreißen (die Reihenfolge ist willkürlich; beginnen Sie mit dem Weg, der Sie am meisten – oder am wenigsten – interessiert):

- Der Weg der Schönheit beruht auf ästhetischem Vergnügen, Inspiration und Kreativität. Dort finden wir Künstler verschiedener Richtungen.
- Der Weg der Handlung führt vermittels uneigennützigen Dienens

und unermüdlicher Verwicklung ins Weltgetriebe zum Selbst. Es ist der Weg der Wohltäter und Philanthropen.
- Der Weg der Erleuchtung beruht auf der Ausübung von Meditation und wird von den großen Denkern, Philosophen, Yogis und Weisen aller Zeiten beschritten.
- Der Weg von Ritual und Tanz schließt physische, objektivierte und kommunale Herangehensweisen an die Bewußtseinserweiterung ein. Er umfaßt Tänzer, Ausführende von Ritualen und Schauspieler.
- Der Weg der Wissenschaft führt durch Forschung, Beobachtung und Spekulation zum Erreichen der Erhabenheit. Hier begegnen wir Wissenschaftlern und Erfindern.
- Der Weg der Anbetung wird von Mystikern und Heiligen aller Religionen praktiziert. Gebet ist das wichtigste Gefährt, die Beziehung zu Gott sein zentrales Thema.
- Der Weg des Willens ist der Weg all derjenigen, die etwas wagen: Entdecker, die das Wagnis des Unbekannten eingehen, inspirierte Politiker, die sich feindseligen sozialen Kräften stellen wie auch gewisse Sportler, die die Grenzen menschlicher Fähigkeiten herausfordern.

Oft treffen wir die gleiche Person auf mehreren Wegen; und keiner der Menschen, von denen wir sprechen werden, verkörpert sämtliche Merkmale, die für jenen Weg typisch sind. Jeder von ihnen ist – wie wir alle – auf seinem Weg, und das ist ein einzigartiges Unterfangen, das man nicht nachahmen kann. In diesem Buch ist mit «Weg» ein allgemeines Modell der psychischen Entwicklung gemeint, wie wir sie an einigen außergewöhnlichen Menschen beobachten. Diese Wege sind Richtschnüre: man kann sich ihnen im Leben annähern, aber sie niemals vollkommen realisieren.

Ein «Weg» ist nie fest vorgegeben und verläuft auch nicht für alle gleich. Es ist ein Prozeß, der uns ständig in neue Situationen führt und immer wieder mit Überraschungen aufwartet, wie sie uns nicht einmal der phantasievollste Roman bieten könnte. Einen Weg wählen heißt keineswegs, sich für eine Technik entscheiden und diese stur mechanisch ausüben, bis die Befreiung eintritt. Es gibt keine Zauberformel oder Technik, die automatisch zum Ziel führt. Jeder muß *seinen* Weg *selbst* finden und dafür alle Gewohnheiten und sogar seine allerliebsten Überzeugungen über Bord werfen, alle Ressourcen aufbieten und die unglaublichsten Wandlungen durchstehen. Und obendrein ist ihm der Erfolg nicht einmal von vornherein sicher.

Der Weg zum Selbst ist ein höchst individuelles Unterfangen; mehr noch, er ist ein Aspekt der menschlichen Evolution. Wir können diese hochentwickelten menschlichen Fähigkeiten als Äußerungen einer Evolution und als Vorboten künftiger Entwicklungen deuten. Von der Ursuppe vor fünf Milliarden Jahren, bis zum Auftreten des ersten einzelligen lebenden Organismus, zu unseren Primatenvorfahren, bis zum Homo sapiens, und weiter bis zur Sixtinischen Kapelle, der Fünften Symphonie, der Relativitätstheorie und den Großtaten menschlicher Zivilisation, ist die Geschichte unserer Evolution Zeugin einer Reihe dramatischer Durchbrüche gewesen.

Gewiß, es hat tragische Irrtümer und Fehlschläge gegeben, und es gibt sie immer noch. Darüber hinaus haben wir uns die Macht angeeignet, alle Lebensformen auf diesem Planeten zu zerstören, somit könnte unsere Geschichte ein abruptes Ende erfahren. Würde dies jedoch nicht eintreten, müßten wir dann glauben, daß unser außergewöhnliches Lehrprogramm nicht weiterschreiten wird? Die Antwort auf diese Frage lautet, daß die Saat unserer zukünftigen Evolution hier und jetzt bereits sichtbar ist.

Gestatten wir uns hier eine Analogie: Manchmal begegnen wir einem Baum, der schon in den letzten Wintertagen austreibt, wenn alle andern noch nackt dastehen. Genauso hatten Buddha, Leonardo da Vinci, Mozart und auch andere, weniger berühmte Personen gewisse Eigenschaften, welche die Menschheit im breiten Ausmaß wohl erst in einer kommenden Evolutionsphase entwickeln wird. Immer wenn ein Einzelner eine neue Fähigkeit entwickelt, ist dies kein privates, einsames Phänomen, es geht stets die ganze Menschheit an.

Doch bleiben wir beim individuellen Wachstumsprozeß. Auf jedem Weg zum Selbst kommen wir in Kontakt mit einer neuen Welt, die die Grenzen der Individualität sprengt, dies ist die transpersonale Welt. Es kann ein herrliches Erlebnis sein. Wenn es einen allerdings unvorbereitet ereilt, kann es das psychische Gleichgewicht empfindlich stören. Eine unreife Persönlichkeit kann Erscheinungen, die sie aus kurzen Einblicken in die transpersonale Welt kennt, dazu benützen, ihre eigenen Schwächen zu vertuschen und den unangenehmen Seiten des Lebens auszuweichen.

Umgekehrt kann jemand, der hohe Stufen der Wirklichkeit geschaut hat, diese als absolute Perfektionsansprüche setzen und sich damit selbst kasteien, sich von den Mitmenschen absondern oder das Leben selbst verurteilen. Oder er kann eine falsche Überlegenheit aus seinen Erfahrungen ableiten. Das Selbst bringt uns dann wieder zur Vernunft. Wenn wir allerdings noch nicht für sein Wirken bereit sind, kann es unsere Neurosen verstärken.

Davor warnen einige alte Sagen, wie beispielsweise die Geschichte von Phaethon: Er war der Sohn Klymenes und des Sonnengottes. Er wurde von seinen Kameraden stets verspottet und geplagt; und er glaubte nicht an seine göttliche Herkunft. Phaethon fühlte sich gekränkt und voller Groll. Schließlich suchte er eines Tages den strahlenden Sonnenpalast seines Vaters auf. Dieser hatte ihm einst versprochen, er wolle ihm jeden Wunsch gewähren; Phaethon war nun fest entschlossen, das Versprechen einzulösen. Er erbat sich von seinem Vater, daß er einen Tag lang an dessen Stelle den üblichen Ritt mit dem Feuerball über den Himmel lenken wolle. Nun bereute der Vater sein Versprechen schwer, doch er konnte es nicht zurücknehmen, Götter nehmen ihr Wort nie zurück; ihm blieb nichts übrig, als zuzustimmen.

So bestieg der junge Phaethon den Pferdewagen, der ihn übers Firmament tragen sollte; er fuhr empor und brachte Licht und Feuer überall hin; er ritt durch den Raum, trunken in seinem Machtrausch und seiner Selbstherrlichkeit: Was für ein Triumph! Und welche Genugtuung vor allen, die ihn gedemütigt hatten! Doch die Pferde erkannten, daß eine ungewohnte Hand sie lenkte, sie gerieten aus ihrer Bahn, sprengten zügellos bald hier- bald dorthin, so daß die Felder Feuer fingen, die Flüße austrockneten. Am Ende griff der Göttervater Zeus ein, er schleuderte einen Blitz auf Phaethon nieder, damit das Unheil ein Ende nehme. Ein Meteor stürzt durch den Raum zu Tode: Phaethon, ein kläglicher, frustrierter Jüngling, der sich eingebildet hatte, das Unendliche zu beherrschen.

Phaethon steht für alle, die die transpersonale Welt zum eigenen Vorteil nutzen wollen, um ihre Minderwertigkeit zu überdecken und sich über andere zu erheben; doch sie richten bloß Unheil an.

Auch das Gegenteil kann eintreten. Manchmal will man nichts

hören vom Selbst: aus Faulheit, Bequemlichkeit oder Angst. Das Selbst ist tatsächlich eher unbequem. Es verlangt, daß wir unser Leben radikal umkrempeln, oft macht es uns verletzlicher, als wir es vorher waren, oder bürdet uns neue Verantwortung auf, schickt uns in Gefahren und Mühsal. Häufig ist es wirklich einfacher, sich taub zu stellen und die alten Gewohnheiten beizubehalten. Das ist allerdings für uns alle der größte Verrat: Es ist der Verzicht auf uns selbst, der sich auf viele Arten zeigen kann; als mehr oder weniger bewußtes Unbehagen, als Zynismus, Depression oder Verzweiflung.

Eine Novelle von H. G. Wells befaßt sich mit diesem Drama. Ein Bergführer stürzt ab und fällt in ein Tal, das seit Jahrhunderten von einer Gemeinschaft von Blinden bewohnt ist, die keine Ahnung haben von der sichtbaren Welt und der Zivilisation. Nunez, so heißt er, versucht, den Blinden zu beschreiben, wie schön die Wolken seien, die Blumen und das Licht, doch sie halten ihn für verrückt. Mit der Zeit bleibt ihm nichts anderes übrig, als die Gesetze ihrer Kultur anzunehmen. Er verliebt sich in eine Frau und begehrt nun, in die Gemeinschaft aufgenommen zu werden. Er möchte von allen angenommen sein. Doch der Preis ist hoch; wenn er das wolle, müsse er sich das Augenlicht nehmen lassen und selbst blind werden. Vor diese dramatische Wahl gestellt, zögert Nunez und beinahe hätte er nachgegeben, doch dann entscheidet er sich anders. Es ist ein besonders mutiger Akt, als er die Gemeinschaft verläßt, wieder den Berg erklettert, von dem er abgestürzt war, und sich dann oben umschaut: Die Facetten eines Kristalls, die grüne Ader eines Minerals, eine winzig kleine orangefarbene Flechte, die tiefen, gemeimnisvollen Schatten unten imTal, purpurfarben und türkis, das Glühen des Sonnenuntergangs und der Sternenhimmel. All dies erscheint ihm wie eine wunderbare Verheißung von Freiheit und Schönheit.

Wir alle sind in der Lage von Nunez, vor allem heute, in unserer wirren, doch zugleich so lebendigen Zivilisation. Wir können blind sein für die schönsten Seiten der Wirklichkeit und versuchen, andere zu unserer Blindheit zu zwingen - wir können uns auch ihrer Blindheit anpassen und unser Leben nach dieser richten, unsere Beziehungen und die ganze Gesellschaft. Oder, wir können uns an unsere eigenen Qualitäten halten und an die Quelle, die in uns allen ist.

Dieses Buch stützt sich auf die zweite Alternative. Obwohl es kein technisches Handbuch ist, kann es denen, die es lesen, eine praktische Hilfe sein. Das Studium transpersonaler Zustände verändert unsere Auffassung dessen, was es heißt, Mensch zu sein, und verändert deshalb unser Bild von uns selbst und von anderen Menschen. Die Vielfalt transpersonaler Erfahrung zu erkennen, mag eine zu enge Sicht dessen, was im Leben des Menschen einen Wert besitzt, erweitern. Die Reichhaltigkeit und der Abwechslungsreichtum der unterschiedlichen Wege ist eine nützliche Übung in Selbsttranszendenz.

Darüber hinaus werden wir, indem wir mit den glücklichsten Augenblicken im Leben großer Menschen in Kontakt geraten, Anregung und Inspiration finden. Wie bei allen Seinsmöglichkeiten – von Apathie bis zu freudiger Begeisterung – werden auch transpersonale Zustände weitergegeben und finden bei denen, die ihnen ausgesetzt sind, Widerhall, sogar in geschriebener Form.

Wenn wir uns mit den Erfahrungen von Menschen befassen, die der Erleuchtung und der Kreativität am nächsten gekommen sind, dann stimmen wir uns auf das höchste Potential des Menschen ein. Und wir merken, daß solche Erfahrungen keineswegs ein Privileg von Menschen sind, die früher einmal oder am andern Ende der Welt gelebt haben. Mindestens potentiell sind sie auch uns zugänglich. Beschreibungen höherer Seinszustände evozieren bei vielen den Wunsch, diese selbst zu erfahren. Dieser Wunsch ist keine vorübergehende Laune, sondern ein tiefes Verlangen, das die Form eines Weges zum Selbst annehmen mag.

Der Entschluß, einen spirituellen Weg zu beschreiten, ist ein kritisches Ereignis. Das Leben wird zu einem weiten Feld, das unzählige neue Möglichkeiten der Transformation anbietet. Ein wahres Sadhana kann das Licht der Welt erblicken – ein systematisches Arbeiten an sich selbst. Von einer neuen Klarheit beseelt, sind wir somit alle vor die selbe Wahl gestellt: abzuleugnen, was wir sind, oder neue Möglichkeiten des Fühlens, Denkens und Seins zu versuchen. Und möglicherweise finden wir dann, und sei es nur für einen Augenblick, Freude.

Der Weg der Schönheit

Wer von uns kennt nicht die Erfahrung des Schönen? Es erfüllt uns mit Leidenschaft und Lebensfreude und erhellt unser Dasein. Sei es eine Landschaft, ein Musikstück, ein Film, ein Gesicht, es stellt sich ein Zauber ein, der alle Trübsal hinwegfegt. Wenn wir Angst haben oder verzweifelt sind, holt uns das Schöne wieder in die Mitte zurück. Seine unerwartete Frische gibt uns neue Kraft und Lebensimpulse. Schönheit ist sozusagen eine Provokation an die Schwerkraft, die Verheißung einer Welt, in der Widersprüche und Schmerzen nicht mehr existieren. Wenn wir das Schöne sehen, verschwindet die Gier. Wir werden ganz selbstlos. Das Schöne zu spüren ist die Wahrnehmung einer umfassenden, bedingungslosen Positivität, ein uneingeschränktes Ja zum Leben.

Als erster hat Platon von der Schönheit als Weg gesprochen. Seiner Meinung nach erklimmen wir über verschiedene Stufen der ästhetischen Erfahrung jene der unendlichen Schönheit, ausgehend von den materiellen und vergänglichen Realitäten bis hinauf zu universellen, zeitlosen Ebenen.

Wir wollen von dem ausgehen, was uns leicht und spontan zugänglich ist; der Reiz eines schönen Körpers. Er lehrt uns, Schönheit zu lieben; nicht nur die Schönheit eines einzelnen, sondern vieler Körper. Dabei ist vorerst die zentrale Motivation der Genuß und das größte Hindernis die Bindung. Schon die ersten Stufen der platonischen Stufenleiter sind so interessant, daß wir versucht sind, uns dort aufzuhalten und nicht weiterzuklettern. Doch es wäre schade, denn jede Stufe ist eine Vorbereitung und Aufforderung, die nächsthöhere in Angriff zu nehmen.

Weiter oben finden wir Dinge, die nur der Eingebung zugänglich sind: die innere Schönheit einer Person. Das ist eine wichtige Stufe, denn die inneren Qualitäten eines Menschen sind verläßlicher als seine physische Schönheit, die den Lebensumständen und der Zeit unterworfen ist. Wir können die inneren Qualitäten einer Person, ihre Intelligenz, Liebenswürdigkeit und Aufrichtigkeit auch schätzen, wenn sie nicht anwesend ist, oder wenn sie verändert erscheint; selbst nach ihrem Tod. Auch wenn sich eine Qualität nicht mehr aktiv äußert, kann man sie noch lieben, und sie lebt weiter in denen, die sie bewundern.

Die nächste Stufe der platonischen Leiter ist die Begriffswelt: Die kristallklare Harmonie ihrer Struktur und die Kraft ihrer Bedeutung. Hier ist Schönheit unabhängig von persönlichen Faktoren und jedermann zugänglich, der daran teilhaben will und sie schätzen kann. Dies ist die Schönheit der Mathematik, der Philosophie, der Wissenschaft.

Und auf der letzten und obersten Stufe dieser Leiter steht die absolute Schönheit, frei von zeitbedingten oder strukturellen Merkmalen. Platon beschreibt sie in den Worten von Diotima in einem berühmten Abschnitt des *Symposions*:

> ...ein Schönes von ganz wundervoller Art erblicken, eben dasjenige, Sokrates, um dessentwillen ihm alle früheren Mühen auferlegt wurden, welches erstens ewig ist und weder entsteht noch vergeht, weder wächst noch schwindet, zweitens nicht hierin schön und darin häßlich, nicht manchmal schön und manchmal nicht schön, auch nicht im Verhältnis zu dem schön und zu jenem häßlich, auch nicht hier schön und dort häßlich, sondern als eins (ein Ding), das selber für sich selber mit sich selber einartig ewig ist, während alle andern schönen Dinge mit ihm etwa auf diese Art Gemeinschaft haben...[1]

Aufgrund des Materials, das heute vorliegt, können wir sagen, daß der Weg der Schönheit weniger hierarchisch und bedeutend vielfältiger und spannender ist, als Platon meinte. Zudem klammerte Platon weitgehend die Erfahrung des Schönen in der Natur, in menschlichen Werken, auch im Alltäglichen, Häßlichen und Schmerzlichen aus. Seiner Grundthese tut dies allerdings keinen Abbruch: Schönheit hat eine wunderbare, befreiende Wirkung auf den menschlichen Geist.

All dies können wir erfahren, wenn wir wie im vorliegenden Kapitel konkrete Erlebnisse des Schönen betrachten. Wir wollen mit einem Beispiel des indischen Poeten Rabindranath Tagore beginnen:

> Eines Morgens war ich auf der Veranda... die Sonne ging eben auf und schien zwischen dem Blattwerk der Bäume vor mir hindurch. Plötzlich beim Hinsehen war mir, als fiele ein Schleier von meinen Augen, und ich sah die Welt von einem wundersamen Leuchten durchdrungen, überflutet von Schönheit und Freude, die überall hervorquoll. Dieses Leuchten drang auf einmal durch die angehäufte Traurigkeit und Depression, die auf meinem Herzen lag und durchflutete dieses mit seinem universellen Licht.

An jenem Tag hatte Tagore die Eingebung für das Gedicht *Das Erwachen des Wasserfalls*; sicherlich ein Beweis dafür, daß das Erlebnis des Schönen mit Erleuchtung und künstlerischer Inspiration verwandt ist. Tagores Erfahrung zeigt auch, daß man das Selbst durchaus im täglichen Leben erfahren kann, vor allem in der Natur, und nicht nur als abstrakte, unveränderliche Größe.

Ästhetische Erfahrungen machen wir nicht nur in der Natur; auch eine von Menschen geschaffene «Landschaft» kann sie hervorrufen. Tschechow kam im Sommer 1891 nach Venedig und verbrachte dort (gemäß seinen Briefen) einige glückliche Tage; die Kanäle, der Markus-Platz,«glatt und sauber wie ein Holzparkett», der Dogenpalast, alles erfüllte ihn wie Musik. Er fühlte eine «großartige Schönheit»:

> Und die Abende! Allgnädiger im Paradies! Zum Sterben vor lauter Unfaßbarkeit. Du gleitest auf der Gondel. Es ist heiß, ganz ruhig, die Sterne funkeln... Es gibt keine Pferde in Venedig, es ist still wie auf dem Land. Gleich nebenan legen andere Gondeln an... Sieh da, eine ist reich geschmückt mit kleinen Laternen. Drinnen sitzen Musikanten, die Viole und Geige, Gitarre, Mandoline und Horn spielen, zwei oder drei Frauen, ein paar Männer – und Du hörst Singen und Musik. Sie singen Arien aus den Opern. Und erst ihre Stimmen! Und etwas weiter triffst Du schon wieder ein Schiffchen mit Sängern, und wieder eines, bis Mitternacht ist die Luft erfüllt von Tenorstimmen und Violinmusik und Klängen, die das Herz erweichen. Auch Merejkowski, den ich hier getroffen habe, ist ganz ergriffen. Es ist leicht für einen armen, bescheidenen Russen, in dieser Welt voll Schönheit und Reichtum und Freiheit den Kopf zu verlieren.[2]

Es war ein Zusammentreffen von Tschechows besonderer Empfänglichkeit für das Schöne mit dem überwältigend Neuen und dem Zauber des damaligen Venedigs. Gewiß ist hier, im Unterschied zu Tagores Erlebnis, eher eine Ferienstimmung beschrieben, es klingt fast wie eine Touristenwerbung. Dennoch wollen wir es nicht unterschätzen. Das Erlebnis enthält zwei Grundelemente: «den Kopf verlieren», also die eigenen Begriffskategorien verlassen, und den nächsten Schritt, das Weichwerden des Herzens und das «Sterben», also die Auflösung aller Strukturen, die das Bewußtsein beschränken. Das Selbst tritt in den erweiterten Raum des Bewußtseins ein.

Tschechow war Tausende von Kilometern von seiner Heimat entfernt, und vielleicht half ihm gerade dieser Umstand, sich selbst zu vergessen. Das Schöne kann sich aber auch im ganz gewöhnlichen Alltag zeigen, auf den heimischen Straßen. Giacomo Leopardi schreibt:

> Auf meinen einsamen Spaziergängen durch die Stadt beschert es mir ein besonderes Vergnügen und schöne Eindrücke, wenn ich durch die offenen Fenster von der Straße aus einen Blick in die Räume erhasche. Diese Zimmer würden mich keineswegs berühren, wenn ich drinnen stünde und sie betrachtete. Ist dies womöglich ein Bild des menschlichen Lebens, seiner schönen Seiten und seiner Fehler?[3]

Hier spüren wir, wie flüchtig ein Erlebnis des Schönen sein kann; schon verflogen, kaum wenden wir den Blick ab. Und wir sehen auch, wie das Vertraute und Normale plötzlich sich verwandeln und ganz unerwartete Aspekte enthüllen kann.

Und nun die Erfahrung eines Musikers, des Dirigenten Bernstein. Er erlebte, daß uns die Schönheit das Gefühl vermitteln kann, das wir über uns selbst hinausgehen und zugleich so gegenwärtig sind wie sonst nie. Für ihn ist das Dirigieren eines großen Orchesters die machtvollste Liebeserfahrung:

> Am Schluß solcher Konzerte, die ich gute nenne, brauche ich einige Minuten, bis ich weiß, wo ich bin – in welchem Saal, in welchem Land – und wer ich bin. Ich merke plötzlich, daß applaudiert wird und daß ich mich verbeugen muß. Es ist nicht leicht. Doch wunderbar. Eine Art Ekstase, die nicht weniger und nichts mehr ist als ein Ichverlust. Es gibt mich nicht; es gibt dich nicht. Es ist genau dieselbe tranceartige Ekstase,

die da ist, wenn man komponiert und inspiriert ist. Man vergißt, wie spät es ist und was geschieht.[4]

Die Tatsache, daß Schönheit für die menschliche Psyche förderlich ist, wird auch in der Psychotherapie verwendet, wobei noch zahlreiche Möglichkeiten ungenutzt sind. Schönheit erheitert, sie hat in einer ihrer unmittelbarsten Formen, der Musik, einen direkteren und tieferen Zugang zu unserer Gefühlswelt als alle Worte irgendeines Therapeuten; sie zeigt uns neue Formen des Denkens und des Seins auf. Musiktherapie ist nichts anderes als das. Und noch förderlicher ist das kreative Tun. Zeichnen, Malen, Modellieren sind sehr nützlich, denn sie helfen dem Patienten beim Selbstausdruck oder dabei, etwas Besonderes zu lernen und etwas Schönes und Angenehmes hervorzubringen. Kreatives Tun, egal auf welcher Stufe, harmonisiert die Seele.

Doch deshalb ist der Weg der Schönheit noch lange kein leichter. Die erste Falle ist der Ästhetizismus, nämlich Schönheit, die losgelöst ist von anderen Werten wie Solidarität, Intelligenz oder Gerechtigkeit. So wird die ästhetische Suche zu einer Form, sich von den Mitmenschen abzukapseln und von sich selbst zu entfremden. Ein Beispiel: Ruskin, der große englische Kunstkritiker des letzten Jahrhunderts. Es steht außer Zweifel, daß Ruskin den Weg der Schönheit gegangen ist, wie es aus seiner Autobiographie und seinen Briefen deutlich wird. Sie sind echte Anleitungen zur Kunst- und Naturbetrachtung. Von seinen Italienreisen gibt es nicht nur wunderschöne Aquarelle von Venedig und anderen Städten, sondern auch Zeichnungen, wahre Studien von Felsen, Bäumen, Hagelkörnern. Ruskin hatte eine außergewöhnliche Fähigkeit des spontanen ästhetischen Erlebens. Doch eben diese Leichtigkeit stellte seine Falle dar. Ein Beispiel dafür erzählt von einem Aufenthalt in Bologna. Ruskin portraitierte eine Frau, die einen wenige Monate alten Säugling auf dem Schoß hielt. Der Helldunkelkontrast im Faltenwurf ihres Kleides war so bezaubernd, daß er in ekstatische Verzükkung geriet. Manchmal störte ihn das Summen einiger lästigen Fliegen. Er drückte der Frau einige Groschen in die Hand, damit sie die Fliegen abhielt. Und ganz beiläufig lesen wir noch die Bemerkung: Das Kind, das in diese wunderschönen Falten eingehüllt war, war dem Verhungern nahe. Ein ekstatisches Schönheitserlebnis, in dem das Herz fehlte.[5] – Und noch eine Gefahr gibt es. Wir begegnen ihr auf allen Wegen doch auf diesem am stärksten, nämlich der Gefahr der psychischen Auflösung. Wenn sich das Bewußtsein erweitert, werden unendlich viele Wahrnehmungen möglich; allerdings muß auch die zentrierende Kraft, die sie integrieren kann, im gleichen Maß wachsen. Wenn das ausbleibt, entsteht Wahnsinn. Das war bei Schumann der Fall, der am Ende seines Lebens Halluzinationen hatte, die ihm viel zu schaffen machten. Seine Frau Clara schreibt in ihrem Tagebuch, daß es eine Zeit gab, in der er jedes kleinste Geräusch als himmlische, großartige Musik hörte. Leider konnte er sich darüber nicht freuen, es brachte ihn lediglich durcheinander. In der folgenden Nacht hatte Schumann Visionen von Engeln, die über ihm schwebten und ihm göttliche Eingebungen zuflüsterten; und gegen Morgen verwandelten sich die Engel in Dämonen und Bestien, die ihn befielen, ihn auf alle Arten bedrohten und ihn peinigten, daß er laut aufschrie. Sicher war noch anderes für Schumanns Wahnsinn verantwortlich, wie vermutlich genetische und seelische Faktoren; doch zweifellos war seine außerordentliche Sensibilität beteiligt.[6]

Auch die «Dualitätskrise» ist ein Phänomen der spirituellen Psychopathologie, die auf allen Wegen auftritt, doch besonders auffällig auf dem Weg der Schönheit. Die unerreichbare, vollkommene Schönheit, die wir nur erahnen können, steht im Widerspruch zur Welt, in der wir leben müssen. Die wunderschöne Harmonie der transpersonalen Welt scheint beinahe ein Hohn für alle, die in einer begrenzten, unvollkommenen Welt leben und leiden müssen. Dieser Umstand löst Depression und Verzweiflung aus.

Im künstlerischen Schaffen könnte man diese Dualitätskrise die Qual des weißen Blattes nennen – oder der weißen Leinwand oder des rohen Marmors: Wie kann ich als Künstler in Töne, Gestalt, Worte umwandeln, was ich an zauberhafter Schönheit wahrnehme? Es öffentlich und endgültig ausdrücken? Monet fürchtete sich vor dieser Aufgabe, die ihn «außer sich brachte vor Wut»;[7] Van Gogh fühlte sich hypnotisiert von der leeren Leinwand, die ihm mitteilte: «Du kannst nichts»[8]; Thomas Mann tröstete sich über die Qual des Schreibens hinweg, indem er sich immer wieder an einen Satz von Flaubert erinnerte, den dieser bei der Niederschrift von Salammbô geprägt haben soll: «Mein Buch macht mir sehr zu schaffen.»[9] Chopin war stets heiter, wenn er improvisierte, – doch sobald er etwas komponieren wollte, brach er zusammen; einer seiner Schüler erzählt: «Er verbringt dann Tage in gräßlicher Nervenspannung, in fast beängstigender Verzweiflung. Er wiederholt endlos dieselben Sätze und geht wie ein Verrückter auf und ab.»[10]

Weiter gibt es noch die Krise, die mit dem Übermaß an Schönheit zu tun hat. Schönheit kann zuviel werden, so daß wir sie nicht ertragen. Sicherlich soll uns Schönheit aufwühlen, das ist wohl ihre Aufgabe. Wenn aber das ästhetische Erlebnis allzu intensiv oder der Erlebende zu schwach ist, dann wird es schwierig. So zum Beispiel Berlioz. Eines abends sah er in Paris als junger Mann zum ersten Mal den Hamlet. Shakespeare, sagte er, habe ihm damit das ganze «Paradies der Kunst» enthüllt, und er verstand die Bedeutung von «wahrer Größe» und «wahrer Schönheit». Doch es traf ihn wie ein Schock. Berlioz wurde vollkommen rastlos; er konnte nicht mehr arbeiten und schlafen; er verfiel in eine tiefe Depression und einen Zustand großer Nervosität. Er war noch nicht fähig, all diese Schönheit zu fassen. Lange Zeit dauerte dieser qualvolle Zustand an und hörte erst auf, als ihm einfiel, er könnte «Elegien» schreiben, in denen er eine tiefe Echtheit des musikalischen Ausdrucks empfand. Die Not hörte auf, die Krise war überwunden.[11]

Entfremdung, Depression, Verzweiflung, Wahnsinn sind mögliche Gefahren auf dem Weg der Schönheit. Licht, Ekstase, Begeisterung sind einige seiner zahlreichen Geschenke. Es lohnt sich, diesen Weg zu gehen. Zumindest sollte man sich ab und zu fragen: Wie wäre wohl mein Leben, wenn es keine Schönheit gäbe?

Sich selber sein

Wir alle stecken früher oder später in dem ewigen Dilemma: Was ist schön und was nicht? Vielleicht läßt uns ein «unsterbliches Meisterwerk» vollkommen kalt – und wir schämen uns dafür. Oder wir mußten nach dem Namen des Künstlers schielen, um ein Bild schätzen zu können, oder die Musik gefiel uns erst, als man uns zuflüsterte, es sei ein Stück von Beethoven. Oder wir haben uns bei der Wahl eines Hauses, eines Autos, eines Kleides von der Meinung anderer Leute oder von der Mode beeinflussen lassen. Hinterher fühlen wir uns von solchen oberflächlichen ästhetischen Erlebnissen verunsichert; wir spüren, daß wir uns selbst nicht genügend vertraut haben. Bei anderen Gelegenheiten, wenn uns etwas wirklich gefiel, stellte sich eine echte, unverwechselbar eigene Empfindung des Schönen ein; so fraglos und endgültig, daß daran nicht zu rütteln war.

Jede echte ästhetische Erfahrung ist spontan. Sie kann uns nicht durch künstliche Wertungen, Tradition, Logik oder sozialen Druck vermittelt werden. Sie ist kompromißlos und nicht austauschbar. Eine Voraussetzung auf dem Weg der Schönheit ist, alle äußeren Hindernissen zu überwinden; es ist eine ernsthafte Suche nach Echtheit und vollkommener Transparenz.

Doch oft ist diese Suche behindert. Alle wollen das Schöne. Und genau das kompliziert die Sache. Von der Schönheit hängen zwischenmenschliche Beziehungen, Broterwerb, wirtschaftliche Interessen, Machtstrukturen ab. Es ist unvermeidlich, daß jede Gesellschaft das Schöne nicht beliebigen, unberechenbaren Kriterien überläßt, sondern feste, allgemeingültige Normen dafür setzt. Dieser Druck ist der Preis für das soziale Zusammenleben, im Normalfall nehmen wir ihn stillschweigend hin, teils aus Bequemlichkeit und teils, weil seine Ablehnung Angst macht.

Wer den Weg der Schönheit beschreitet, muß sich von diesem kulturbedingten Diktat lossagen und das Niemandsland des immer Neuen, Unbekannten aufsuchen, denn nur dort wird er dem Schönen in seiner ganzen Kraft begegnen. Er muß lernen, sich außerhalb des Stereotypen und Stagnierenden aufzuhalten und sich von allen Bindungen freimachen, die ihn versklaven könnten: Soziale Rollen, Bindungen, Ideologien, Interessen, Gewohnheiten. Er muß wieder lernen, furchtlos und unbeirrt er selbst zu sein.

Diese Grundbedingung hat die Karikatur des exzentrischen Künstlers entstehen lassen, des Rebellen oder Verfluchten. In Wirklichkeit ist das «Absonderliche» am Künstler jener Umstand, daß er, wenn er er selbst sein will, an nichts mehr haften darf. Hierzu Flaubert:

> Ein Denker darf weder Religion noch Heimat haben, und auch keine sozialen Überzeugungen... Zu irgendetwas zu gehören, in irgendeine Gemeinde einzutreten, Bruderschaft oder Werkstatt, ja sogar einen Titel anzunehmen, bedeutet, sich selbst zu entwürdigen und zu demütigen... Wenn man ins Leben hineingeht, dann sieht man es nicht mehr

klar, dann leidet man und genießt es zu sehr. Meines Erachtens ist der Künstler eine Monstruosität, etwas, was außerhalb der Natur steht.[12]

Nicht nur exzentrisch wurde der Künstler genannt, häufig wirft man ihm auf vor, er sei narzisstisch. Wir erleben ihn absorbiert in seiner Welt, und finden, er gehe an den Problemen der «wahren» Realität und der andern achtlos vorbei, er sei besessen von Geisterscheinungen und Visionen. Allerdings hat das meist wenig mit Narzissmus zu tun, es ist ein Zustand des vertieften Hörens auf das Selbst; und es ist weder sinnlos noch steril, es ist die Quelle seiner Arbeit.

Wer den Weg der Schönheit geht, macht seinen Organismus zu einem hochempfindlichen Instrument, das feinste Veränderungen aufzunehmen vermag. Mit dieser erhöhten Aufmerksamkeit kann er Farben oder Linien wahrnehmen, Klänge oder Räume; er erfaßt Gefühle und Empfindungen, die nicht den Stempel der gängigen Version der Seele tragen. Er entzieht sich der Sklaverei des sozialen Konsenses und läßt sich von der eigenen Sensibilität und einem außerordentlichen Aufwand an eigener Kraft und Aufmerksamkeit leiten. Wer wirklich offen ist für das Schöne, kann sich nicht mehr blind den Jubel- oder Protestchören der Öffentlichkeit anschließen; er schaut mit eigenen Augen, hört mit eigenen Ohren und fühlt mit dem eigenen Herzen.

Scott Fitzgerald spricht in einem Brief an einen jungen Freund davon: Der Schriftsteller findet in sich selbst, was noch keiner zu sagen gewagt hat. Und so bereichert er die «Möglichkeiten des menschlichen Lebens». Allerdings packt ihn vor dem Entschluß, zu sprechen oder nicht, immer die Versuchung, sich dem anzupassen, was alle einstimmig annehmen und bewundern. Eine trügerische Stimme in seinem Innern sagt: Was am meistens zu dir gehört, interessiert die Allgemeinheit am wenigsten. Und er fährt fort:

> Doch wenn die Gabe in diesem Menschen tief ist und wenn er Glück hat, je nachdem, wie man es nennen will, dann ist da immer, wenn er entscheiden muß, eine andere Stimme, die ihn heißt, genau die scheinbar außergewöhnlichen und belanglosen Dinge aufzuschreiben, und das allein macht seinen Stil, seine Persönlichkeit aus – sein ganzes Wesen als Künstler. Was er schon wegwerfen wollte, ja leider häufig auch weggeworfen hat, war genau die rettende Gnade, die ihm widerfahren war.[13]

Manchmal kann man die konventionellen Schemen nur durch einen Austritt aus der Gesellschaft hinter sich lassen. Um sich den Einflüssen zu entziehen, die uns Tag für Tag von allen Seiten her auflauern, packt man sein Bündel und verreist. Der offensichtlichste Fall ist Gauguin, der seine wahre Inspiration erst fand, als er die Heimat verließ und nach Tahiti ging. Es ist eine faszinierende Rückkehr zur Unschuld, über die er in seinen Notizen kurz nach seiner Ankunft berichtet:

> ...Zwischen mir und dem Himmel nichts als das große leichte und durchscheinende Dach der Pandangblätter, wo die Eidechsen wohnen. Im Traum kann ich mir den freien Raum über meinem Kopf vorstellen, die große Himmelsstraße, die Sterne. Ich bin weit weg, sehr weit sogar von jenen Kerkern, die europäische Häuser sind... Nach und nach verläßt mich die Zivilisation. Ich beginne, einfach zu denken... «ich lebe ein freies Leben...» ich weiche dem Künstlichen aus; ich identifiziere mich mit der Natur und weiß, daß ich morgen, gleich wie heute, frei und schön sein werde. Der Frieden nimmt von mir Besitz.[14]

Viel öfter jedoch sind keine Ortsveränderungen nötig; es reicht das Alleinsein. Wir müssen Gelerntes ablegen, uns von den Quellen der Trübungen und Illusionen durch die Gesellschaft entfernen, damit wir die Unschuld wiederfinden. Alleinsein kann Methode sein. Petrarca beschreibt uns anschaulich die Vorteile:

> (Die Einsamkeit) will keinen betrügen, sie täuscht nichts vor und verheimlicht nichts, sie beschönigt nichts, versteckt nichts, dichtet nichts hinzu. Sie ist nackt und ungeschminkt, sie macht uns nichts vor, kennt nicht den Beifall, der die Seele verdirbt. Sie hat als einzigen Zeugen ihres Lebens und ihrer Handlungen Gott; und sie traut dem gemeinen, trügerischen Volk nicht, nur dem eigenen Gewissen.[15]

Petrarca hielt das Alleinsein für eine große Hilfe, und er war nicht der einzige. Doch es gibt so viele Arten; man kann sich auch finden, indem man sich unter die Leute mischt. Der Maler Courbet war viel extravertierter als Petrarca und Flaubert. Oft malte er umgeben von einer Menge Leuten, dennoch hegte auch er den Wunsch nach Freiheit und Einmaligkeit. Dies sind die einzigen Regeln, die er seinen Schülern mitgab:

1. Tu nicht, was ich tue.
2. Tu nicht, was die anderen tun.
3. Wenn du tust, was Raffaello einst getan hat, wirst du nicht leben. Selbstmord.
4. Tu, was du siehst, hörst, willst.[16]

Sich selbst zu sein, bedeutet keineswegs, sich von der Welt abzusetzen oder sie zu bekämpfen. Goethe's Motto in Dichtung und Wahrheit hieß: «Die Eigenart meiner inneren Natur bewahren und zulassen, daß mich die äußere Natur nach ihrer Qualität prägt.» Diese Goethe-Worte sind eine schöne Synthese, die ausdrückt, wie die Entdeckung des Selbst mit der Öffnung für alle Lebewesen zusammenfällt. Es ist ein zweifaches Prinzip. Erster Teil: «Ich versuchte, innerlich von allem frei zu werden, was mir fremd war»; wir müssen loswerden, was von außen eingedrungen ist und uns vom wahren Wesen entfremdet hat. Zweiter Teil: «Ich versuchte, mit Liebe alles zu sehen, was außerhalb von mir ist; und zuzulassen, daß alle Wesen, vom Menschen bis zu den untersten Stufen des Erfaßbaren auf mich einwirken, jedes auf seine Weise.» Uns vom Leib halten, was fremd ist, und uns öffnen für das, was uns umgibt, darin liegt das ganze Geheimnis. Und das Ergebnis ist großartig: «So stellte sich in mir eine wunderbare Verbundenheit mit allen Teilen der Natur und eine aufrichtige Eintracht, eine Harmonie mit dem Ganzen, ein.»[17]

Dazu braucht es Mut, Vertrauen und Offenheit. Mut, weil man das Unbekannte in sich selber ergründet und ausdrückt; man wird also verletzlich, vielleicht verstößt man gegen den herrschenden Geschmack. Vertrauen, weil man ja sagt zu allem, was im Innern lebendig ist, einfach weil es existiert; und Offenheit, weil man die Fähigkeit pflegt, auch scheinbar Unwichtiges zu sehen.

Eugenio Saba spricht in diesem Zusammenhang von «literarischer Aufrichtigkeit». Seiner Meinung nach braucht es Demut und Aufrichtigkeit, um originell zu sein. Das macht die Frische der Eingebung aus. Der triestische Dichter erzählt, daß er sich eines Tages zufällig im Spiegel anders sah, als er dies gewohnt war; dies erinnerte ihn an einen Traum, in dem er Seiten von sich selbst gesehen hatte, die er nicht mehr zu haben glaubte. So entstand das Gedicht:

Ich glaubte, träumen sei ein Spiel;
Doch der Traum ist ein furchterregender Gott,
Er ist die Sonne, die meine
Seele entlarven kann.

Als er die Verse nach einigen Tagen wiederlas, empfand er einen Mißton darin. Seine Stimmung war nicht wirklich eingefangen. Es war das Wort «furchterregender Gott», das dem Inhalt des Traumes nicht entsprach. Der Traum ist keine rächende Gottheit; weitere Versuche entfernten ihn noch weiter vom ursprünglichen Empfinden. So begann er von vorne und verfolgte noch einmal Schritt für Schritt die Entstehung des Gedichts. Er achtete auch auf belanglose Einzelheiten. Da fiel ihm der Spiegel wieder ein, alles hatte schließlich damit begonnen. Und so ersetzte er den «furchterregenden Gott» mit «Spiegel». Sehen wir das Resultat:

Ich glaubte, träumen sei süß;
Doch der Traum ist ein Spiegel,
der mich ganz macht, der entlarven kann
die innerste Wahrheit.[18]

Diese Version ist viel schöner. Saba war, als hätte er sich den Splitter aus dem Auge gezogen. Er verdankt diesen Prozeß seiner Aufrichtigkeit. Die ersten Bilder von Gott, dem Richter, waren zu hochtrabend, der Spiegel hingegen gab seine Erfahrung, so wie das Gedicht zustandegekommen war, am besten wieder. Und auch Demut ist gemeint: Immer wieder, so sagt Saba, muß man mit «heroischer Pedanterie» den Unterschied zwischen dem Gedachten und dem Geschriebenen überprüfen und niemals versuchen, die eigene Inspiration «größer und übersinnlicher darzustellen, als sie war». Es ist dies eine Treue dem psychischen Prozeß gegenüber, der seiner Meinung nach der wissenschaftlichen Forschung viel näher steht als der literarischen Tätigkeiten.

Und auch das gibt es: Jemand beschreibt ganz klar, wie ihm die Frische abhanden kam, dank der er das Schöne sehen konnte. Thomas Traherne, der im England des sechzehnten Jahrhunderts lebte, schreibt eindrücklich über seine Visionen aus der Zeit, als die staubigen Steine der Straße seinen Kinderaugen wie Gold erschienen, alte Menschen ihm wie unsterbliche Engel vorkamen, und die spielenden Kinder wie Edelsteine, die sich bewegten, als für ihn das Ewige allgegenwärtig war. Traherne sah damals die Welt als «Spiegel von unsäglicher Schönheit». Doch dann erlosch dieses Licht. Wodurch? fragte sich Traherne und fand die Antwort: Durch die Gewohnheiten der Leute, eine Menge gewöhnlicher und belangloser Dinge, durch falsche Wünsche, durch eine falsche Erziehung. Klein und schwach wie jedes Kind, unterzog auch er sich der Autorität der Erwachsenen und wurde sich selber fremd. Und so machte er sich die «schmutzigen Instrumente der Welt» zu eigen und begann, ein schönes Kleid oder ein goldverbrämtes Buch oder eine Trommel vorzuziehen -«und die Himmelsräume, die Sonne und die Sterne verschwanden und waren fortan nur noch nackte Wände». Solche Worte sollte sich jeder Erzieher einprägen.

Sich-selber-sein ist ein schwieriger und wenig begangener Weg. Offensichtlich ist es viel leichter, sich den herrschenden Klischees anzupassen. In einem Brief fragt sich Van Gogh, welches wohl das Rezept sei, um mittelmäßig zu werden? Es hört sich an wie das Rückwärtsbuchstabieren von goldenen Regeln:

> Indem man Kompromisse und Konzessionen eingeht, heute aus diesem Grund, morgen aus jenem, je nachdem, was die Welt verlangt, – indem man sich der Welt nie widersetzt, immer der öffentlichen Meinung nachgeht...[19]

Mitgefühl

Schönheit kann man erst sehen, wenn man fähig wird, sich von Dingen und Menschen berühren zu lassen und sich in sie einzufühlen. Jeder Filter zwischen uns und der Welt muß weichen. Wenn wir die Schönheit einer Blume betrachten, oder die eines Musikstücks in uns aufnehmen, dann sind wir nicht mehr wir selbst, sondern die Blume, die Musik.

Das Reich unserer Individualität ist eine gut bewehrte Zitadelle, wo die Botschaften von außen nur filtriert ankommen, wo Widerstände vorgegeben sind, alle Schätze hinter Schloß und Riegel und die Geheimnisse gut verwahrt sind. Unsere Persönlichkeit ist viel solider, als sie scheint, selbst dann, wenn sie durcheinander ist und schlecht funktioniert. Sie ist auch stark, wenn sie schwach ist. Sie ist in all ihrer Unordnung eine wohlorganisierte Welt. Und mit dieser Welt, die wir uns nach und nach aufgebaut haben, identifizieren wir uns. Wir sehen die Wirklichkeit durch ihre Augen und werden unfähig, anderes wahrzunehmen.

Mitgefühl ist der Ausweg aus diesem starren System. Es zwingt uns, mindestens für Augenblicke die alten Denkmuster aufzugeben, und verbindet uns mit neuen Lebensformen und Inhalten. So entfliehen wir dem Gefängnis unserer Person. Durch das Mitfühlen öffnen wir uns für Bewußtseinszustände anderer Menschen, spüren wir ihre Lebendigkeit und lernen wir, das Schöne auf alle Arten zu schätzen. Nur wenn wir uns von etwas verwandeln und prägen lassen, das anders ist als wir, können wir das Schöne sehen und verharren nicht in unserer Sturheit. Für Shelley war dies die wichtigste Gabe des Dichters und die Basis von Liebe und Schönheitssinn schlechthin:

> Wenn ein Mensch sehr gut sein will, muß er eine intensive, tiefgründige Phantasie haben; er muß sich in einen und viele andere versetzen können; die Schmerzen und Freuden seiner Mitmenschen müssen zu den seinen werden. Die Vorstellungskraft ist das große Werkzeug des Guten ... Die Poesie stärkt die Fähigkeit, die das Organ der spirituellen Natur des Menschen ist, so wie Körperübung die Glieder stärkt.[20]

Nur Psychopathen, Idioten und Leichen sind gänzlich unfähig zu Mitgefühl. Wenn sich jemand verletzt hat, helfen wir ihm; wir identifizieren uns mit unseren Kindern, mit Freunden, mit Sportidolen, mit Berühmtheiten und mit unseren Haustieren. Wenn wir uns einen Film oder einen Roman zu Gemüte führen, dann identifizieren wir uns mit dem Helden. Dann fechten wir seine Kämpfe, leben seine Lieben und feiern seine Triumphe. So sprengen wir für kurze Momente unsere Zitadelle, sehen neue, unerwartete Landschaften; wir sind verletzlich und zugleich den anderen näher. Und wenn sich jemand anderes in uns einfühlt, Anteil nimmt, sich mit uns freut, unsere Gedanken und Träume versteht, dann empfinden wir das als wohltuend. Es ist gewissermaßen ein Triumph über die Einsamkeit, die uns belastet. Oft ist es unser sehnlichstes Anliegen.

Doch wieviel von alledem geschieht wirklich? Wir identifizieren uns in der Regel nicht ganz absichtslos und unvollständig. Nicht absichtslos, weil wir irgendein Bedürfnis abzudecken hoffen; und nicht vollständig, weil wir uns dabei nicht vollkommen vergessen und uns mit unserem ganzen Arsenal von Erwartungen und Urteilen in den andern verpflanzen. Andere Sichtweisen immer ganzheitlicher und echter zu erfassen, ist eines der Ziele unseres Reifungsprozesses. Als Kinder sehen wir die Welt ganz aus unserem Blickwinkel. Wir sind zutiefst überzeugt, daß uns keiner sehen kann, wenn wir die Augen zumachen. Erst mit der Zeit lernen wir, daß unsere Art zu sehen nicht die einzige ist; doch oft bleibt die Entwicklung an einem Punkt stehen. Unsere Identifikationen bleiben sporadisch, flüchtig, zufällig. In allen kreativen Menschen hingegen ist sie auf diesem und auf allen anderen Wegen beständig und erreicht oft hohe Stufen der Erkenntnis und der Liebe.

Mitfühlen scheint dem, was wir im vorigen Abschnitt beschrieben haben, diametral entgegenzustehen, dem Sich-selber-sein, die eigene Wahrheit finden. Doch sind sie wirklich so verschieden voneinander? Man könnte es meinen: Im einen betont man, was man ist, und im andern verliert man es. Und hier eine Beschreibung dieses Verlusts von Keats:

> Der Dichter hat keine Identität, dauernd ist er damit beschäftigt, irgendeinen andern Körper zu füllen – Sonne, Mond, Meer, Männer und Frauen. Wenn ich bei den Leuten und nicht gerade von irgendeiner privaten Kreation meines Gehirns gefangen bin, dann bin ich nicht fähig, mich aus mir selber heraus zu spiegeln. Die Identität des andern Menschen im Raum beginnt, auf mich zu wirken, und schon bin ich wie ausgelöscht. Das geschieht mir nicht nur mit Erwachsenen, ich erfahre es oft auch mit Kindern.[21]

Es wäre falsch, dies nur als Schwäche anzusehen. Es ist eine absichtliche, bewußte Passivität, begleitet vom sicheren Kontakt mit der eigenen Gefühlswelt. Wie könnte man sich ganz in den andern versetzen, wenn man nicht zuvor die eigene Sensibilität entwickelt hat? Um Freuden, Schmerzen, Träume, Geheimnisse der anderen mitzufühlen, muß man erst die eigenen richtig kennen.

Das Mitfühlen ist also vor allem ein Akt innerer Disziplin und ein zeitweiliger Verzicht auf das gewohnte Denken und Fühlen. Es ist ein Erkenntnisakt – man läßt sich vom andern prägen, einem Ding oder einer Person, bis man ihren Kern kennt. So Balzac:

> Wenn ich den Leuten beim Sprechen zuhörte, konnte ich in ihr Leben schlüpfen, ihre zerfetzten Kleider auf meinem Rücken spüren, mit meinen Füssen in ihren Schuhen stehen; ihre Wünsche, ihre Bedürfnisse, alles ging durch meine Seele, oder meine Seele ging in die ihre hinein. Der Traum eines wachen Menschen...[22]

Mitfühlen ist aber nicht nur ein Werkzeug der Erkenntnis, sondern auch eines der Verwandlung, denn es vermag, vorübergehend ganzheitlich unsere Wesensstruktur zu verwandeln, so daß sie andere und neue Schwingungen aufnimmt, bis sie sich selbst ganz entfremdet ist. Wir sind dann ganz frei vom Urteilen, das uns vermutlich am meisten verhärtet und von den Mitmenschen trennt und bitter macht. Wenn wir uns nämlich in den andern versetzen, vergessen wir unsere Urteilskriterien. Das Mitfühlen rettet uns vor uns selber und erneuert uns, weil es uns aus unserem persönlichen Labyrinth herauslockt und uns neue, verblüffende Daseinsformen zeigt, was unser Vorstellungsvermögen und unsere geistige Beweglichkeit sehr bereichert.

Allerdings ist Mitgefühl nicht nur eine Sache des Geistes, der ganze Organismus ist daran beteiligt. Paul Valéry war mit Degas befreundet und berichtet, daß dieser die hervorragende Gabe besaß, Menschen, die er beobachtet hatte, bis ins kleinste Detail nachzuahmen. Wenn er sich einsam fühlte, pflegte Degas jeweils auszugehen und den Abend in den offenen Straßenbahnen zu verbringen. Dort beobachtete er die Menschen um sich herum. Eines Abends setzte sich eine Frau neben ihn:

> Die Frau strich sich mit der Hand die Falten am Kleid glatt, räkelte sich im Stuhl zurecht, bis ihr Körper bequem in die Rundung des Sitzes geschmiegt war, zog ihre Handschuhe nach hinten, so weit sie konnte, knöpfte sie sorgfältig zu, biss sich leicht auf die Lippen, um diese darauf mit der Zunge zu netzen, rückte ihren Körper zurecht, bis sie sich frisch und wohl fühlte in ihrem schweren Unterkleid. Und dann, nachdem sie sich leicht in die Nasenspitze gekniffen hatte, zog sie den Schleier vors Gesicht, richtet noch rasch ein Haarbüschel mit dem Finger zurecht und – noch ein kurzer Blick auf den Inhalt der Handtasche – setzte damit dieser Reihe von Handlungen ein Ende, mit der Miene einer Person, die ihre Aufgabe getan hat und deren Geist sich befriedigt zur Ruhe setzen darf...[23]

Valéry berichtet uns, wie perfekt Degas diese Frau bis ins kleinste

Detail nachahmte. Nicht ein Anflug von Gefühl war in ihm, doch Präzision und perfekte Identifikation. Vielleicht kann man so seine «bügelnde Frau» oder die «Tänzerinnen» mit ihren Spannungen und nervösen Bewegungen besser verstehen. Was man malen will, kann man erst einfangen, wenn man es selbst gewesen ist. Mitgefühl kann sich demnach auch als Identifikation auf der motorischen oder auf Zellebene zeigen, ausgelöst durch einen Blick oder präzise Beobachtung.

Mitgefühl zeigt sich zuweilen auch im mentalen oder spirituellen Bereich als geistige Verbundenheit. So war es bei Macchiavelli, der in einem bekannten Brief an seinen Freund Vettori beschreibt, wie er sich während des Tages «betölpelt» mit Würfelspielen, doch sobald es Abend werde, gehe er heim in sein Arbeitszimmer, lasse seine schmutzigen Alltagskleider am Eingang hängen und schlüpfe in die «wirklichen Kleider» hinein; dann stelle er sich vor, daß er die Orte der Antike aufsuche, die er so sehr bewunderte, und daß er jene Menschen treffe und mit ihnen Gespräche führe. Das wäre seine Lieblingsbeschäftigung, dafür sei er eigentlich auf die Welt gekommen: «...und vier Stunden lang fühle ich keine Spur von Langeweile, ich vergesse alle Mühsal, ich fürchte mich nicht vor Armut, noch schreckt mich der Tod. Ich versetze mich dann ganz in diese Menschen hinein.»

Dies ist eine extreme Form des Mitfühlens, bei der ein Mensch sich selbst vergißt, und alle Not des Lebens, ja sogar die Todesangst. Diese knappen, eleganten Worte sind eine vortreffliche Beschreibung des Überbewußtseins. Eine bessere Metapher als das Wechseln der Kleider läßt sich wohl kaum finden, um das Ablösen vom Alltagsbewußtsein und den Eintritt in eine unendlich reichere, heitere und zeitlose Welt zu beschreiben.

Mitfühlen ist kein beziehungsloses Ereignis. Es erlaubt dem Künstler gerade, die verborgensten Nöte, Schmerzen, Träume einer Gesellschaft aufzuspüren und zum Ausdruck zu bringen. In den Augen von Neruda hat der Dichter die Aufgabe, die Hoffnungen des Volkes zu verkörpern, das andere Blatt am großen Baum der Menschheit zu sein:

> Mein Preis ist jener große Augenblick in meinem Leben, als tief aus der Kohle von Lota, unter der prallen Sonne der versengten Salpeterhalde,

> aus dem lotrechten Stollen, als tauche er aus der Hölle, ein Mann heraustrat, das Gesicht von der furchtbaren Arbeit verzehrt, die Augen rot vom Staub und, mir die verhärtete Hand entgegenstreckend, die Hand, die mit ihren Schwielen und Furchen die Landkarte der Pampa war, mit leuchtenden Augen sagte: «Ich kenne dich seit langem, Bruder». Das ist der Loorbeer meiner Dichtung, dieses Loch in der furchtbaren Pampa, aus dem ein Arbeiter tritt, dem Wind und Nacht und Chiles Sterne so oft sagten: «Du bist nicht allein, ein Dichter denkt an deine Schmerzen.»[24]

Wenn wir zulassen, daß die anderen auch in uns leben, dann fühlen wir jedes Element mit dem Ganzen verbunden. Denn sobald dein Schmerz auch zu meinem wird und ich deine Freude in mir fühle, gibt es zwischen uns keine Schranken mehr. «Weine mit den Weinenden und lache mit den Lachenden und leide mit den Leidenden», so beschreibt Leon Battista Alberti das Wesen des «universellen Menschen», wie ihn die italienische Renaissance sah. Der universelle Mensch steht im Einklang mit dem inneren Kosmos; nichts in der Schöpfung ist ihm fremd. Er ist innerlich für jede Erfahrung offen und läßt sich auf jede Situation vorbehaltlos und ohne Absicherungen ein. Er ist deshalb universell, weil er bereit ist, sich über eingefleischte Rollen, die eigene Geschichte und seine Glaubenssätze hinwegzusetzen. So hat er Zugang zu jeder beliebigen Erfahrung und anerkennt in sich alle Aspekte, die männlichen und die weiblichen, die rationalen und die irrationalen, Licht und Schatten. Er ist universell, weil seine Bereitschaft, mit allen Lebewesen zu leiden und sich zu freuen, der höchste Ausdruck des Menschlichen ist. Es beschreibt mehr als ein bloßes Renaissance-Ideal; es beschreibt schlichtweg den Menschen der Zukunft, der in einer neuen, ganzheitlichen Zivilisation entstehen könnte, wenn die Schranken zwischen Menschen und Völkern überwunden sind.

Das Mitgefühl ist also eine Form der Bewußtseinserweiterung. Es erlaubt uns, uns eins zu fühlen mit Bäumen, Ameisen und Elefanten, mit Vögeln, Flüssen und Meeren, Kindern und Alten, Männern und Frauen, Leidenden und Fröhlichen, mit Regenbogen und ganzen Galaxien. Wenn die üblichen Denkmuster wegfallen, sich die starre Struktur und jenes Gefüge auflöst, das unsere Persönlichkeit ausmachte, dann dürfen wir die tausend Formen des Lebens einatmen und leben, die wir im Innersten als lebendige Mikrokosmen wiederfinden; und wir erkennen uns selbst, gespiegelt in einem noch so fremden Gesicht und in der seltsamsten Situation, am entferntesten Ort. In einem solchen Universum fühlen wir uns nicht mehr fremd.

Die große Meisterin Natur

Stellt euch die schwarzen Rauchschwaden vor, die aus den Kaminen in den Himmel steigen und die Luft verpesten; denkt an die Abfälle, die die Strände verschandeln, die Aluminiumdosen, Zigarettenstummel und Picknick-Reste auf der Wiese. Denkt an die Betonblöcke der Bauspekulanten, die alles Grün verschlingen, an Plakate mitten in der Landschaft, Musik, die laut durch die Stille der Natur dröhnt. Denkt an die Bagger, die Bäume ausreißen und den Wald dem Erdboden gleichmachen, an Meere und Flüsse, die vor lauter Unrat zu ersticken drohen. Denkt an all diese Dinge, und ihr spürt Gewalt. Denn was immer der Natur zugefügt wird, geschieht uns allen.

Hingegen können wir uns in der intakten, unschuldigen Natur wiedererkennen, denn auch in uns lebt etwas Unschuldiges, Reines. Das «Natürliche» im Unterschied zum «Künstlichen», das «Echte, das im richtigen Rhythmus und stimmig mit sich und allem Seienden schwingt». Das Wort ‹natürlich› appelliert an das Vertrauen. Du darfst Vertrauen haben, die Natur geht nie fehl.

Solches fühlen wir alle – der eine mehr, der andere weniger stark. Einige haben sogar ihr Leben einer unermüdlichen Naturbetrachtung gewidmet, mit großer Liebe. Und sie haben echte Werte, die zeitlose Schönheit, gefunden, womöglich die «adamische» Naturekstase, das Paradies auf Erden, erfüllt von tausend Gesichtern und tausend Wundern. Dies war ihre geistige Verwirklichung: Der Weg der Schönheit geht immer über die Natur.

Wir können es von vielen Künstlern lernen. Wenn man sich von der Natur leiten läßt, entfällt alles Künstliche. In der unberührten Natur hat das Falsche einen viel schwereren Stand. Dort überleben keine Kunstgebilde der Menschen. Vor erhabenen Gipfeln und tiefen Abgründen, auf einer Blumenwiese, am Meer und unter dem Sternenhimmel ist es schwieriger, etwas vorzutäuschen, was man nicht ist; weder vor den andern noch vor sich selbst. Wenn wir zur Natur zurückkehren, schwinden unsere Widerstände, und wir finden die Reinheit wieder, die wir in den Kämpfen und Enttäuschungen des Alltags verloren haben. Die bekannten Mechanismen von Gier und Angst lösen sich auf. Wie durch einen geheimnisvollen Zauber weckt die Unmittelbarkeit der Natur in unserem Innersten eine ebensolche Spontaneität.

So verlieren und finden wir uns wieder in der Natur. Verlieren, weil wir unsere üblichen Denkmuster verlassen; und finden, weil wir das Glück erahnen. Lamartine wartete als Fünfzehnjähriger im Jesuitenkollegium jeweils auf klare Mondnächte und kletterte dann, wenn alle schliefen, im Schlafsaal auf die Fensterbank, wo er die gescheckten Steilwiesen des Tales bewunderte, die eingesäumt von Wäldern und gekrönt von der blauen Bergkette durch den Dampf der fernen Wasserfälle hindurchleuchteten:

> ...stundenlang kuschelte ich mich auf jenem Sims zusammen, um den harmonsichen Horizont der Stille zu betrachten, seine Einsamkeit und Sammlung. Meine Seele flog mit unsäglichem Schwung zu jenen Wiesen, Wäldern und Wassern; und mir schien, es müßte wohl das Höchste der Gefühle sein, wenn ich dort meine Schritte verlieren könnte, so wie ich den Blick und die Gedanken darin verlor.[25]

Auch Wordsworth beschreibt in einem Brief während seiner Alpenreise, wie sein Geist durch «tausend Glücksträume» gewandert sei:

> Mitten in dieser erquickenden Alpenwelt habe ich nicht an den Menschen oder irgendein Lebewesen gedacht; meine ganze Seele war zu Ihm gewandt, der diese schreckliche Majestät vor mir geschaffen hat...[26]

In Wordsworths Worten spüren wir das Numinose. Die Natur ist unpersönlich; mit ihrer Weite, den jahrtausendealten Rhythmen und der unendlichen Vielfalt hat sie die Kraft, den engen Kreis unserer Sorgen zu sprengen. Sie enthüllt sich in ihrer «schrecklichen Majestät».

Wie soll man die Natur betrachten? Wenn wir das Leben jener Menschen anschauen, die zum tiefsten Naturverständnis vorgedrungen sind, dann treffen wir immer wieder auf eine Haltung: Schauen, absichtslos, vorurteilslos, aufmerksam, sich nichts entgehen lassen. In den Tagebüchern von Thoreau, der sich Einsamkeit zur Regel gemacht hatte, so daß der Kontakt zur Natur zu seinem Leben wurde, finden wir Passagen, die Anleitungen zur echten Naturbetrachtung sind:

> Dies ist der höchste Zweck im Leben und erfordert die höchste, aber schönste Disziplin. Wieviel Ruhe braucht es doch, die Ruhe eines ganzen Lebens, um nur ein einziges Phänomen zu schätzen! Du mußt dich in der Nähe niederlassen, als wenn du dein ganzes Leben da verbringen möchtest, wenn du dein verheissenes Land erreicht hast und dich ihm ganz hingeben. Es muß für dich die ganze Welt darstellen, es muß Symbol für alle Dinge sein... Solange das Summen einer Mücke nicht wie Sphärenmusik tönt und Sphärenmusik wie ein Mückensummen, solange bedeuten sie nichts für mich.[27]

Auf diese Art nahm Thoreau die Natur ganz in sich auf; zum Beispiel wenn er (wie im Tagebuch beschrieben) ein Bächlein betrachtet und plötzlich spürt, wie es durch seine Venen rieselt; oder wenn er sich im dicken Nebel unvermittelt an den Anfang aller Dinge zurückversetzt spürt; oder wenn er in der ewigen Wiederholung der Achteckstruktur der Schneeflocken die kosmische Ordnung erkennt.

Und dann erst der menschliche Körper? In diesem wundersamen Mikrokosmos haben Maler und Bildhauer immer wieder das Großartige geschaut. Den einen faszinierte dessen Beweglichkeit und Eleganz – Renoir brauchte nur einen menschlichen Körper anzuschauen, und schon fühlte er sich in einem «Zustand der Gnade».[28] Andere waren begeistert von der Muskelkraft, der sinnlichen Ausstrahlung der Haut oder von der Intelligenz, die in den Augen wohnt. Andere erkannten im menschlichen Körper die ideale Struktur wie etwa Michelangelo, der stets den Körper zum Vorbild nahm bei seinen Bauten. Und immer wieder war der Körper das Wunder und das Geheimnis von Mann und Frau, Ausdruck für etwas, das den individuellen Körper übersteigt. Doch wie alles in der Natur will auch der menschliche Körper aufmerksam betrachtet sein, nicht nur mit oberflächlicher Begeisterung. Wenn Rodin einen menschlichen Körper betrachtete, dann interessierten ihn Linien und Bewegungen. So konzentrierte er sich also nicht auf seine Zeichnung, sondern auf den Körper. Er sagte sogar, er schaue nie auf seine Zeichnungen, denn das würde den lebendigen Fluß unterbrechen. Es ist dies die Fähigkeit, sich leer zu machen, damit etwas anderes Platz hat:

Für meine Arbeit mit den Modellen brauche ich nicht nur vollständige Kenntnis der menschlichen Formen, sondern auch ein Gefühl für alle ihre Aspekte. Ich muß sozusagen die Linien des menschlichen Körpers verkörpern, sie müssen Teil von mir werden und sich meinem Instinkt tief einprägen. Ich muß durchtränkt werden von allen Geheimnissen der Umrisse und der Masse, die sich meinem Auge zeigen. Ich muß sie auf den Fingerspitzen fühlen.[29]

Wer die Natur aufmerksam studiert, dem wird sie zum Lehrer. In Farben und Formen von Blumen, Kornfeldern, Wäldern, Vögeln und Insekten, in Bächlein und Flüssen, Meereswogen und Wolken, im Kosmos und im menschlichen Körper liegen Schätze verborgen, die entdeckt sein wollen. Sie warten auf das geduldige Auge, nicht auf das oberflächliche, hastige, denn es ist echte Arbeit, sie zu entdecken. Wenn sie nicht geleistet wird, merken wir es gleich. Wenn im Studio Natur Geduld und Tiefgang fehlen, dann zeigt sie uns ein falsches Bild: Das Bild einer literarischen Natur, gespickt mit Kulturbezügen; oder das einer anthropomorphen Natur nach unserem Ebenbild; oder eine sentimentale, zuckersüße Karikatur; oder gar Natur à la Hollywood – Plastik; oder womöglich ein schönes, überzeichnetes Postkartenbild.

Sind die eigenen Denkschemen einmal durchbrochen, dann ist die Natur eine Meisterin im wahrsten Sinn des Wortes: «Alle, die etwas anderes als die große Meisterin Natur für den Schöpfer hielten, haben sich umsonst bemüht», sagt Leonardo da Vinci, der die Geheimnisse der Natur zutiefst ergründet hat.[30] Daneben nimmt sich Dürer mit seinen reinlichen Szenen, den peinlich genauen Körpern, geradezu lapidar aus: «Die Kunst ist tief in die Natur eingebettet; wer es versteht, sie herauszuschälen, besitzt sie»[31]. Und der chinesische Maler Chang Tsao, in dessen Landschaften sich der Mensch im Unendlichen verliert, schrieb: «Äußerlich war die Natur meine Lehrmeisterin, innerlich in meinem Herzen, Quelle der Inspiration.»[32] Und dann der impressionistische Maler Pissarro, der die Farben draußen in der Natur entdeckte: «Man braucht nur einen Meister – die Natur; auf sie allein sollst du hören.»[33] Betrachtung und Studium der Natur haben den Künstlern aller Zeiten (und auch den Wissenschaftlern) eine Fülle von Ideen, Formen, Klängen und Eingebungen vermittelt, gewissermaßen aus einer unerschöpflichen Quelle kreativen Materials.

Die Naturbetrachtung zeigt uns Tag für Tag einen unvorstellbaren Reichtum. In seinen Briefen betont Cézanne immer wieder die Wichtigkeit dieser Betrachtung. In einem Brief an seinen Sohn zählt er alles auf, was die Natur einem geübten Auge zu bieten hat. Auch Cézanne ist Lernender:

> Hier am Flußufer sind unzählige Motive vorhanden, das gleiche Ding, aus einem andern Winkel betrachtet, ist viel interessanter und so mannigfaltig, daß ich vermutlich monatelang damit beschäftigt bleiben könnte, ohne je den Platz zu wechseln, nur indem ich ein bißchen nach vorne, oder nach rechts oder links rücke.[34]

Für Constable gleicht die Natur einer Hieroglyphenschrift, die der Künstler entziffern muß, denn ihre Bedeutung liegt nicht einfach auf der Hand. Doch je beharrlicher man sich bemüht, desto tiefer enthüllt sie sich. Einer seiner Freunde erzählt, er habe ihm manchmal zugeschaut, wie er einen Baum bewunderte mit der gleichen Begeisterung, als hielte er ein Kind in den Armen. Doch für Constable war Malen nicht nur Kunst, sondern auch ein Zweig der Naturwissenschaft, auszuüben wie die Erforschung der universellen Gesetze. Seiner Meinung nach ist der Weg des echten Malers ein langwieriger; doch die Naturbetrachtung schenkt ihm Originalität, denn dort kann er Aspekte und Eigenschaften finden, die noch keiner gesehen oder gemalt hatte:

> Der Landschaftsmaler muß mit einem demütigen Geist durch die Felder ziehen. Keinem arroganten Menschen ist es je gelungen, die Natur in ihrer ganzen Schönheit zu sehen... Die Kunst, die Natur zu sehen, muß man lernen, fast wie das Entziffern von ägyptischen Hieroglyphen. Auswählen und Kombinieren lernt man von der Natur selbst, die uns immer wieder ihre eigenen Kompositionen darbietet, die an Schönheit alles übertreffen, was selbst dem geglücktesten Schaffen eines Menschen entsprungen ist.[35]

Nach und nach, wenn man stark genug ist, um die Abgründe der Natur zu schauen, stellt sich etwas Neues ein: Was früher vertraut war, wird fremd. Das geschieht, weil man die eigene Vorstellung der Natur aufgegeben hat, und nur noch die Natur selbst sieht. Und es stellt sich ein Reichtum ein, der zu spannenden Abenteuerreisen in der Welt des Unbekannten aufruft, womöglich bis hinauf zu den höchsten Ebenen des Bewußtseins. Die Formen erhalten immer verblüffendere Inhalte: «Ich kann einen Astknoten in einem Scheit betrachten, bis ich beginne, mich zu fürchten», sagt William Blake. Petrarca sah in einem Buchenstamm ein furchterregendes Gesicht, manchmal gar in einer klaren Quelle oder in den Wolken.[36] Delacroix sah in Felsgebilden menschliche Gestalten und Stierköpfe, Elefanten, Fabelwesen und in den Spuren, die die Wellen auf dem Strand hinterließen, Tigerfelle oder Bäume.[37]

Solche Effekte gibt es nicht nur visuell, man kann sie auch hören. Tschaikowsky hörte in der nächtlichen Stille einen tiefen Ton, der seiner Meinung nach von der Erdbewegung durch den siderischen Raum herrührte.[38] Debussy hörte Sirenengesang im Geräusch des Meeres und der Wellen. Und der fieberkranke Wagner hörte das Thema des Präludiums zu seiner Oper «Rheingold», als er in der Phantasie einen Bach rauschen hörte.[39]

Bezaubernde Natur, Lehrmeisterin Natur, verblüffende Natur: So hat sie sich jenen Menschen gezeigt, die sie zutiefst geliebt und verstanden haben. Und auch wir, – entfremdet von uns selbst, überwältigt von der Verschmutzung unserer Umwelt, verfangen in tausend Illusionen und eingesperrt in einer künstlichen Welt – wollen wir es nicht vergessen.

Erinnerung und Vorstellungskraft

Erinnerung: Sie ist die Fähigkeit, die Vergangenheit wieder zu erschaffen. Wir bilden im Geist früher erlebte Formen und Farben, Gesichter und Stimmen, Gerüche und Gefühle nach; Vergangenes lebt in uns weiter, oft intensiver als damals, als es sich ereignete.

Vorstellungskraft: Sie ist die Fähigkeit, Neues zu schaffen. Wir durchbrechen das Bekannte und lassen auf alle Arten Neues entstehen; seien es nun Ideen oder Bilder, Musik oder Romane, mathematische Aufgaben oder elektronische Apparate.

Man könnte fast meinen, es handle sich um zwei gegensätzliche Funktionen der Psyche. Beim genaueren Hinsehen entdecken wir hingegen vielerlei Varianten und Verbindungen zwischen den beiden. Die Vorstellungskraft nährt sich aus erinnerten, verarbeiteten Erfahrungen; und das Erinnerungsvermögen erlaubt sich oft Freiheiten, die an der Grenze der Phantasie liegen. Von beiden wollen wir hier sprechen.

Wenn Erinnerung auf genauer Beobachtung beruht, kann sie eine reiche Quelle für allerlei Anregungen, Inspirationen und ästhetische Erfahrungen sein. Deshalb sollte Erinnerung möglichst umfassend und genau sein und der beobachteten Realität entsprechen. Dürer zum Beispiel, der es mit dem Beobachten sehr genau nahm, benützte das Erinnerungsvermögen als Arbeitsmethode. Er war der Ansicht, daß wir alle Erlebnisse im Innern speichern, und sie stünden dann dem Künstler zur Verfügung:

> ...Niemand kann aus der eigenen Phantasie heraus ein schönes Bild schaffen, wenn er seinen Geist nicht mit viel naturgetreuer Malerei gefüllt hat ... ein geübter Künstler braucht nicht jedes Bild aus der Natur abzumalen; er kann auf das zurückgreifen, was er von außen lange Zeit zusammengesammelt hat.[40]

Die Empfindung eines Momentes ruft uns manchmal unverhofft eine ähnliche Empfindung aus der Vergangenheit ins Gedächtnis; und das Zusammenfallen dieser beiden Empfindungen löst ein ästhetisches Gefühl aus. Proust ging über ein unebenes, glänzendes Pflaster, und augenblicklich fiel ihm ein, daß er vor Jahren in Venedig ein ähnliches Pflaster gesehen hatte. Eine Gondel, die ihn auf dem Kanal erwartete, die Köstlichkeit jener Stunden, das Glücksgefühl jener Venedigtage, alles lebte wieder auf. Durch diese Erinnerung fühlt er sich «aus der zeitlichen Ordnung» entrückt:

> Es reicht manchmal schon, daß wir ein Geräusch oder einen Duft wieder hören oder riechen, die wir schon kennen ... und unser schon lange tot geglaubtes Ich belebt sich wieder, denn es war nicht ganz tot, es nimmt die himmlische Nahrung auf, die ihm geboten wird.

Oft steigen Erinnerungen auch ohne äußeren Anlaß auf, ja sie sind manchmal lebendiger als die ursprüngliche, vergangene Erfahrung. Thomas Wolfe hatte ein außerordentlich starkes Gedächtnis, das ihn immer wieder mit den vielfältigsten Empfindungen überflutete. So saß er eines Tages in einem Pariser Café und schaute den Passanten zu, da fiel ihm plötzlich ein Eisentor in Atlantic City ein:

> Es war alles so lebendig und konkret, daß ich es spüren, greifen konnte mit den Händen, die genauen Maße kannte, Größe, Gewicht und Form. Und plötzlich traf mich wie ein leuchtender Blitz der Gedanke, daß ich in Europa noch nie ein solches Tor gesehen hatte. Dieses vertraute, alltägliche, ja vielleicht häßliche Ding zeigte sich mir mit all seiner Eigenart und Schönheit, wie wir es vielleicht erleben können, wenn wir einen Gegenstand entdecken, den wir ein ganzes Leben in unserer Nähe hatten und den wir nie gesehen haben.[41]

Wenn man diesen Weg in die Vergangenheit und wieder zurück häufig benützt, machen wir ihn uns zu eigen und stärken ihn in uns. Was erst vage und unsicher war, wird stark und reif. Erinnerungen wachrufen heißt vertraut werden mit der Substanz, aus der wir gemacht sind, und mit jenem Material, das für die ästhetische und kreative Erfahrung äußerst wertvoll ist. Denn es ist unsere Realität, die uns widerfahren ist. Auch wenn es lange her ist, ist sie doch noch warm und lebendig und unverwechselbar eingeprägt als unsere unmittelbare Erfahrung. Goethe schlug einigen Freunden vor, auf die in angenehmer Gesellschaft verbrachten Tage anzustoßen, und er tat dies mit den folgenden Worten:

> Was es an Großartigem, Schönem, Bedeutendem im Leben gibt, braucht nicht erinnert zu werden, es ist sozusagen von außen ins Herz eingepflanzt; schon von allem Anfang an muß es sich in unser Herz einweben und sich mit diesem ganz vereinen, in uns ein neues, besseres Ich formen, und so in dauernder Erneuerung in uns weiterleben und -wirken. Es gibt keine Vergangenheit, die man mit dem Wunsch zurückholen soll, es gibt nur ein ewiges Jetzt, das entsteht aus den Elementen, die in der Vergangenheit geschaffen wurden...[42]

Wir alle haben Erinnerungen. Was zählt, ist was wir damit anfangen:

- Es gibt Menschen, die benützen Erinnerungen, um sich zu quälen. Sie trauern dem nach, was hätte sein können; ärgern sich über erlittenes Unrecht und sehnen sich nach dem, was nicht mehr ist;
- Erinnerungen sind manchmal auch jene Schranke, die unsere gegenwärtigen Erlebnismöglichkeiten begrenzt. Wir erleben die Gegenwart durch den Filter von vergangenen Erfahrungen, die Zukunft ist dann nur eine spekulative Form der Vergangenheit;
- Für gewisse Menschen ist Erinnerung nichts weiter als ein sinn-

loses Sammelsurium in der Gerümpelkammer; ungeordnet, verstaubt, ohne lebendigen, sinnvollen Bezug zu ihnen;
- Und andere negieren sogar mit Nachdruck ihre Erinnerungen. Das ist das Abspalten einer Vergangenheit, die wir nicht kennen wollen.

Neben diesen negativen Möglichkeiten gibt es auch einen fruchtbaren Bezug zur eigenen Vergangenheit, wie in den ersten Beispielen. Erinnerungen werden betrachtet, überprüft, verarbeitet, genossen und assimiliert, so daß sie ins Leben der betreffenden Person einfließen und ein Teil ihrer Geschichte und ihrer Welt werden. Dies läßt eine tiefe seelische Ökonomie erkennen, wie wir sie auf allen spirituellen Wegen treffen. Nichts wird vergeudet oder als wertlos betrachtet, alles ist Anlaß zum Wachsen.

Die Erinnerung kann auch, anstatt gleich archiviert zu werden, als Gärtopf dienen, in dem sich die Bilder klären. Delacroix schreibt in seinem Tagebuch, daß in jedem Künstler ein Selektions- und Verarbeitungsprozeß am Werk sei, der sein künstlerisches Schaffen ausmache:

> Wenn wir nachdenken über die Frische von Erinnerungen, über die zauberumwobene Farbe, die sie im Licht der Vergangenheit annehmen, dann wundern wir uns über das unbewußte Wirken der Seele, das in den glücklichen Momenten alles auslöscht und unterdrückt, was dem Zauber eines Erlebnisses Abbruch tun könnte... Der große Künstler verdichtet das Interesse, indem er unwichtige Details oder widerliche, banale einfach wegläßt; seine kraftvolle Hand ordnet und entscheidet, fügt hinzu oder läßt beiseite und verfügt frei über die Dinge, die ihm gehören, er bewegt sich in seinem eigenen Reich und feiert Feste nach seinem Belieben.[43]

Gauguin sieht Erinnerung als Gelegenheit, das eigene Material durchzusehen und Unwesentliches auszuscheiden:

> Wenn du etwas betrachtest und später im Atelier wieder aus der Erinnerung malst, dann wird es nicht jene Szene sein, sondern das Wesentliche daran. Die Phantasie vereinfacht, was das Auge sieht, und verwirft unwesentliche Details. Formen werden zu den klaren Linien einer geometrischen Architektur, Farbtöne reduzieren sich auf die sieben Grundfarben, die das weiße Licht ausmachen.[44]

Damit sind wir etwas abgerückt von der Erinnerung, die Bilder und Empfindungen speichert und aufbewahrt, und sehen Erinnerung, die selektioniert und neu erschafft. Von hier ist es nur noch ein Schritt zur Vorstellungskraft: Diese nämlich benützt die erinnerte Realität und stellt Bilder neu zusammen, verwandelt sie und erfindet neue.

Wir alle haben Vorstellungen. Und wir alle können uns Dinge vorstellen, die uns quälen, trösten oder zerstreuen; uns in Illusionen wiegen, uns ärgern oder auch auf eine Handlung vorbereiten. So bereitet der Koch das Abendessen vor, der Verbrecher organisiert eine Entführung, der Automobilist stellt sich die Straße vor, die er nehmen muß, der Mechaniker die Reparatur, der Chirurg seine Operation – alle benützen sie die Vorstellungskraft, eine subjektive Darstellung der Welt und ihres Tuns darin. Alles nimmt also hier seinen Anfang, in diesem mikrokosmischen Labor, das wir Phantasie nennen.

Bei gewissen Leuten ist diese Fähigkeit sehr ausgeprägt und wird als außerordentliche Kraftquelle empfunden. Die folgenden Worte von Leonardo da Vinci drücken die Verblüffung aus, daß alles, ja gänzlich alles, möglich ist:

> Wenn der Maler Schönes sehen will, das ihn fasziniert, dann kann er es schaffen, und wenn er schreckliche Monstruositäten sehen will, lustige oder lächerliche, oder erbarmenswürdige, dann ist er Herr und Schöpfer dieser Dinge; und wenn er verlassene Gegenden oder Wüsten schaffen will oder dunkle und kühle Orte voller Wärme, oder warme Orte in der kalten Zeit, dann kann er das alles tun.[45]

Und als Georgia O'Keefe entdeckte, daß sie sich beim Malen nicht unbedingt an eine Vorlage halten mußte, sondern ganz frei erfinden konnte, schien es ihr ein so grundlegender Schritt wie «Gehen lernen». Sie durfte also frei erfinden, was immer ihr einfiel, Formen und Farben beliebig verändern, noch unbekannte Welten neu erschaffen. In jenen Tagen dieser für sie überwältigenden Inspiration dachte Georgia O'Keefe, sie sei verrückt, so neu und seltsam waren die Formen, die ihr einfielen. Und doch war es ein Zustand der Gnade.[46]

Wenn wir von der kreativen Vorstellungskraft sprechen, dürfen wir uns nicht auf Kunst und Schönheit allein beschränken. Sie umfaßt auch andere Bereiche. Die Phantasie ist gerade wegen der Möglichkeit, die Elemente zu kombinieren und wieder umzukombinieren, Regeln zu durchbrechen, selbst unwahrscheinliche, verblüffende Situationen und alle möglichen Universen zu schaffen und Hypothesen aufzustellen, auch in Wissenschaft und Technik ein überaus wichtiges Instrument. Einige Beispiele sollen dies veranschaulichen:

- In Gedanken hat sich Albert Einstein Situationen ausgemalt, aus denen er Anregungen für alle möglichen theoretischen Betrachtungen bezog. Er stellte sich einen Mann vor, der von einem Dach herunterfiel, dessen Körper zwar der Schwerkraft ausgesetzt war, sich aber nicht in einem Gravitationsfeld befand. Dies brachte ihm den «glücklichsten Einfall» seines Lebens, der ihm ermöglichte, die Relativitätstheorie aufzustellen.[47]
- Crick und Watson mußten ihre Vorstellungskraft aufs Äußerste strapazieren, damit sie sich das dreidimensionale Molekül mit der doppelten DNA-Spirale vorstellen konnten; Watson schrieb, daß er in der Nacht der Entdeckung «mehr als zwei Stunden wachgelegen hatte und Paare von Adeninrückständen (einer im DNA vorkommenden Aminosäure) vor seinen geschlossenen Augen wirbeln sah.»[48]
- Der Archäologe Schliemann, der Troja entdeckt hatte, stellte sich bildhaft vor, wie die Leute vor Jahrtausenden gelebt hatten, dort wo heute nur noch Ruinen stehen. Diese Bilder leiteten ihn bei der Forschungsarbeit.

Die Geschichte von Tesla verdient besondere Erwähnung. Als Kind litt Tesla unter einem unangenehmen Phänomen. Wenn er jemanden über ein beliebiges Thema sprechen hörte, stellten sich vor seinen Augen, ohne daß er es wollte, dermaßen intensive, klare und wirklichkeitsnahe Bilder ein, daß er sie fast greifen konnte. Um diesem Zwang auszuweichen, begann nun Tesla, sich willentlich alles Mögliche vorzustellen: Landschaften, Städte, Personen, Reisen in unbekannte Länder, bis er diese Fähigkeit nach seinem Willen lenken konnte und unangenehme Bilder ausklammern konnte, wenn er wollte. Etwa im Alter von siebzehn Jahren begann er, sich seinen Erfindungen zu widmen und merkte, daß diese Fähigkeit eine Arbeitsmethode war, die ihm zur Verfügung stand:

> Bevor ich etwas zu Blatt bringe, erarbeite ich im Geist die Idee. In meinem Geist verändere ich den Bau, bringe Verbesserungen an und

lasse sogar eine Vorrichtung funktionieren. Ohne daß ich je eine Maschine gezeichnet hätte, kann ich den Arbeitern alle Maße angeben, und wenn die Teile fertig sind, passen sie so unfehlbar zusammen, als hätte ich sie richtig aufgezeichnet. Für mich ist es ein und dasselbe, ob ich eine Maschine im Geist funktionieren lasse, oder ob ich sie im Labor ausprobiere.[49]

Die Phantasie dient der Handlung; doch dient sie auch in der Meditation. Es gibt eine tantrische Visualisierung, in der wir uns einen Gott vorstellen, der in unseren Körper in die Herzgegend eintritt, auf einer Sonnenplatte sitzend, die ihrerseits auf einer Mondplatte und diese auf einer Lotusblume aufliegt; dann stellt man sich vor, man werde ganz klein und verschmelze mit diesem Gott und nehme sein Bewußtsein in sich auf; dann stellt man sich vor, daß der Gott zu einem Punkt wird, der schließlich verschwindet und gestaltlos in der Ekstase der Leere aufgeht.[50]

In der tibetanischen Tradition betrachtet man Visualisierungen nicht als neutrale Form, sondern als lebendige Einheit, die ein psychisch-geistiges Potential hat. Das geschieht auch tatsächlich: Alles, was der Geist hervorbringt, wird wie durch einen Zauber belebt. Corot schrieb:

Nach meinen Exkursionen lade ich jeweils meine Freundin Natur ein, einige Tage unter meinem Dach zu weilen. Eines Tages, als sie bei mir war, ließ ich meiner Phantasie freien Lauf. Den Pinsel in der Hand, begann ich im Wald meines Ateliers zu malen. Ich höre dort sogar die Vogelstimmen und das Rascheln der Äste, die von einem gespensterhaften Wind bewegt sind...[51]

Jung hat dieses Phänomen «Wirklichkeit der Seele» genannt.[52] Solch innere Bilder sind nicht passiv, sie haben ein Eigenleben und sind ebenso real wie Lebewesen. Was Jung als Werkzeug der Seelenforschung erkannt hatte, brauchten die Künstler – wie zum Beispiel Corot – seit Urzeiten, um ihre Kreativität zu erweitern. Manchmal tauchen die Bilder ungerufen auf und sprechen zum Künstler, wie bei Ingres: «Immer wieder tauchen einzelne Figuren oder Gruppen wie Gespenster vor meinem Auge auf und sagen «mach mich so, oder so».[53] Wagner konnte die «geistige Stimme» der Hauptdarsteller hören.[54] Und für Schiller waren die Figuren, die er schuf, «lebendige Gestalten, die uns ihre Freuden und Nöte mitteilen.»[55]

Auf diese und andere Weise regt die Phantasie unsere seelischen und transpersonalen Ressourcen an. Da sie alle möglichen Welten erfinden kann, zeigt sie dem Geist, daß er nicht Sklave der Logik bleiben soll. Anregend ist auch ihre Verspieltheit; wenn wir phantasieren, binden uns keine Pflichten und keine Verbote, wir können uns dem Spiel hingeben. Im Spiel verschwindet die Last der Wirklichkeit, wir dürfen uns ruhig dem Unbewußten und dem Zufall überlassen und lachen. Es löst Hemmungen und belebt die innerste Quelle, die im Alltag unweigerlich beschränkt und verschüttet wird. So kann die Vorstellungskraft zu einem Weg zur Befreiung werden.

Unschuld und Mysterium

Wie leer wäre doch die Welt, wenn wir sie nicht mit unseren Gedanken würzen könnten! Wenn Gesichter, Körper, Gegenstände, Häuser, Bäume, Autos lediglich Dinge wären, unbekannt, rätselhaft und namenlos? Wenn das Gesicht unseres Freundes nur ein Spiel von Oberfläche und Farbe wäre, wenn uns Worte wie inhaltslose Töne entgegenklängen, vertraute Orte zu Zauberlandschaften würden – wenn also alles, was wir je gekannt haben, plötzlich nicht mehr wäre?

Schrecklich: Wir würden heimatlos in einer fremden Welt umherirren. Gefährlich: Es wäre barer Wahnsinn, wir würden keinen Augenblick überleben. Unmöglich: Wir könnten die Gedanken gar nicht loswerden, ihre Spuren nicht aus dem Gedächtnis fegen.

Allerdings auch faszinierend: Unbelastet von allen Erwartungen und Verhärtungen sähen wir die Welt in ihrem jungfräulichen Zustand. Jede Wahrnehmung wäre ein Neuentdecken und jeder Augenblick frisch. Vielleicht fänden wir so, unbefangen von allem Wissen, Weisheit und Schönheit.

Alles können wir zwar nicht vergessen, doch vielleicht gelingt es uns, für Augenblicke die Erklärungen beiseitezustellen und die Welt mit unschuldigen Augen zu betrachten. Für viele ist das der Weg der Schönheit: Die Suche nach der unverfälschten Wahrnehmung dessen, was wirklich ist, ein Versuch, nackt und unbefangen der Wirklichkeit zu begegnen. Solche Menschen vermögen die Dinge immer neu zu sehen, als wäre es das erste Mal im Leben. Monet sagte einst zu einem Freund, am liebsten wäre er blind zur Welt gekommen und hätte erst später das Augenlicht erlangt, damit er hätte malen können, ohne zu wissen, was er malte:

> Wenn du hinausgehst zum Malen, vergiß das Objekt, das du vor dir hast, Baum, Haus, Feld oder was immer es ist. Denk nur, hier ist ein kleines blaues Quadrat, hier eine längliche rosa Form, hier ein gelber Streifen, und male genau, was du siehst, jene Farbe und jene Form, bis dir das Ganze deinen unschuldigen Eindruck der Szene preisgibt.[56]

Manchmal stellt sich die unverfälschte Wahrnehmung plötzlich und spontan ein. De Chirico, der sich von einer langen Krankheit erholte, saß auf einer Bank vor der Santa-Croce-Kirche in Florenz. Es war ein sonniger Herbstnachmittag, und er schaute sich um: das Dantedenkmal, die Kirchenfassade, der Marmor der umliegenden Häuser und der Brunnen. Dann, unvermittelt, eine Eingebung: «...mir war, als sehe ich diese Dinge zum ersten Mal, und die Komposition des Bildes nahm vor meinem geistigen Auge Gestalt an.» Das war die Geburt des Bildes *Rätsel eines Herbstnachmittags*.[57]

Diese Unschuld und Nacktheit ist mehr als eine Künstlermode, sie ist ein tiefer Aspekt der Inspiration. Wir finden sie auch bei Bildhauern. Für Moore geht es zum Beispiel darum, die Dinge losgelöst von der vertrauten Umgebung zu betrachten:

> ...mir wurde immer bewußter, wie das Licht die Form enthüllt. Und plötzlich existierten die banalsten Gegenstände nicht mehr als bloße Gegenstände, sondern als Formen im Raum. Das gleiche geschah mit der Natur und der menschlichen Gestalt, beide sind unerschöpfliche Quellen meines Interesses.[58]

Für andere Menschen geht es weniger darum, sich von Konzepten und gedanklichen Schemen zu befreien, sondern darum, den unschuldigen Teil in sich wieder auszugraben, der nicht vom Leben vergewaltigt worden ist; das ewige Kind, das immer wieder neue Universen erlebt. Pascolani hat die Schönheit dieses unschuldigen Zustands besonders glücklich beschrieben:

> Poesie ist etwas sehen, was alle die ganze Zeit anschauen, ohne es wirklich zu sehen. Und wenn der Dichter darauf zeigt, ist es, als würde er es entdecken; und die Leute sagen: «Sieh mal, das war doch kinderleicht!» Gewiß, doch du hast es noch nie gesehen! Du hast es nicht

einmal denken und nachsagen können, er aber, der Kindliche, ist Adam, der alles benennt, was er sieht und spürt, und fähig ist, in den Dingen Verwandtes und die genialsten Verbindungen zu entdecken. Oh Kind, das du nur auf deine kindliche Art denken kannst, die man tief nennt, weil sie uns jäh in den Abgrund der Wahrheit stürzt, ohne daß wir die Gedankenstufen brav der Reihe nach erklommen haben.[59]

In der Unschuld liegt Liebe. Wer auf dem Weg der Schönheit ist, hat eine erotische Einstellung zum Leben. Wie jeder echte Liebende fragt er nicht nach Erklärungen und stellt keine Bedingungen; er umarmt das Leben in seiner ganzen Rätselhaftigkeit. Frage einen solchen Menschen nie nach Formeln oder Theorien. Das ist nicht seine Spezialität. Schau, wie er der Welt begegnet; er versucht nicht, sie zu entziffern, er versucht nur, selber transparent zu werden und das Schöne in den feinsten und entstelltesten Formen wahrzunehmen.

Umgekehrt gibt es auch Leute, die den unfaßbaren Prozeß des Lebens mit den Augen der Vernunft betrachten. Auch das hat Vorteile; es bietet oft wirklichkeitsnahe Erklärungen, man kann Voraussagen machen, Sicherheit vermitteln, Widersprüche lösen, das Leben erleichtern. Doch um welchen Preis? Die Vernunft ist zweifellos eines der wichtigsten Glieder in der menschlichen Evolution, doch manchmal will man mit ihr Dinge erklären, für die sie schlichtweg nicht zuständig ist. Dann predigt man mit ihr von der Kanzel herunter und beurteilt alles. Und sobald man alles erklären will, versteift man sich; dann fehlen Leidenschaft, Begeisterung, Liebe und die Schönheit.

Wer das Schöne erfahren will, muß vor allem Gedanken und Vorurteile aufgeben. Dies mag verunsichern, doch es ist unumgänglich, und jeder tut es auf seine Art. Baudelaire, zum Beispiel, war ziemlich radikal:

Man muß betrunken sein. Das ist das ganze Geheimnis, der einzige Schlüssel des Problems. Wenn ihr die schwere Last der Zeit nicht spüren wollt, die auf euren Schultern lastet und euch beinahe erdrückt, dann betrinkt euch unaufhörlich. Doch mit was? Mit Wein, mit Poesie oder Tugenden, das liegt an euch. Doch betrinkt euch... Wenn ihr nicht Sklaven und Märtyrer der Zeit sein wollt, dann betrinkt euch rückhaltlos![60]

Man kann einwenden, daß Baudelaires Rebellion stark im Sog einer bestimmten Künstlerattitüde lag. Die Ablehnung der Vernunft kann verschiedene Gesichter haben, je nach Situation. Manchmal ist sie eher Methode als Herausforderung. So bei Schiller, der in einem bekannten Brief den Ratschlag erteilt, man soll seine Gedanken frei fließen lassen, ohne zu zensurieren. Ein befreundeter Literaturkritiker, der ein verhinderter Künstler war, hatte ihn um Rat gefragt: Wie soll man dic eigenen Blockaden auflösen? Und Schiller antwortete:

> Offenbar ist es nicht gut, sondern von Nachteil für das kreative Schaffen des Geistes, wenn der Intellekt allzu streng, bereits an der Pforte, die einströmenden Ideen zensuriert. Für sich allein genommen, kann eine Idee völlig belanglos, ja verwegen scheinen, doch vielleicht wird sie nachträglich durch eine andere Idee wichtig; vielleicht bildet sie, auf eine bestimmte Art mit anderen Ideen verknüpft, die allein ebenso belanglos scheinen, eine funktionelle Kette. All das kann der Intellekt gar nicht ermessen, wenn er die Ideen nicht zurückhält, bis sie mit andern verbunden sind. In einem schöpferischen Geist hingegen hat der Intellekt seinen Wachposten an der Pforte aufgegeben, die Ideen strömen beliebig ein und erst dann betrachtet er sie im Zusammenhang.[61]

Diese Worte von Schiller sind sehr bedeutungsvoll. So wie er den denkenden Künstler sieht, muß Rationalität nicht unbedingt zerstört, sondern nur in Schach gehalten werden. Dieselben Ideen wurden im «brain storming» unserer Tage wieder aufgenommen. Es geht bei dieser Methode darum, möglichst viele Gedanken und Bilder hervorzubringen, ohne den Gedankenfluß mit kritischen Urteilen zu unterbrechen. Diese kommen anschließend.

Das Denken droht also oft, die Erfahrung zu trüben. Und Erklärungen verderben alles; als erkläre jemand, warum ein Witz lustig ist. Doch wie schwierig, es zu unterlassen! Ein Teil in unserem Inneren brennt danach, ständig zu interpretieren und zu formulieren; es beängstigt uns, wenn wir keine überzeugenden Strukturen sehen, an denen wir die Welt aufhängen können. Und wir sind immer bereit, irgendeine Idee auf die Welt zu projizieren, die so unerträglich geheimnisvoll ist. Auf dem Weg der Schönheit hingegen finden wir diese Fähigkeit und Kraft, uns zurückzuhalten, das Zwiespältige des Lebens zu ertragen, ohne es ständig erklären zu müssen. Undurchsichtiges und Unwissen werden hier zu Werten, die helfen, sich von erstickenden vorgefaßten Meinungen zu befreien und das Geheimnisvolle zu schätzen. Für einige ist dies eine Lebenshaltung; doch für uns alle ist es sicherlich eine Aufforderung, den eigenen Erklärungen weniger Gewicht beizumessen. Und es wird uns helfen, die bestehenden Widersprüche besser anzunehmen, ohne sie dauernd lösen zu wollen. Keats nennt das die «negative Fähigkeit»:

> Vieles verband sich plötzlich in meinem Geist, und ich verstand, welche Eigenschaft nötig ist, um Erfolg zu haben, besonders in der Literatur. Diese Eigenschaft besaß Shakespeare in hohem Maße; ich meine die negative Fähigkeit, d.h. daß jemand fähig ist, im Unsichern zu verweilen, im Mysterium, im Zweifel, und nicht ungeduldig den Tatsachen und der Vernunft nachzurennen beginnt... Bei einem großen Dichter ist der Schönheitssinn stärker als alles andere, er löscht gar das Betrachten an sich aus.[62]

Wenn man über die Denkschemen hinaus geht, kann man sich widersprüchliche Realitäten viel besser vorstellen, ohne daß man die entstehende Spannung gleich wegerklären muß. Meistens gelingt es uns nur, eine Realität aufs Mal ganz zu leben: Freude oder Leid, Güte oder Boshaftigkeit, Verschlossenheit oder Öffnung, Licht oder Schatten, Stillstand oder Bewegung. Wir ertragen das Nebeneinander von Gegensätzen nicht leicht. Es scheint unlogisch; und unser Geist, der ohnehin alles ordnen will, zieht es vor, sich nur jeweils auf einen Pol einzustellen. Wie kann eine Person zum Beispiel gleichzeitig schlimm und wohltuend sein? Wie kann man Freude und Leid miteinander empfinden? Und doch geschieht dies oft; das Leben ist voll verblüffender Widersprüche, die der rationale Geist nicht erfassen kann; und gerade diese machen den Reichtum und das Geheimnis des Lebens aus.

Rothenburg, ein amerikanischer Wissenschaftler der Universität Yale, machte eine Studie (veröffentlicht im Buch *The Emerging Goddess*), in der er mehr als tausend Interviews mit Künstlern und kreativen Wissenschaftlern untersucht hat. Eine seiner Thesen ist, daß das Schlüsselelement der Kreativität das «janusische Denken» sei (von Janus, dem römischen Gott mit den zwei Gesichtern, eines auf der Vorderseite und eines auf der Hinterseite des Kopfes), d.h. die Fähigkeit, aktiv zwei gegensätzliche Ideen oder Bilder zu kreieren oder zwei widersprüchliche Gefühle wahrzunehmen. Viele große Kunstwerke bauen auf dieser Spannung auf; zum Beispiel ist die Mona Lisa gleichzeitig jungfräulich und sinnlich, sanft und grausam;

Rembrandt kann in seinen Gemälden ein starkes, fast übernatürliches Licht mit fast vollständiger Dunkelheit vereinen; die dramatische Spannung in dem Bild *Guernica* von Picasso zeigt die Greuel der Bombardierungen in einer äußeren und inneren Umgebung, als wollte er zeigen, daß der Krieg unsere äußere und innere Welt erfaßt.

Mozart gibt uns ein anschauliches Beispiel für die janusische Haltung (das Rothenberg nicht zitierte). Er hatte mit Freunden einen angenehmen Abend in Leipzig verbracht. Es war ein fröhliches, herzliches Zusammensein, und die Freunde überredeten ihn zuletzt, er solle einige Noten niederschreiben zur Erinnerung an dieses Treffen. Im Handumdrehen hatte Mozart zwei dreistimmige Kanons aus dem Ärmel geschüttelt, einen lustigen, spritzigen und einen, der verzehrenden Abschiedsschmerz ausdrückte. Schon dies war außergewöhnlich und zeigt die Fähigkeit, sich gleichzeitig auf zwei widersprüchliche Gemütszustände einzulassen; die Ausgelassenheit eines Abends im Kreis der Freunde und den Abschiedsschmerz. Doch wie staunten sie alle, als sie merkten, daß die beiden Kanons gedacht waren, um gleichzeitig vorgetragen zu werden. Auf zauberhafte Weise hat Mozart so das Rätsel des Lebens in einem Mikrokosmos von gegensätzlichen Gefühlen eingefangen. Mozart selbst, der diesen Effekt im Quintett Nr. 9 von *Così fan tutte* aus der selben Zeit wiederholte, war gerührt und, sich brüsk von seinen Freunden verabschiedend, verschwand er in der Nacht.[63]

Verwandlung von Schmerz

Habt ihr schon einem kleinen Kind zugeschaut, das sich weh getan hat? Vielleicht ist es hingefallen. Es weint nicht gleich. Zuerst ist es verdutzt; es versteht nicht. Dann gewinnt die neurologische Tatsache des Schmerzes die Oberhand, und es weint – es weint auch, weil wir herbeieilen und ihm damit eine Erklärung für den Vorfall geben. Wir Erwachsenen sind darin viel geübter; sobald wir Schmerz empfinden, haben wir ein riesiges Repertoir von bekannten Erfahrungen und bewährten Reaktionen zur Verfügung, von Weisheiten und Aberglauben bis zum Aspirin und zum Heftpflaster. Doch in vermindertem Maße geschieht auch uns, was wir bei Kindern so offensichtlich beobachten können: Leiden bewirkt oft, daß wir nicht verstehen.

Und wenn das Leiden groß ist, hält seine unerbittliche Präsenz unsere Aufmerksamkeit gefangen, es schwächt die Hoffnung und tötet unsere Lebenserwartungen. Die Irrationalität des Leidens sabotiert die zeitliche und seelisch-körperliche Struktur, die wir für unser Ich halten. Schmerz, sei er nun seelisch oder körperlich, ist eine konkrete Form der Vernichtung.

Doch gerade wenn die Persönlichkeitsstruktur brüchig und unstabil wird, öffnet sich eine unerwartete Spirale: «Das Leiden dauert an, es ist düster und dunkel», sagt Wordsworth, «und dem Wesen nach unendlich.»[64] Im Schmerz werden uns unsere Grenzen bewußt, und gleichzeitig erwacht der verzweifelte Wunsch, sie zu durchbrechen; da ist ein Durst nach endgültigem Frieden. Die Aufmerksamkeit verlagert sich von den Objekten weg, die sie lange Zeit gefangen gehalten hatten und die nun eitel oder unerreichbar geworden sind oder sich angesichts des Wesentlichen als Illusionen entpuppt haben. Die tiefsten Sicherheiten sind in die Brüche gegangen. Die Sensibilität ist erschöpft. Aber genau das kann uns für neue Entwicklungen öffnen.

Wir wollen das recht verstehen: Oft ist die Gewalt des Schmerzes nur zerstörerisch; wir verhärten uns, verzweifeln, betäuben uns, wir sterben tausend Tode und werden doch nicht neu geboren. Doch umgekehrt trifft es auch zu, so absurd und entsetzlich es scheinen mag, daß Schmerz ein spiritueller Weg sein kann. Für gewisse Menschen kann Schmerz wie ein roher, dunkler Felsblock sein, der aufgebrochen im Inneren einen wunderbaren Kristall enthüllt. Das läßt sich von jedem Weg zum Selbst sagen; überall begegnen wir dem Schmerz. Doch auf dem Weg der Schönheit ist die Verwandlung von Schmerz am deutlichsten zu erkennen. Wir haben schon gesehen, wie alle noch so belanglosen Details des Lebens Bedeutung haben können. Und nun erleben wir sogar, daß genau das, was wir am meisten fürchten oder hassen, die schönsten Früchte tragen kann. Hier kehrt sich alles in sein Gegenteil; durch eine wunderbare Alchemie verwandelt sich Schmerz in Wissen und Freude.

Oscar Wilde wurde wegen seiner Homosexualität angegriffen, verlor seine Freunde und wurde eingekerkert und verurteilt. Gerade die Einsamkeit und seine Not im Gefängnis brachte ihm eine Erleuchtung, die er in einem langen Brief an seinen Geliebten niederschrieb, der später unter dem Titel *De Profundis* veröffentlicht wurde. Seine Anfangszeit im Gefängnis war fürchterlich, er ging durch «alle möglichen Leidenszustände».

Nach und nach begann er, den Sinn des Schmerzes zu verstehen. Vor seiner Gefängniszeit hatte er nur Freude gesucht und war möglichst jedem Leiden ausgewichen; er war nicht wirklich im Leben verwurzelt gewesen. Nach schrecklichen Kämpfen und Schwierigkeiten gelang es ihm nun, «einige Lektionen zu begreifen, die im Herzen des Schmerzes versteckt sind».

Vor seinem Gefängnisaufenthalt hatte Wilde einst zu einer Freundin gesagt, in einer einzigen engen Londoner Gasse wohne soviel Leid, das dies allein schon der Beweis dafür sei, daß Gott den Menschen nicht liebt: «Nun will mir scheinen, daß es eine bestimmte Art von Liebe ist, die allein das Übermaß an Leiden auf der Welt erklären kann.» So konnte dieser verratene, einsame, leidende, arme Mann im dunkelsten Moment seines Lebens sagen:

> ... wer die Schönheit der Welt sehen und den Schmerz davon ertragen kann und etwas von den Wundern dieser beiden versteht, der steht unmittelbar in Verbindung mit den göttlichen Dingen und ist dem Geheimnis Gottes näher, als dies menschenmöglich ist.

Doch die größte Verzweiflung kannte Wilde, als sein ältester Sohn starb, noch während er im Gefängnis war. In jenem Moment verstand er, daß es nur die eine Lösung gab, «alles hinzunehmen». Im erwähnten Brief schrieb er auch:

> Seither – es mag dir seltsam erscheinen – war ich glücklicher. Sicher war ich vorgedrungen zu meiner Seele in ihrer höchsten Form. Ich war früher auf mancherlei Art ihr Feind gewesen, und nun fand ich, daß sie mich wie einen Freund erwartete...[65]

Und hier sehen wir, daß alles annehmen das gleiche ist wie sich selbst sein, «die Seele in ihrem höchsten Wesen». Nur wenn wir die Realität hinnehmen, wie sie ist, können wir gemäß Oscar Wilde sein, was wir sind. Sobald wir annehmen, was ist, nehmen wir Freude und Schmerz, das Schlechte und das Gute ohne Unterschied und Wertung. Das ist die Fähigkeit, mit allen Formen des Lebens in Kontakt zu sein. Und es bedeutet, daß uns nichts mehr entfremden kann.

Diese Annahme ist wesentlich. Sobald man sich dem Schmerz widersetzt, bestärkt man ihn – mit der Annahme wird er überwunden. Die Annahme von Schmerz finden wir auch bei Beethoven; am Anfang allerdings ambivalent und bitter. 1801 schreibt er in einem Brief: «Ich habe schon oft den Schöpfer und mein Dasein verflucht. Plutarch hat mich zu der Resignation geführt.»[65] Doch 1802 im «Testament von Heilingstadt» schreibt er: «Geduld: von dieser Tugend muß ich mich lenken lassen.» Der Schmerz über seine Taubheit traf ihn, der von Tönen lebte, fürchterlich und zwang ihn, sich in seinem tauben Universum abzukapseln und von der Gesellschaft abzusondern; er hegte sogar Todeswünsche. Mit den Jahren stellte sich eine tiefe Wandlung ein. 1818 schreibt Beethoven in einem Brief: «Wir endlichen Kreaturen mit einem unendlichen Geist sind geboren, um zu leiden und uns zu freuen; man könnte sogar sagen, die Auserwählten empfangen die Freude durch den Schmerz.»[66] Schubert ging einen ähnlichen Weg. Einige seiner schönsten Kompositionen sind beschwingt und leicht, doch in sein Tagebuch schrieb er wenige Jahre vor seinem Tod: «Meine Werke sind aus meinem Verständnis der Musik und des Schmerzes entstanden.»[67]

Schmerz bohrt, treibt, gräbt und zerbricht wie ein Eindringling. In uns wird alles aufgewühlt und zerbrochen. Es erfüllt uns mit Entsetzen und Verzweiflung. Durch sein Wirken entsteht aber neuer Raum für Freude und neue Verwirklichung. Mit kaum zwanzig Jahren steckte Pablo Casals, der große spanische Cellist, in einer großen Krise. Er sah all das Elend um sich, Egoismus, Unterdrückung, Gewalt. Er sah das Schlechte auf der Welt und war entsetzt. Seine Verzweiflung war groß. Er hatte bereits einen gewissen Namen als Musiker, doch es gelang ihm nicht mehr wie früher, einfach mit der Musik zu verschmelzen. Damals begriff Casals auch, daß die Musik an sich keine Lebensantwort darstellte, sondern erst Sinn erhielt, wenn sie «Teil der Menschheit» wird. Diese Überzeugung, die aus dem Schmerz geboren wurde, hat Casals durch sein ganzes Leben hindurch begleitet und war eine Grundnote seines Schaffens:

> Der Anblick von Leuten, die sich in einem Konzertsaal versammelten, gewann damals symbolische Bedeutung für mich. Wenn ich mir ihre Gesichter anschaute und sah, wie sie mit mir zusammen der Schönheit dieser Musik teilhaftig wurden, wußte ich, daß wir Brüder und Schwestern waren, allesamt Mitglieder einer großen Familie. Den schreckli-

chen Konflikten der dazwischenliegenden Jahre und all den falschen Barrieren zum Trotz, die man zwischen den Nationen aufgerichtet hat, hat mich dieses Wissen nie verlassen.[68]

Sobald man sich einmal dem Schmerz gestellt hat, kann man dem Leben in seiner Universalität begegnen. Man ist dann nicht mehr an die Vorlieben oder kurzfristigen Belohnungen gebunden. Nach Rodin ist für den Künstler:

...alles schön..., weil er immer im Licht der spirituellen Wahrheit steht. Der große Künstler, und damit meine ich Dichter und Maler und Bildhauer, findet sogar im Leiden, im Tod von Menschen, die er liebt, im Verrat der Freunde noch etwas, was ihn mit großer, zwar tragischer Bewunderung erfüllt. Manchmal ist sein Herz gequält, und doch ist stärker als sein Schmerz die bittere Freude, die er spürt, wenn er diesen Schmerz versteht und ausdrückt... Wenn er sieht, wie sich die Wesen rund um ihn gegenseitig zugrunde richten; wenn er sieht, daß alle Jugend vergeht, jedes Genie stirbt, alle seine Kräfte schwinden, wenn er jenen Willen klar erkennt, der diese tragischen Gesetze geschrieben hat, dann genießt er mehr denn je sein Wissen und ist von neuem erfaßt von der Leidenschaft der Wahrheit und glücklich.

Was wir über das Leiden gesagt haben, gilt auch für das Häßliche. Wenn unser Schönheitsempfinden das Groteske und Schreckliche ausklammert, ist es schwächlich und falsch. Es ist viel echter und überzeugender, diese anzunehmen und irgendwie zu verwandeln. Denken wir nur an die Caprichos von Goya, an die Hölle von Dante, an die Verrückte von Ensor, oder an die Guernica von Picasso, um nur einige bekannte, doch ganz unterschiedliche Beispiele zu nennen.

Die Art, wie ein Künstler zum Häßlichen oder Banalen steht, sagt etwas aus über sein Temperament und seinen Schönheitssinn. Er kennt weder Ablehnung noch Wertung, aber auch keine morbiden Vorlieben. Daran ist die Person zu erkennen, die zur inneren Universalität gefunden hat und sich geöffnet hat, um alles zu lieben und zu schätzen, auch die «Kehlen von Alten», wie Leonardo da Vinci , der diesem Thema verschiedene Zeichnungen und unzählige Stunden der Betrachtung gewidmet hat; oder Zigarettenstummel, in denen Kandinsky offenbar «die geheime Seele» der Dinge sehen konnte.

Es ist Neugierde für alles Bestehende, die überall Sinn und Schönheit sehen kann.[69] Van Gogh sagt in einem Brief:

> Es stimmt, daß ich oft im größten Unglück stecke, doch es gibt eine ruhige, reine Harmonie und eine Musik in mir. Ich sehe Zeichnungen und Gemälde in den ärmsten Hütten, im schmutzigsten Winkel, und mein Geist ist mit unwiderstehlicher Kraft von diesen Dingen angezogen.

Man sieht die Dinge mit einem neuem Blick. Schön empfand Pissarro die Straßen von Paris, auf die er von seinem Zimmer im Grand Hotel du Louvre aus, nahe der Rue de Rivoli, sehen konnte:

> Wie herrlich ist es, malen zu dürfen! Vielleicht ist es alles andere als ästhetisch, doch ich male begeistert diese Pariser Straßen, die man häßlich nennt, die aber so herrlich silberleuchtend, licht und lebendig sind.[70]

Monet war empört, daß die Kritiker die Nebel, die er malte, nicht als akzeptables Bildthema gelten liessen, und beschloß daraufhin erzürnt, Rauchschwaden von Lokomotiven zu malen. Er pflanzte sich «wie ein Tyrann» (so erzählt der Sohn von Renoir) im Bahnhof Saint Lazare auf und, obwohl noch kaum bekannt, gelang es ihm, den verblüfften Bahnhofvorstand des Westbahnhofes zu veranlassen, daß dieser die Züge nach Monets Wunsch länger halten oder mehr Kohle verbrennen ließ, damit sie stärkeren Rauch ausspien; er stellte sogar den Fahrplan um, damit Monet das Spiel des Sonnenlichts auf den Rauchschwaden besser einfangen konnte: «Es ist ein Zauber, ein wahres Traumbild», sagte Renoir. Wer hätte gedacht, daß man aus einem schmutzigen Bahnhof, aus den Rauchwolken der Züge ein Meisterwerk schaffen könnte?[71]

Und Georgia O'Keefe hatte ihre besondere Freude an Knochen: Knochen von Antilopen, Pferden, Kühen und Maultieren, eingesammelt am Rand der Wüste von New Mexico. Sie sammelte große Mengen und malte ganze Bildserien zu diesem Thema:

> Für mich sind sie schöner als alles, was ich kenne. Für mich sind sie seltsam lebendig, lebendiger als die Tiere, die sich bewegen, ein Fell und Augen haben und alle einen Schwanz, der sich bewegt. Knochen scheinen klar bis ins Mark von etwas zu treffen, das in der Wüste

besonders intensiv lebt, auch wenn sie groß und leer und unberührbar ist – und obwohl sie trotz aller Schönheit nicht freundlich ist.[72]

Tierknochen, Zigarettenstummel, Stadtszenerien, Lokomotivenrauch, Hütten, Kehlen von alten Frauen: Das Schöne, das so überraschend und flüchtig ist, liegt auch dort, wo wir es nicht erwarten und normalerweise achtlos übergehen.

Schließlich können wir daraus zwei Grundregeln ableiten. Das Schöne können wir erst sehen, wenn wir das Leben und alle seine Manifestationen direkt betrachtet haben, auch die schlimmsten und banalsten, und wenn wir alle Aspekte von uns selbst, auch die schlimmsten, gesehen haben. Der Kontakt mit dem Schönen und grundsätzlich mit der transpersonalen Welt, ist erst echt, wenn wir zuvor mit dem eigenen Schatten in Kontakt waren; dem Schatten von Schmerz, Not und Häßlichkeiten, den wir alle in und außerhalb von uns erfahren müssen. Solange wir dies umgehen wollen, ist jegliche transpersonale Erfahrung eine Flucht.

Denken wir nur an zwei Menschen, die lange Zeit zusammen waren, gegenseitig ihre Schwächen kennen, zusammen Langeweile erlebten und gelernt haben, die unausstehlichen Seiten des anderen zu ertragen und zu akzeptieren, und die dann Vertrauen hatten, wenn die Flucht leichter gewesen wäre, die das Risiko eingegangen sind, einander ohne Gewißheiten zu lieben. So entstehen und festigen sich Freundschaft und Liebe. Unser Bezug zum Leben ist genau gleich. In freudigen Momenten mögen wir jubeln, doch es sind die schmerzlichen Augenblicke, die das Leben prägen und vertiefen; erst dann ist der Bezug reicher und wahrhaftiger.

Und immer geheimnisvoller wird der Unterschied zwischen häßlich und schön, zwischen Schmerz und Freude, je länger wir sie betrachten. Selbst der schrecklichste Schmerz, bei der Geburt zum Beispiel, kann ekstatisch sein; und große Freude kann so intensiv sein, daß sie in Schmerz umschlägt. Es kann geschehen, daß uns das Allerschönste auf einmal falsch und geziert vorkommt, oder das Allerhäßlichste plötzlich sympathisch; zumindest Schönheit und Freude kann man nie endgültig einfangen, in ihrem mysteriösen, fast ironischen Tanz entgleiten sie uns immer wieder, wandeln sich in ihr Gegenteil, tauchen unverhofft da auf, wo wir sie nicht erwartet haben. Wie bei Dostojewski, der unmittelbar vor einem epileptischen Anfall eine Ekstase erlebte:

> ... ich empfinde ein Glücksgefühl, daß sich unter normalen Umständen nie einstellen würde, das andere nie erfahren. Ich fühle in meinem Innern und um mich herum perfekte Harmonie, und zwar so stark, daß ich für wenige Momente dieser Glückseligkeit gern zehn Jahre meines Lebens hergeben würde ... vielleicht sogar das ganze Leben.[73]

Und Wordsworth antwortete einem Leser, der es unschicklich gefunden hatte, über ein schwachsinniges Kind ein Gedicht zu schreiben (aus konventioneller Sicht ein unangebrachtes, häßliches Thema), daß ihn stets Ekel und Abscheu überkämen, wenn er Dinge anschaue, bei denen er ein erhabenes, edles Gefühl haben sollte. Umgekehrt empfinde er beim Anblick eines schwachsinnigen Kindes und der Art, wie es in den ärmsten Schichten der Bevölkerung betreut werde, oft etwas wie «Triumph des menschlichen Herzens» und sehe darin «Kraft, Selbstlosigkeit und Größe der Liebe».[74]

Eingebung

Sie untersteht ganz eigenen Gesetzen; sie quillt über vor Energie und Neuem; leichtfüßig und unverhofft stellt sie sich ein, scheinbar aus dem Nichts kommend und gleich wieder im Nichts verschwindend; sie scheint von einer höheren Intelligenz zu kommen. Sie ist schwer zu erfassen, wir können sie nur mit Bildern beschreiben; der Blitz, der Lebensatem, eine göttliche Stimme. Die kreative Eingebung, die sich ständig erneuert, zeigt uns die tausend Gesichter der Schönheit. In der griechischen Mythologie wenden die neun Musen das Herz dem Gesang zu; ihr Geist ist frei und die Inspiration, die sie verleihen, läßt alle, die sie lieben, Probleme und Schmerzen vergessen. Sie macht glücklich.

Manchem mögen diese Worte etwas exaltiert vorkommen. Doch die empirische Forschung bestätigt sie. Man lese nur einmal bei einigen bekannten Persönlichkeiten oder Leuten aus ihrer Umgebung nach. Es gibt zahlreiche Beispiele, uns sollen zwei genügen. Gauguin beschreibt:

> Wo beginnt das Malen, und wo hört es auf? Wenn sich intensive Gefühle im tiefen Innern eines Menschen zusammenbrauen und die Ideen wie Lava aus dem Vulkan ausbrechen, dann ist dies doch das Werden eines jäh geschaffenen Kunstwerkes, brutal vielleicht, doch großartig und von übermenschlicher Erscheinung.[75]

Die Worte des französischen Malers lassen uns die numinose Kraft des Schöpferischen ahnen. Folgendermaßen beschreibt George Sand den arbeitenden Chopin, und wir spüren, wie vollkommen eigenständig und leicht sich Eingebung anfühlt:

> Sein Schaffen war etwas Spontanes, Wunderbares. Er fand seine Werke mühelos, ohne Suche, ohne vorauszublicken. Es traf unvermittelt ein, vollkommen, gereift, oder er hörte es im Kopf bei einem Spaziergang und eilte schnell zurück, um es sich selber auf einem Instrument vorzuspielen.[76]

Mit den Merkmalen des Numinosen, der Transzendenz des Ichs und mit ihrer Spontaneität ist die kreative Eingebung der Erleuchtung verwandt, wie sie die Mystiker und Weisen aller Zeiten beschrieben haben. Doch zwei wesentliche Unterschiede sind zu erkennnen: Inspiration ist in einer bestimmten Kultur verwurzelt und verwendete deren Material und Sprache; die Erleuchtung hingegen hat keine Form, keines ihrer Elemente ist kulturbedingt, in allen Kulturen und zu allen Zeiten ist sie gleich. Zweitens ist Erleuchtung wie eine Erinnerung an etwas, das man immer schon gewußt hat, die Rückkehr zu einer Quelle außerhalb der Zeit, die immer gleich bleibt; bei der schöpferischen Eingebung ist alles neu. Man spürt die Erfinderkraft des Geistes, seine Gabe, immer wieder neu zu denken. Erleuchtung und Eingebung sind trotz aller Ähnlichkeit nicht ganz identisch.

Wie bei zahlreichen anderen transpersonalen Phänomenen gibt es auch bei der Inspiration gewöhnliche und außergewöhnliche Fälle. Es gibt die Inspiration großer Genies und jene, die wir alle aus dem Alltag kennen. Wenn auch ein beträchtliches Gefälle zwischen diesen beiden besteht, so soll doch auch die Analogie gesehen werden. Wir alle kennen inspirierte Momente; ein Gedankenblitz, und wir haben plötzlich etwas verstanden; eine Idee, die das Problem löst; ein Tag, an dem wir uns wie begnadet fühlen und alles wie am Schnürchen läuft; eine ganz harmonische Begegnung; ein brillanter Einfall für ein Projekt; ein geglückter Spruch, der allen ein herzliches

Lachen entlockte. Inspiration ist nicht beschränkt auf den Weg der Schönheit; sie ist an tausenderlei Orten – im Sport, im Theater, überall zwischen Religion und Gastronomie, in Geschäften, in der Musik und im Alltag. Es sind jene Momente, in denen sich eine originelle Idee freud- und energievoll bekundet, manchmal fast fanatisch. Dann vergißt man die Müdigkeit, es herrscht Spontaneität, die Unsicherheiten und Spannungen wegfegt. Auf dem Weg der Schönheit hat Inspiration stets eine ästhetische Komponente. Es sind Momente, in denen man das Schöne auf einer höheren Ebene als gewöhnlich wahrnimmt oder ausdrücken kann.

Inspiration tritt auf, wann es ihr paßt – oft in unmöglichen Momenten und unbequemen Situationen. Oft kommt sie bruchstückweise. Dann müssen wir sie verankern, und dazu ist das Notizheft oder Tagebuch sehr dienlich, dessen Wert oft unterschätzt wird.

Es gäbe Vieles darüber zu sagen. Tschaikowski schrieb seine Melodien jeweils auf das erstbeste Stück Papier in seiner Reichweite.[77] Toulouse Lautrec zog in allen Lebenslagen, mitten auf dem Spaziergang oder in einem Gespräch, sein Notizbuch hervor, kritzelte kurz etwas hinein und steckte es blitzschnell wieder ein.[78] Braque hatte immer ein Heft bei sich, damit er alles aufzeichnen konnte, was ihm durch den Kopf ging. Er sagte, sein Zeichenheft sei wie ein Kochbuch, für den Fall, daß er hungrig sei. Dann schlage er es auf und finde in der kleinsten Skizzen eine Anregung für seine Arbeit.[79] Auch Beethoven notierte seine musikalischen Einfälle, benützte oft loses Papier oder die Rechnungen von Restaurants. Die meisten dieser notierten Einfälle hat er nie ausgeführt. Beim Durchblättern, sagt sein Biograph Thayer, trifft man zuweilen auf musikalische Wunder, die unvollendet blieben.[80] Diese Dienste des Notizhefts erinnern uns daran, wie flüchtig und zart die transpersonale Welt ist, so daß sie uns ständig wieder abhanden kommen könnte. Wieviel gute Ideen sind wohl aufgetaucht und wieder vergessen worden? Man könnte vermutlich ein Buch allein mit solchen vorübergegangenen Gelegenheiten füllen. Das Leben kreativer Leuten setzt sich aus solchen Momenten zusammen, wenn sich die Spirale kaum merklich öffnet und gleich wieder schließt. Deshalb ist es nötig, jede Eingebung gleich und so gut man kann, zu verankern.

All dies geschieht bei Tag, wenn wir wach sind. Das Kreative ist allerdings auch nachts am Werk; manchmal tritt es im Traum auf.

Mit «Traum» meinen wir oft auch das Unmögliche, das die Regeln sprengt, oder unsere größten Hoffnungen; der Traum ist eine Welt, in der Regeln wegfallen und Grenzen sich verwischen. Träumen heißt also auch, die eigenen Grenzen zu überschreiten, sich das Unmögliche vorzustellen, wie dies bei der Inspiration geschieht. Und in der Tat haben Künstler häufig im Traum Anregungen für ihr Schaffen gefunden. Eines der interessantesten Beispiele stammt von Keats: In einer Zeit sehr tiefer Depression las er am Tag den fünften Gesang der Hölle von Dante, in dem Paolo und Francesca im Kreis der Wollüstigen von einem fürchterlichen Wind nach allen Seiten getrieben werden – in der folgenden Nacht träumte er, daß er selbst in jenem Teil der Hölle war. Doch es war keineswegs schrecklich, der Traum gab ihm «eine der größten Freuden» seines Lebens:

> Ich schwebte in der Luft, wie in der Beschreibung von Dante, von einem Wirbel ergriffen, zusammen mit einer wunderbaren Frauengestalt, deren Lippen schon seit eh und je mit den meinen verbunden schienen. Mitten in dieser Eiseskälte und Düsterkeit glühte ich. Es gab blühende Baumkronen, und wir liessen uns von Zeit zu Zeit auf einer dieser Kronen nieder mit der Leichtigkeit einer Wolke, bis uns der Wind wieder fort trug. Ich habe versucht, diesen Traum in einem Sonett zu beschreiben – es sind vierzehn Verse, doch sie vermögen das Erlebte nicht auszudrücken; ach, könnte ich diesen Traum nur jede Nacht erleben![81]

Es ist tatsächlich ein wunderschönes Sonett entstanden. Die Klage, daß man das Erlebte nicht wirklich wiedergeben kann, ist verbreitet. Auch bei Tartini, der im Traum den Teufel Geige spielen hörte, und tags darauf den «Teufelstriller» komponierte; doch leider, meinte er, konnte er nur einen kleinen Teil der außerordentlichen Melodie wiedergeben, die er gehört hatte.

Und hier noch ein paar Beispiele kreativer Träume:

- Dürer hatte einen Alptraum von einer großen Überschwemmung, er malte sie, als er wieder erwachte;[82]
- Strawinski träumte von einer jungen Zigeunerin, die einem Kind Geige vorspielte – das Motiv nahm er in seinem «Kleinen Konzert» wieder auf;[83]

- Stevenson hatte die Ideen für seinen Doktor Jekyl und Mister Hyde im Traum;[84]
- Piranesi sah seine berühmten Gefängnisse, die sich alptraumähnlich wiederholten und ihn für immer einschlossen, im Traum, als er mit Malariafieber krank lag;
- Wordsworth schlief eines Tages am Strand ein, als er Don Quichotte las. Er träumte von einem Araber in der Wüste, der ihm eine Muschel darbot. Wordsworth hielt sie an sein Ohr und hörte «eine entfesselte Explosion von Harmonie» in einer fremden, und doch verständlichen Sprache; später verwendete er dieses Bild für eines seiner Gedichte.[85]

Das sind – im Traum und im Wachzustand – Momente der Gnade. Doch es braucht Geschick und Können, um ihnen konkrete Gestalt zu geben. Im Gespräch mit Eckermann erläutert Goethe diesen Grundunterschied im schöpferischen Prozeß. Die eigentliche hohe Eingebung, sagt Goethe, liege außerhalb dessen, zu dem der Mensch etwas beitragen kann; sie stammt aus einer «göttlichen Quelle» und der Mensch wird zum Instrument, auch wenn er sich einbildet, er handle. Daneben gibt es die Arbeitsebene, die die sichtbare Gestalt des Kunstwerkes hervorbringt:

> So kam Shakespeare der erste Gedanke zu seinem Hamlet, wo sich ihm der Geist des Ganzen als unerwarteter Eindruck vor die Seele stellte und er die einzelnen Situationen, Charaktere und Ausgang des Ganzen in erhöhter Stimmung übersah, als ein reines Geschenk von oben, worauf er keinen unmittelbaren Einfluß gehabt hatte, obgleich die Möglichkeit, ein solches Aperçu zu haben, immer einen Geist wie den seinigen voraussetzte. – Die spätere Ausführung der einzelnen Szenen aber und die Wechselreden der Personen hatte er vollkommen in seiner Gewalt, so daß er sie täglich und stündlich machen und daran wochenlang fortarbeiten konnte, wie es ihm nur beliebte.[86]

Goethe konnte eigentlich gar nicht wissen, wie der Geist von Shakespeare funktionierte; doch seine Hypothese ist nützlich; wir dürfen annehmen, daß er mehr von sich und seinem eigenen schöpferischen Prozeß gesprochen hat.

Was wir über die Spontaneität der Inspiration gesagt haben, wird auch am folgenden Phänomen deutlich: die unbewußte Verarbeitung. Viele schöpferische Menschen haben entdeckt, daß ihre Arbeit, wenn sie sie beiseitelegen und nach einer gewissen Zeit wieder aufnehmen, bereichert und verändert ist, als hätte im Stillen und ohne ihr Zutun etwas weitergearbeitet. Es kann geradezu zur Arbeitsmethode werden, das eigene Material der inneren Kraft anzuvertrauen. Brahms, der zehn Jahre lang an seiner ersten Sinphonie komponiert hat, schrieb:

> Sobald ich die erste Strophe eines Liedes gefunden habe, könnte ich das Buch gleich zumachen, spazierengehen oder sonst etwas tun, vielleicht auch einen Monat lang nicht mehr daran denken. Doch nichts ist verloren. Wenn ich mich später neu an das Thema wage, bin ich sicher, daß es Gestalt angenommen hat. Dann kann ich erst eigentlich daran arbeiten.[87]

Beethoven schrieb in einem Brief, er trage ein Thema manchmal jahrelang mit sich herum, und es beginne plötzlich, «sich nach allen Richtungen auszudehnen und zu wachsen.»[88] Renoir behauptete, daß man fähig sein müsse, die Leinwand zur Seite zu stellen, ruhen zu lassen und zu faulenzen; die Arbeit reife dann von selber.[89] Mirò sagt, daß der «Funke» jeweils springt, wenn er es am wenigsten erwartet:

> Der kleinste Vorfall kann bei mir die unerwartetsten Dinge auslösen. Und wenn der Moment vorüber ist, stelle ich die Leinwand weg, gegen die Wand gedreht und lebe weiter, doch in meinem Innern «arbeitet es weiter». Und eines Tages, ganz unerwartet, bricht etwas auf. Dann nehme ich das Bild hervor und beim Arbeiten tauchen nach und nach allerlei neue Dinge auf. Dann bin ich wie betrunken. So male ich.[90]

Dieser innere Prozeß ist wichtig für das Schaffen und für das innere Gleichgewicht des Künstlers. Eigentlich werden so Lebenseindrükke verarbeitet und verdaut, wie es Berlioz und Wagner nannten, als sie sich trafen.[91]

Und wenn wir schon bei den physiologischen Metaphern sind, dann darf die Geburt nicht fehlen, die immer wieder von den Künstlern gebraucht wird. Über die Entstehung seiner Erzählung «Das Urteil» schreibt Kafka in sein Tagebuch: «Sie gelang mir wie in einer Geburt, in Schmutz und Schlamm, und nur meine Hände waren fähig oder willig, den Körper zu berühren.»[92] Schuberts Worte über die Geburt seiner ersten Symphonie sprechen noch deutlicher die Sprache eines physiologischen Realismus:

> Die Skizze ist in vier Tagen entstanden, und das will viel heißen. Doch nun, nach einigen schlaflosen Nächten, kommt Erschöpfung. Ich fühle mich wie eine junge Frau, die ein Kind zur Welt gebracht hat: leicht, sicher und glücklich, doch auch leidend und voller Schmerzen.[93]

Was können wir von diesen Menschen lernen? Ihre Begabung wohl kaum, denn sie ist einmalig und nicht übertragbar. Doch Einiges kann auch uns für das kreative Schaffen nützlich sein. Es läßt sich in fünf Hauptbeobachtungen zusammenfassen. Diese Menschen:

1. schenken den eigenen Eingebungen Bedeutung und Beachtung – jeder seelische Prozeß, dem man Aufmerksamkeit gibt, wächst und entwickelt sich; wenn man ihn hingegen geringschätzt oder übergeht, wird er steril.
2. Sie gehen mit Aufmerksamkeit den nebensächlichen und verborgenen Dingen des Seelenlebens nach, wie Träumen und Halbwachzuständen.
3. Sie ergreifen und notieren das Unfaßbare sofort, wissend, daß es schon Augenblicke später wieder vergangen ist.
4. Sie benützen das Unbewußte als treuen, fleißigen Mitarbeiter und tragen ihm Aufgaben und Probleme auf, um später die fertige Arbeit vorzufinden.
5. Sie sind unermüdlich auf der Suche nach Vervollkommnung.

Der Weg der Handlung

Jede Handlung hinterläßt ihre Spuren in uns. Ob wir nun stehlen oder schenken, uns erotisch oder heroisch fühlen, ob wir spontan handeln oder im alten Trott bleiben; was immer wir tun, prägt uns innerlich. Der Mörder bleibt von seiner Tat gezeichnet; den Geizhals verraten seine eigenen Gesten; den Großherzigen erkennt man an seinem strahlenden Gesicht. Und mehr noch, jede Handlung schlägt sich nicht nur äußerlich nieder, als Erinnerung bleibt sie auch in den Körperzellen und tieferen Schichten der Psyche gespeichert. So wie jedes Bächlein in der Erde seinen Lauf eingräbt, so prägen unsere Handlungen unseren Charakter – wir sind, was wir getan haben.

Ob wir es wissen wollen oder nicht, wir sind schon mit dem Weg vertraut. Allein schon durch den Atem sind wir einbezogen in den Fluß des Lebens, ob wir es wollen oder nicht. Uns bleibt bloß die Wahl, was wir tun wollen, und wie wir es tun wollen. Bringt unsere Handlung uns und unseren Mitmenschen größeres Wohlbefinden und Intelligenz oder vermehrt sie noch die Bitterkeit und das Leid der Welt? Ist es eine mechanische Handlung oder eine, die unsere bewußte Präsenz ausstrahlt? Werden wir uns als Opfer der Umstände vorkommen oder die Verantwortung tragen für unsere Entscheidung?

Auf diesem Weg treffen wir Menschen an, die durch die Tat Erkenntnis und Freiheit erlangten. Es sind Leute wie Albert Schweitzer und Florence Nightingale, Mutter Teresa aus Kalkutta und Raoul Follerau, die das Handeln zur höchsten Entfaltung gebracht haben. Auch alte Traditionen wollen wir betrachten, vor allem jene des Ostens, wo die Erfahrungen Einzelner zu gültigen Gesetzen erhoben wurden, die uns anschaulich zeigen, daß jede Handlung,

selbst die banalste Alltagshandlung, zum echten Yoga werden kann. Häufig verhält es sich allerdings gerade umgekehrt, und die Handlung steht der Bewußtseinsentfaltung dann im Wege. Nicht selten geraten wir durch das Handeln in den Bann der Ereignisse; wir lassen uns vom Erfolg betören oder vom Mißerfolg vernichten; wir bleiben an kleinen Ärgernissen hängen oder verlieren uns im Kleinkram. In einer endlosen Verkettung bringt jede Handlung wieder neue Handlungen hervor, sei es, um deren Resultate festzuhalten, um angerichteten Schaden wiedergutzumachen oder um das Begonnene, das man nicht mehr aufgeben will, weiterzuführen. Das Handeln kann uns tatsächlich dazu verleiten, das Wesentliche, das es zu erkennen und zu leben gilt, aus den Augen zu verlieren.
Zum Glück geschieht auch das Gegenteil. Handeln kann uns geschickter, stärker und freier machen. Und vor allem lernen wir dabei, daß es seit Menschengedenken immer so gewesen ist. Seit damals nämlich, als wir uns aufrichteten und vom Vierfüßer zum Zweifüßer wurden und uns plötzlich mit den freigewordenen Händen auf tausend neue Arten mit der Umwelt auseinandersetzen konnten. So lernten wir ständig hinzu, und die neuen Möglichkeiten lösten jeweils einen Entwicklungssprung des Bewußtseins aus. Im Kleinen und im Großen treffen wir dieses Phänomen immer wieder im Alltag. Sobald wir tätig sind, ob wir nun kochen, Geige oder Ball spielen, entwickeln wir ständig neue Fertigkeiten und verfeinern die alten.

Die Handlung hilft uns auch, unsere dunkelsten und trübsten Winkel auszuräumen. Oft sind wir unheimlich träge und machen uns damit das Leben bloß schwer und trübselig. In anderen Momenten lähmt uns die Angst; wir könnten womöglich verletzt werden oder unterliegen. Da ist die Versuchung oft groß, zu kneifen und gar nicht erst zu handeln. Wenn wir uns dann trotzdem zum Handeln entschließen, haben wir zumindest die eigene Trägheit und Angst überwunden, auch wenn wir eine Niederlage einstecken.

Schließlich kommt es auch in der konkreten Lebenswirklichkeit auf die Handlung an. Durch die Tat können wir unsere Umwelt beeinflussen, kommunizieren, unser eigenes und das Leben unserer Mitmenschen verändern. Durch die Handlung können wir uns selbst darstellen. Wenn wir darauf verzichten, bleiben unsere Ausdrucksmöglichkeiten im Reich des Unwirklichen. So betrachtet, sind unsere Handlungen ein untrügliches Maß für unsere Fähigkeiten. Mit Worten können wir das Blaue vom Himmel reden, die Tat hingegen lügt nicht.

Wohl die häufigste und notwendigste Form von Handlung ist die Arbeit. In unserer Zivilisation allerdings schädigt sie den Menschen eher, denn sie ist völlig losgelöst vom Spiel und nur allzu oft Anlaß zur Ausbeutung anstelle von Zusammenarbeit. Auch die Freude am handwerklichen Tun mußte den tyrannischen Geboten der Massenproduktion weichen. In anderen Epochen und Kulturen wurde die Arbeit nach den Rhythmen der Natur verrichtet, so daß sie dem Einzelnen nicht Gewalt antat, sondern die menschlichen Beziehungen förderte. Gewiß lassen sich solche Zeiten nicht wieder herbeizaubern. Doch etwas bleibt nach wie vor gültig: die Arbeit erlaubt dem Menschen, das Chaos zu ordnen, seinen Handlungen Sinn zu geben und den Lebensfluß zu erhalten.

Arbeit war also offensichtlich die erste Form von Psychotherapie.[1] Bereits Galen hielt große Stücke auf die Beschäftigungstherapie («Arbeit ist der beste natürliche Arzt und unerläßlich für das Glück des Menschen»). In Europa wurde dieser Gedanke Ende des 17. Jh. wieder aufgegriffen und bei Geistesgestörten mit gutem Erfolg eingesetzt. Beschäftigungstherapie beruht auf einigen einfachen, gesunden Grundsätzen.

Durch Arbeit:

- wird der Geist von Zwangsvorstellungen abgelenkt und konstruktiv verwendet;
- wird der Körper müde und bleibt in Übung;
- wird die Aufmerksamkeit aus der diffusen, unfaßbaren Gefühlswelt auf die konkrete Ebene geholt;
- sehen wir die Früchte unseres Tuns und können unsere eigenen Fähigkeiten einschätzen;
- tun wir etwas mit anderen Menschen und sprengen den engen Kreis unserer Ichbezogenheit.

Hier taucht eine Frage auf: Wenn Handlung wirklich Kraft und Erkenntnis verleihen kann, müßte sie da nicht unter gewissen Umständen zum echten Erkenntnisweg werden können? Diese Frage läßt sich tatsächlich bejahen; handeln kann zur Erkenntnis führen. «Denken und Analysieren», so Albert Schweitzer, «vermögen das große Geheimnis nicht zu enthüllen, welches die Welt und unser

Leben lenkt; die großen Wahrheiten erkennen wir einzig durch die Tat und unser ständiges Bemühen».

Wir stoßen hier auf ein Paradox. Wir haben bereits gesehen, daß uns die Handlung zu ihrem Ebenbild macht. Doch in einer tieferen Schicht geschieht erstaunlicherweise genau das Gegenteil. Aufgrund der Erfahrungen von Menschen der Tat ist zu schließen, daß das Selbst, das man entdeckt, von der Handlung unberührt bleibt. Es gibt also einen Kern, der vom Strom der Lebensereignisse nicht beeinflußt wird. Das ist das wahre Selbst, das immer gleich bleibt, ob wir nun handeln oder nicht, in Sieg und Niederlage, Freude und Schmerz. Wenn wir über die Handlung hinausgehen, entdecken wir das Sein.

Betrachten wir die Erfahrungen solcher Menschen der Tat, dann fallen zwei Merkmale auf. Das erste ist die Änderung der Einstellung zum eigenen Handeln. In der Regel sind wir mit unserem Tun identifiziert; selbst wenn ich lustlos oder zerstreut etwas tue, sind es doch stets meine Handlungen, ist es mein Tun. Anders ist es bei Leuten, die die Tat zu ihrem Erkenntnisweg machen: Sie lösen das Etikett «mein» von der Handlung ab und entlasten sie von den eigenen Erwartungen. Sie überantworten die Handlung gewissermaßen dem Universum und bleiben innerlich frei.

Zweitens ändert sich der Inhalt der Tat. Diese hat nun das Wohl der Menschheit im Auge und geht über rein egoistische Ziele hinaus. Solche Handlungen erschöpfen sich nicht darin, daß sie uns einen volleren Bauch, mehr Reichtum oder Größe verschaffen. Sie sollen anderen Menschen zugute kommen. Es geht nicht mehr darum, die Automatismen der Ichpersönlichkeit zu stärken. Handlung wird nun zum Kanal, in dem Liebe fließen und konkret werden kann.

Die Informationen, die ich über Menschen dieses Weges und ihre Erfahrung sammeln konnte, sind klar, doch spärlich. Menschen, die diesen Weg eingeschlagen haben, sind oft äußerst bescheiden und bleiben im Hintergrund. Es gehört zu den Eigenarten dieses Weges, daß man die höchsten Werte gerade im Alltäglichen sieht. Solche Menschen vollbringen keine Heldentaten und setzen sich keine Denkmäler. Das ewige Hier und Jetzt liegt in ihrer schlichten Handlung. Und da ist auch kein Anspruch, einmal in die Geschichte einzugehen.

Überdies waren viele Männer und Frauen, die diesen Weg wählten, eher skeptisch gegenüber der subjektiven, inneren Welt, die sie eindeutig dem Tun in der Welt unterordneten. Nicht etwa, daß ihnen eine spirituelle Sicht der Dinge fehlte, sie wollen ja doch vor allem die Füße auf dem Boden behalten: «Ich glaube», so schrieb Florence Nightingale, «Gefühle werden durch Worte zerstört. Sie müssen in Taten umgesetzt werden, die zu sichtbaren Resultaten führen.»[2]

Für diese Menschen sind Gedanken, Gefühle, Phantasien zweitrangig, ja sogar hinderlich, gemessen an der Dringlichkeit der Tat im Jetzt. Was soll all meine innere Erfahrung, wenn es da draußen Menschen gibt, die leiden, wenn es Dringendes zu tun gibt? So weisen schließlich die lebendigen Taten und das Leben selbst den Weg nach innen; keine Selbstbetrachtung, keine Theorie und wenig Worte, denn die Taten sprechen für sich.

In solchen Menschen verwandeln sich Gefühle oder Ideen unverzüglich zu Taten. Mutter Teresa aus Kalkutta z.B. war Vorsteherin einer Mädchenschule in Indien, bevor sie ihren großen Dienst an den «Ärmsten unter den Armen» antrat. Die Berufung zu diesem Dienst traf sie gewissermaßen wie ein Blitz, als sie eines Tages im Zug saß. Und kurz darauf war die Erkenntnis bereits in die Tat umgesetzt. Schweitzers Entschluß, nach Afrika zu fahren, fiel ganz unvermittelt, als er eines Tages in einer Zeitschrift von der Not auf jenem Kontinent las. Solche Leute beginnen ihren Weg mit der Entschiedenheit, die für ihr ganzes Tun bezeichnend ist. Angesichts eines kategorischen Imperativs kennen sie kein Zögern; da heißt es nur eins: handeln – und zwar sofort.

Tun, als tue man nicht

Wir sollen uns einen Wettkampf im Bogenschießen vorstellen, sagt der Philosoph Chuang Tzu. Wenn ein banaler Preis aussteht, werden wir unbefangen und sicher schießen. Doch sobald es um Gold geht, werden wir nervös und verfehlen womöglich das Ziel. Wie kommt das? In beiden Fällen sind unser Können und die objektiven Bedingungen des Wettkampfes gleich. Doch sobald etwas Wertvolles auf dem Spiel steht, treten alle möglichen Störungen in unserem Geist auf.

Die folgenden Worte von Chuang Tzu beschreiben den Weg der

Handlung vortrefflich. Eine Handlung ist dann befreiend, wenn nichts mehr auf ihr lastet – weder Hoffnung auf Erfolg noch Angst vor dem Versagen:

> Sei keine Verkörperung eines bestimmten Rufes; sei kein Lagerhaus von Formen, kein Unternehmer von Plänen, kein Besitzer von Weisheit. Verkörpere nur das Unendliche und geh, wo keine Stege sind. Nimm, was dir der Himmel gegeben hat, doch glaube niemals, daß du etwas erhalten hast. Sei leer, das ist alles. Der Vollkommene braucht den Geist als Spiegel – er sucht nichts, er heißt nichts willkommen, er reagiert auf Eindrücke, doch er hält sie nicht zurück. Nur so geht er siegreich und unbeschadet daraus hervor.[3]

Der Weg der Handlung beginnt also nicht in der Tat, sondern im Geist; die Handlung muß neu gedacht werden. Chuang Tzu hat verschiedene Bilder dafür geschaffen: den Metzger, der tanzend arbeitet und sein Messer seit 19 Jahren nicht mehr geschliffen hat, während seine Kollegen es jeden Monat tun müssen; den Schwimmer, der zum Entsetzen der Umstehenden mitten in den tosenden Wasserfall springt und dann singend wieder auftaucht und erklärt, er habe sich dem Strudel überlassen und nicht gekämpft; den Handwerker, der einen so wunderbaren Sockel formte, daß alle fanden, dieser sei göttlich. Dabei hatte er nur alle Gedanken an Lob und Tadel, Kunst und Unbeholfenheit gehen lassen und mit reinem Blick die Baumformen im Wald studiert, ob er wohl eine für seinen Sockel fände; wenn nicht, so hätte er es eben bleiben lassen.

Leider sind solche Augenblicke der Gnade bei uns allen selten. Normalerweise sind wir völlig im Handeln verstrickt und stoßen auf tausend Hindernisse. Das ist so, weil wir handeln, um unsere Wünsche zu erfüllen oder unsere Ängste loszuwerden. Dadurch lassen wir uns auf eine endlose Kette von Ereignissen ein. Wenn wir mit unserem Tun beispielsweise auf Ruhm aus sind, dann werden wir ihn mit allen Mitteln festhalten oder erneuern wollen, sobald wir ihn haben; wir möchten mehr davon und fürchten, ihn wieder zu verlieren. Wenn das Ziel unseres Handelns Reichtum oder Zuwendung, Macht oder Vergnügen war, verstricken wir uns stets in ähnlichen Mechanismen. Wir sind dann gezwungen:

1. an Wirklichkeit und Wert des Erstrebten zu glauben;
2. uns auf dieses Streben einzulassen;
3. rund um das Erstrebte eine ganze Welt von Vorstellungen, Ängsten, Wünschen und Verhalten aufzubauen;
4. die Unsicherheit und Verletzlichkeit dieser Welt in Kauf zu nehmen; und
5. sie dauernd aufrechtzuerhalten.

So setzen wir selber Stein auf Stein, bis der Kerker steht, der uns gefangen hält. Können Taten umgekehrt auch Schritte auf dem Weg zur Freiheit sein? Daß dem so ist, können wir in der Bhagavad Gita, dem Hohelied der indischen Kultur, lesen; allerdings nur, wenn gewisse Bedingungen eingehalten werden. Die Gita beginnt mit der Geschichte des Kriegers Prinz Arjuna, der in die Schlacht ziehen sollte, jedoch erschreckt die Waffen von sich wirft und sich weigert; in diesem kritischen Moment erscheint ihm Krishna, um ihn zu leiten.

Er fordert Arjuna auf, in den Kampf zu ziehen. Das ist die erste Lehre. Das Leben ist Kampf, man muß sich ihm stellen und tun, was zu tun ist. Keiner darf sich seiner Pflicht entziehen. Das Leben bringt Schwieriges mit sich, oft schwere, undankbare Aufgaben und Hindernisse aller Art. Trotzdem müssen wir ihm entschlossen und mutig entgegentreten.

Mit der Geburt sind wir in die Welt getreten. Doch sind wir wirklich eingetreten? Wie oft versuchen wir auszuweichen, wenn wir Gefahr oder Mühsal wittern, und treten den Dingen nicht wirklich entgegen. Wir sind dann auf einer ewigen Flucht und hoffen auf bessere Umstände. Krishna sagt: «So roh und unverläßlich ist die Wirklichkeit; es ist jetzt Zeit, sie anzunehmen, wie sie ist, und dich drein zu schikken.» Dies ist der erste Schritt auf dem Weg der Handlung: «Gib alles Zögern auf und stürze dich mitten ins Getümmel.»

Ebenso wichtig ist die innere Haltung, in der das geschieht. Krishna spricht von Gleichmut («samâtâ»). Damit ist jene Gabe gemeint, die auch bei Chuang Tzu immer wieder zum Ausdruck kommt: im Innern gleich bleiben, was immer geschieht. Egal, ob dich die Menschen verachten oder bedrohen; ob sie Beifall klatschen und dir Blumen zuwerfen, wenn du vorbeigehst; ob dir das Glück lacht oder ob dich Pech verfolgt; ob du den Altar erreicht hast oder dich im

Staub wälzst – du hast einen verläßlichen Bezugspunkt, nämlich deine Mitte. Wenn es dir gelingt, das Bewußtsein gleichsam im toten Punkt des tobenden Wirbelsturms zu halten, wo Friede herrscht, dann bist du in Sicherheit. Dann kannst du tun, was zu tun ist, dich auf die Handlung konzentrieren und nicht auf die Früchte, die zu erwarten sind. So wird die Handlung nicht zum Kerker, denn der Geist klammert sich nicht an Ergebnisse und ist frei.

Solcher Gleichmut hat mit Teilnahmslosigkeit nichts zu tun. Arjuna muß kämpfen, wie jeder von uns in seinem Kampf das Beste geben muß. Doch die Ergebnisse seiner Handlungen berühren ihn nicht. Er kann jederzeit sterben, dennoch weiß er, daß er, gemeinsam mit den Feinden, die ihm gegenüber stehen, ein einziger, ewiger Geist ist; er weiß, daß all das Schwerterklirren und Blutvergießen der Schlacht ein irreales Trugbild ist. Trotzdem ist das jetzt seine Pflicht; das Schlachtfeld ist echt und konkret, und die Schlacht fordert den Einsatz all seiner Kräfte. So sollen auch unsere Handlungen sein. Man soll handeln, als wolle man um jeden Preis gewinnen; doch im tiefsten Inneren soll man von Sieg und Niederlage gleich entfernt bleiben.

Wird die Aufmerksamkeit vom Ergebnis weg ganz auf die Handlung gelenkt, dann kann sich diese in voller Harmonie entfalten. So gelingt die vollkommene Handlung, die nicht mehr von Gier oder Angst beeinflußt ist. In den Kassiden heißt es, jede Handlung schaffe einen Engel oder ein psychisches Wesen, das ihr gleiche. Eine unharmonische Handlung bringt also ein unangenehmes Wesen hervor, das hässlich kreischt; aus einer flüchtigen Handlung entsteht ein Engel, der sich ängstlich und überstürzt in der unsichtbaren Welt bewegt; eine wirre Handlung schafft ein unberechenbares Wesen, das alles durcheinanderbringt; und eine selbstlose Tat schafft ein Wesen mit der Ruhe und Ausgewogenheit einer reinen Seele. Diese Bilder machen deutlich, daß unsere Taten ganz bestimmte Folgen im psychischen Feld des Handelnden haben.

Man konzentriert sich also auf die Handlung, damit sie vollkommen wird. Sie kann dann durch und durch harmonisch und bewußt werden und ist nicht entstellt von Phantasien oder Unachtsamkeit. Dann ist sie ein Kunstwerk. Florence Nightingale schrieb:

> Es ist eine Kunst, Krankenpflegerin zu sein; und als Kunst erfordert es die gleiche ausschließliche Hingabe und strenge Vorbereitung, die je-

> der Maler oder Bildhauer braucht; denn was ist schon die Beschäftigung mit der toten Leinwand oder dem kalten Marmor, verglichen mit der Pflege des lebenden Körpers – dem Tempel des Göttlichen? ... Pflegen gehört zu den Schönen Künsten; ich möchte fast sagen, es ist die Schönste von allen.[4]

Die vollkommene Handlung ist oft mit dem Kunstwerk verglichen worden, aber auch mit anderen Symbolen für Wertvolles und Schönes. So mit dem Ritual, einer Handlung also, die keinem praktischen Zweck dient, sondern Selbstzweck und somit heilig ist. Auch mit Meditation oder Gebet: Die Aufmerksamkeit kann nach innen, zum Selbst, zu Gott gerichtet werden. Dann verschmelzen Handlung und Meditation – oder Gebet – zu einer Sache. Krishna rät Arjuna, er solle alle seine Taten dem Göttlichen weihen, sie nicht für sich, sondern für Gott vollbringen; und er solle die Aufmerksamkeit auf das Selbst zurückzuziehen und bei allen Handlungen dort behalten.

Das war auch der Weg von Bruder Lorenz, der sich zur Zeit des Dreißigjährigen Krieges der Kontemplation widmete. Bei ihm zeigte sich schon früh eine Neigung zu transpersonalen Erfahrungen. Als Junge sah er einmal mitten im Winter einen dürren, kahlen Baum. Beim Gedanken, daß der Baum schon bald Blüten und Früchte tragen würde, durchströmte ihn ein gewaltiges Liebesgefühl, und er hatte eine Erleuchtung. Er besaß eine große Fähigkeit, im Gebet aufzugehen; dennoch sollte sein Weg nicht das reine Gebet sein, sondern die Praxis der Gottesgegenwart im Alltag. Einer seiner Zeitgenossen erzählte:

> ...man hat an ihm bemerkt, daß er in seiner Küche, wenn er auch mit den zerstreuendsten Geschäften überladen war und am meisten zu tun hatte, dennoch sein Gemüt immer in Gott versammelt bewahrte.[5]

Für ihn, so schildert es der Text, war die Zeit der Alltagsverrichtungen kein bißchen anders als jene des Gebets; mitten im geschäftigen Küchenbetrieb, wenn alle gleichzeitig etwas von ihm wollten, bewahrte er die gleiche Gelassenheit wie in der tiefsten Andacht.

Wie aber kann man solche Ideale in die Tat umsetzen? Schwierig und doch ganz einfach. Ich beginne eben eine Handlung. Ich muß ein Milliardengeschäft mit der Bank erledigen oder eine Spüle reparieren; ich muß den Präsidenten der Vereinigten Staaten treffen, um das Weltgeschehen zu regeln oder für ein ganzes Regiment Kartoffeln schälen; oder ich muß bis nächsten Montag fünfzig Gläseruntersätze kunstvoll bestickt haben. Egal, was für eine Handlung, ich tue genau das, was zu tun ist. Und schon sind alle Störelemente ausgeschlossen. Denn ich will ja nicht über meine Rivalen triumphieren oder mich für alte Kränkungen rächen. Ich will mich nicht im Eigendünkel baden und auch nicht bereichern oder beweisen, wie großartig ich bin. So lenken mich weder Vergangenheit noch Zukunft ab. Ich kann mich mit Leidenschaft dem widmen, was ich gerade tue; und ich tue es, so gut ich kann. Dabei erhoffe ich mir auch keine besonderen Ergebnisse; ich handle, als würde mir, was ich tue, nicht gehören. Dann erkenne ich jäh, daß nicht mehr ich es bin, der handelt; die Handlung geschieht von selbst und ganz mühelos, als würde sie getragen von einer größeren Kraft. Wie leicht es sich anfühlt. Das ist es, was Chuang Tzu das «wei wu wei» nannte: «Tun, als tue man nicht».

Dienen

Afrika, 1915. Seit einem Jahr lebt ein elsässischer Arzt in einem kleinen, verlassenen Dorf und pflegt die Eingeborenen. Obwohl noch recht jung, hat er bereits zwei Karrieren in der Gesellschaft hinter sich: Albert Schweitzer war Universitätsdozent in Straßburg, später wurde er weltweit bekannt mit seinem Buch über Bach und seinen musikalischen Vorträgen als Organist. Danach entschloß er sich gegen alle gutmeinenden Ratschläge seiner Umgebung zu einem Arztstudium und nahm sich vor, dorthin zu gehen, wo es medizinisch am meisten nottat, in den afrikanischen Urwald.

Eben war der erste Weltkrieg ausgebrochen und verbreitete überall Hass und Schrecken. Damals ließ sich Schweitzer allein und fern von der Zivilisation auf sein stilles, einsames Werk ein. Er denkt nach. Er fragt sich: Inwiefern haben die Ideale unserer Kultur versagt? Wie können wir ja sagen zum Leben und den höchsten Grundsätzen der Ethik treu bleiben, ohne jene Irrtümer zu begehen, die die Welt jetzt in die Katastrophe geführt haben? Während Monaten wälzte Schweitzer solche Fragen, und keine seiner Antworten überzeugten ihn.

Plötzlich trat die Wende ein: Er war unterwegs zu der kranken

Frau eines Missionars, die 160 Meilen entfernt wohnte und saß in einem kleinen Dampfer, der sich langsam zwischen den Sandbänken flußaufwärts kämpfte. Noch immer suchte er Antwort auf seine Fragen. Damit er auf sein Problem konzentriert blieb, schrieb er wahllos Sätze ohne logische Folge auf ein Blatt nach dem andern. Und am dritten Tag, als sich das Boot eben seinen Weg durch eine Herde Flußpferde bahnte, traten jäh die Worte «Ehrfurcht vor dem Leben» in seinen Geist. Und er wußte, daß es genau das war, wonach er jahrelang gesucht hatte.

«Ehrfurcht vor dem Leben» bedeutet Achtung vor dem Mysterium des Lebens; es bedeutet den Willen, Leben in all seinen Formen zu erhalten und zu fördern und zur höchsten Entfaltung zu bringen. Nach Schweitzer zeigt sich die «Ehrfurcht vor dem Leben» in der Alltagswirklichkeit unverkennbar und konkret:

> Ihr fragt mich nach einem Motto. Das ist es: DIENEN. Seht zu, daß Ihr dieses Wort ein Leben lang mit Euch tragt. Haltet es vor Augen, wenn Ihr Euren Weg und Eure Aufgabe in dieser Welt sucht. Ruft es Euch in Erinnerung, wenn Ihr versucht seid, es zu vergessen oder beiseite zu lassen. Es wird nicht immer ein bequemer, doch immer ein treuer Begleiter sein. Und es bringt Glück, wie immer die Erfahrungen Eures Lebens sein mögen.[6]

Wunderschöne Ideale – aber sind sie auch lebbar? Sind wir im Alltag wirklich bereit, den anderen zu helfen? Und wenn wir es tun, sind es dann wirklich echte Impulse oder eher erzwungene, künstliche? Die folgenden sehr aufschlußreichen Aussagen stammen aus einer Studie aus den Vereinigten Staaten, die sich allerdings keine absoluten Schlüsse über die menschliche Natur anmaßte: Eine gewisse Anzahl Mütter wurde aufgefordert, die Reaktionen ihres Kindes genau zu beobachten und sofort niederzuschreiben, wenn immer es jemanden leiden sehe. Es wurden insgesamt 1500 Vorfälle registriert, meistens belanglose Ereignisse aus dem Alltag. Eines der Eltern kehrt erschöpft nach Hause zurück; jemand verbrennt sich in der Küche oder gibt zu verstehen, daß er bedrückt ist. Die weitaus häufigsten Reaktionen der Kinder waren Anteilnahme und der Wunsch, zu helfen oder den Leidenden zu trösten. Natürlich jeweils auf seine Art: Das Kind bot seinen Brei an oder seine Milch, oder es versuchte, den andern zu liebkosen oder seine Sorge auszudrücken.

Gemäß dieser Studie tritt gegen das zweite Lebensjahr eine Wende ein. Wenn das Kind sich von der Umwelt abzugrenzen beginnt, steht es vor einer Entscheidung. Es kann den Weg der spontanen Empathie weitergehen oder jenen des Egoismus einschlagen; maßgebend ist hier, wie stark die Eltern seine altruistischen Tendenzen fördern oder zumindest nicht unterdrücken.

Doch der Kernpunkt dieser Untersuchung ist ein anderer. Bisher stimmten die anerkannten Thesen über die frühkindliche Entwicklung darin überein, daß altruistisches Verhalten erst gegen das siebente Lebensjahr möglich werde: Dann erst nehme es die Aufgaben und Werte an, die die Gesellschaft unseren spontanen Impulsen entgegenhält (Freud); solches Verhalten sei ein Spiegel für das kognitive Vermögen, sich ganz auf die Sichtweise einer anderen Person einzustellen, wie es dem Kleinkind noch nicht zur Verfügung steht (Piaget). Die Resultate der Studie widerlegen diese Thesen; Empathie und die spontane Fürsorge für den Nächsten werden uns nicht von außen auferlegt, sie sind auch nicht das Resultat eines geistigen Reifeprozesses. Sie entspringen der natürlichen, ursprünglichen Anlage unseres Wesens.

Ausgehend von dieser Studie können wir einige Thesen aufstellen:

- wir alle haben die natürliche Neigung – oft verschüttet und unterdrückt – uns um den Mitmenschen zu kümmern und uns mit ihm zu identifizieren;
- es gibt Menschen, die von Grund auf altruistisch sind; von ihnen können wir sehr viel lernen über psychisches Wohl, geistige Offenheit und spirituelle Kraft;
- Dienen ist eines der wirksamsten Mittel, um Frustration und Isolierung zu überwinden und zum Selbst vorzustoßen.

Wir alle kennen das angenehme Gefühl, wenn wir uns nützlich gemacht haben, und sei es nur, daß wir jemandem den Weg erklärt haben, wenn er sich verlaufen hat, wenn wir einen Freund aufmuntern können oder wenn wir mit einem Geschenk ins Schwarze getroffen haben. Es stellt sich augenblicklich ein Gefühl von Wärme und Heiterkeit ein, und zwischen den zwei oder mehreren Beteiligten beginnt ein lebendiger Energiestrom zu fliessen. Das ist ein banales Alltagserlebnis. Nun gibt es Menschen, die solches zu ihrem

Lebensinhalt gemacht haben; sie stellen ihr eigenes Leben ganz in den Dienst der anderen und erwarten keine Gegenleistung. Mutter Teresa aus Kalkutta beschreibt diese Haltung in einer Ansprache an ihre Ordensschwestern:

> Seid freundlich... Laßt nicht zu, daß jemand von euch weggeht, ohne sich besser und glücklicher zu fühlen. Seid ein lebendiger Ausdruck von Gottes Freundlichkeit; Freundlichkeit sei in Eurem Gesicht, in Euren Augen, in Eurem Lächeln und in Eurem warmen Gruß. In den schlimmsten Elendsvierteln sind wir für die Armen das Licht der Freundlichkeit Gottes. Gebt Kindern, Armen und allen, die leiden und einsam sind, immer ein glückliches Lächeln. Gebt ihnen nicht nur Pflege, sondern auch euer Herz.[7]

Das ist allerdings gar nicht so einfach; denn es gibt nur *ein* echtes Dienen, hingegen unendlich viele Karikaturen davon. Es gilt, den Kompaß nicht aus den Augen zu lassen und auf dem Weg zu bleiben. Man meide den Süden der Herablassung, den Westen der Überheblichkeit, den Osten des Schuldgefühls, den Südwesten der Dünkelhaftigkeit, aber auch den Nordosten der versteckten Machtansprüche, und den Südwesten der eigenen Angst vor der Einsamkeit. Es gibt nichts außer dem unbestechlichen Norden. Und das bedeutet jenes Dienen, das die Wertschätzung des anderen und unsere eigene als Basis hat, und zwar gänzlich selbstlos. Im Dienenden selbst vollzieht sich eine gewaltige Revolution, die seine Werte, Überzeugungen und alten Gewohnheiten und Gemütszustände vollständig umkrempelt.

In der Tiefe ist ein jeder von uns allein. Wir sind allein, wenn wir geboren werden; wir sind allein, wenn wir leiden und sterben; allein in unserer Eigenart; allein darin, daß unsere Erfahrungen nie ganz mitteilbar sind; allein auch mit der Intensität unserer Wünsche und Freuden. Selbst ein noch so behüteter und geliebter Mensch ist allein, denn was er fühlt und will, ist letztendlich nur bei ihm. Doch im Dienen, wenn wir alle unsere Kräfte auf das Wohl einer anderen Person lenken und uns solidarisch fühlen, ist dieses Alleinsein aufgehoben. Die undurchdringlichen, strengen Mauern, die uns vom andern trennen, lösen sich auf.

Genährt, gepflegt, beschützt und geliebt zu werden, das war unsere erste Erfahrung gleich nach der Geburt. Einige Glückliche haben erlebt, daß dies freudvoll und reichlich geschah, andere weniger Glückliche nicht. Das zweite führt zu üblen Folgen, wie dies zahlreiche Untersuchungen immer wieder bestätigen. Immerhin, ob reichlich oder spärlich, das Dienen war in jedem Fall das erste Band zur Welt; so verletzlich, wie wir waren, wären wir gestorben, hätte uns niemand genährt und geholfen. Dienen ist Symbol für Glück und Einheit. Sobald wir für jemanden sorgen, begeben wir uns wieder in jene Art von Beziehung, diesmal in der aktiven Rolle. Und die Erfahrung der Einheit stellt sich wieder ein, diesmal klarer und bewußt.

In seiner Biographie beschreibt Schweitzer, daß zu seiner Zeit in Afrika ein eingeklemmter Bruch, der in Europa leicht zu behandeln war, wegen fehlender medizinischer Kenntnisse dermaßen schlimme Folgen hatte, daß er zu einem grausamen Tod führte. Es kam zu Darmverschlüssen und in der Folge zu heftigen Blähungen, so daß dem Kranken nach mehreren Tagen grausamster Qual der Bauch aufplatzte und er starb. Schweitzer konnte vielen Menschen mit diesem Leiden helfen. Nach der Operation wachte der Kranke auf:

> Kaum ist er wieder bei Bewußtsein, schaut er um sich und sagt: «Es tut nicht mehr weh! Es tut nicht mehr weh!» Und seine Hand sucht die meine und läßt sie nicht mehr los ... die afrikanische Sonne scheint durch die Kaffeesträucher in die dunkle Hütte hinein, und wir Schwarzen und Weißen sitzen Seite an Seite und verstehen, was es heißt: «Ihr alle seid Brüder.»[8]

Wer immer sich in den Dienst am Nächsten stellt, begegnet in kleinerem oder größerem Maß dem Schmerz und der Unvollkommenheit. Und das verändert ihn; die Grenzen seiner Persönlichkeit erweitern sich, bis sie eine, ja viele andere miteinschließen können. Man erfährt diese Erweiterung als wohltuend und positiv. Wer dient und seine Aufmerksamkeit auf die Welt des andern lenkt, vergißt sich selbst, er vergißt seine eigenen Nöte und Bedrückungen. Und er findet Freude, ohne daß er sie gesucht hätte.

In England hat Mary Carpenter im letzten Jahrhundert ihr Leben in den Dienst jener Kinder gestellt, die in großer Armut und Elend darbten.[9] Es waren die Kinder irischer Einwanderern in Bristol. In Irland herrschte damals Hungersnot, so daß viele Iren nach Bristol kamen in der Hoffnung, sie könnten hier überleben. Ausgehungert und verwahrlost, wie sie waren, wurden sie notdürftig in überfüllten Barackendörfern untergebracht und lebten im größten Schmutz; ihre Betten waren aus Lumpen, die Fensterscheiben zerbrochen. Sie lebten inmitten von Abwasserpfützen und hatten nichts zu essen. Die Kinder begannen bald, Verbotenes zu tun, und landeten in den Gefängnissen. Damals gab es in England für Kinder äußerst lange Strafen und Einzelzellen ohne Licht.

Mary Carpenter war eine sensible, feinfühlige Frau, die zur Introspektion neigte; ihre Familie warnte sie einmütig davor, eine solche soziale Tätigkeit aufzunehmen; es war selbst für Erwachsene gefährlich, sich mit diesen kriminellen Jugendlichen abzugeben. Sie hingegen nahm sich genau dieser Kinder an, sie liebte sie wie ihre eigenen und fühlte sich in ihrem Tun geleitet von «einem Bewußtsein, das größer ist als mein Leben und meine Kräfte». Sie gründete die «Lumpenschule», wie sie ironisch von den Bristoler Bürgern genannt wurde; und in dieser Schule ereigneten sich wunderliche Dinge. Mary Carpenter beschrieb viele besondere Momente: Wie sie eines Tages eine Muschel in die Schule brachte, die die Kinder ganz fasziniert von einem zum andern weiterreichten; oder wie gebannt sie die Farbprojektionen der Laterna Magica bewunderten, oder einen Besuch im Zoo. Ein andermal, wie sie zusammen lernten, eine Landkarte zu benützen. Das Wichtigste war in den Augen von Mary Carpenter, daß die Schule ein glücklicher Ort war; es ging ihr darum, etwas Allgemeinwissen zu vermitteln und den Kindern ein Handwerk beizubringen; doch vor allem war wichtig, ihnen Vertrauen und Liebenswürdigkeit zu schenken, damit ihre Selbstachtung erstarkte. In dieser Arbeit fand Mary Carpenter «eine unsägliche Freude».

Hier treffen wir schon wieder das Paradox des Wegs der Handlung. Aus den elendesten, verzweifeltsten Abgründen der Welt wird man hochkatapultiert zu lichten Sphären des Bewußtseins; mitten im irdischen Getriebe verharrt man in der Stille der Mitte. Mit leidenschaftlicher Anteilnahme an menschlichen Schicksalen lebt man dennoch auf einer losgelösten, heiteren Ebene des Bewußtseins. Mary Carpenter fand, sie hätte «einen Frieden der Mitte gefunden, der im ewig bewegten Herzen wohnt.»

Gewiß lauert beim Dienen stets die Gefahr, daß man die Bedingungen und die Rollen, die es ausmachen und die man eigentlich verwandeln möchte, noch verfestig: Also den Wohltäter und den verlassenen Empfänger. Man darf es dann allerdings nicht mehr Dienen nennen, sondern vielleicht «Almosen verteilen». Wahres Dienen hat niemals das kurzfristige Wohl des Notleidenden im Auge. Es gründet auf der Fähigkeit des Dienenden, sich mit dem Leidenden zu identifizieren, seine Lage zu verstehen, ihm dabei behilflich zu sein, daß er an sich selbst glaubt und fähig ist, sich eine autonome Situation für die Zukunft zu schaffen.

Cesar Chavez war der Anführer des Sozialkampfes der hispanoamerikanischen Landarbeiter. Ihr Kampf war nicht nur ein wirtschaftlicher; Chavez wollte mit gewaltlosen Mitteln diese mißhandelten, armen, ausgebeuteten, diskriminierten und resignierten Kreaturen in eine Gemeinschaft von Menschen verwandeln, die auf ihre eigenen Möglichkeiten vertrauen und ihren eigenen Wert kennen:

> Bei dem ganzen Aufbau einer landwirtschaftlichen Gewerkschaft ist es die größte Befriedigung zu sehen, wie der Arbeiter aufblüht – die natürliche Würde taucht in einem Menschen auf, wenn sie anerkannt wird. Sogar die Angestellten sehen es. Die Arbeiter, die sie bis anhin behandelt haben wie abgestumpfte Glieder einer vergessenen Gemeinschaft, blühen plötzlich auf, werden zu geschickten, intelligenten Personen, die Initiative haben und andere anleiten können.[10]

Dienen ist mehr als bloß tätig sein. Es ist eine Lebensform und eine Art der Begegnung mit den Mitmenschen. In der thermodynamischen Physik und in der Informatik ist Entropie ein Maß für die Unordnung, das beispielsweise besagt, wieviel an Information einer Botschaft unterwegs verloren gegangen ist, etwa als erhielten wir ein halbwegs entstelltes Telegramm oder als träten Interferenzen auf dem Fernsehbildschirm auf. Je mehr an Ordnung und Inhalt verloren geht, umso mehr nimmt die Entropie zu. Wir können analog auch bei zwischenmenschlichen Beziehungen von Entropie sprechen. Jede Beziehung, mit der wir uns schwer tun, die uns ermüdet, verletzt, zerstreut oder schläfrig macht, schafft Entropie. Dasselbe geschieht, wenn eine Beziehung bewirkt, daß jemand seine Autonomie einbüßt, daß sein Selbstbild – und entsprechend sein Vertrauen ins Leben – Schaden nimmt, kurz, wenn eine Beziehung das Gefühl vermittelt, man sei unzulänglich, schuldig oder unwürdig, wenn sie das Selbstbewußtsein schmälert.

Entsprechend gibt es die Syntropie (diesen Begriff hat der italienische Mathematiker Fantappiè geprägt) als Gegenstück zur Entropie: Ordnung, Stimmigkeit, Harmonie, Sinn. Eine syntropische Beziehung hat vielerlei positive Auswirkungen. Sie fördert die innere Autonomie; sie befriedigt echte Bedürfnisse und hilft, die falschen hinter sich zu lassen; sie verstärkt das Verantwortungsgefühl, weckt die Aufmerksamkeit, spendet Energie und stärkt den Eigenwert; sie regt unser positives Potential an, öffnet, erleichtert und hebt das Bewußtsein.

Syntropie stellt sich als Folge des wahren Dienens ein. So betrachtet, sprengt das Dienen die Grenzen des Wegs der Tat allein, es ist ein Merkmal aller Wege. Es ist die spontane Ausstrahlung eines Menschen, der in der Welt des Selbst lebt. Transpersonale Erfahrungen sind ansteckend; Kreativität, Liebe, Schönheit, die Kraft des Selbst lassen sich nicht im geschlossenen Kreislauf für den privaten Gebrauch behalten; sie teilen sich auf tausenderlei Arten den Mitmenschen mit.

Auf dem Weg der Handlung wird das Dienen deutlich und konkret. In einer Welt voller Grausamkeiten, in der großen kosmischen Einsamkeit, eingetaucht in die Geheimnisse des Daseins, geplagt von tausend Ängsten und Problemen, verheddert in Illusionen und den Alpträumen des Lebens, – wenn da ein Mensch innehält, um einen andern Menschen zu verstehen und ihm beizustehen, dann ist tatsächlich etwas Wunderbares geschehen.

Die Bedeutung des Individuums

Raoul Follerau war Journalist, als er zum ersten Mal Leprakranke in Afrika sah. Dies war der Anfang einer langen, schmerzlichen Enthüllung:

> ...ich habe Leprakranke getroffen im Gefängnis, in der Irrenanstalt, eingeschlossen in entweihten Friedhöfen, interniert in der Wüste, hinter Stacheldraht, bewacht mit Scheinwerfern und Maschinengewehren. Ich habe sie nackt, ausgehungert, schreiend, verzweifelt gesehen. Ich habe ihre Wunden dicht mit Fliegen übersät gesehen, ihre zerfallenen Hütten, die Wächter mit den Gewehren. Ich habe eine Welt von uner-

meßlichem Schrecken, Schmerz und Verzweiflung gesehen... eines Tages in Asien sah ich eine zweiundzwanzigjährige leprakranke Frau sterben. Ohnmächtig sah ich zu, wie sie sich mit kleinen zuckenden Bewegungen von diesem fürchterlichen Leben abnabelte. Als sie gestorben war, packte mich die seltsame Eingebung, sie zu wiegen. Ich lud mir dieses Häufchen noch lauwarmer Knochen auf den Arm und brachte es zur Waage. Diese Zweiundzwanzigjährige war noch zwanzig Kilo schwer. Sie war nicht an Lepra gestorben, sondern verhungert...[11]

Und dann machte sich Follerau ans Werk. Sechs Monate im Jahr verbrachte er mit den Leprakranken in aller Welt, um ihre Heilung zu fördern, ihnen den Weg in die Gesellschaft zu ebnen und Arbeit zu finden. Die übrigen sechs Monate verbrachte er bei den Menschen, die nicht an Lepra litten. Er reiste von Ort zu Ort, hielt Vorträge, schrieb Zeitungsartikel und unternahm alles nur Mögliche, um Aufmerksamkeit und Geldmittel der zerstreuten Menschheit auf diese Tragödie zu lenken. Nach fünfzigjähriger Arbeit, nachdem er zwei Millionen Kilometer gereist war, war es ihm dank umfangreichen Spendengeldern gelungen, in den Leprakrankenhäusern, die er in der ganzen Welt errichtet hatte, eine Million Leprakranke zu heilen. Er hat diese verachteten, von aller Welt verstoßenen Wesen in die Arme genommen, damit man sehen konnte, daß sie nicht anstekkend waren; und er sagte, daß er Christus in ihnen sehe, einen unendlichen Wert.

Daß echtes Dienen nicht auf der Oberfläche bleibt, sondern den Menschen in der Tiefe berührt, haben wir gesehen. Das stellt sich nur ein, wenn man fähig ist, in solchen äußerlich abstoßenden Menschen etwas Wunderschönes zu sehen. Wer das humanitäre Handeln zu seinem Weg gemacht hat, ist meistens ein Meister dieser paradoxen Betrachtungsweise. In der viktorianischen Zeit, in der Florence Nightingale lebte, wurden Verletzte, Kranke und Kriegsversehrte normalerweise in den überfüllten Lazaretten sich selbst überlassen, und zwar unter hygienischen Verhältnissen, die zum Himmel schrien. Wen mochte dieses rohe Soldatenpack schon interessieren? In der Zeit des Krimkrieges brachte Nightingale eine revolutionäre Wende in die Krankenbetreuung. Sie schuf den Beruf der Krankenschwester, und es gelang ihr, durch die Betreuung der Verletzten die Sterblichkeitsrate von 42% auf 2% zu senken.

Trotz der mißtrauischen Haltung der militärischen Führungskräfte, die dies als Übergriff empfanden, arbeitete Florence Nightingale unermüdlich; sie schenkte Tausenden von Verletzten ihre freundliche Anwesenheit und fachkundige medizinische Betreuung. Das Bild der Frau, die mit der türkischen Laterne durch die dunkeln Spitalgänge huschte, ist bereits Legende. Es gab Patienten, die ihren Schatten küßten, so dankbar waren sie.

Florence Nightingale sah in diesen elenden Soldaten, die oft in erbarmungswürdigen Zuständen lebten, den Menschen in seiner ganzen Schönheit und Würde:

> Mir kommen immer wieder Tränen, wenn ich daran denke, wie inmitten dieser schrecklichen Szenen von Krankheit und Tod vor allem die ursprüngliche Würde, Liebenswürdigkeit und Höflichkeit dieser Männer zum Vorschein kam... und leuchtete inmitten von alledem, was man auch als den übelsten Abschaum des menschlichen Elendes sehen kann.[12]

Das braucht Mut. Hier heißt es, den Schrecken des Lebens ins Auge blicken, dem Leid und Elend, der Dummheit und Krankheit, dem Tod. Oder denken wir an Abbé Pierre: Eines Tages traf er einen ehemaligen Sträfling aus dem berüchtigten Gefängnis von Französisch Guayana, der nach zwanzigjähriger Haft entlassen, von seiner Ehefrau und allen verstoßen wurde, und der versucht hatte, sich umzubringen. Abbé Pierre nahm ihn bei sich auf. Von da an sah er es als seine Aufgabe, sich um solche Randexistenzen zu kümmern. Er sammelte Abfälle und Alteisen aus den Dachstöcken. Der Erlös reichte gerade aus, um diesen Ausgestoßenen weiterzuhelfen. Einen starken Impuls erfuhr sein Werk im bitterkalten Winter 1954, als vielen Obdachlosen der Erfrierungstod drohte. Das Gesundheitsministerium erlaubte ihm, über das Radio zur Öffentlichkeit zu sprechen. Sein Appell löste überwältigende Reaktionen aus. Er konnte nun sein Hilfswerk organisieren und gewann die Herzen vieler Franzosen für sich.

Danach begann Abbé Pierre, mit der Unterstützung von vielen Freiwilligen Hütten für die Obdachlosen zu bauen, Zelte aufzustellen, Land zu kaufen und nachts durch die Straßen zu fahren mit einem Lastwagen voller Lebensmittel und Getränke für die Bedürftigen. Eines Tages wurde er zu einer Familie gerufen, die obdachlos auf den Feldern hauste und nur ein Wachstuch zum Schutze besaß. Zwei Kinder waren bereits gestorben, und das dritte war schwer krank:

> Damals hatte ich eine fürchterliche Einsicht. Ich verstand, daß ein Priester wie ich nichts weiter war als ein Angeber, solange er nicht fähig war, zu dieser armen Frau zu sagen, «pack deine Sachen, nimm dein Kind und komm mit deinem Mann in mein Zimmer zum Schlafen. Ich werde an deiner Stelle unter dem Wachstuch liegen, und morgen werden wir eine Lösung finden».[13]

Es ist gar leicht, so dachte Abbé Pierre, großartige Reden zu führen, solange man den Bauch voll hat, ein richtiges Zimmer für sich allein und nicht friert. Hier geht es darum, selbst aufs Feld zu gehen. Erst dann werden die Menschen, denen wir helfen wollen, den Wert und die Bedeutung verstehen, die wir ihnen geben wollen. Wir müssen uns auf ihre Stufe stellen.

Das ist das Prinzip der Gleichheit: was einem andern geschieht, geschieht auch mir. Seine Armut, sein Leiden, sein Ausgestoßensein, seine Einsamkeit sind auch die meine; ich bin bereit, dies alles ohne Ausflüchte auf mich zu nehmen. Nach Abbé Pierre findet man so, wenn man jeglichen Eigennutzen aufgibt, die«universelle Freude».

Das ist auch die Geschichte von Mutter Teresa in Kalkutta. Sie half als erste einer Frau, die sterbend auf der Straße lag, von Mäusen angefressen. Sie erreichte die Erlaubnis, diese Sterbende in einem Tempel der Göttin Kali unterbringen zu können. Es war ihr ein großes Anliegen, diesen Menschen ein friedliches Hinscheiden zu ermöglichen, im Wissen um ihren Eigenwert und um die Liebe. Sie und die Schwestern, die dieses Hilfswerk versehen, haben sich der Ärmsten unter den Armen angenommen, sie waschen sie singend; sie geben ihnen zu essen und helfen ihnen, ihre Würde zu finden.

Mutter Teresa erzählt, daß sie eines Tages eine Mitarbeiterin sah, die lächelte und vor Freude strahlte. Als sie sie nach dem Grund fragte, erzählte die Schwester, sie habe einen Alten gefunden, der in eine Abwasserrinne gestürzt sei und eine Weile dort gelegen habe; er sei über und über mit Kot bedeckt gewesen und voller Würmer und Wunden; sie habe ihn versorgt und gewaschen; und dann sei etwas Wunderschönes geschehen: «Ich wußte, daß ich den Leib Christi berührt hatte.»[14] Auch Teresa und ihre Mitschwestern sehen also in den Menschen, denen sie helfen, unter all den schmerzenden Wunden, dem Schmutz und den Mäusebissen, in der Einsamkeit und Verzweiflung ein Leuchten, das nur Menschen erkennen können, die willens sind, es auch in der Dunkelheit, wo es verborgen ist, aufzusuchen.

Um aufzusteigen zum Selbst, steigt man hinab auf die unterste Stufe der sozialen Hierarchie. Man geht zu den Verstoßenen, den Clochards, den Leprakranken, zum Soldatenpack. Alle diese Menschen der Tat haben stets den hohen Wert des Individuums betont, gerade dort, wo er von der Gesellschaft vergessen oder mißachtet wurde. In dieser Umkehrung der üblichen Präferenzen leben sie ihre Freiheit, die Werte und Bedeutungen umzukehren und zu verändern. Als wollten sie uns lehren: Was wir lieben und hassen, ist nicht automatischen gegeben. Es kommt ganz auf uns an, auf unsere Wahl. So geben sie der Welt eine neue Interpretation und erbringen den Beweis, daß es eine unsichtbare, unendlich reiche und schöne Wirklichkeit gibt, die sich unter der sichtbaren Wirklichkeit verbirgt und oft äußerlich arm und abstoßend wirkt. Es ist dies der christliche Auftrag, Jesus in jedem Menschen zu sehen, oder auch der Auftrag der Bhagavad Gita, ein einziges, unzerstörbares und unsterbliches Selbst zu sehen, das Licht der Lichter im Herzen jeder lebenden Kreatur.

Der Ausgangspunkt ist, wie bei jedem Weg, ein ganz anderer. Im Innern hegen wir alle den tiefen Wunsch zu leben, Befriedigung zu finden und im Mittelpunkt zu stehen. An sich ist daran nichts schlecht; unsere Individualität ist das Resultat einer jahrtausendealten Entwicklung; es ist nur natürlich, daß wir an ihr hängen. Die Gefahr dabei ist lediglich, daß wir versuchen die Mitmenschen auszubeuten und zum Objekt zu machen, das unsere ichbezogenen Wünsche erfüllt. Wir machen ihn zu einem Gespenst, das uns gar nicht interessiert, oder zum bedrohlichen Feind. Dies ist immer der Anfang, wenn wir jemandem Gewalt antun. Nicht nur die sichtbaren, dramatischen Formen von Gewalt sind hier gemeint, wie soziale Ungerechtigkeit, Krieg, Verweigerung der Bürgerrechte, das Ausstoßen der Schwächsten; es geht auch um jenes Schweigen, das wir alle als normal hinnehmen. Ich bin dermaßen beschäftigt mit der Suche nach meinem eigenen Glück, daß ich dich und deinen Schmerz nicht einmal wahrnehme.

Es ist eine der vielen Möglichkeiten, um dem Gefängnis zu entrinnen, zu dem die Individualität auch werden kann, daß wir den absoluten Wert einer andern Person anerkennen. Du bist es wert, sagt ein Mensch auf dem Weg der Handlung. Deinetwegen bin ich bereit, in Armut, Bedrängnis, bedroht von Ansteckung und Angriffen auf meine Gesundheit zu leben, meine Geschäfte und meine Pläne aufzugeben. Du Krimineller, du Leprakranker, du alter, insektenverfressener Greis, du Ausgestoßener des Sozialsystems, um den sich keiner kümmert, du elender Bärtiger, gerade du hast einen unendlichen Wert. Du bist mehr wert als alle Mächtigen, als aller Reichtum auf Erden, als alle Würdenträger dieser Welt, und mehr als alle großartigen Ideen und Kunstwerke und die großen Institutionen.

Das wirkt wie ein doppelter Salto mortale: Die Aufmerksamkeit wendet sich von uns auf andere, und die natürliche Neigung, anziehende Menschen aufzusuchen, wird umgelenkt auf Menschen, die nicht einen unserer Wünsche befriedigen. Diese Geistesgymnastik kann uns allen nur gut tun, auch wenn es nicht jedermanns Sache ist, jene Stufen zu erreichen, die unsere Beispiele schildern. Wir können dies jederzeit tun, es befreit von mancher eingefleischten Denkgewohnheiten. In den Menschen, die uns das Leben nahebringt, sehen oder ahnen wir verborgen unter den oberflächlichen Eindrücken und Rollen eine Schönheit, die zwar nicht so deutlich sichtbar ist wie die Schönheit, die der Gesellschaftsnorm entspricht, jedoch viel echter. Wenn wir etwas Schönes, Großes übergehen, bedrückt es uns; wenn wir es hingegen anerkennen, erhebt es uns. Wir tun all dies uns selbst und dem andern zugleich zuliebe; damit verwischt sich die Trennung zwischen Egoismus und Altruismus.

Doch dann geht es wieder um die Tat. Den Wert einer Person erkennen, ist der erste Schritt. Danach gilt es zu sehen, was zu tun ist, und es zu tun – so ist immer wieder dieser Weg. Wir wollen die Geschichte von Elizabeth Fry betrachten, die sich als Reformerin um die englischen Gefängnisse im letzten Jahrhundert verdient gemacht hat.[15] Wir wollen uns ein Gefängnis von damals vorstellen: Zuerst einmal schlagen uns fürchterlicher Gestank und Dunkelheit entgegen, da die Zellen nicht belüftet waren; die Insassen sind entweder allein eingeschlossen oder arg zusammengepfercht (im englischen Gefängnis Wakefield waren zu einer gewissen Zeit 1700 Gefangene untergebracht statt 110, für die der Bau vorgesehen war); einige sind an die Mauer gekettet; man erklärt uns, es seien die Ungehorsamsten; wir entdecken, daß zum Tode Verurteilte in einer Art Holzkiste eingeschlossen sind und den Neugierigen, gegen Entgelt eines Schillings, vorgeführt werden; dann gibt es die «Unberechenbaren», die allein eingeschlossen und angekettet sind, die man zum Erbrechen und Blutvergießen zwingt, die durchgeschüttelt und ins kalte Wasser geworfen werden.

Diese Methoden waren an der Tagesordnung. Verbrechen muß hart bestraft werden, um abzuschrecken, war die Devise. Es erhebt sich nur *eine* Stimme zum Protest. Etwa die Stimme eines großen Politikers, eines Philosophen, oder eines Künstlers? Nein, sie sind zu sehr beschäftigt. Es ist die Stimme einer Mutter von zehn Kindern, einer Quäkerin namens Elizabeth Fry. Eines Tages begibt sie sich in ein Frauengefängnis, nur bewaffnet mit gutem Willen. Wenn die Insassinnen über die Schwelle des Gefängnisses getreten waren, hatten sie der menschlichen Welt lebwohl gesagt und diese «untermenschliche» Welt betreten. Wer Kinder hatte, konnte sie mitnehmen, doch es bestand keine Aussicht, sie ordentlich aufzuziehen; die Gefangenen waren verbittert, verzweifelt, wild, und wenn sie Besucher sahen, murmelten sie Drohungen vor sich hin.

Wenn man unbedingt eine Zelle betreten mußte, dann war es üblich, sich von einer bewaffneten Person begleiten zu lassen. Elisabeth Fry jedoch kündigt dem Wärter an, sie wolle allein hineingehen. Nach kurzem Zögern akzeptiert er die Bewilligung, die Fry bei der Regierung eingeholt hatte; er öffnet den Riegel und stößt ihn gleich hinter ihr wieder zu. Neugierig verstummen jäh alle Gefangenen und umzingeln sie: Von außen ist nur noch die komische Quaste ihres Quäkerhutes zu sehen, der aus dem Gefangenenknäuel herauswinkt. Fry schaut um sich, ihr Blick fällt auf ein Kind, und sie nimmt es in die Arme: «Und für die Kinder, was wollen wir da tun?»

Diese Frage verwandelte die Situation. Die Insassinnen fühlen sich in jenem Wunsch berührt, den sie sich bis vor wenigen Minuten nicht einmal eingestehen konnten. Es werden gemeinsam Pläne geschmiedet, wie man die Kinder erziehen könnte und wie man ihr scheinbar bereits vorgezeichnetes übles Los abwenden könnte. Damit wissen diese Frauen, daß jemand sie gern hat und sich nicht scheut, sie selbst an diesem düsteren, furcherregenden Ort aufzusuchen. Elisabeth Fry hat mit gesundem Menschenverstand sofort erfaßt, was zu tun war. Mit ihrer mutigen Herausforderung hat sie den Frauen gezeigt, daß es auch auf sie ankommt.

Der unendliche Wert des Alltäglichen

Auf seiner ersten Reise in die Vereinigten Staaten befand sich Albert Schweitzer eines Tages auf der Pennsylvania Station, dem größten New Yorker Bahnhof, und wartete mit seiner Frau und einigen Freunden auf einen Zug, der sie nach Colorado bringen sollte. Er sah zum ersten Mal einen großen amerikanischen Bahnhof und es gab viel zu tun und zu sehen beim Warten. Sein Blick fiel auf einen Besen, und er begann mitten im überfüllten Bahnhof, ganz selbstverständlich die Abfälle zur Seite zu fegen. Als er fertig war, bemerkte er, daß die Leute wieder neue Abfälle zu Boden geworfen hatten. Und er nahm erneut den Besen zur Hand und fegte weiter, ohne die geringste Äußerung von Ärger oder Unmut, bis sein Zug abfuhr.

Eine belanglose Episode. Und doch kommt es auf dem Weg der Handlung gerade auf solche Belanglosigkeiten an. Es geht um das demütige Handeln im Alltag, das genau verrichtet, was unter den gegebenen Umständen nötig ist. In jenem Augenblick hat Schweitzer eine Regel in die Tat umgesetzt, die er selbst bei einer anderen Gelegenheit erwähnte:

> Nur wer fähig ist, in jeder Art von Arbeit Wert zu sehen und sich in jede im vollen Bewußtsein dieses Wertes hineinzugeben, hat innerlich ein Anrecht darauf, eine außergewöhnliche Tätigkeit aufzunehmen anstelle der ihm natürlich zugedachten.[16]

Jeder Weg zum Selbst führt notgedrungen zu einer Auflösung der Seelenstruktur, damit sich das Bewußtsein erweitern kann. Auf dem Weg der Handlung besteht die Strategie darin, Werte anzunehmen, die den gängigen Werten diametral entgegenlaufen. Man tauscht die erträumten Gipfel des künftigen Ruhms gegen das Tal der Anonymität im Jetzt aus; man wendet den großen Phantasien von Freude und Größe den Rücken und konzentriert sich auf den wenig schmeichelhaften Alltag. Und man lernt dabei, die Dinge so zu nehmen, wie sie sind. Das ist die Zauberkraft der Demut.

Das lateinische Wort für Demut – «humilitas» – ist mit Erde – «humus» – verwandt, ein Symbol dafür, daß man sich beugt und zu den Ursprüngen der Erde zurückkehrt, ja daß man sogar in diese Erde eintaucht, die unseren Alltag ausmacht, und aus ihr die Lebendigkeit und Fruchtbarkeit schöpft, die wohl keiner findet, der die

Erde nur mit Füssen tritt und auf der Oberfläche bleibt, weil er ferne Ziele im Auge hat.

Es ist kein Zufall, daß in vielen Kulturen Geschichten existieren, in denen die kostbarsten Schätze an den banalsten Orten gefunden werden; zum Beispiel in der eigenen Küche anstatt im Königspalast, wo man den Schatz glaubte; oder im Kornfeld, das umgepflügt werden mußte, weil dort angeblich der Schatz verborgen war, und es sich schließlich herausstellte, daß das Pflügen selbst den Schatz darstellte. Dies alles bedeutet doch: Wenn wir das Banale nicht einfach übergehen, sondern erforschen, werden wir darin viel Schönes und Wertvolles finden. Und es heißt auch, daß die richtige Umgebung für unser spirituelles Wachstum nur das Hier und Jetzt ist, die Arbeit im Alltag.

An einem Winterabend kümmerte sich Therese von Lisieux wie jeden Tag um diese Zeit um eine Kranke. Sie hatte kein sehr vergnügliches Leben hinter sich; gleich nach der Schule trat sie ins Kloster ein. Es ist wohl kaum erstaunlich, daß sich ihre Tagträume mit jener vornehmen Gesellschaft befaßten, zu der sie nie gehören durfte: «Plötzlich drang von weitem der harmonische Klang eines Musikinstrumentes an mein Ohr, und ich stellte mir einen hellerleuchteten, prunkvollen Salon vor; ich sah, wie elegante Mädchen charmant und weltgewandt allerlei Höflichkeiten austauschten.» Doch dies dauerte nur einen kurzen Moment. Gleich holt Therese ihre Aufmerksamkeit aus der Zauberwelt des Traumes zurück in die harte Wirklichkeit: «Da fiel mein Blick auf diese arme, kranke Frau, die ich hielt, und ich hörte anstelle der Musik immer wieder ihr Stöhnen, anstelle des Goldprunkes sah ich die kahle Backsteinwand unseres strengen Klostergebäudes, nur erhellt von einem kümmerlichen Lichtschimmer.» Und genau das brachte die Wende:

> Ich kann nicht ausdrücken, was sich in meiner Seele tat: Gott hat sie erleuchtet mit dem Strahl der Wahrheit, der so viel heller war als das schummrige Glitzern der irdischen Feste, daß ich mein Glück kaum fassen konnte. Ach, nicht um tausend Jahre der weltlichen Feste hätte ich jene zehn Minuten meiner demütigen Helferarbeit hergegeben.[17]

Dieser Weg erfordert Präzision, Achtung und Präsenz. Präzision meint das Vermeiden alles Ungenauen, Dilettantischen, keine Hast und Nachlässigkeit; es sich nicht erlauben, die Dinge bloß halb zu tun oder Fünfe grad sein lassen. Es bedeutet, auf Briefe antworten,

Ordnung schaffen, Teller waschen, den Staub auch da wegwischen, wo es keiner sieht. Es bedeutet, eine Arbeit, und zwar jede, ganz zu Ende führen; und dies gut zu tun. Gott steckt im Detail, hat einmal jemand gesagt.

Achtung bedeutet, mit jeder gegebenen Situation richtig umzugehen, weder Unlust noch Feindseligkeit aufkommen zu lassen, auch wenn etwas eher uninteressant ist: Es heißt, jeder Situation die Aufmerksamkeit zu schenken, die wir dem höchsten Würdenträger entgegenbringen würden; und jeden Moment so zu nehmen, als hätte er die Bedeutung eines ganzen Jahrtausends.

Und Präsenz meint, hundert Prozent da zu sein, keinen Gedanken an künftige Pläne zu verschwenden oder an das Verarbeiten von Altem. In jeder Handlung wollen wir uns auf die gegenwärtige Wirklichkeit zentrieren.

So banal und überschaubar der Alltag auch scheinen mag, er ist ein Labyrinth von kleinen Gässchen und Sträßchen, die uns von der Hauptstraße des Wesentlichen abbringen können. Es gelingt wohl nie, alles zu tun; die Zeit vergeht, die Aufgaben nehmen zu, unsere Vorhaben gelingen nicht so, wie wir gehofft hatten, und schon stellen sich im Geist neue Vorhaben ein; wir fühlen uns unvollständig. Es ist dies die ewige Unvollkommenheit des menschlichen Lebens. Zumeist ist unsere Reaktion, daß wir uns anstrengen und mehr tun wollen – doch damit machen wir alles noch schlimmer. Es gibt nur einen Ausweg aus dem Gefühl dieser Nichtigkeit und Unvollkommenheit. Wir können das, was wir tun, mit ganzer Hingabe tun.

Es ist doch so, daß wir uns bei großen Anlässen von der besten Seite zeigen; wir stehen im Rampenlicht, und das stimuliert uns, der Stolz regt uns an, das Beste zu geben. Doch was geschieht im Kleinen, bei all den unwichtigen, aber häufigen Anlässen, wenn uns niemand zuschaut, wenn wir das Festkleid für die großen Anlässe abgelegt haben und wieder in der Alltagskluft dastehen? Vermutlich verrichten wir dann unsere Dinge schlecht und recht. Gerade da wird unsere Aufrichtigkeit auf die Probe gestellt, denn man läßt sich leichter gehen und drückt ein Auge zu. Wenn wir im Kleinen genau und präsent sind, wiegt dies doppelt so viel, denn nichts treibt uns an außer dem Wunsch, die Dinge gut zu machen.

Über den unermeßlichen Wert jeder Handlung und jedes Augenblicks im Leben haben uns die östlichen Kulturen besonders viel zu sagen. Sie besagen, daß die Transzendenz im Alltag, in allem Gewöhnlichen, Banalen zu suchen ist, denn wir haben jeden Tag damit zu tun:

Was ihr Tao nennt – wo ist es zu finden ?
– Da ist nichts, wo es nicht wäre. –
Gebt mir doch ein Beispiel.
– Es ist in dieser Ameise! –
Tiefer!
– Es ist in diesem Unkraut! –
Noch tiefer!
– Es ist in dieser Tonscherbe! –
Noch tiefer!
– Es ist in diesem Kothaufen! –[18]

Dies sind Worte von Chuang Tzu, der nicht müde wurde, die unendliche Bedeutung alles Kleinen zu betonen. So sind denn seine Geschichten und ganz allgemein die Parabeln der taoistischen und der Zen-Tradition voll von Krüppeln, knorrigen Bäumen, Verrückten, toten Katzen und von Dingen, die nach irdischen Maßstäben nutzlos sind. Als die Boten des Königs zu Chuang Tzu kamen und ihn fragten, ob er des Königs Berater werden wolle, fragte dieser zurück, wer wohl glücklicher sei, eine lebendige Schildkröte, die die Füsse im Schlamm hat, oder ein tote Schildkröte, auf deren Panzer Brillianten funkeln. «Die lebendige Schildkröte», bekam er zur Antwort. «Dann laßt auch mich weiterhin meine Füsse durch den Schlamm ziehen», sagte Chuang Tzu. Diese Antwort enthält die ironische Ablehnung aller offiziellen Werte zugunsten des einfachen Lebens des Alltags; viel bescheidener, doch echter.

Wenn jemand in jeder Situation und jeder Sache ihren Wert sehen kann, ist er frei, denn er benützt den Geist auf offene Weise. In seiner Autobiographie erzählt der chinesische Meister Ch'an Han Shan einen Traum: Nachdem er sich zum Himmel erhoben und eine Weile im Kosmos geschwebt hatte, stieg er allmählich hinunter an einen wunderbaren Ort, bedeckt mit lauter Kristallen; in der Ferne gewahrte er einen herrlichen Palast, so groß, daß er den ganzen Himmel erfüllte. Der Palast spiegelte auf geheimnisvolle Weise das ganze

Universum wieder. Alle Dinge und Menschen waren darin enthalten in ihrem Werden und geheimnisvoll miteinander verwoben – selbst die belanglosesten Ereignisse des Alltags. Es war ein großartiger Ort, über alle Maßen prachtvoll.

In diesem Moment befiel Han Shan ein Zweifel. Wie kam es, daß die unreinen, banalen Dinge des Lebens in dieser reinen, überirdischen Welt vorkamen? Und sofort entrückte ihm der Palast; er war nicht mehr zugänglich. Dann kam ein anderer Gedanke. Rein oder nicht, das hängt alles von unserm Geist ab! Und der Palast rückte gleich wieder näher; nun konnte er eintreten. Und drinnen traf er Maitreya, den künftigen Buddha, der ihm sagte, die Weisheit liege darin, nicht zu vergleichen und nicht zu trennen. Und mit einem leeren, leichten Gefühl im Körper und Geist wachte der Meister auf.[19]

Den Wert im Banalen sehen können, bedeutet auch, daß man die Dinge achtet. Der kleinste Gegenstand ist ein Mikrokosmos, also darf nichts verlorengehen. Dies erfuhr der Schüler von Gisan, als ihn sein Meister tadelte, weil er einige Tropfen Wasser verschüttet hatte. Es war seine Erleuchtung. Zudem lernt man so, sorgfältig mit den Dingen umzugehen. Wenn der unendliche Geist woanderswo zu finden wäre, könnten wir ja in dieser stumpfen, materiellen Welt alles kurz- und kleinschlagen, uns unhöflich und verantwortungslos aufführen, alles mißhandeln, was uns in die Hände kommt. Nicht so, denn der Geist sitzt in den Dingen, in diesem Buch, dem ich ein Eselsohr in die Seite gefalzt habe, damit ich die Stelle nicht verliere, an der ich war, in dieser Tasse Kaffee, die ich auf den Tisch gestellt habe, wo sie einen Ring hinterlassen wird; in den Schuhen, die du eigentlich wegwerfen wolltest, obwohl du sie flicken lassen könntest; in dieser Uhr, die seit Jahren falsch läuft; in diesem Wagen, den du behandelst, als wäre er dein größter Feind. Aurobindo schrieb in einem Brief an einen Schüler:

> ...wir müssen auch die Dinge achten und richtig verwenden, nicht schlecht oder verschwenderisch, wir dürfen sie nicht nachlässig behandeln oder unhöflich und ohne Sorgfalt. Das Gefühl, daß alles bewußt und lebendig ist, stellt sich ein, wenn das physische Bewusstsein – nicht nur der Geist – erwacht aus seinem dumpfen Schlaf und beginnt, das Eine in allen Dingen, das Göttliche, überall wahrzunehmen.[20]

So wie jeder Gegenstand seinen Wert hat, ist auch jeder Moment einmalig und als das zu nehmen. Der Zen-Mönch Kyogen hat die Lehren seiner Meister stets gewissenhaft aufgeschrieben, bis er eines Tages merkte, daß ihm dieses Ansammeln von Material nichts nützte. Enttäuscht verbrannte er seine Aufzeichnungen und ließ alles sein. Dann zog er hinaus aufs Land und wurde Friedhofswärter. Eines Tages, als er den Boden kehrte, schleuderte sein Besen zufällig ein kleines Steinchen durch die Luft, und es prallte auf ein nahes Bambusrohr. Beim Klang des Aufpralls erlangte Kyogen die Erleuchtung.

«Das Leben läuft auf einer Leinwand ab, die wir Zeit nennen», schreibt D. T. Suzuki, «und Zeit ist unwiederbringlich; wenn sie einmal vorbei ist, ist sie es für immer. So ist es auch mit der Handlung: Einmal getan, kann sie nicht mehr ausgelöscht werden.»[21] Das ist die Bedeutung jenes Zen-Spruches: «Wenn ich Hunger habe, esse ich; wenn ich müde bin, schlafe ich»; wenn wir jeder Handlung den ihr angemessenen Wert geben, dann ist sie nur Handlung in sich selbst, bedarf keiner Reue, keiner Wiedergutmachung und auch keiner Korrektur.

Florence Nightingale, die in der viktorianischen Zeit lebte, war – so könnte man meinen – meilenweit entfernt von Zen. Doch wenn wir ihren Ratgeber für die Krankenpflegerinnen lesen, erkennen wir dieselben Grundthemen, die uns hier beschäftigen. Der Ratgeber ermahnt immer wieder dazu, aufs Detail zu achten. Die Krankenschwester soll zum Beispiel jede Schwächung des Patienten beobachten, denn oft spricht er selbst nicht davon. Die Schwester muß selber merken, was der Patient, verglichen mit seinem Zustand vor einem Monat, tun kann oder nicht. Im Gesicht zeigen sich die Verschlechterungen erst zuletzt. Die Hände sagen viel mehr aus, obwohl man die «Physiognomie der Krankheit» nicht außer Acht lassen soll; in der Tat gibt Florence Nightingale eine ganze Reihe von Anhaltspunkten zur Beurteilung der Blässe im Gesicht. Ferner ist das genaue Fragen äußerst wichtig. Es reicht nicht zu sagen: «Hatten Sie eine gute Nacht?», sondern: «Wieviele Stunden haben Sie geschlafen? Und in welchen Stunden der Nacht?». Außerdem ist es wichtig, wie man die Kissen bettet, was für Nahrung gereicht wird, wie sauber, genau und pünktlich die Schwester ist. Und tatsächlich: Für den Patienten zählt viel mehr als all meine Theorien und geistigen Ansichten, daß sein Kissen richtig liegt. – An einer Stelle spricht sie sogar von der Beobachtungsübung, die ein Vater mit seinem Jungen machte, als er ihn vor ein Spielwarengeschäft führte, ihn eine kurze Zeit das Schaufenster betrachten ließ und dann aufforderte, er solle alles aufzählen, was er gesehen hatte. All dies sollte veranschaulichen, wie wichtig die genaue Beobachtung ist.[22] Doch dieses Buch ist nicht nur ein praktischer Ratgeber; Seite für Seite spüren wir echte Anteilnahme für das Leben des Patienten, tiefen Glauben an die Menschenwürde und ein Bewußtsein dafür, daß die Handlungen des Alltags den edelsten Ausdruck des Menschen darstellen.

Diese praktischen Anweisungen veranschaulichen aufs Beste, was Florence Nightingale meint, wenn sie in einem Brief über ihre erleuchteten Momente schreibt, wie sie «Gott in jedem Ding sieht und jedes Ding in Gott, das Ewige, das durch die Ereignisse in Zeit und Raum durchscheint».[23]

Der Weg der Erleuchtung

Dieser Weg hat eine wunderbare und doch so einfache Tatsache als Grundlage, nämlich, daß wir Bewußtsein haben. Ich bin hier. Das ist schon ein Mysterium an sich. Bewußtsein ist der Nährboden, auf dem jede einzelne meiner Empfindungen, all meine Gefühle und Gedanken spriessen. Bewußtsein bildet die Voraussetzung für alles. Ihm verdanke ich mein Wissen um das Dasein. Es ist dermaßen elementar, daß wir es für selbstverständlich annehmen; und doch ist es so schwer zu beschreiben und zu erfassen.

Ich bin bewußt, und damit hat das Schauspiel auch schon begonnen. In einem sonderbaren Spiel des Zufalls erweitert sich das Bewußtsein, bis es die Unendlichkeit der Sterne und Galaxien einschließt, oder es zieht sich auf einen einzigen Punkt zusammen; es wendet sich zurück in die Vergangenheit oder den tausend Möglichkeiten der Zukunft zu; es läßt Gesichter, Szenen, Schreckliches und Wunderbares, ja ganze Universen vor mir entstehen und wieder verschwinden. Und sobald ich ein bißchen zu viel gegessen habe, trübt sich mein Bewußtsein; ich habe Zahnschmerzen und es ist ganz von dieser Empfindung eingenommen; oder ich schlafe ein und es verschwindet.

Dieses Mysterium allein ist schon eine Einladung, nachzuforschen und unser Innenleben gewissermaßen als Labor für tausenderlei Experimente zu verwenden. Wer immer sich dieser Forschung widmet, versteht mit der Zeit, daß es unter den zahlreichen Formen, die das Bewußtsein annehmen kann, einige gibt, die überzeugender und vollständiger sind als andere, und vor allem echter. Man erkennt, daß das Bewußtsein eine unversiegbare Quelle von Entdeckungen sein kann, ein Weg zum Selbst.

Jeder Weg ist Bewußtseinserweiterung. Alle anderen benützen dazu einen äußeren Bezugspunkt: Handlung, Wissenschaft, Ritual, Naturbetrachtung, Tanz. Auf diesem Weg haben wir nur das reine Bewußtsein als Instrument. Es gibt auch hier Genies wie in der Kunst, der Wissenschaft, der Politik: Buddha, Patanjali, Eckehart, Shankara, Ibn Arabi, Ramana Maharshi und andere, darunter auch viele Philosophen und Lehrer. Sie sind in entlegene Gefilde des Geistes vorgedrungen und haben, damit ihnen andere auf diesem Weg folgen können, anschließend oft Regeln oder Gebote aufgestellt.

Am Anfang des Weges muß grundsätzlich alles, was unser Gleichgewicht stört, das Bewußtsein benebelt oder bedrückt, beseitigt werden.

Diese Störungen haben vor allem mit dem Körper zu tun: zum Beispiel mit Spannungen, Müdigkeit, psychosomatischen Problemen und schwacher Gesundheit. Das will besagen, daß auf dem Weg der Erleuchtung der Körperlichkeit nicht wenig Bedeutung beizumessen ist. Nahrung, Atmung oder allgemein unser Umgang mit dem Körper machen es uns je nachdem schwerer oder leichter.

Weiter können Emotionen unser Bewußtsein beherrschen. Wenn es von Wut, Angst und Schuldgefühlen beherrscht ist, tut es sich viel schwerer mit dem Öffnen. Es gilt also zu lernen, sich nicht von solchen Gemütszuständen unterkriegen zu lassen; paradoxerweise werden gerade sie manchmal als Meditationsgegenstand benützt, um das Bewußtsein beweglicher und achtsamer zu machen.

Ähnliches kann man über die Wünsche sagen. Wenn uns Wünsche beherrschen, wird eine zentrifugale Kraft in unserem Bewußtsein wirksam. Es wird von sich selbst abgezogen, um etwas Äußeres zu erreichen. Es ist gewiß kein Leichtes – und sicherlich auch nicht richtig –, alle Wünsche abzuschaffen, zumal man sie manchmal noch schürt, wenn man sie auf falsche Weise loswerden will. Doch es ist äußerst wichtig, daß unser Leben nicht zu einer hektischen Zick-Zack-Jagd nach den eigenen Wünschen wird. Wir müssen wieder einfach werden, uns mit wenig begnügen. Wir müssen arm sein.

Auch Ideen können der Bewußtseinserweiterung hinderlich sein, vor allem wegen ihres Inhalts. Man kann zum Beispiel nicht rassistisch denken und gleichzeitig intuitiv die Einheit aller Lebewesen erfahren. Auf dem Weg der Erleuchtung müssen wir also unsere geistige Bedingtheit gründlich unter die Lupe nehmen. Ideen können auch auf sehr viel subtilere Art hinderlich sein; zum Beispiel wenn wir allzu sehr an unseren Ideen festhalten, auch an den edelsten und universellen, dann trüben genau diese unseren Blick. In der Tat beschert uns der Weg der Erleuchtung Bewußtseinszustände, die unseren üblichen Vorstellungen fern sind. Auf diesem Weg kommen wir nicht umhin, unsere Einstellung zur geistigen Welt ganz kritisch zu hinterfragen.

Das ist die Grundarbeit, die zu leisten ist. Eigentlich taucht dasselbe in anderer Form bei allen Wegen auf. Hier ist es jedoch viel offensichtlicher und wurde oft in Regeln und Prinzipien festgehalten.

Ist erst einmal ein gewisses Niveau der Transparenz erreicht, beginnt die eigentliche Arbeit. Mit dem Bewußtsein ist vieles möglich. Im Laufe der Jahrhunderte sind richtige Methoden und unzählige Varianten dazu entstanden. Doch vor allem geht es um drei wesentliche Vorgänge:

- Ich, ein lebendiges Wesen, kann mein Bewußtsein auf die ganze Spannweite dessen erweitern, was in und außerhalb von mir existiert; ich bin wach und präsent, und mein Bewußtsein umfaßt alles klar und ohne Vorlieben;
- Ich kann umgekehrt das Bewußtsein auf ein einziges Ding lenken, und alles andere ausschließen, so daß große Intensität entsteht;
- Ich kann das Bewußtsein an seinen Ursprung zurückrufen und in sich selber sammeln, so daß es als reines, inhaltloses Wissen wahrnehmbar ist, nicht bedingt durch Zeit und Raum.

Die ersten drei Teile dieses Kapitels beschäftigen sich mit diesen Themen. Wie widersprüchlich sie auch scheinen mögen, sie wurden sogar miteinander kombiniert, so daß ein ausgeglichenes Programm zur Förderung des geistigen Wachstums entstand.

Auch hier, wie überall, fehlt es nicht an Klippen und Irrwegen. Die Innenwelt ist weitläufig; sie verschlingt jeden, der nicht stark und gut gerüstet ist. Der Weg der Erleuchtung kann uns in Zustände versetzen, in denen wir Traum und Wirklichkeit nicht mehr unterscheiden, uns verlieren in Visionen; Nebensächlichkeiten für die große Erleuchtungen halten und uns sogar selber als Propheten sehen. Es kann auch geschehen, daß das Bewußtsein in tausend Stücke auseinandersplittert; oder daß wir ziel- und sinnlos umherirren, weit, ja sehr weit entfernt von allem, was für jeden Mann und jede Frau Sinn und Wert haben kann.

Gopi Krishna beispielsweise hat sein Leben dem Kundalini Yoga und der Erforschung visionärer Zustände gewidmet. Dies brachte ihm in einer gewissen Zeit seines Lebens eine Reihe schrecklicher Erfahrungen. Wer also glaubt, Bewußtseinserweiterung sei ein rosiger Weg, sei hier gewarnt:

> Jedesmal, wenn mein Geist zu sich selber kam, starrte ich mit wachsender Panik in das unirdische Strahlen, das meinen Kopf erfüllte und wie ein fürchterlicher Wirbel rumtanzte und wirbelte; es reflektierte sogar in meinem vollständig dunklen Zimmer in den schleppend langen Nachtstunden. Nicht selten nahm es schreckliche Formen und Stellungen an, wie satanische Fratzen, die mich anglotzten und unmenschliche Gestalten, die mir im Dunkeln zuwinkten. Das wiederholte sich Nacht für Nacht während Monaten, bis mein Wille geschwächt war und mein Widerstand nachließ, und ich mich dieser Prüfung nicht mehr gewachsen fühlte, glaubte, daß ich jeden Moment hätte unterliegen können...[1]

Wie kann man echte Erleuchtung vom Delirium unterscheiden? Worin liegt der Unterschied zwischen einer Vision und einer wilden Orgie überreizter Hirnströme? Kapitel 7 dieses Buches enthält einen Katalog von Kriterien, die uns helfen können, transpersonale Erfahrungen von nicht-transpersonalen zu unterscheiden. Hier sei nur erwähnt, daß wahre Erleuchtung stets in einer heiteren, freudigen Verfassung eintritt und nie überspannt oder grausam macht; daß sie immer aufbauend und nie verletzend ist. Sie begünstigt die Ausdehnung über die persönliche Welt hinaus; und in ihrer höchsten Form ist sie für alle gleich – ob Satori, Samadhi, Nirvana, Unio Mystica, Fana, Wu genannt. Es gibt je nach Tradition viele Namen dafür, doch die Erfahrung ist in allen Kulturen die gleiche.

Diese Erfahrung ist allerdings kaum beschreibbar. Wir können Hildegard von Bingen zitieren, diese außergewöhnliche, tatkräftige deutsche Frau, die im 12. Jahrhundert als Schriftstellerin, Theologin, Wissenschaftlerin und Musikerin wirkte. Hildegard unterhielt Briefwechsel mit Päpsten und Kaisern ihrer Zeit; sie gründete das Kloster Rupertsberg am Rhein und schrieb Werke über Theologie, Philosophie, Botanik, Zoologie und Medizin, sowie Biographien einiger

Heiliger. Sie komponierte sehr kunstvolle, bekannte Musikstücke und genoß großes Ansehen in ihrer Zeit. Sie war eine Mystikerin, in ihren Schriften beschreibt sie einige Episoden aus ihrem reichen geistigen Leben. Einmal wurde sie von einem großen Licht überflutet, das all ihre Traurigkeit auflöste und sie in den einfachen, unschuldigen Zustand eines Kindes zurückführte:

> Und meine Seele steigt, wie Gott es will, in diesem Gesicht zur Höhe des Firmaments... und breitet sich zu mannigfachen Völkern hin, die in weiten Ländern und Räumen mir entfernt sind. Das Licht aber, das ich schaue, ist nicht örtlich, sondern weit und weit heller als die Wolke, die die Sonne trägt. Und nicht vermag ich Tiefe noch Länge noch Breite darin zu erblicken. Und wie Sonne, Monde und Sterne im Wasser widerscheinen, so erglänzen mir darin die Schriften und die Reden und die Kräfte und etliche Werke der Menschen im Gebilde... Was ich aber in diesem Gesichte schaue, ist nicht wie Worte, die aus dem Mund von Menschen ertönen, sondern wie eine Flamme, die zittert und eine Wolke, die sich in der reinen Luft bewegt... Was ich in diesem Gesichte schaue und höre, vernimmt meine Seele wie aus einer unerschöpflichen und nimmerleeren Quelle.[2]

Licht also, Befreiung, totale Öffnung. Man hat gesagt, dieser Zustand verdiene mehr als irgendein anderer den Namen Liebe.

Aufmerksamkeit

Der fünfzehnjährige Prinz Siddharta, der künftige Buddha, saß am Fluß und schaute ins Wasser. Der Strom schob Steine und Kiesel vor sich her; einige Insekten versuchten, auf der Wasseroberfläche gegen den Strom zu kriechen, doch auch sie wurden nach einer Weile fortgeschwemmt. Nur einige wuchtige Felsblöcke hielten der Kraft des Stroms stand.

Gerade wie das menschliche Leben, dachte Siddharta. Die meisten Menschen lassen sich vom Fluß des Lebens mitschleppen wie die Kieselsteine; es verschlägt sie nach links und rechts je nach Umständen und Zufall; andere versuchen, sich zu retten wie die Insekten, doch auch sie werden mitgespült; kann der Mensch sein wie die reglosen Felsen und sich über den Strom von Vergessen und Tod erheben?[3]

Buddha dachte, wie blind und ohnmächtig doch der Mensch ist, verurteilt zu einem Leben voller Fehler und Qualen, das sich fortpflanzt in einer endlosen Kette von weiteren Fehlern und Qualen. Wie kann man diesem Alp entgehen? Der junge Prinz Siddharta wußte es noch nicht. Viele Jahre später würde er es nach langer Suche und vielen Proben erfahren. Die Antwort war einfach wie alle großen und kreativen Antworten:

> Aufmerksamkeit ist der Weg zur Befreiung vom Tod; Mangel an Aufmerksamkeit führt zum Tod. Wer bewußt ist, stirbt nicht. Wer nicht bewußt ist, ist gewissermaßen schon tot.[4]

Mit der bewußten Aufmerksamkeit sehen wir die Welt, wie sie ist, und nicht, wie sie uns die Phantasie vorgaukeln will. Sie zeigt sich mit unerbittlicher Deutlichkeit, frei von Illusionen und den Manipulationen, mit denen wir sie normalerweise verbrämen. Und sie zeigt sich uns, wenn wir ganz wach sind, nicht versunken in unserem bleischweren Schlummer voller Trugbilder.

Auf einer elementaren Stufe ist bewußte Aufmerksamkeit ein therapeutisches Instrument. Roger Vittoz (in der Schweiz), Frederick Perls, Charlotte Selver (in den Vereinigten Staaten) haben damit Neurosen geheilt. Neurose bedeutet, daß wir auf eine fiktive Situation reagieren, als wäre sie echt. Wenn wir ganz bewußt im Hier und Jetzt leben, lernen wir, die Welt zu sehen, wie sie ist, und nicht so, wie wir es befürchten oder gerne hätten. Dies ist der Ausgangspunkt, um weitaus effektvoller als durch Analysieren alle möglichen Ängste und Zwangsvorstellungen zu heilen.

Für diese Präzision braucht es ein rezeptives Bewußtsein, das keine eigenen Formeln hervorbringt, nach denen es die Welt bemißt, sondern diese transparent auf sich wirken läßt. «Aufmerksam und offen und leer» soll man sein, schrieb Aldous Huxley in einem Brief. Er selbst pflegte eine Meditation der Aufmerksamkeit. Er meinte, daß auf jeder Ebene, sei es der körperlichen, emotionalen, ästhetischen oder geistigen nur dann ein Zustand der Gnade eintreten kann, wenn wir «aufmerksame Passivität üben, bis zur vollkommenen Demut und Selbstentäußerung»[5]. Dafür muß der große Bühnenheld, der wir sind, abtreten – was immer seine Rolle war, ob Zyniker, Moralist, Vernunftmensch, Romantiker, Deprimierter oder der ewige Lacher. Dann erfahren wir, wie Vittoz sagt, die Welt mit den Augen eines erwachenden Kindes.

Auf diese Weise hilft uns die bewußte Aufmerksamkeit, den sterilen Kreis von Stereotypien und Abstraktionen zu durchbrechen. Eine reichere Welt tut sich auf, in der es keine Langeweile gibt. Buddha nannte es «Aufmerksamkeit», und Gurdjieff spricht von «Sich-an-sich-selbst-erinnern», das bedeutet die ständige Erinnerung daran, daß wir hier und wach sind. Diese Haltung war ein Kernpunkt seiner Lehre. Sein Schüler und Mitarbeiter Ouspensky beschreibt seine Erfahrungen mit dem «Selbst-Erinnern» folgendermaßen:

> ...sah ich, daß Selbst-Erinnern wunderbare Empfindungen vermittelt, die natürlicherweise – das heißt von selbst – uns nur sehr selten und unter außergewöhnlichen Bedingungen begegnen. So pflegte ich z.B. während dieser Zeit sehr viel nachts durch St.Petersburg zu wandern und die Häuser und Straßen zu «empfinden». St.Petersburg ist voll von solchen merkwürdigen Empfindungen. Häuser, vor allem alte Häuser, waren ganz lebendig, und fast sprach ich mit ihnen. Darin war keine «Einbildung». Ich dachte an gar nichts, ich ging einfach spazieren und versuchte, mich meiner selbst zu erinnern und schaute umher; die Empfindungen kamen ganz von selbst.[6]

Wie leicht ist es gesagt, und wie schwierig ist das Umsetzen in die Tat! Ich bin bewußt, ich gehe durch die Straßen, ich sehe die Gesichter der Passanten; ich bin bewußt, während ich esse, selbst beim einfachsten Mahl, fühle ich die Sinfonie der Geschmäcker; ich bin bewußt beim Musik hören, und tausend neue Ebenen öffnen sich mit großer Intensität; ich bin bewußt, während ich die Zähne putze und Auto fahre oder den Tisch decke und fühle mich lebendiger als sonst. Und plötzlich schweife ich ab, schon ist mein Bewußtsein tausend Meilen weit entfernt; ich urteile und bin bereits getrennt von der Realität; ich vergleiche die jetztige Situation mit einer alten und bin schon gespalten; ich beginne zu phantasieren und bin schon eingeschlafen, abwesend, von einer andern Welt verschluckt.

Ich kann das Bewußtsein jedoch gleich wiederfinden, wenn ich es verloren habe. Einmal, ja hundert-, tausendmal kann ich wieder aufwachen. Das Labor steht jeden Moment zu meiner Verfügung: Die gesamte Wirklichkeit ist eine geistige. Restlos alles, dieser Papierkorb, die Risse in der Mauer, die fröhlichen Rufe der spielenden Kinder draußen, die Gedanken, die mir durch den Kopf schießen,

oder die Wolken am Himmel, alles ist geistiger Natur. Und alles wird wahrgenommen, «ohne zu wählen», wie Krishnamurti sagt, ohne Wertung oder Vergleich. Nur ja nicht besser wissen wollen. Nach dem Zen-Meister Sunryu Suzuki ist nur ein Geist, der nichts weiß, wirklich frei; im Anfänger-Geist sind viele Möglichkeiten enthalten, im Geist des Fachmannes nur wenige.[7]
In einer solchen Verfassung begreift man viel besser, was echte Liebe ist, die nicht urteilt und nicht fordert. In seinen Aufzeichnungen beschreibt Krishnamurti eine solche Erfahrung im Zustand vollständiger Offenheit. Es war in Indien. Goldgelbe Reisfelder lagen vor ihm, große weiße Vögel zogen dem Sonnenuntergang entgegen, Ochsenkarren ächzten auf der Straße, die Frösche quackten:

> Was schön war, erstrahlte nun in seinem Glanz; es war Ekstase und Lachen nicht nur tief in meinem Innern, sondern auch zwischen den Palmen und in den Reisfeldern. Liebe ist nichts Gewöhnliches, doch sie war da in den Hütten mit den Öllämpchen; sie war bei der Alten, die eine schwere Last auf dem Kopf trug; und sie war in jenem nackten Knaben, der ein Stück Holz an einer Schnur drehen ließ, daß Funken sprühten wie ein Feuerwerk. Sie war überall, so selbstverständlich, daß man sie unter einem welken Blatt hätte auflesen können oder im Jasminstrauch neben jenem zerfallenen Haus. Doch alle waren beschäftigt; ganz emsig und selbstvergessen.[8]

Auf jede aufmerksame Person kommen tausend unaufmerksame. Ja, die großen Probleme der Menschheit – Hunger, Gewalt, Ungerechtigkeit und Umweltverschmutzung – scheinen gerade von Menschen verursacht, die Opfer irgendwelcher verrückter Träume sind. Nur wer wach ist, kann den stummen Schmerzensschrei der Menschen hören, ihre Bedürfnisse wahrnehmen, spüren, wenn der Natur Gewalt angetan wird oder wenn Menschen Unrecht leiden; nur der kann angemessen handeln. In einer Gesellschaft, die in ihren Illusionen befangen ist, muß das Bewusstsein von Liebe und Schönheit ganz dringend wieder aufgewertet werden. In einer Welt, die das Fiktive über die Wirklichkeit stellt, in der der Sinn für echte menschliche Beziehungen verschüttet ist und wo uns ständig unechte Bedürfnisse auflauern, ist mehr Bewußtheit ganz dringend vonnöten.

Eine Folge der Bewußtheit ist der Sturz der Götter. Ideale stürzen ein, das Wort verliert seine Kraft, die Allmacht der Vernunft wird bröckelig. Diesen Einbruch dürfen wir allerdings nicht bloßer Destruktivität oder Rebellion zuschreiben, die aus Vorurteilen kommen. Die Götter stürzen, weil sie nicht mehr gebraucht werden. Die Verbindung zur Realität ist unmittelbar, wir brauchen keine Mittler oder Bezugspunkte mehr.

Und das prominenteste Opfer ist unser alter Freund, das Ego. Wenn wir das Bewußtsein schulen, wird uns nach Buddha die Grundeinsicht des «Anatta», des Unpersönlichen, zuteil. Unsere persönliche Identität zerplatzt wie eine Seifenblase. Es gibt sogar Techniken, um diese Einsicht herbeizuführen. So das bewußte Gehen: Man geht langsam und ist sich des Fusses bewußt, der von der Erde abhebt, sich hebt, senkt und die Erde wieder berührt; dann wird auch die Absicht bewußt, den Fuß zu heben, die der physischen Handlung einen Augenblick vorangeht, usw. Oder man achtet auf den Atem und entdeckt dabei, daß jeder Atemzug wieder anders ist, und daß jeder Augenblick zwischen den Atemzügen zeitlos ist und erlaubt, immer wieder äußerst achtsam zu sein.

Das ist keine Konzentrationsübung; denn Zerstreutheit wird nicht etwa ausgemerzt, sondern auch sie wird zum Gegenstand der Meditation. Jeder Gedanke und jede Empfindung, jede Aufwallung von Resignation oder Langeweile, ja sogar der Schluckimpuls werden beachtet. Alles ist nützlich, um das Ganze besser zu sehen. Was von weitem wie ein Individuum aussah, enthüllt sich in der Nähe und aufmerksam betrachtet als simple Anhäufung von unpersönlichen Interaktionen – und weiter nichts.

Die Erfahrung des Unpersönlichen beschreibt uns der großartige Denker Alan Watts, der dem Gedankengut des Zen vor allem in Amerika zur Verbreitung geholfen hat. Er berichtet über einen Besuch in Kyoto:

> Zenmeditation ist ganz einfach, denn sie besteht darin, alles, was geschieht, kommentarlos zu beobachten, auch die eigenen Gedanken und den Atem. Nach einer Weile kommt das Denken oder der innere Dialog zu Ende und man entdeckt, daß es kein «Ich» gibt, nur all das, was geschieht, und zwar innerhalb und außerhalb der Grenzen unserer Haut. Bewußtsein, Atmung und die Stimmungen sind eins mit dem Wind, mit den wachsenden Bäumen, den summenden Insekten, dem Fliessen des Wassers, dem brummenden Stadtlärm. All das ist ein multidimensionales Ereignis, eine ewigdauernde Stunde, weder vergangen

noch zukünftig, und das alles erfährt man mit der lustvollen Faszination eines Kindes, das Steine in den Fluß wirft.[9]

Mit solchen Vorstellungen kam der Mönch Nagasena an den Hof des griechischen Königs Milinda (auch Menander: Er herrschte im Industal im ersten Jahrhundert v. Chr.). Das Individuum existiert nicht, sagte er, die Seele existiert nicht. – Wie, stutzte der König, die Seele soll nicht existieren? Wer bist denn du, wer sind wir alle, und wie können wir Verantwortung übernehmen füreinander und in der Gesellschaft, und mit wem spreche ich gerade jetzt? – Solche Dinge ausgerechnet einem Griechen zu sagen, wo doch Griechenland die Wiege der Vorstellung von der individuellen Seele ist, das war, um es gelinde auszudrücken, etwas wie eine metaphysische Ohrfeige.

Doch Nagasena ließ nicht locker. Stell dir einen Wagen vor, sagte er. Was ist das Wesentliche am Wagen? Deichsel, Räder, Achse, Zügel? Keines von allem natürlich. Es gibt am Wagen nichts Wesentliches, der Wagen ist einfach eine Ansammlung von Einzelteilen. Wir sind genau so beschaffen, unsere Individualität ist lediglich eine Annahme, ein Wort.[10] Im Buddhismus ist Wirklichkeit wie das pointilistische Bild eines Seurat oder Signac; wir sehen die Frauen am Ufer der Grande Jatte sitzen an einem Sommertag, oder die Tänzerin auf dem Pferderücken in der Zirkusmanege. Und wenn wir genauer hinschauen, sind weder die Frauen noch die Tänzerin wirklich da, lediglich unbeseelte, farbige Punkte.

So fehlt also in unserem Leben zu unserem großen Erstaunen gerade der Hauptdarsteller, der wir zu sein glaubten; er ist nur eine vorübergehende, unpersönliche Ansammlung von Gemütszuständen. Wenn aber der Darsteller, für den wir uns hielten, nicht mehr existiert, dann gibt es auch seine Probleme und Ängste und seinen Tod nicht. Und alles wird plötzlich unsäglich leicht, Drama und Schrekken sind aufgehoben. Das ist die Befreiung, das Nirvana.

Konzentration

Wir alle kennen es, daß wir nur auf eine einzige Sache achten und dabei alles andere vergessen: Das ist eine natürliche Fähigkeit, auch Kindern geht es so im Spiel. Der Reiz der Konzentration besteht in der Schönheit alles Reinen, Starken, das nicht verwässert ist von Zweideutigkeit und Unsicherheit. Doch die Welt ist voll von Reizen. Kaum haben wir uns eine Weile konzentriert, lassen wir uns auch schon wieder ablenken. Konzentration ist also etwas Spontanes. Fortgesetzte Konzentration ist eine Disziplin.

Im Zustand der Konzentration sind wir mit dem ganzen Wesen beteiligt. Unsere Aufmerksamkeit ist tatsächlich das Kostbarste und Ureigenste, was wir besitzen: Wir sind das. Wenn wir Aufmerksamkeit schenken, schenken wir uns selber; wenn wir erlauben, daß sie von etwas eingefangen wird, dann lassen wir uns einfangen. Gerade in der heutigen Zeit, in der die Manipulation des Bewußtseins und der Phantasien der Massen so zunehmen, ist dieser Punkt wesentlich.

Während sich das Bewußtsein bei der bewußten Aufmerksamkeit wertfrei auf alles Seiende erweitert, stellt es sich in der Konzentration auf die Wirklichkeiten des Universums ein und klammert alle übrigen aus. Wir lernen, uns zu beschränken und Ungewolltes beiseite zu lassen. Wir werden also sehr arm, und es ist nicht einfach, diese Armut zu ertragen. Doch die Vorteile sind nicht zu verachten:

- Da die Aufmerksamkeit nun nicht mehr wandert, sind wir der Tyrannei der zufälligen Reize nicht mehr ausgeliefert.
- Alle geistigen Vektoren kommen in einem Punkt zusammen: Die Psyche findet den Weg vom Fragmentarischen zur Einheit.
- Die Einheit schafft Intensität: Der Geist ist nicht mehr zerstreut und lustlos, er ist nun angeregt und voller Energie.

Diese drei Faktoren – Befreiung vom Zufälligen, Sammlung des Geistes, und erhöhte Lebendigkeit – erlauben dem individuellen Bewußtsein, ruhig zu werden und eine höhere Bewußtseinsstufe zu betreten. «Citta vritti nirodha» heißt es in den Yoga-Sutren von Patanjali, einer klassischen Schrift aus dem Jahr 200 v.Chr.: «Das Aufhören der Gedankenwellen ist Befreiung.»[11] Das ist die Grundlehre des Raja-Yoga oder Königlichen Yoga. Die Konzentration bezweckt hier, die Geistestätigkeit in Schranken zu halten, bis sie aufhört. Der Geist wird in Indien oft bildlich als verrücktgewordener Affe dargestellt. Vor allem lenkt diese Technik die Wellen des Geistes in eine Richtung, bis sich diese erschöpft. Erst in der Transparenz der inneren Ruhe ist Einheit mit dem Selbst möglich.

Jede beliebige Sache und jeder Prozeß kann Gegenstand der Konzentration sein:

- Im tibetanischen Tantra-Buddhismus werden Visualisierungen verwendet; glänzende, farbige Gestalten von Göttern, Sanskritworte, geometrische Formen, Darstellungen des eigenen feinstofflichen Körpers.
- Die indische Yoga-Tradition kennt die Konzentration auf das Yantra, eine geometrische Darstellung der metaphysischen Struktur des Universums.
- Im Mantra-Yoga wiederholt man «wie Öl, das ewig fließt», immer wieder ein heiliges Wort oder Mantra wie Aum, Ram, Soham usw., und dies bringt einen mit der entsprechenden Bewußtseinsebene in Einklang.
- Im Zen wird man zuweilen aufgefordert, die Atemzüge zu zählen oder ein bestimmtes Koan ständig zu wiederholen. Dies sind paradoxe Formeln, die sozusagen einen Kurzschluß des Geistes bewirken sollen, damit dieser offen wird für die Erfahrung des «Satori», der Erleuchtung.
- Im Laya-Yoga lernt man, den inneren Ton der Seele zu hören:

> ... Wenn sich der Geist in diesem Ton verliert, vergißt er alles Äußere und verschmilzt mit dem Ton, wie sich die Milch mit Wasser mischt, um sich im Äther des Bewußtseins aufzulösen. Der Yogi hat seinen Geist durch unablässige Übung unter Kontrolle, so daß ihn alle andern Dinge nicht mehr berühren und er nur noch von den Tönen angezogen wird, die ihn über den Geist hinausführen.[12]

Man kann sich auch auf *einen* Gedanken konzentrieren – dies war vor allem im Westen verbreitet. Man lenkt die Aufmerksamkeit auf diesen Gedanken und betrachtet ihn aus verschiedenen Blickwinkeln, ergründet ihn tiefer und fühlt sich hinein. Am Anfang ist das eine bloße Aneinanderreihung von Gedanken. Doch anstatt sie beliebig wandern zu lassen, lenken wir sie auf einen Gegenstand, damit die Beschäftigung mit ihm immer tiefer werde und wir sein Wesen erfassen. Montaigne, der ein Meister solcher Betrachtung war, schrieb:

> Meditation ist eine reiche, machtvolle Forschungsmethode für alle, die den eigenen Geist ergründen und kraftvoll verwenden können... Einige

große Geister, die Leben gleichsetzten mit Denken, haben sie zur Berufung erhoben. Überdies hat die Natur das Denken mit diesem Privileg ausgestattet, daß wir nichts anderes annähernd gleich lang tun können, und daß wir keine Handlung häufiger und gleich leicht tun können. Es ist die Beschäftigung der Götter, sagt Aristoteles, die Quelle, aus der ihr Glück und das unsere entspringt.[13]

Wie kann uns das Denken den Zutritt zur transpersonalen Dimension erleichtern? Die Konzentration ist ein gutes Mittel, um psychische Gewohnheitsmechanismen zu durchbrechen. In der Regel wiederholen wir gewisse Gedanken mechanisch, bis sie zu jenen «samskara» geworden sind, von denen die östliche Tradition spricht, nämlich zu mentalen Abläufen, die durch ständige Wiederholung Gestalt angenommen haben und in die Persönlichkeitsstruktur integriert werden. Das Denken kann dies verändern; Gedanken, und besonders leicht solche mechanische Wiederholungen kann man einzeln überprüfen. Man lernt dabei, zu prüfen und nichts unbesehen hinzunehmen, Alternativen auszudenken und Paradoxe aufzustellen. Da ist kein Platz mehr für Automatismen.

Zudem trägt das Denken in sich das Wesen der Freiheit. Im Gegensatz zur Handlung, die die Gesetze der äußeren Wirklichkeit beachten muß, kann sich das Denken alles Mögliche erlauben: Es kann Universen schaffen und wieder zertrümmern, es kann sich im Handumdrehen an ferne Orte versetzen, sich die Unendlichkeit vorstellen, erschaffen, was noch nie gewesen ist. Auch das ist eine Befreiung.

In diesem Prozeß geht es darum, sich von allem zu lösen, was je von anderen, auch von großen Denkern, gedacht worden ist, und genau auf das zu vertrauen, was aus dem eigenen Innern aufsteigt. Über Selbstvertrauen sagte Emerson etwas ganz Wichtiges:

Deinen eigenen Gedanken glauben schenken, zu glauben, daß das, was für dein persönliches Herz wahr ist, für alle Menschen wahr ist, das ist Genius. Der Mensch sollte lernen, jenes Lichterglimmen aufzufinden und zu beobachten, das seinen Geist von innen her überstrahlt, statt den Glanz am Firmament von Sängern und Weisen zu suchen.[14]

Wie oft schon haben wir einen originellen Gedanken verworfen zugunsten einer wenig überzeugenden Idee, die soweit anerkannt war, daß wir uns sicher fühlten? Dabei geht es darum, unseren eigenen

Ideen Wert zu verschaffen, auch wenn sie wirr erscheinen. Daran läßt sich das schöpferische Denken erkennen, und es stellt sich umso leichter ein, wenn man sich in geistigen Bereichen bewegt und damit umzugehen weiß.

Es gibt noch einen Grund, warum Denken das Bewußtsein heben kann, weil sich der menschliche Geist nach seinem Inhalt formt. Wenn er sich also mit transpersonalen Themen befaßt, assimiliert er sie und das Zentrum seines Bewußtseins wird gehoben. So erkennt er tiefe Wahrheiten. Auf diese Weise überwand Tolstoi eine tiefe Krise:

> Ich lebte damals im Kaukasus und war einsam und unglücklich; da begann ich nachzudenken, wie dies jeder Mensch nur einmal im Leben zu tun vermag ... Es war eine qualvolle und glückliche Zeit. Weder vorher noch nachher habe ich je solche Höhen des Denkens erreicht; niemals hatte ich ähnlichen Tiefblick wie in jener Zeit, die zwei Jahre dauerte. Und alles, was ich damals fand, wird immer meine Überzeugung bleiben ... in zweijähriger geistiger Arbeit stieß ich auf eine einfache, uralte Sache, die ich nun kenne wie niemand: Ich erkannte, daß es Unsterblichkeit gibt, daß es die Seele gibt und daß man für einen anderen Menschen leben muß, um ewig glücklich zu sein.[15]

Man hat den Verstand beschuldigt, er stehe dem Erkennen der transpersonalen Dimension im Weg. Doch er sitzt nicht allein auf der Anklagebank. Der Reihe nach waren sie alle dran: der Körper, die Sexualität, die Gefühle, die Wünsche. Oft waren die Anklagen kulturell bedingt, gefärbt von der Tradition oder der Person, die sie vorbrachte. Dem Verstand wurden diese zwei Dinge vorgehalten: Erstens können Elemente einer höheren Bewußtseinsebene nicht in Begriffen einer niedereren Stufe erfaßt werden; deshalb ist es ein Ding der Unmöglichkeit, daß der rationale Geist die Welt des Selbst erklärt, die über ihm steht. Zweitens versteift sich der Verstand oft auf Dogmen und Vorurteile, die Erfahrung behindern, also auch die Erfahrung des Transpersonalen.

Aber deswegen gleich das Kind mit dem Bad ausschütten ..., ist das richtig? Konzentriertes Denken ist oft eine Quelle der Lebenskraft, zuweilen sogar das Sprungbrett zu höheren Bewußtseinsebenen. Germaine Staël Holstein (Mme. de Staël) war eine große Intellektuelle, die anfangs des letzten Jahrhunderts lebte und als eine der wichtigsten Vertreterinnen der Romantik gilt; sie war gegen Napoleon («Der Intellekt entfaltet erst seine volle Stärke, wenn er die Macht angreift»), und ihre Zeitgenossen nannten sie wegen ihres außerordentlich starken Intellekts ein blendendes Licht und einen Ausbruch sämtlicher Stürme und Erdbeben zusammen. Mme Staël sagte unter anderem: «Die tagtäglichen intellektuellen Fortschritte verwandeln das Bewußtsein der eigenen moralischen Existenz in ein lebendiges Glücksgefühl» und «wenn der Mensch seine geistigen Fähigkeiten übt, erstarkt der Glaube an die Unsterblichkeit der Seele»[16].

Mme Staël war eine Intellektuelle. Es gab im Westen auch hellsichtige Menschen, die es vorzogen, sich schlicht der Stille zu widmen. Das ist in etwa, als würde man das Pferd am Schwanz aufzäunen; es gelingt wohl nur einigen Auserwählten, doch wenn sie begabt sind, führt auch das zum Ziel. Campanella und Boehme sind dafür Beispiele:

Tommaso Campanella war ein solcher außergewöhnlicher Mensch: Er hatte ein so hervorragendes Gedächtnis, daß er sich an alles erinnern konnte, was er je gelesen hatte; wenn er einen Brief schrieb, bemühte er sich jeweils, durch das Spiel seiner Gesichtsmuskulatur die Physiognomie des Briefempfängers nachzuahmen, damit er sich besser in diesen einfühlen konnte. Er hatte paranormale Eingebungen, seine innere Stimme warnte ihn jeweils vor Gefahren. Er hielt sich für einen Vorkämpfer einer neuen Epoche; seine Zeitgenossen nannten ihn einen speienden Vulkan. Campanella meditierte folgendermaßen: Er zog sich zurück an einen stillen, dunklen Ort, stellte Sorgen und Probleme beiseite, machte es sich bequem und schloß die Augen. Dann entleerte er den Geist von sämtlichen Gedanken, und wenn noch welche nachfolgten, verjagte er sie. Dies tat er solange, bis er «reglos wurde wie eine Pflanze oder ein Stein». So erlangte er die «philosophische Ekstase»[17].

Ganz ähnlich war sein Zeitgenosse Jacob Boehme. Auch er hatte übersinnliche Begabungen, er konnte hellsehen und verstand sich auf Psychometrie; er gab Pflanzen und Tieren Eigennamen, kannte mehrere Sprachen, ohne daß er sie je gelernt hatte. Doch vor allem war Boehme ein großer Hellseher. Schon als Kind hatte er Gesichter, und mit fünfunddreißig, im Jahr 1610, wurde er erleuchtet. Er erkannte die göttliche Ordnung in der Natur und sah, wie alles, was er sich früher chaotisch und bruchstückhaft vorgestellt hatte, harmonisch geordnet ineinanderwirkte wie die Klänge einer vielsaitigen Harfe. Mehrmals in seinem Leben geriet er in Schwierigkeiten mit der Kirche, so daß er gezwungen war, in seiner Heimatstadt als Schuster sein Leben zu fristen. Seine Meditationsart erinnert an die Zen-Aufgabe, das eigene Gesicht vor der Geburt zu entdecken:

> Wenn du kannst, mein Sohn, dann stell für eine Weile jedes Denken und jedes Wollen ein, dann kannst du die unsagbaren Worte Gottes hören... Wenn du ruhig und still bist, dann bist du wie Gott, bevor er die Natur und die Kreaturen geschaffen hat; dann bist du, was Gott damals war; du bist das, aus dem Er dein Wesen und deine Kreatur geschaffen hat. Dann hörst und siehst du sogar, was Gott selbst in dir sah und hörte, noch bevor dein Wollen und dein Sehen begonnen haben.[18]

Ganz einfach ist die Praxis der Stille des Geistes nicht. Vielen gelang es besser, sie stufenweise zu erreichen. Die hl. Teresa von Avila unterschied zum Beispiel vier Stufen der Meditation, die sie mit vier Bewässerungsarten verglich (hier ist der Seelengarten gemeint, damit er blühen und Früchte tragen kann): Die erste Stufe entspricht dem Gebet der Sammlung (Konzentration auf einen Gedanken), sie ist die beschwerlichste. Man muß das Wasser eigenhändig mit dem Eimer aus dem Brunnen hochziehen. Auf der zweiten Stufe hat der Brunnen ein Schöpfrad, was mühelos Wasser fördert. Das ist das Gebet der Ruhe. Auf der dritten Stufe geht es um das Gebet des «Schlafes der Seelenkräfte». Hier hört das persönliche Bemühen auf; das Wasser wird durch eine Rinne geleitet, so daß die Erde gut bewässert wird. Und auf der vierten Stufe, dem Gebet der Vereinigung, fällt das Wasser ganz ohne unser Zutun vom Himmel, als göttliche Gnade, und man fühlt sich eins mit allem Leben. So beschrieb Therese eine ihrer Erleuchtungserfahrungen:

> Es ist ein Licht, das nicht blendet, ein mildes Leuchten, ein durchdringendes Glänzen, das den Blick wunderbar bezaubert, ohne ihn zu ermüden, wie auch die Klarheit nicht ermüdet, mit der man diese seltene Schönheit sieht. Wie wenn man ... ein klares Wasser über einen in der Sonne glänzenden Kristall fließen sähe ... ein Licht, das nicht vergeht, das durch nichts gestört wird, weil es ewig ist. Und so großartig, daß es sich keiner vorstellen kann, nicht einmal das größte Genie, das ein Leben lang darüber nachdenken würde.[19]

Innenschau

Indien, 1896: Ein siebzehnjähriger Jüngling namens Venkataraman, der in einem kleinen Dorf wohnte, fühlte plötzlich, daß seine Todesstunde nahte. Er war der mittlere von drei Brüdern in einer vaterlosen Familie. Bis zu jenem Zeitpunkt war er ein durchaus normaler Junge gewesen, etwas unordentlich und nachlässig in der Schule, doch wach, lebendig und völlig gesund. Anstatt einen Angehörigen oder den Arzt herbeizurufen, tat Venkataraman etwas Seltsames: Er legte sich flach auf den Boden, schloß Augen und Mund zu, machte sich ganz steif und tat, als ob er schon tot wäre. So betrat er seine Innenwelt. Was ist der Tod, fragte er sich. Er bedeutet, daß dieser Körper stirbt und zu Asche verbrannt wird. Nun geschieht das Wesentliche: «Der Körper ist zwar reglos, dennoch fühle ich mein ‹Ich› », so denkt der Junge, «losgelöst von Körper und Tod als unsterblichen Geist.» Und so fährt Venkataraman fort:

> Das war mehr als ein bloß intellekter Vorgang, es schlug ein wie eine lebendige Wahrheit, blitzschnell fing ich es auf, ohne nachzudenken. «Ich», das war etwas sehr Wirkliches, das einzig Wirkliche in diesem Zustand... Und die Angst vor dem Tod verflüchtigte sich ein für allemal. Seither hat dieses Aufgehen im Selbst angedauert. Andere Gedanken kommen und gehen wie die Klänge, die ein Musiker macht, das «Ich» aber bleibt wie ein Grundton, der immer mitschwingt und mit allen andern Klängen verschmilzt. Ob nun der Körper damit beschäftigt war zu sprechen, zu lesen oder irgendetwas anderes zu tun, ich war immer im «Ich» zentriert.[20]

Später nahm der junge Venkataraman den Namen Ramana Maharshi an und wurde einer der größten Weisen der indischen Geschichte. Bei seinem Erlebnis hatte er spontan eine Meditationstechnik verwendet, die in Indien schon seit Jahrhunderten praktiziert wurde. Anstatt sich breit zu öffnen und alles wahrzunehmen oder sich auf einen einzigen Gegenstand zu beschränken, zog sich das Bewußtsein auf sich selbst zurück und war sich nur seiner selbst bewußt.

Das individuelle Bewußtsein oder das «Ich» identifiziert sich in der Regel mit verschiedenen Persönlichkeitsaspekten; im Traum des Lebens neigt es dazu, sich mit dem Körper zu identifizieren, mit Gefühlen und Wünschen, mit Ideen, die ihm lieb sind, mit seinen

Rollen und Dramen. Das ist sein Universum und wird zu seinem Wesen. Jede Struktur, die es annimmt, bedeutet auch Beschränkung des Bewußtseins. Ich bin mein Körper, meine Gefühle, meine Ideen, meine Rollen, usw. Der Traum fühlt sich so wirklich an, daß ihn alle für Wirklichkeit halten oder gar institutionalisieren.

Bei dieser Meditationstechnik löst sich das «Ich» von allem, mit dem es normalerweise identifiziert ist. Ich bin weder Körper, noch Gefühl, noch Rollen, usw. Nicht, daß diese Inhalte verurteilt oder geringgeschätzt würden. Sie werden bloß mit Distanz betrachtet, neutral und objektiv. Auf diese Weise losgelöst, kann das individuelle Bewußtsein zu sich selbst zurückkehren und sich finden. Das Bewußtsein ist nicht Werden, sondern Sein. Reines Sein, gestalt- und grenzenlos, zeitlos und frei.

Shankara hatte seine Lehre viele Jahrhunderte vor Ramana auf dieser Methode aufgebaut, die zum Symbol für die spirituelle Erneuerung wurde, die er damals nach Indien brachte. Es gab zwei wichtige Erlebnisse, die Shankara auf den Weg der Selbstverwirklichung wiesen: Der Tod seines Vaters ließ ihn nachdenken über Vergänglichkeit und Illusion des Lebens. Dann war da eine Begegnung mit einem «Chandala», aus der Kaste der Unberührbaren, am Ganges. Shankara war mit einer Gruppe Schüler unterwegs und winkte dem Chandala, er solle zur Seite treten, wie das üblich war. Es war eine ganz normale, achtlose Geste. Doch jener schimpfte los, daß jede Trennung von Kasten oder Glauben absurd sei, wenn es doch nur einen Gott gebe. Diese Vorstellung traf Shankara wie einen Blitz. Er warf sich vor dem Chandala zu Boden und beteuerte, einer, der gelernt habe, das eine Sein allüberall zu sehen, solle sein Meister werden. Nach der Legende war der Unberührbare niemand anders als der Gott Shiva, der Shankara in dieser Gestalt die Einheit aller Wesen lehrte.

Für Shankara ist das Urteilsvermögen, «viveka», wie ein Schwert, das unsere Identifikation, unsere Bindungen an alles Vergängliche entzweischneidet. Es läßt uns erkennen, daß alles, was wir mit Wert und Bedeutung behaften, nur ein Phantom ist; «oder, sprich, würdest du dich etwa – sagt Shankara – mit dem Schatten deines Körpers oder einem Traumbild deines Körpers identifizieren? Sicher nicht: Ebenso ist es absurd, zu glauben, Gefühle, Ideen, Empfindungen, die so vielfältig und wechselhaft sind, können unser wahres Wesen, das Selbst, sein»[21]. Das Selbst liegt außerhalb des Werdens im Universums und ist unveränderlich. Meister Eckehart verwendet die Analogie des Tores. Die Welt ist ein Tor, das sich öffnet und schließt, das Selbst hingegen ist die Angel, auf der sich das Tor dreht und bewegt.[22] Shankara vergleicht «Atman» – das Selbst – auch mit der Radnabe, die unbewegt bleibt, während sich das Rad dreht:

> Atman ist das Höchste, das ewige Bewußtsein, das Unteilbare, die Einheit, die keine Dualität kennt. Es ist der Zeuge des Geistes, des Intellekts und der andern Fähigkeiten. Es ist anders als alles Grobe und alles Feine. Es ist das wahre «Ich». Es ist das innere Wesen, die höchste, ewigwährende Freude.[23]

Gewisse Richtungen der Psychotherapie haben erkannt, daß solche Methoden nicht nur einigen auserwählten Yogis, sondern uns allen von Nutzen sein können. In der Psychosynthese von Roberto Assagioli unterstützt man den Klienten darin, Ängste, Wut- und Schuldgefühle und alle möglichen negativen oder positiven seelischen Inhalte losgelöst vom wahren Selbst zu betrachten. Man kennt die Übung der «Desidentifikation», in der man gewisse Persönlichkeitsaspekte in einen anderen räumlichen Bezug stellt, ohne sie zu unterdrücken, zu forcieren oder zu werten: Man rückt sie in die Ferne, betrachtet sie in der Perspektive, und erfährt sie nicht mehr so erdrückend und absolut. Aus dieser neuen Stellung finden wir leichter eine Antwort auf die Frage, die wir seit Urzeiten in uns tragen: Wer bin ich?

Assagioli hat entdeckt, daß man sich viel wohler fühlt, wenn man das «Ich» klarer wahrnimmt. Solange wir nicht allzu sehr grübeln, glauben wir, bestens zu wissen, wer wir sind und was unser «Ich» ist. Doch sobald wir nur etwas genauer hinschauen, wird uns klar, daß es nichts gibt, das sich uns so sehr entzieht und im Dunkeln bleibt. Und die Verwirrung wird keineswegs kleiner durch die Vielfalt der psychologischen Definitionen des «Ichs», die es gibt. Doch wenn wir etwas weiterforschen, wird alles wieder klarer. Graben wir uns einmal durch die dicke Schicht von fixen Vorstellungen und stereotypen Mechanismen hindurch; dann durch die Schicht der Gefühle und Lieblingsideen. Schon sind wir in der Mitte, einem dimensionslosen geometrischen Punkt. Wir tappen im Dunkeln, wie es ein anderer indischer Weiser, Ramakrishna, beschrieb, wie der Dieb, der sich mit den Händen durch das Dunkel tastet, dieses und jenes Ding berührt und sagt, «neti, neti», – das ist es nicht, und dies ist es nicht. Bis er endlich auf die Gemme stößt, die er haben wollte, und, sie mit den Fingern gleich erfühlend, laut ruft: «Das ist's!»[24]

Nun erkennen wir, unser Ziel war auch der Ausgangspunkt. Es ist kein Konstrukt, sondern es ist unser Innerstes, das wir immer schon waren und das wir stets zur Verfügung haben werden. Wenn wir es wiederfinden, atmen wir auf und fühlen uns in unserer Mitte. Es ist dies eine großartige Entdeckung, zu der wir später immer wieder zurückkehren können. Wer hätte gedacht, daß es so einfach ist?

Wenige Menschen machten sie ganz zufällig, vielleicht durch eine außerordentliche Sensibilität. Helen Keller wurde mit neunzehn Monaten wegen einer Scharlacherkrankung blind und taub. Sie lernte später, dank der geduldigen, geschickten Führung ihrer Lehrerin Ann Sullivan Macy, Wörter und Begriffe zu erfassen und sich mitzuteilen. Doch die Tatsache blieb, daß sie blind und taub war. Wie sah es in ihrem Innern aus? Sicherlich anders als in uns, vermutlich weniger abhängig von der Außenwelt. In jener Dunkelheit wohnte vermutlich ein äußerst wachsames Bewußtsein, das sich viel leichter als wir, die wir durch das Sehen und Hören stärker an die Außenwelt gebunden sind, von der Zeit-Raum-Dimension absetzen konnte. Eines Tages saß Helen Keller mit Ann Sullivan in der Bibliothek (und las einen Text in Brailleschrift). «Etwas Seltsames trat ein; ich war eben in Athen, obwohl ich diesen Raum nicht verlassen habe», ließ sie ihre Lehrerin wissen. Sie hatte sich tatsächlich ganz deutlich nach Griechenland versetzt gefühlt. Doch das Sonderbare kam erst:

> Sowie ich diese Worte ausgesprochen hatte, wurde mein Geist von einer unvermittelten, überwältigenden Intuition erhellt. Ich erfuhr die Wirklichkeit meiner Seele und ihre Ungebundenheit an räumliche und physische Bedingtheit. Mir war klar, daß dies so war, weil ich ein Geist war, der so lebendig einen Ort«gesehen» und gespürt hatte, der viele Tausend Kilometer weit entfernt war. Raum zählte nicht für den Geist! In diesem neuen Wissen erstrahlte Gottes Nähe. Er selbst, der Schöpfer, ein allgegenwärtiger Geist, der überall im Universum allgegenwärtig da ist.[25]

Wie alle kraftvollen Techniken ist auch diese für labile Menschen nicht ungefährlich. Es handelt sich um die Gefahren der «Feldunabhängigkeit», wie man es in der Psychologie nennt, d.h. einer allzu abrupten Loslösung von der Umwelt und den verinnerlichten Sozialnormen (vom «Überich»); das kann paranoide Allmachtvorstellungen und Gefühle einer schrankenloser Freiheit und des Grenzverlustes zur Folge haben. Umgekehrt kann sich eine solch absolute Loslösung auch als Flucht oder vollständige Negation äußern. Ich fühle mich unwohl in diesem Körper, die Mitmenschen machen mir Angst, die Welt ist bedrohlich und komplizert. Also schließe ich einfach die Augen und sage mir, das alles sei Illusion, ich wende mich nach innen. Gewiß ist weder das eine noch das andere echte Befreiung.

Betrachten wir einmal jene Menschen, die es mit dieser Methode weit gebracht haben. Auch Plotin war ihr Freund; vielleicht, wie Evans Wentz vermutet, weil sie ihm selbst mit neununddreißig Jahren in Persien beigebracht wurde, als er im Gefolge des römischen Kaisers Jordan III. mitzog. Offensichtlich hatte dieser Philosoph eine starke spontane Neigung zu transpersonalen Erfahrungen. So schreibt er in einem Brief an seinen Freund Flaccus:

> Das Unendliche kann man nur mit einer Wahrnehmung erkennen, die über die Vernunft hinausgeht, nämlich indem man sich in einen Zustand versetzt, wo das endliche Selbst nicht mehr existiert – in dem uns die göttliche Essenz vermittelt wird. Das ist die Ekstase. Es ist die Befreiung des Geistes von seinem endlichen Wissen. Nur Gleiches kann Gleiches erkennen; sobald wir aufhören, endlich zu sein, werden wir eins mit dem Unendlichen. In der Reduktion der Seele auf ihr einfachstes Selbst, ihr göttliches Wesen, stellt sich diese Einheit und Identität ein.

Platon spricht vom «Rückzug auf das einfachste Selbst». So befreit sich die Seele von allen Strukturen, bis sie ganz nackt dasteht. Das ist der Weg der höchsten Einfachheit. Viele beschreiben ihn mit der Vorstellung, in sich selbst einzutreten. Man soll so weit gehen, wie nur möglich. Man betritt den intimsten Wesenskern und löst sich dabei von allem Veränderlichen. Dann verwandelt sich alles, was wir normalerweise als «innerlich» betrachtet haben, in «äußeres» und umgekehrt; sogar die geheimsten Gefühle, verschwiegene Gedanken, heimliche Phantasien erfahren wir nicht mehr innerlich, sondern wir betrachten sie objektiv von ferne wie Landschaften, die nicht zu uns gehören. Der deutsche Philosoph Schelling beschreibt es folgendermaßen:

> Wir alle besitzen die geheime, wunderbare Fähigkeit, uns vor den Veränderungen der Zeit ins Innere zurückzuziehen, in unser Selbst, das bloß ist von allen äußeren Eigenschaften, um dort in unserm Innern die Gestalt des Unveränderlichen zu schauen. Dies ist die intimste und individuellste aller Erfahrungen, von der alles abhängt, was wir von der übersinnlichen Welt wissen und denken. Diese Wahrnehmung verleiht uns das Wissen, daß etwas im wahren Sinne des Wortes ist, während alles andere nur Schein ist ...[26]

Es mag verwirrend sein, daß wir auf einem geistigen Weg mit so verschiedenen Begriffen umzugehen haben. Da ist einerseits die Methode des panoramaartig geöffneten Bewußtseins, das die Identitätsstruktur auflösen kann. Nichts hat Substanz, dein Ich ist eine Illusion. Und andererseits, wie wir eben gesehen haben, wird durch die Innenschau dasselbe Ich verherrlicht. Dein Ich existiert, und obendrein ist es auch unsterblich und unendlich. Man kann dies vielleicht so erklären: Stellen wir uns vor, ein und derselbe Film werde einer Gruppe von Tauben und einer Gruppe von Blinden vorgeführt. Beide Gruppen beschreiben dieselbe Realität ganz verschieden. Die Blinden werden erzählen, man hätte ihnen eine Geschichte erzählt, und die Tauben werden darauf bestehen, sie hätten Bilder gesehen, die sich bewegten. So ist es auch mit dem Selbst (wie wir es hier genannt haben). Eine unvergängliche Realität wird auf verschiedene, oft widersprüchliche Arten wahrgenommen und beschrieben, je nach Standpunkt und Merkmalen des Beschreibenden. Neben den Unterschieden der beiden Systeme wollen wir unser Augenmerk aber auch auf die Übereinstimmungen richten: Es wird unser intimstes und feinstes Instrument – das Bewußtsein – als Angelpunkt für die Verwandlung verwendet; wir sind aufgefordert, unsere konventionelle Identität in Frage zu stellen; den trügerischen äußeren Phänomenen zu mißtrauen; den Ereignissen des Lebens losgelöst und gleichmütig gegenüberzutreten; und vor allem verfolgen beide das gleiche Ziel, nämlich die innere Befreiung.

Die Technik der Innenschau, die uns Schicht um Schicht zum unveränderlichen Selbst hinführt, spricht uns an, weil sie so einfach ist. Das Selbst ist arm und nackt; wir verstehen es auch ohne komplizierte Praktiken, ohne Rituale und ohne Grübeleien. Im Gegenteil, solche Handlungen liegen noch immer im Bereich des Werdens und sind deshalb Teil der Illusion. Hier verlassen wir hingegen die Welt des Werdens ganz. Anstatt uns im Bereich der Erfahrungen aufzuhalten und nach Mitteln zu suchen, diesen zu überwinden oder zu verwandeln, wird er einfach negiert. Und dabei stellt sich heraus, daß uns der Fortschritt einfach in den Schoß fällt, ohne daß wir uns zu sorgen oder anzustrengen brauchen: Das Unendliche ist bereits in uns, es war immer da und wird immer da sein.

«Reframing»

Stellt euch folgende Situationen vor:

- Ihr fühlt euch ganz normal; ein Freund sagt mit besorgter Mine: «Du siehst müde aus», oder «Geht's Dir wirklich gut?». Sofort stellt sich ein Gefühl von Müdigkeit und Schwäche ein.
- Jemand spricht in eurer Gegenwart in herrischem Ton ein Urteil aus: «schöne Kravatte», «dieser Fisch ist nicht frisch», «ein schlechter Schauspieler». Und schon ist die Kravatte nicht mehr fad, der Fisch riecht verdächtig, der Schauspieler gibt sich pathetisch.
- Man zeigt euch eine Person, deren Gesicht euch nicht fremd ist: «der ist berühmt» (oder Steuerhinterzieher, ein Genie, oder reich; er hat vermutlich seine Frau umgebracht; er ist tanssexuell usw.); und gleich seht ihr diese Person in einem entsprechend anderen Licht.
- Ihr seht Werbung für ein Auto, für Kekse oder eine Füllfeder oder ein Getränk: Schon scheint euch dieses Produkt, das euch vielleicht zuvor nie interessiert hat, äußerst begehrenswert, ja unentbehrlich.

Suggestion kann man es nennen. Doch damit unterschätzen wir die Flexibilität der Psyche. Hier geht es um mehr, nämlich um unsere Beziehung zur Umwelt, unsere Wahrheitskriterien, ja sogar um nichts Geringeres als die Essenz des Geistes. Die psychischen Mechanismen, die in unseren Beispielen wahllos und für kommerzielle Zwecke angesprochen wurden, lassen sich bewußt einsetzen, um unser Weltbild revolutionär zu verändern. Doch wir wollen nicht vorgreifen. Betrachten wir einmal, welche Prinzipien unseren Beispielen zugrunde liegen:

1. Wir leben in einer geistigen Wirklichkeit.

Sobald die subjektive Welt unser Arbeitsinstrument ist (wie bei der Meditation), merken wir, wie sehr der Geist die Wirklichkeit prägt, in der wir leben. Was immer in unserer Umgebung ist – Dinge Menschen, Ereignisse –, muß durch seinen Filter hindurch, der ordnet, ausscheidet, färbt. «Die Menschen ärgern sich nicht so sehr über die Dinge, sondern über die Meinungen, die sie von den Dingen haben» sagt Epiktet in seinem Handbuch.

2. Die geistige Struktur, nach der der Geist die Wirklichkeit ordnet, kann Illusion, Angst oder Schmerz hervorrufen.

Die indische Tradition kennt dafür zwei anschauliche Beispiele: Die Schnur, die man mit der Schlange verwechselt, und die steinernen Hundeskulpturen, die man von Ferne für richtige Hunde hält: Harmlose, leblose Gegenstände werden durch unsere Angst belebt. Der Geist kann also die Wirklichkeit entstellen und uns in einer Illusion gefangenhalten. Dann ist jene Annahme gar nicht so falsch, daß die uns vertrauten Aspekte der Wirklichkeit bloß Idole des Geistes seien: die Trennung zwischen dem Ich und der Welt, die Vorstellung, daß Dinge und Personen Substanz haben, die Zeit, ja vielleicht auch das Böse und der Tod.

3. Der Geist wiederholt sich und bestärkt sich selber.

Gedanken haben die Tendenz zur Wiederholung, oder dazu, entsprechende Gefühle und Bilder anzuziehen, sich abzulagern und zu verhärten. Daraus entstehen dann die Neigungen, die eine Person ausmachen: Angstvorstellungen, Ehrgeiz, Liebe und Hass, Freude und Schmerz.

4. Man kann alles denken.

Obwohl der Geist sich gern wiederholt, läßt sich mit geistigen Inhalten spielen. Man kann sogar die grundsätzliche Willkür des Denkens erkennen. Im tibetanischen Yoga von Naropa lernt der Yogi (im Schlaf), die Traumbilder zu verwandeln. Er verwandelt z.B. ein Tier in einen Menschen, Wasser in Feuer, Erde in Raum, eines in viele und viele in eines; oder er wandelt seinen eigenen Körper zum Vogel, Tiger, Löwen, König, Haus, Stein oder Wald, oder vermehrt ihn milliardenfach, bis er den ganzen Kosmos füllt. Naropa sagt, es gehe darum, «zu verstehen, daß alle Dinge Manifestationen des

Geistes sind, daß der Geist, wie die Träume, an sich keine Substanz hat.»[27]

5. Wenn wir Gedanken verändern, befreien wir uns von ihren Fesseln.

In der Regel werden wir von unseren Gedanken gesteuert. Sie fallen uns ein, und damit hat es sich. Wenn wir sie aber wandeln können, haben wir sie im Griff, und die geistige Welt wird objektiv. Gedanken sind dann nicht mehr unantastbare, unfaßbare Größen, die wir in uns haben, sie stehen außerhalb und werden zu gefügigen psychischen Inhalten, die wir durchaus in Frage stellen können.

Dadurch erfahren wir, daß der Geist ein Werkzeug und kein Orakel ist. Man darf ihn etwas weniger ernst nehmen. Und es fällt uns leichter, seine Ebene zu verlassen und zu höheren Bewußtseinsstufen vorzustoßen.

Diese fünf Aussagen (die in verschiedenen Kulturen und Traditionen auftreten), führen über zur sechsten, praxisbezogensten:

6. Kann man die eigene Wirklichkeit verändern, indem man Gedanken verändert?

Wie wir bereits im Kapitel über das Bewußtsein gesehen haben, können wir in Bereiche vorstoßen, in denen der Gedanke nicht mehr existiert, und das Numinose in der Stille betrachten ohne Mittler. Aber es gibt auch Zwischenstufen, Einfacheres, das wir tun können. Die Gedanken und damit unsere Umwelt verwandeln, nennt man «Reframing», etwas in einen neuen Bezugsrahmen, einen anderen Kontext, ein neues Umfeld setzen.

Wir finden solches bei einigen Philosophen der Antike:

Epiktet empfahl, man solle sich das Leben als Theateraufführung vorstellen, in der uns die Rollen zugeteilt wurden. Wir müssen sie einfach spielen, so gut wir können. Seneca riet seinem Freund Lucilius in einem Brief, er solle alle Ereignisse wie einen Befehl Gottes hinnehmen. Marc Aurel stellte sich vor, er betrachte das menschliche und sein eigenes Tun von einem erhabenen Wolkensitz aus, von wo er die ganze Welt überblicken konnte. Das gab ihm das Gefühl für die richtige Dimension zurück.[28]

In der christlichen Lehre wird man ermahnt, die Gedanken auf mehrere Gegenstände einzustellen; auf Dinge, auf sich selber, die anderen, das Leben. Einige Beispiele:

- In der *Theologia deutsch* heißt es, man solle nichts als sein eigen betrachten.[29]
- Jedesmal, wenn die hl. Katharina von Siena Ekel empfand, wenn sie schlimme Wunden pflegen mußte, erschien ihr Christus und sagte, sie solle «das Süße für das Bittere und das Bittere für das Süße nehmen».
- Und als der hl. Franziskus einen Leprakranken küßte, sah er in ihm nichts Widerliches, sondern den Bruder und die unsterbliche Seele.[30]
- Jean Pierre de Caussade riet, wir sollen in allem, was uns widerfahre, das sehen, «was für uns in diesem Moment das Beste und Göttlichste» sei.[31]

Mit den selben Mitteln arbeitet das «Reframing». Es hilft, die Wirklichkeit aus einem anderen, ungewohnten Blickwinkel zu betrachten. So heißt es auch in den Yoga-Regeln der tibetanischen Kargyupta, wir sollen uns vorstellen, unsere Feinde seien in einer ihrer vielen tausenden Inkarnationen einmal unsere Angehörigen gewesen (und wir sollen feindselige Gefühle in Zuneigung verwandeln); wir sollen Unglück und Schmerz hinnehmen wie ein Meister (denn vom Leiden lernt man mehr als von der Freude); und wir sollen die Welt als Traum oder Spiegelung erfahren,[32] ein Thema, das auch im Buddhismus öfters wiederkehrt, wie in den Buddha zugeschriebenen Worten:

> Die Ereignisse des Lebens sind wie ein Traum, ein Gespenst, eine Luftblase, ein Schatten, das Glitzern des Morgentaus, der Widerschein des Blitzes, und genau so soll man sie betrachten.[33]

In der chassidischen Tradition ist der Alltag mit seinen Aufgaben und Herausforderungen das wahre Feld für die geistige Entfaltung. Nur im Alltag mit seinen Belanglosigkeiten, Gewalttätigkeiten und den vielen Schwierigkeiten kann sich die Transformation einstellen.

Das ist nicht jedermanns Sache. Wird mit dem «Reframing» nicht das Bewußtsein manipuliert und die Wirklichkeit eingeschränkt? Wird es nicht, sobald es in den Händen von religösen, politischen oder kommerziellen Machthabern ist, zum Kontrollinstrument, das den Geist lenkt? Diese Gefahr ist gewiß nicht zu leugnen und eigentlich sitzen wir schon mittendrin; somit ein Grund mehr, bewußt zu leben. Auf dem Weg der Erleuchtung sind allerdings solche Gedankenfilter nie zufällig, und sie verfolgen weder Profit- noch Machtzwecke. Doch stets sind es Gedanken, die:

– provozieren, um an Gemeinplätzen zu rütteln, die wir immer wieder blind annehmen;
– überzeugen als vielleicht wohl paradoxe, aber zutiefst annehmbare Thesen;
– heuristisch sind, d.h. unsere Wahrnehmung der Wirklichkeit bereichern oder erneuern; und
– befreien, d.h. von Unwissen und Schmerz erleichtern.

Neigen wir dazu, das Leben allzu ernst zu nehmen? Dann wird uns gesagt, wir sollen es als Traum und Spiegelung betrachten. Oder leiden wir große Not? Dann können wir im Schmerz die Chance sehen, tiefere Quellen zu erschließen, was unter anderen Umständen gar nicht nötig wäre. Haben wir Angst vor den Menschen? Dann versuchen wir, sie einfach wie im Spiel oder im Theater zu sehen. Oder fehlt es uns an Achtung vor den Menschen? Dann lernen wir, in ihnen das Unendliche sehen.
Aber aufgepaßt, das ist keine Zauberformel, auch wenn sich seit jeher alle großen Kulturen die Formbarkeit der Seele zunutze gemacht haben. Das «Reframing» ist eine Art Gymnastik, die uns hilft, unter allen Umständen beweglich und beherrscht zu bleiben, bereit, die Lage umzukehren. Es ist auch ein wichtiger therapeutischer Faktor, den immer mehr Therapieformen aufgenommen haben. Jeder kann dadurch erkennen, daß er dafür verantwortlich ist, wie er sich, seine Beziehungen und sein Leben wahrnimmt.

Wenn der Geist offen genug ist, kann «Reframing» manchmal sogar echte transpersonale Erfahrungen hervorrufen. Auf diese Art wird es neben anderen bereits beschriebenen Techniken auf dem Weg der Erleuchtung verwendet. Deutlich sieht man die Wirkung des «Reframing», wenn jemand bereits empfänglich ist für die Welt des Transpersonalen. Als Aurobindo aus politischen Gründen im Gefängnis war, betrachtete er das Treiben der Gefangenen und die ganze Umgebung im Gedanken – «All dies ist Brahman» – («sarvam Khalvidam Brahma»). Er legte diesen Gedanken wie einen Raster über die Wirklichkeit, die er vor sich hatte. Und in seinen Memoiren lesen wir, daß das Gefängnis plötzlich kein Gefängnis mehr war:

> Die hohe Mauer, die Eisentore, die weiße Wand, der Baum mit seinem grünen Laubwerk, das in der Sonne glitzerte, all diese gewöhnlichen Dinge waren alles andere als unbewußt, im Gegenteil, sie vibrierten vor universellem Bewußtsein, sie liebten mich und wollten mich umarmen, mindestens empfand ich es so. Männer, Kühe, Ameisen, Vögel bewegten sich, flogen, sangen, sprachen, alles war ein Spiel der Natur; dahinter stand ein großer, reiner Geist... Der harte Panzer meines Lebens sprang auf und es sprudelte ein Quell von Liebe für alle Wesen hervor... Nach dieser Erfahrung hatte ich tagelang keine Probleme im Gefängnis.[34]

Erziehung

Laßt uns nun von den allerwichtigsten Personen sprechen. Nämlich von den Erziehern. Sie sind die wichtigsten von allen, denn niemand prägt wie sie die Welt von morgen. Mehr als alle Politiker, Finanzleute und Industriellen.

Es wäre durchaus angemessen, den Erziehern in diesem Buch einen separaten Teil zu widmen. Sie denken nicht so sehr daran, auf ihrem eigenen Weg voranzukommen, ihnen liegt der Weg anderer Menschen am Herzen. In diesem Sinn ist wohl der «Boddhisattva» eine der größten Erzieherfiguren, denn er verzichtet laut der buddhistischen Lehre freiwillig auf das Nirvana, bis alle Wesen bis hin zum letzten Strohhalm die Befreiung erlangt haben.

In einem gewissen Sinn sind alle Personen, mit denen sich dieses Buch beschäftigt, Erzieher. Die transpersonale Erfahrung bleibt nicht im Privatbereich stecken, mehr oder weniger freiwillig wird sie auch den Mitmenschen vermittelt. Licht und Kraft von transpersonalen Zuständen wirken ansteckend; so wie man sich in der Nähe kreativer Menschen selbst kreativ zu fühlen beginnt, oder sich von der Fröhlichkeit eines anderen mitreißen läßt – es sei denn, wir wehren dies aus Angst oder Neid mit Widerständen ab.

Wenn wir diesen Gedanken ganz zu Ende denken, dann sind wir alle Lehrer und Erzieher. Wir alle sind uns gegenseitig Erzieher (oder helfen uns, von Erziehung freizuwerden), meistens ohne Absicht und unmerklich. Jeder Mensch erzieht andere – oder hilft alte Erziehungsmuster auflösen – durch sein bloßes Dasein. Wie jemand Auto fährt, was er zu einem Fremden im Lift sagt, wie er einen Witz erzählt, wie er Zeitung liest; wie er sich kleidet, lacht, wie seine Stimme und seine Bewegungen sind, kurzum, was immer er in jedem Bruchteil seines Lebens tut – und vor allem, wie er es tut. Damit zeigt er sich und vermittelt der Umgebung eine seiner subtilen Eigenschaften, was befreiend oder beengend wirken kann. So gesehen ist Erziehung eng verwandt mit dem Dienen, von dem wir gesprochen haben.

Erzieher beschäftigen sich also mit dem Wachstum anderer Menschen, bevor sie an das eigene denken. Gerade das ist ihr Weg. Wer immer einen Weg zum Selbst antritt, auch der Erzieher, trifft auf Probleme; er sucht und leidet, übt Disziplin und erfährt manchmal das Transpersonale. Das wichtigste Werkzeug des Erziehers ist sein Bewußtsein, die Fähigkeit, den anderen Menschen möglichst umfassend zu erkennen. Deshalb sprechen wir an dieser Stelle von ihm, obwohl es vielleicht auch auf allen anderen Wegen angebracht gewesen wäre.

Bei den transpersonalen Erfahrungen von Erziehern lassen sich zwei Hauptkategorien beobachten: Solche, die mit einer grundsätzlichen Eingebung über das Wesen der Erziehung zu tun haben und dem Konzept, das daraus entsteht; und jenen Erfahrungen, die sich in der Praxis und im Alltag mit den Kindern einstellen.

Der große deutsche Pädagoge Froebel, der im letzten Jahrhundert tätig war, empörte sich wie so mancher großer Erzieher über die plumpe und bruchstückhafte Erziehung im damaligen Schulsystem. Er verdiente sein Leben als Architekt, allerdings ohne sonderlich in seinem Beruf aufzugehen. Doch die Dinge sollten sich ändern. Eines Tages, so erzählt Froebel, begann in seiner Seele «ein Frühling, wie ich ihn noch nie erlebt hatte; unverhofftes Leben und neuer Lebenssinn erblühten in meinem Herzen.» Aus beruflichen Gründen hielt er sich in Mainz auf, dort wo Rhein und Main zusammenfließen:

> Und hier blühte in meiner Seele dieser Gedanke auf, gleich einem wunderbaren Frühlingsmorgen, als ich inmitten der Natur in ihrem frischesten und schönsten Kleid stand, – die Inspiration, daß es irgend-

wo eine wunderbare, einfache Art geben muß, den menschlichen Geist vom Widerspruch zu befreien oder, wie ich mit meinen eigenen Worten sagte, ein Mittel, den Menschen sich selbst zurückzugeben, damit er im innern Frieden mit sich leben könne; und daß es meine Lebensaufgabe war, danach zu suchen.[35]

Wie immer steht am Anfang des Weges ein Rätsel, das das Leben aufgibt. Wie ist es zu lösen? Froebels Problem war ein Schulsystem, das ihn enttäuscht hatte, und eine Arbeit, die ihn nicht erfüllte. Für Rousseau lag die Problematik tiefer und war viel qualvoller. Immer wieder ist Rousseau vorgehalten worden, er sei kein echter Pädagoge gewesen, denn er habe wohl den *Emile* geschrieben, das vermutlich größte pädagogische Werk, doch im realen Leben habe er die eigenen Kinder verlassen und im Waisenhaus verkommen lassen. Wollten wir an dieser Tatsache hängen bleiben, wäre das ein strenges Urteil, und wir müßten den *Emile* als bloße literarische Fingerübung abtun. Ganz gewiß wäre ein solcher Schluß zu oberflächlich. Gerade der Umstand, daß er seine Kinder im Stich gelassen hatte, machte Rousseau zum geplagtesten Pädagogen aller Zeiten. Das schlechte Gewissen hat ihn tatsächlich ein Leben lang gequält und ihm, wie er selbst zugab, viele «bittere Tränen» bereitet. Gerade aus dieser Qual ist *Emile* entstanden.

Noch andere Faktoren haben die Pädagogik von Rousseau geprägt. In erster Linie die Beobachtung von Kindern: «Wenn ich etwas gelernt habe über die Kenntnis des menschlichen Herzens, dann ist es mir durch die Freude geschenkt worden, die ich erlebte, wenn ich den Kindern zuschaute.» Als er älter wurde, merkte Rousseau, daß seine zerbrechliche Gestalt die Kinder erschreckte, und so begnügte er sich damit, ihnen aus der Ferne zuzuschauen. So verstand er sie noch tiefer, indem er selbst auf die ersten, spontanen «Regungen der Natur» achtete, von denen wir Wissenden überhaupt nichts wissen. Rousseaus ursprüngliche Eingebung war maßgebend für sein ganzes Schaffen. Es war dies ein äußerst prägendes Erlebnis, das in seinem ganzen späteren Werk mitschwingt. Einmal suchte Rousseau Diderot auf, der in Vincennes im Gefängnis saß. Unterwegs begann er, im Gehen den «Mercure de France» zu lesen. Und plötzlich traf ihn diese Eingebung wie ein Blitz: «Mein Geist war jäh wie geblendet von tausend Lichtern; ganze Heerscharen von lebendigen Ideen stürzten mit solcher Wucht und wirr durcheinander auf mich ein, daß mich eine unsägliche Verwirrung packte.» Rousseau war wie trunken, er weinte und hatte etwa eine halbe Stunde lang heftigste Zukkungen am ganzen Körper. Er hatte in diesen Momenten die Grundthemen seiner Hauptwerke vor sich gesehen, unter anderem das Traktat über die Erziehung:

> ...wenn ich nur ein Viertel dessen hätte aufschreiben können, was ich unter jenem Baum gesehen und gehört habe, ach, mit welcher Klarheit hätte ich alle Widersprüche unseres Sozialsystems, mit welcher Kraft hätte ich alle Ungerechtigkeiten unserer Institutionen aufzeigen können, und mit welcher Schlichtheit hätte ich darlegen können, daß der Mensch von Natur aus gut ist und allein durch diese Institutionen schlecht wird.[36]

Neben der Grundintuition wird der Erzieher immer wieder auch durch seine Arbeit mit den Kindern angeregt. Die Kinder sind der Welt des Selbst noch unmittelbar nahe. Ihre Äußerungen von Freude und Unschuld sind so spontan, daß sie uns ständig an die verlorene Welt erinnern, die wir Erwachsenen verdrängt oder vergessen haben. Mit Kindern müssen wir weder wetteifern noch uns gegen sie verteidigen. Sobald man die Kontrolle fallenläßt, steht der Weg zum Selbst offen. Dazu meinte Rousseau: «Alles ist gut, wenn es aus den Händen des Schöpfers kommt; und alles degeneriert in den Händen der Menschen». Für Pestalozzi, den anderen großen Schweizer Pädagogen, war es die zufällige Begegnung mit einem Kind, eigentlich ein Blickwechsel, der ihn herausholte aus einer schweren Krise:

> ...ich vergaß die Urteile Gottes und der Menschen und fühlte nur das Glück der menschlichen Natur und seine heilige Unschuld, verlor mich oder fand mich in dem Kind auf meinen Knien ... So hat mich ein tiefes Liebesgefühl vom vollständigen Ruin gerettet, das stärker war als alles, was mich je gepeinigt hatte.[37]

Und Froebel? Wir haben ihn in Mainz mit seiner Eingebung stehenlassen. Die Reise führte ihn dann nach Frankfurt, wo er in einer Schule Arbeit fand. Und so stand er plötzlich vor vierzig neun- bis elfjährigen Jungen, zum ersten Mal in seinem Leben und gänzlich ohne Lehrerfahrung. Doch das verunsicherte oder beängstigte ihn keineswegs. Er fühlte bloß «unsägliches Glück»[38].

Und Tolstoi? Dieser große russische Schriftsteller hatte in Yasno Plyana eine Schule gegründet. Er war zutiefst davon überzeugt, daß die Schule die Kinder nicht darauf vorbereiten dürfe, sich williger von den Machthabern ausbeuten zu lassen; sie sollte einzig die Gleicheit zwischen den Menschen fördern. Der Lehrer soll den Schüler nur begleiten. Nicht der Zwang, sondern der angeborene Wissensdurst des Kindes war der Kern seines Erziehungskonzepts. Über dem Eingang zu Tolstoi's Schule stand: «Tretet ein und aus in Freiheit.» Hausaufgaben gab es keine, und die Kinder kamen gern und voller Wissensdurst. Eine seiner wichtigsten Entdeckungen war, daß diese Bauernkinder äußerst musisch veranlagt und begabt waren. Tolstoi brachte ihnen jeweils irgendein Sprichwort mit, und die Kinder mußten dazu eine Geschichte erfinden. Einmal arbeitete die ganze Klasse an einer solchen Geschichte; die Kinder brachten Vorschläge und Tolstoi schrieb sie nach und nach auf. Sie waren so begeistert, daß sie bis elf Uhr in der Nacht an der Arbeit blieben, und am Schluß machten sie alle ihrer Freude in einem stürmischen Lachanfall Luft. Eines der Kinder, Fedka, erwies sich als besonders begabt. So beschreibt Tolstoi seine Gefühle für diesen Jungen:

> Ich kann dieses Gefühl von Emotion, Freude, Angst, ja beinahe Schuld gar nicht beschreiben, das mich an jenem Abend überkam. Ich wußte, daß ihm jener Tag eine neue Welt voller Herrlichkeiten und Leiden eröffnet hatte: Die Welt der Kunst; mir war, wie wenn ich etwas aufgedeckt hätte, das kein Mensch je sehen darf: die Geburt der wundersamen Blume der Poesie. Ich empfand Entsetzen und Freude...; Freude, weil ich unvermittelt und ganz absichtslos den Stein der Weisen entdeckt hatte, den ich seit zwei Jahren vergeblich gesucht hatte; die Kunst, den Ausdruck von Gedanken zu lehren; und Entsetzen, weil daraus neue Bedürfnisse erwuchsen, eine Welt von fremden Wünschen, in der die Schüler lebten.[39]

Und hier eine weitere transpersonale Erfahrung, die im Kontakt mit den Kindern auftrat. Maria Montessori unterrichtete ursprünglich in der psychiatrischen Klinik der Universität Rom geistig behinderte Kinder, die als unheilbar galten. In kurzer Zeit gelang es ihr, diesen Kindern das Lesen und Schreiben mit normaler Schrift beizubringen, so daß sie sogar zu den Examen für Normalbegabte zugelassen wurden. Daraus schloß Montessori, daß nicht etwa ihre Lehrmethode außergewöhnlich wirkte, sondern daß der Unterricht an den Staatsschulen ganz einfach verheerend war; und zwar so verheerend, daß die Kinder zwangsläufig weit unter dem ihnen eigentlich entsprechenden Niveau zurückblieben.

Später konnte Montessori bei den Kindern des damals ärmsten Quartiers von Rom, in San Lorenzo, unterrichten. Dort begann sie, ihre Methoden zu entwickeln, um die verborgenen Quellen in den Kindern anzuregen und ihnen zu helfen, ihre Persönlichkeit zu «ordnen». Neben vielen anderen Möglichkeiten benutzte sie auch folgende Mittel in ihrer Arbeit: Übungen zur Geruchserziehung mit Blumen und Gartenkräutern; die Stille, in der sich das Kind lautlos bewegen mußte und dadurch Selbstdisziplin lernte; oder das Kind hatte einer elliptischen Linie auf dem Boden entlangzugehen, was sein Konzentrationsvermögen förderte; oder die Pflege von Tieren und Pflanzen, damit sich der Fürsorgesinn entwickelt; oder die Übung, mit einer Glocke in der Hand einem Strich entlang zu gehen, ohne daß die Glocke klingelt, was die seelisch-körperliche Koordination schulte. In dieser armseligen Schule im Elendsviertel ereigneten sich aufsehenerregende Dinge; spontane Disziplin, müheloses Lernen von Lesen und Schreiben, freiwillige, verantwortungsbewußte Interaktionen zwischen den Kindern. Diese Erfahrungen übertrafen bei weitem die Erwartungen und erfüllten Montessori mit Verwunderung:

> Eines Tages legte ich ganz erregt die Hände aufs Herz, als wollte ich es erheben zu den Höhen des Glaubens und stand ehrfurchtsvoll vor den Kindern und sagte mir: «Wer seid ihr? Hab ich etwa die Kinder gefunden, die in den Armen von Christus gelegen haben, der ihnen seine göttlichen Worte eingeflüstert hat? Ich werde Euch folgen, um mit Euch ins Himmelreich zu treten.»[40]

Dies waren einige transpersonale Erlebnisse von Erziehern. Doch welches sind die Einstellungen, die Fähigkeiten, die große Erzieher in sich selbst durch ihre Arbeit entwickeln?

Am Anfang steht bei vielen ein deutliches, oft schmerzliches Bewußtsein um die Erziehungsfehler, denen sie selbst als Kinder ausgeliefert waren, und um die Fehler, die sie ständig in den Familien und Schulen ihrer Umgebung sehen. Tagore gründete in Santiniketan eine Schule, in der die Kinder lernten, «Feuer, Luft, Wasser und Erde und das ganze Universum beseelt vom universellen Bewußtsein zu sehen». Diese Schule kannte die Engstirnigkeit der traditionellen Disziplin nicht; die Kinder trafen dort Tag für Tag mit Musikern, Dichtern und Denkern aus der ganzen Welt zusammen, in einer Umgebung, die alles andere als sektiererisch war. Wie kam es, daß sich Tagore mit vierzig zur Gründung dieser Schule entschloß? Nur allzu gut hatte er die Schule in Erinnerung, die er als Kind besucht hatte – aus der er als Dreizehnjähriger ausgerissen war. «Die herkömmliche Schulerziehung gleicht der Abrichtung eines Papageis im goldenen Käfig», sagt Tagore, «eine wahre ‹Qual›, die von der Natur entfremdet und Sensibilität und Freude abtötet. Alles, was ich gelernt habe, habe ich außerhalb der Schule gelernt.»[41]

Und noch eine Grundhaltung treffen wir bei allen großen Erziehern: die volle Hingabe und Liebe für die Schüler. Pestalozzi arbeitete am Anfang mit achtzig Kindern, die nichts wußten, und zwar ohne Lehrmaterial und ohne Hilfen. Er war von frühmorgens bis abends spät mit seinen Zöglingen zusammen; er schlief mit ihnen und lehrte noch, wenn sie schon im Bett waren, bis sie einschliefen. Für ihn mußte die schulische Erziehung der Erziehung in der Familie gleichen, wo die Eltern jederzeit die Fortschritte des Kindes sehen können. So widmete sich Pestalozzi den Kindern ganzheitlich:

> Ich wollte, daß die Kinder jeden Augenblick spüren konnten, daß mein Herz bei ihnen war, daß ich ihr Schicksal teilte und daß ihre Freude die meine war... Meine Hände lagen in den ihren, und meine Augen ruhten in ihren Augen. Ich lachte und weinte mit ihnen.[42]

Die Aufmerksamkeit, die der Erzieher und Lehrer dem Kind jeden Augenblick schenkt, läßt ihn selbst geringe Veränderungen der sich entwickelnden Fähigkeiten wahrnehmen: Intelligenz, psychophysische Koordination, emotionale Reife, Neugier, Selbstdisziplin usw. Dieses Wachstum erinnert ihn oft an die lebendigen Formen in der Natur: Weitaus am häufigsten brauchen Erzieher Metaphern aus dem biologischen Bereich; denn sie sind sich bewußt, daß sie eine lebendige, eigenständige Evolution vor sich haben, die eigenen Gesetzmäßigkeiten und Manifestationsrhythmen folgt.

Wachstum und Entwicklung des Baumes waren für Pestalozzi Sinnbild unbegrenzter Intelligenz, das ihm für seine Arbeit gewissermaßen Modell stand. Deshalb forderte er die Erzieher auf, das Wachsen eines Baumes zu beobachten, um auf diese Weise ihrer Aufgabe besser gerecht werden zu können; zu beobachten, wie der Samen einen Moment lang überhaupt nicht zu keimen scheint, und dann doch ein zartes Bäumchen zu sprießen beginnt; wie die Natur jeden Teil dieses Bäumchens schützt, damit er zur gegebenen Zeit zur Entfaltung kommt; wie die Blüte aufgeht, dann die Frucht langsam heranreift und schließlich vom Baum fällt; wie jeder Teil des Baumes, von der Wurzel über den Stamm zu den Zweigen und Sprossen seine Bedeutung und seinen Platz im gesamten Wachstum hat; wie harmonisch er zum Ganzen steht, ohne Energieverlust. Für Pestalozzi standen die Entwicklung eines Baumes und eines Kindes im Brennpunkt seiner Aufmerksamkeit und ließen ihn immer wieder staunen.

Wenn man von diesen Dingen ausgeht, dann stellt sich unmittelbar tiefe Achtung und großes Vertrauen in die inneren Prozesse des Kindes ein; ein Wissen, daß es von selbst geschehen wird, ohne Drängen des Erziehers. Im Gegenteil, er sollte so wenig wie möglich eingreifen, denn er weiß, was es auslösen könnte. Das Weise und Gute ist bereits im Kind vorhanden, es braucht nichts hinzugefügt werden. Der Erzieher muß vom Kind lernen, sich von ihm leiten lassen, ihm nicht seine Führung aufzwingen wollen. Für Froebel hieß dies zum Beispiel, daß man das Kind unmittelbar mit dem konfrontiert, was es erkennen soll: «Laß dich von den Fragen des Kindes leiten», sagte er, «denn sie belehren dich; und es wird sich nicht mit Halbwahrheiten begnügen... ein anderes Mal führt es dich an jenen Ort, wo Himmel und Erde zusammenkommen, oder seine Fragen übersteigen ganz einfach dein Wissen und deine Erfahrungswelt».[43]

Noch eine Fähigkeit braucht der Erzieher, die nicht so deutlich auf der Hand liegt wie die vorher genannten, aber nicht minder wichtig und verbunden ist mit diesen: Er muß im Kind das Unvierselle sehen können. Ein Kind, das lernt und wächst, ist nicht nur ein Individuum, das seine Pflicht erfüllt und die Erwartungen des Lehrers befriedigt. Jedes Kind ist nicht nur sich selbst, es steht für alle Kinder. Wie ein Himmelskörper, der seiner gesetzmäßigen Bahn folgt und nicht einer zufälligen, spiegelt auch das Kind die kosmische Ordnung. Ein Kind, das heranwächst und lernt, ist Ausdruck einer universellen Entwicklungsharmonie. Das tut seiner Einmaligkeit als Individuum keinen Abbruch. Pestalozzi sagt: «Ich sah, wie sich in den Kindern ein inneres Potential entwickelte, das unendlich größer war als alles, was ich je erwartet hätte.»[44] Und Montessori sagte, als sie sah, wie sich bei den Kindern die spontane Disziplin einstellte:

> Haben diese Kinder etwa ihre eigene Bahn gefunden, wie die Sterne, die unermüdlich ihrer Bahn folgen, ihres Gesetzes nicht müde werden, ewig strahlen? ... Eine solche natürliche Disziplin geht über die unmittelbare Umgebung hinaus, sie erscheint wie eine universelle Disziplin, die die Welt ordnet.[45]

Solche Haltungen stehen bei den großen Erziehern im Vordergrund. Doch was bedeutet das in der Praxis, wie zeigt es sich bei den Kindern? Wie verhält sich ein guter Erzieher? Einige wissen es schon; wir brauchen uns nur daran zu erinnern. Andere werden mit ihren Träumen antworten.

Ein guter Erzieher:
- unterstützt uns, damit wir frei erproben können, uns furchtlos in der Welt zu bewegen; und wenn wir versagen oder Schaden anrichten, dann verurteilt er uns nicht;
- er zeigt uns, was wir tun und sein können – und die Freude, die in dieser Entdeckungsreise liegt!
- Er kann uns für die banalsten Dinge interessieren und begeistern.
- Er ermutigt uns, es allein zu schaffen und hilft uns, den Kontakt mit unseren inneren Kraftquellen herzustellen; was wir lernen, ist unsere eigene Errungenschaft;
- er erlaubt uns nicht, zu schlafen oder stumpf zu werden, und er läßt das Träumen nur im richtigen Maß zu; er ist immer bereit, uns wachzurütteln und anzuregen;
- er lehrt uns, mühelos zu lernen, so daß es uns scheint, als hätten wir eigentlich schon immer gewußt, was wir gerade lernen.

Abgesehen von alledem enthält der Kern jedes guten Erziehungsaktes ein unfassbares Element. Im Hinblick darauf ist es unwesentlich, was der Schüler gelernt hat – Tennis oder Griechisch, Embryologie oder Modellbau, Singen oder Modeschau – weitaus wichtiger ist es, was für ein Mensch er geworden ist. Ist der Erzieher gut, dann entwickelt sich der Schüler umfassender, als er vorher war. Er ist selbständiger, vertrauensvoller, besser mit sich, den Mitmenschen und mit dem Universum in Kontakt.

Am Ende eines Kurses läßt sich messen, was der Schüler über einen gewissen Stoff gelernt hat. Doch eigentlich war das Vermitteln dieses Stoffes nur ein Vorwand, damit etwas viel Schöneres zwischen zwei Menschen geschehen durfte. Unendlich viele Dinge gibt es zu lernen; doch die großen Meister lehren alle dasselbe.

Liebe

Es war eine einsame, karge Landschaft, einer Wüste oder Höhle ähnlich. So begann regelmäßig ein Traum von Martin Buber. Zuerst geschah immer etwas Seltsames: Zum Beispiel wurde er von einem Löwenjungen gebissen, das ihm Fleischstücke aus dem Arm riß; doch diese Ereignisse am Anfang, so dramatisch und einschneidend sie auch waren, liefen ganz schnell ab, gewissermaßen um anzukündigen, daß das Wesentliche des Traumes noch bevorstehe. Dann verlangsamte sich der Rhythmus und Buber stieß einen Schrei aus – je nach Trauminhalt vor Freude, Schmerz oder Triumph – doch immer war es ein Schrei, der mit solcher Heftigkeit aus der Tiefe seines Wesens aufsteigt, daß ihn die Kehle kaum halten konnte. Aus der Ferne ertönte dann der gleiche Schrei, doch von einer anderen Stimme ausgestoßen. Es war kein Echo, sondern eine Antwort. Es gibt ein anderes Wesen, das mich gehört hat, das verstanden hat und antwortet, ich bin nicht allein, jetzt weiß ich es. Der Traum endete jeweils mit der klaren, tiefen Gewißheit: Jetzt ist es geschehen.[46]

Was ist da so Wichtiges vorgefallen? Zwei Menschen haben Beziehung zueinander aufgenommen. Dieser Traum drückt ein Lebensthema Bubers aus, nämlich – echtes Leben ist Beziehung. Der Mensch liebt erst, wenn er «fähig wird zum Unendlichen, und kühn genug, es zu wagen»; das Hauptmerkmal des Menschen ist seine Fähigkeit zur zwischenmenschlichen Beziehung, wir werden erst durch das Du zum Ich, das ist der einzige echte Bezug, der uns «Eingebungen des Ewigen» schenken kann.

Trotz Gewalt, Lügen und dem dunklen Element in den menschlichen Beziehungen können sich zwei Menschen begegnen, und zwar wirklich begegnen, frei von Gier, Angst und Vorurteilen, gänzlich offen füreinander. Wenn das geschieht, wird der eine für den anderen zum Weg. Es geht um das Selbst, das manche Menschen durch lange introspektive Disziplin erreichen, andere wie Martin Buber nicht in sich, sondern in den Mitmenschen wahrnehmen. Die Begegnung zweier Menschen kann unsägliche Wandlungsprozesse auslösen. Doch selten kommt das immense Potential, das darin liegt, voll zum Ausdruck. Einige außergewöhnliche Beispiele, die nun folgen, lassen uns etwas davon erahnen. Es lohnt sich, ihnen auf den Grund zu gehen, denn die Begegnung zweier Menschen ist das Grundmodell für alle möglichen Beziehungen.

Hier geht es um Resonanz, und deshalb wollen wir auch bei der Musik beginnen. Es gibt wohl kaum eine intensivere Beziehung, als die zwischen einem Komponisten und seinem Interpreten. Menuhin spielte ein Stück von Bartok, als dieser ihn besuchte:

> Sogleich nach den ersten Takten ... stellte sich mit der Schnelligkeit eines elektrischen Kontaktes eine enge Verbindung zwischen uns her, die beständig bleiben sollte. Ich glaube tatsächlich, daß zwischen einem Komponisten und seinem Interpreten, auch ohne Worte, eine nähere Verbindung bestehen kann, als zwischen ihm und einem Freund, den er vielleicht seit Jahren kennt. Denn der Komponist bewahrt den Kern seiner Persönlichkeit, sein innerstes Wesen, für seine Werke.[47]

Nach diesem Konzert schrieb Bartok eine Violinsonate für Menuhin, es war das letzte Werk vor seinem Tod. Was machte die Intensität ihrer Beziehung aus? Menuhin sagt es: Er hat den innersten Kern von Bartok berührt, und Bartok hat es gespürt. Die beiden sind in dieselbe Schwingung eingetreten.

Ein anderes Beispiel. Es handelt diesmal nicht von gegenseitiger Begegnung, denn es beschreibt die Begegnung zwischen einem Menschen und einem Wesen, das bereits Geist zu sein schien. Mit sechsunddreißig Jahren traf Rudolf Steiner, der Gründer der Anthroposophie, Nietzsche in Weimar. Nietzsche nahm allerdings bereits keine bewußte Notiz mehr von seiner Umgebung. Der Umnachtete, wie Steiner ihn nannte, lag ausgestreckt auf einem Sofa. Mit verlöschten Augen und einem apathischen, reglosen Blick. Plötzlich nimmt Steiner mit dem inneren Auge die «Seele» von Nietzsche wahr:

> Und meine Seele begegnete der Seele von Nietzsche, die sozusagen über meinem Kopf schwebte, in ihrem Licht bereits schon unbegrenzt;

offen für alle spirituellen Welten, die er so sehnsüchtig beschworen, doch nie erreicht hatte vor der Umnachtung: Doch sie war noch an den Körper gefesselt, der sich ihrer nur in dem Zustand bewußt war, als die spirituelle Welt noch Sehnsucht war... Bis dahin hatte ich Nietzsche gelesen; nun hatte ich jenen Nietzsche erlebt, der aus fernen spirituellen Räumen noch immer Gedanken von strahlender Schönheit in seinen Körper zog, obwohl diese unterwegs ihre ursprüngliche lichte Schönheit eingebüßt hatten.[48]

Steiner sah sich vor einer schwierigen Ausgangslage: Wie kann man mit einem Geist in Kontakt treten? Es war ihm gelungen, Nietzsche auf höheren Bewußtseinsebenen zu treffen, wo Lebendigkeit und Intelligenz offenbar immer noch vorhanden sind, auch wenn sie fast oder vollständig aus der betreffenden Person gewichen sind. Man kann die Schönheit einer «Seele» auch in ihrem Relikt erblicken.

Das dritte Beispiel stammt aus dem religiösen Bereich. Dank Meditation und Gebet konnte Madame Guyon, eine französische Mystikerin des siebzehnten Jahrhunderts, mit andern Menschen wortlos kommunizieren, in der großen Stille. Mit ihrem Beichtvater La Combe blieb Guyon sogar stundenlang in der Stille. Und in ihrer Autobiographie schreibt sie:

So lernte ich eine Sprache, die ich bisher nicht gekannt hatte. Ich merkte, daß ich nicht mehr sprechen konnte, sobald Vater la Combe zu mir kam für die Beichte oder für die Kommunion, daß sich in mir vor ihm die gleiche Stille einstellte, die ich vor Gott kannte... Schließlich begann ich, nur noch in der Stille mit ihm zu sprechen, und wir verständigten uns in Gott auf eine edle, durch und durch göttliche Art. Unsere Herzen sprachen zueinander und vermittelten einander unbeschreibliche Gnade. Es war für mich Neuland und auch für ihn, so göttlich, daß ich es nicht beschreiben kann.[49]

Hier sprachen zwei Menschen «in Gott» miteinander, dank eines höheren Prinzips. Sie haben kein persönliches Interesse aneinander; sie sind im höchsten Sinne selbstlos. Ihr Interesse gilt vollumfänglich einer Realität, die größer ist als sie, deshalb ist ihre Beziehung nicht von Kleinlichkeit getrübt wie eine normale. Es gibt hier keinerlei Mittler; nur zwei Wesen von Angesicht zu Angesicht, und jedes spiegelt dem andern das einmalige Selbst, dessen sich in diesem Moment beide bewußt sind.

Und ein anderes Erlebnis, ausgelöst durch einen Schmerz, wandelte sich von einer individuellen zur universellen Erfahrung: Es widerfuhr einem der größten Intellektuellen, nämlich dem Mathematiker Bertrand Russell im Jahr 1901. Die Frau seines Freundes und Kollegen Whitehead hatte fürchterliche Schmerzen; Russell verweilte bei ihr, dann nahm er den Sohn von Whitehead bei der Hand und führte ihn aus dem Zimmer, damit er nicht zu sehr beeindruckt würde. Durch die Wahrnehmung des Schmerzes empfand Russell die Einsamkeit des Menschen:

> Plötzlich schien der Fußboden unter meinen Füssen zu schwinden, und ich stand in einer ganz andern Umgebung. Fünf Minuten lang schossen mir Gedanken durch den Kopf wie: Die Einsamkeit der menschlichen Seele ist unerträglich; nichts kann sie durchdringen außer der allerintensivsten Kraft jener Liebe, von der die großen Meister aller Religionen gesprochen haben; alles was nicht aus jener Quelle kommt, richtet nur Schaden an, oder ist mindestens sinnlos; das heißt also, daß Krieg falsch ist, die Erziehung in den öffentlichen Schulen abscheulich, Gewaltanwendung verachtenswürdig und in den menschlichen Beziehungen muß man bis zum Kern der Einsamkeit in jeder Person vorstoßen und zu diesem sprechen.[50]

Hier wird die Beziehung zu einer andern Person zum Anlaß, die eigene Beziehungsfähigkeit zu erweitern. Vor dieser «mystischen Erleuchtung» hatte Russell, wie er in seiner Autobiographie schreibt, sehr ruhig und eher oberflächlich gelebt, was seine Gefühle betraf, und die wichtigen Momente seines Lebens jeweils wieder vergessen. Nach dieser Erfahrung ging etwas in ihm vor; ihm schien, als kenne er die geheimsten Gedanken aller Menschen, selbst der Fremden auf der Straße. Er wurde Pazifist; und er begann, sich leidenschaftlich für Kinder einzusetzen. Er fühlte sich mit Freunden und Bekannten sehr verbunden und hatte einen «ähnlich tiefen Wunsch wie Buddha», einen Weg zu finden, um das menschliche Leben erträglich zu machen.

Daß Liebe auch in ihren ganz gewöhnlichen Formen als beste Mitgift für das psychologische und geistige Wachstum gilt, ist bekannt. Denken wir nur an jene Gelegenheiten, wo uns Liebenswürdigkeiten entgegengebracht wurden, wir uns verstanden fühlten oder jemand zu uns hielt oder einen unserer Wesenszüge schätzte; gleich fühlten wir uns besser. Das ist eine elementare Tatsache. In einem weiteren Zusammenhang zeigt das leider wenig bekannte Werk des russischen Soziologen Pitimin Sorokin äußerst umfassend und sorgfältig dokumentiert, daß Liebe das beste Mittel gegen Angst, Einsamkeit und Feindseligkeit ist; daß es Mittel und Techniken zu ihrer Entfaltung gibt; daß sie uns Gesundheit und ein langes Leben gibt; daß sie am allerbesten die chronischen Probleme zwischen den Menschen löst; daß sie Kreativität fördert und uns empfänglich macht für das Übersinnliche.

Das sind allgemeine Aussagen. Doch warum wohl sprechen wir von der Liebe gerade auf dem Weg der Erleuchtung? Liebe mit ihren vielen Gesichtern finden wir auf allen Wegen. Sie ist viel zu groß, als daß man sie auf einen Weg beschränken könnte. Auf dem Weg der Erleuchtung hat sie jedoch eine eindeutige Rolle. Wer diesen Weg beschreitet, hat das Bewußtsein zu seinem Forschungsinstrument erwählt und ist bestrebt, dieses so durchlässig wie möglich zu machen. Er läutert es von Bindungen, Leidenschaften, geistigen Vorurteilen; er überwindet Neid und Scham, er lernt, objektiver zu sein; er bemüht sich, immer achtsamer und bewußter zu sein, und sich nicht in Schuldgefühlen und Phantasien zu verlieren. So wird sein Bewußtsein immer klarer und unbefangener und verbindet sich stärker mit den Mitmenschen und dem Universum. Und er erkennt, daß dieser Zustand das ist, was man Liebe nennt.

Wenn wir die Erfahrungen betrachten, die Menschen auf dem Weg der Erleuchtung machten (immer wieder verbunden mit anderen Wegen), dann wird uns klar, daß an der höchsten Spitze des menschlichen Bewußtseins Liebe und Weisheit eins sind.

Wenn wir schauen, wie solche Menschen Liebe empfunden und verstanden haben, dann verstehen wir besser als mit irgendwelchen Definitionen, daß unsere eigenen Liebeserfahrungen, wie schön und wesentlich sie auch sein mögen, vergleichbar sind mit einzelnen Blättern am riesigen Baum, der sich nach allen Himmelsrichtungen ausdehnt; und daß Liebe unendlich viele Verzweigungsarten und Formen der Blüte haben kann.

- Nach Platon ist die menschliche Seele wie der Meeresgott Glaukus, der zu lange unter Wasser geweilt hat und übersät mit Algen und Muscheln und Steinen nicht mehr zu erkennen war, sondern eher einem Monstrum glich; dasselbe geschieht der Seele, wenn sie dem nachlebt, das die Menschen gemeinhin Glück nennen. Sie wird grobschlächtig und stumpf und achtet nur noch auf ihre momentanen Interessen; sie verliert sich in tausend Vergnügungen und Sorgen. Nur die Liebe zum Ewigen und Unsterblichen kann der Seele helfen, aus dem Meer aufzutauchen und Steine und Algen abzuschütteln.[51]

- Dante Alighieri beschreibt sich selber auf dem Höhepunkt seiner Reise in der Göttlichen Kommödie als leicht drehendes Rad, bewegt von der kosmischen Liebe: die «Liebe, die Sonne und Sterne bewegt». Er ist nach einer langen Reise der Selbstverwandlung dahin gelangt: In der Hölle und im Fegefeuer hat er alle Arten erlebt, wie sich der Mensch festfahren und sein Bewußtsein verschließen kann, während er im Paradies immer höhere Bewußtseinszustände erlebt, bis er die Verwirklichung der Liebe erfährt.
- Der islamische Dichter Rumi schreibt in einem seiner Gedichte, daß die Dinge sind wie ein rhythmischer Trommelschlag, einzig die Liebe ist eine Melodie. Wer nicht liebt, sagt Rumi, ist wie ein Fisch auf dem Trockenen, wie ein Vogel ohne Flügel, ein Körper ohne Kopf. Um zu lieben, braucht es drei Voraussetzungen: Man darf sich nicht von Wünschen beherrschen lassen, nicht an die Vernunft glauben, und man muß über die sozialen Rollen hinausgehen, um zum echten Selbst vorzustoßen. Für Rumi ist Liebe der kreative Aspekt des Universums. Durch Liebe verwandeln sich Stacheln in Rosen, Krankes in Gesundes, Wut in Sanftheit, Unglück in Glück, das Gefängnis wird zum Rosengarten.
- Für Spinoza, den bescheidenen Philosophen, der sein Leben in Armut und Einsamkeit verdiente, indem er Linsen schliff, ist der höchste Bewußtseinszustand, den der Mensch erreichen kann, die«geistige Gottesliebe». Sie stellt sich ein, wenn man frei von Emotionen sich selbst und die Ordnung der Welt erkennt, so daß sich die «Erkenntnis der Einheit des Geistes mit der universellen Natur» einstellt. Spinozas Werk *De Emendatione Intellectus* beginnt mit einer biographischen Notiz; er habe eines Tages beschloßen, nur noch das Ewige und Unendliche zu lieben, da nur dieses wahre Freude zu geben vermochte.[52]
- Für den hl. Franz von Assisi war die universelle Liebe der Leitge-

danke seines Lebens. Er empfand tiefe Liebe zu allen Wesen, nicht nur zu Freunden und Gefährten, sondern zu allen Leidenden, sogar zu den übelsten Räubern. Aber nicht nur zu Menschen; er sammelte Würmer auf der Straße ein, damit sie nicht zertreten würden, und im Winter fütterte er die Bienen mit Honig und Wein. Wenn die Klosterbrüder die Bäume schnitten, ermahnte er sie, nicht den ganzen Baum zurückzuschneiden, damit er wieder ausschlagen könne. Eine tiefe Liebe verband ihn mit allem, was Schöpfung war, und wenn er einen Bach, ein Tier oder den Sternenhimmel sah, überkam ihn ein Glücksgefühl.[53]

- Für Buddha war eine der wichtigsten Eigenschaften für das Nirvana die All-Liebe («metta»). So drückt er es im Sutta-nipata aus:

> So wie eine Mutter mit ihrem Leben den Sohn, ihren einzigen Sohn, vor Schmerz beschützt, so sollt ihr unbegrenzte Liebe für alles Lebendige haben; eine grenzenlose Liebe für das Universum in allen Himmelsrichtungen, in die Breite und die Länge, nach oben und nach unten, eine reiche Liebe, die nicht von Hass durchwirkt ist, keine Feindseligkeit schafft. Wenn ihr geht oder steht oder sitzt oder liegt, widmet den Geist diesem Anliegen: Es ist ein göttlicher Zustand.[54]

Der Weg von Ritual und Tanz

Jeder Weg zum transpersonalen Selbst ist ein Versuch, Antworten auf jene Lebensfragen zu finden, die uns alle mehr oder weniger bewußt beschäftigen. Alle Wege stützen sich dabei auf bekannte und spontane Ausdrucksformen und Verhalten; nichts Gesuchtes und nichts Künstliches. Stets gehen wir von einem Aspekt des Lebens aus, der uns irgendwie vertraut ist – sei es nun unser Bewußtsein, unser Handeln oder unser Schönheitssinn. Diese Aspekte werden bis zur höchsten Reinheit und Universalität entfaltet und oft verwandelt zu etwas gänzlich anderem, als es ihrer ursprünglichen Funktion entsprach.

Tanz und Ritual gehören zum alltäglichen Leben; wir finden sie in allen Kulturen; sogar bei gewissen Tierarten kommen sie vor. Ihr Zweck und ihre Bedeutung können sehr verschieden sein: Man tanzt zum Vergnügen, als Selbstausdruck, um überschüssige Körperenergie loszuwerden; Rituale dienen der sozialen Kontrolle, der Anpassung an die Umwelt, der Stärkung des Gruppenzusammenhalts. Beide bieten auf ihre Art Antworten auf grundsätzliche Lebensfragen, wie beispielsweise:

- Welche Beziehung sollen wir zu unserem Körper haben?
- Wie können wir eine kaum faßbare, persönliche Erfahrung konkret und öffentlich zum Ausdruck bringen?
- Wie können wir die Erfahrung eines anregenden Bewußtseinszustands mit anderen, vielleicht sogar mit einer ganzen Gemeinschaft, teilen?

Wenn dies im Ritual und im Tanz geschieht, dann stößt man auf neue Daseinsformen und zuweilen öffnen sich die Tore zur universellen Welt des Selbst.

Man mag sich hier fragen, warum wir wohl zwei scheinbar so verschiedene Disziplinen miteinander behandeln. Auf den ersten Blick scheinen Tanz und Ritual tatsächlich zwei völlig getrennten Bereichen anzugehören, doch wenn wir genauer hinschauen, sehen wir gleich, daß sie viele wesentliche Aspekte gemeinsam haben:

- Beide verwenden raum-zeitliche Ausdrucksmittel, vor allem den Körper und die Bewegungen, und im erweiterten Sinn Dinge wie Kleidung, das Umfeld und allerlei Requisiten, um sich an eine Realität anzunähern, die jenseits von Zeit und Raum liegt.
- Beide stellen Möglichkeiten dar, diese Realität konkret durch den eigenen Körper auszudrücken und zu erfahren.
- Beide enthalten den Rhythmus und die Wiederholung von Gesten als Grundelemente. Repetitive Bewegungen können verändernd auf das Bewußtseins einwirken, gerade weil sie ständig wiederholt werden. Der gleichförmige Rhythmus schläfert den rationalen Verstand ein, so daß die Seele endlich nicht mehr wählen, denken und zweifeln muß; es treten physiologische Veränderungen ein; und damit sind die Voraussetzungen für eine Bewußtseinserweiterung gegeben.
- Beide finden meistens in der Öffentlichkeit statt. Wer sich nicht beteiligen will, kann als Zuschauer dabeisein. Die transpersonale Welt wird zum Ort der geselligen Begegnung und tritt aus der abgehobenen, geheimnisvollen Sphäre des Geistigen heraus.
- Beide bringen seelisch-körperliche Veränderungen mit sich, ausgelöst vor allem durch starke und wiederholte Bewegungen oder durch die Einnahme von Substanzen wie alkoholische Getränke oder Rauschmittel, die das rationale Denken herabsetzen oder ganz direkt eine Erweiterung des Bewußtseins begünstigen.
- In beiden wird durch Gesten und Bewegungen eine feinstoffliche Realität geschaffen, in der über den körperlichen Ausdruck hinaus ein psychisches Energiefeld entsteht.
- Sie unterscheiden deutlich zwischen der gewöhnlichen Welt, die unberechenbar, zufällig und prosaisch ist und nur sich selbst darstellt, und der harmonischen und erhabenen Welt des Heiligen, in der transzendente Dimensionen angesprochen sind.
- Sie gehen davon aus, daß uns Gesten und Bewegungen prägen, indem sie in uns entsprechende Bilder, Gedanken und Gefühle

hervorrufen, und daß sie uns somit zu einer transzendenten Heiterkeit, Klarheit und Präsenz führen können.
- Sie schaffen einen neuen Körperbezug: Der Körper symbolisiert nun nicht mehr so sehr unser individuelles Sein und unsere existentielle Unsicherheit, sondern wird zum Ort, an dem sich das Endliche und das Unendliche treffen.

Auf diesem Weg begegnen wir ganz unterschiedlichen Personen und Ausdrucksformen wie beispielsweise Ritualen und Traditionen, deren Erfinder längst in Vergessenheit geraten sind; Körpertechniken wie Yoga oder T'ai Chi; wir begegnen Tänzern, Schauspielern und all jenen Menschen, die sich mit Bewußtseinserweiterung in einem Gemeinschaftsrahmen befassen. Hier drängt sich eine Frage auf: Gehören nicht viele dieser Tätigkeiten zum Weg der Schönheit? Denn es geht schließlich bei beiden um dasselbe: nämlich darum, die unfaßbare, unsichtbare Wirklichkeit des Selbst mit materiellen Mitteln auszudrücken. Ein Tanz kann in erster Linie schön sein, und der Tänzer kann sich als Künstler fühlen; ein Ritual kann dank der Kunst kraftvoller sein, wenn es zum Beispiel mit Musik unterstützt wird; und hat nicht auch das Theater wie andere Künste seine Muse?

Kein Zweifel, die beiden Wege gehen oft ineinander über. Und vergessen wir nicht, daß es immer eine Abstraktion ist, wenn wir von «Wegen» sprechen. Wie Farben können sich auch Wege vermischen und in unzähligen Varianten kombiniert sein. In ihrem höchsten, universellen Ausdruck gleichen sich letzlich alle und kommen in einem einzigen Weg zusammen.

Dennoch können wir die beiden Wege ganz klar auseinanderhalten. Es gibt Tänze, die mit Kunst nichts zu tun haben, und das Ritual will nicht in erster Linie eine ästhetische Erfahrung, sondern ein Gefühl der Andacht vermitteln. Abgesehen von allen Wechselwirkungen und Mischformen sind die beiden Wege doch grundsätzlich verschieden. In einigen Grundzügen hebt sich der Weg von Tanz und Ritual ganz deutlich vom Weg der Schönheit ab: Da ist beispielsweise ein vertieftes Körperbewußtsein und die bewußte Kontrolle über physiologische Prozesse; das repetitive Moment der Gesten und Bewegungen; die Schaffung eines feinstofflichen «Raumes» oder «Feldes»; und die Gemeinschaft, in der vorübergehend ein gleicher Bewußtseinszustand erfahren wird.

Wie auf jedem Weg, fehlt es auch hier nicht an Gefahren und Abwegen. Sobald man versucht, den flüchtigen Zustand der Gnade in eine geordnete, überschaubare Form zu bringen, kann es leicht vorkommen, daß die Substanz verlorengeht und man sich in Äußerlichkeiten verliert. Denken wir nur an ein langweiliges Ritual oder an einen schwerfälligen Tanz. Man möchte (im Ritual) eine ganz persönliche, göttliche Erfahrung allgemein mitteilen, und erreicht bloß eine Einmischung ins Innenleben von anderen Menschen; man möchte (im Tanz) die Schwere des Körpers zu ekstatischer Schwerelosigkeit verwandeln: Dabei kann man sich in narzißtischer Freude am eigenen Körper verlieren und in der Isolierung bleiben. Man versucht, den unsichtbaren Glanz sichtbar zu machen – geschieht dies indem man sich für die transpersonale Welt schlechthin hält, dann ist dies seine Allmachtsfantasie.

Jeder Weg ist ein Versuch, ein Problem zu lösen. Und wie überall gibt es nicht nur Gefahren, sondern auch Hindernisse und Sackgassen. Hier besteht die größte Schwierigkeit darin, daß man einen Zustand der Gnade mit dem undurchlässigen Instrument des Körpers und der Materie darstellen will. Man bekommt den Widerstand alles Trägen und Plumpen zu spüren. Um dieses Wunder zu vollbringen, ist eine lange und harte Disziplinarbeit nötig.

Die amerikanische Tänzerin Isadora Duncan suchte nach «der verborgenen Mitte, aus der alles Wissen und alles Schöne in Kreisen ausstrahlt». Sie fand diese in der reinen Form des Parthenons. Doch es genügte ihr nicht, sie anzuschauen; sie suchte nach einem tänzerischen Ausdruck dafür. Aber wie ließ sich bloß die nüchterne Statik der dorischen Säulen in die fließenden Formen des Tanzes übertragen? In einem Brief beschrieb Duncan, wie sie tagelang am Fuß des griechischen Tempels meditiert habe und wie sie dabei ihren Körper als ein Nichts und die Seele ganz verloren empfunden habe. Selbst als es ihr gelang, in der Stille die «Stimme des Tempels» zu hören, wagte sie noch nicht, sich zu bewegen.

Solche Befangenheit kennen wir eigentlich alle, wenn unser Weg blockiert ist. In der Tiefe kennen wir Harmonie und Grazie und können sie uns vorstellen, als ferne Erinnerung vielleicht oder als Traum, der nie Wirklichkeit geworden ist, oder als verschwommenes Ideal. Wie gerne möchten wir sie in die Wirklichkeit holen, doch wir empfinden nur Befangenheit und Lähmung:

Damals wurde mir bewußt, daß von allen Körperbewegungen, die ich je ausgeführt hatte, nicht eine würdig war, vor einem dorischen Tempel zu geschehen. Und während ich so reglos dastand, begriff ich, daß ich entweder einen Tanz finden mußte, der dieses Tempels würdig war, oder ich wollte nie mehr tanzen... Tagelang regte sich nicht eine einzige Bewegung in mir. Und eines Tages war die Eingebung da: Diese Säulen, die so grad und starr schienen, sind in Wirklichkeit gar nicht grad, in jeder lag eine endlose Wellenbewegung, und sie alle bewegten sich im Einklang miteinander. Kaum hatte ich dies gedacht, hoben sich meine Arme langsam zum Tempel, und ich verneigte mich. Ich wußte, daß ich meinen Tanz gefunden hatte: Ein Gebet.

Jeder Weg ist also die Antwort auf eine Frage und die Lösung eines Problems. Das Leben bringt uns Probleme, Krisen und alle möglichen Aufgaben, denen wir uns stellen und die wir irgendwie bewältigen müssen (das kann einfach heißen, sie anzunehmen oder sogar über sie hinauszuwachsen). Erst dann können wir weitergehen und die nächste Hürde in Angriff nehmen.

Jeder Weg bringt seine eigenen Schwierigkeiten mit sich. Und diese wiederum zeigen an, was uns am meisten am Herzen liegt. Denn wenn uns nichts am Herzen läge, hätten wir keine Probleme mehr.

Probleme brauchen kein Unglück zu sein: Im rechten Licht betrachtet, zeigen sie eigentlich nur, woran uns am meisten gelegen ist, was wir am meisten lieben. Sie können verborgen und nicht offen erkennbar sein, doch sie sind immer da. Wie immer unser gegenwärtiges Problem beschaffen ist, und was immer ihm zugrundeliegt, es zeigt immer an, wie weit wir auf unserem Weg fortgeschritten sind, und wo wir einstweilen haben innehalten müssen. Und auch das deutet schon wieder den nächsten Schritt an.

Die Verwandlung des Körpers

Wie herrlich, im Traum zu fliegen! Furchtlos schweben wir durch den Raum, fühlen uns leicht und stark, wunderbare Landschaften ziehen unter uns vorbei: Wir gleiten dahin in schwereloser Freude. Vielleicht ist dieser Traum Symbol für den uralten Wunsch des Menschen, den Körper und dessen Grenzen zu überwinden: seine Bedürfnisse, seine Schwere, die Isolation, Krankheit, Alter, Tod. Immer wieder ist der Körper als Hindernis der spirituellen Entwicklung betrachtet worden, als ob man die Schwere der Materie hinter sich lassen müßte, um in feinere und größere Dimensionen des Geistes vorzustoßen.

Wir alle kennen das: Im Körper sammeln sich Spannungen und Müdigkeit an; er beherrscht uns durch seine Bedürfnisse wie Hunger, Durst, Schlaf und Sex; er wird krank und älter und erinnert uns immer wieder daran, daß wir nicht unsterblich sind; er umschließt uns mit einer Haut, die Grenzen unserer Einsamkeit ziehend; er ist schwerfällig und dicht und behindert den Gedankenfluß. Und mit seiner Vulgarität und unerträglichen Grobheit, mit seinen Gerüchen und Geräuschen zerstört er all unsere Träume der eigenen Größe. Wie Nietzsche sagte, ist der Bauch des Menschen der Grund, warum sich dieser nicht für Gott halten kann.

Doch muß es wirklich so sein? Schon einige Male sind wir auf den verschiedenen Wegen darauf gestoßen, daß kategorische Beurteilungen die schlimmsten Fehler sein können, daß Paradoxe an der Tagesordnung sind. Auf einem spirituellen Weg kann sich alles in sein Gegenteil verwandeln: Das Häßliche wird schön, das Leiden führt zur Freude, das Vergängliche enthüllt die Ewigkeit, im Unwissen liegt Weisheit verborgen. Gewiß erfährt man den Körper oft als Gefängnis. Dennoch gibt es Menschen, die gerade in der Materie, nicht außerhalb von dieser, den reinsten, umfassendsten und originellesten Ausdruck des Selbst finden.

> Wir glauben – erklärte ein tanzender Derwisch der Mevlevi-Sekte dem Tänzer Ted Shawn – daß Seele und Körper gleichermaßen heilig sind, daß sich die Seele wie eine Blüte auf dem Stengel des Körpers entfaltet. Für uns ist körperliche Schönheit der wahre Spiegel göttlicher Schönheit. Wir suchen die göttliche Schönheit, diesen unsäglichen Einklang, in dem alle Dinge eins werden, durch die Sinnenform, die der Vollkommenheit am nächsten kommt, nämlich durch den Rhythmus der Musik und den Tanz.[1]

So findet man den Zugang zum Selbst nicht *trotz* des Körpers, sondern *wegen* diesem. Das Hindernis wird zum Mittel: Der Körper versinnbildlicht nicht mehr Individualität und Isolation, er verkörpert nun das Universelle im Menschen und dessen Einheit mit dem Kosmischen.

Ein hohes, vielleicht ein unerreichbares Ziel. Doch es beginnt schon im Alltäglichen, bei unserem normalen Körperbewußtsein. Wir alle wissen, wie wohltuend und entspannend es ist, wenn wir uns strecken; wie anregend ein guter Marsch sein kann; wie sich unsere Stimmung verändern kann, wenn wir tief durchatmen. Wer gerne tanzt, weiß, daß uns Tanzen für eine Weile alle Sorgen vergessen läßt; und wir wissen, daß eine aufrechte, entspannte Körperhaltung genauso wie eine verspannte, schlacksige zum Ausdruck bringt, wie wir uns fühlen und im Leben stehen. Solches ist uns allen geläufig und deutet auf eine grundlegende Wahrheit hin: Wenn wir den Körper auf bestimmte Art und Weise brauchen, versöhnen wir uns mit der physischen Welt und verändern zudem unsere Gemütsverfassung.

Es hat im Laufe der Geschichte sogar Bestrebungen gegeben, solch alltägliche Empfindungen zur Kunstform zu erheben, in der der Körper als reiche Quelle neuer Anstöße und Empfindungen erlebt wurde und als Vehikel diente, das zu neuen Bewußtseinszuständen führte. Ja, zuweilen wurde er sogar als Labor benützt, in dem mit dem chemischen Gleichgewicht und der eigenen Physiologie experimentiert wurde.

Das ist uns vor allem von Yogis, Tänzern und Schauspielern bekannt, vor allem von Mimen (Jean-Louis Barrault sagte: «...ich erfahre die Gegenwart Gottes als fleischliche Empfindung»[2]). In einem etwas anderen Zusammenhang wären hier auch jüngere Erfahrungen von Körpertherapeuten zu nennen, allen voran der visionäre Wilhelm Reich. Aber auch von Athleten: In einer gründlichen Studie über die Erfahrungen von Spitzensportlern, die im Buch The Psychic Side of Sports zusammengefaßt ist, haben Michael Murphy und Rhea White dargelegt, daß viele Sportler bei ihren Leistungen intensivste Zustände von Wohl- und Freiheitsgefühlen erleben, ohne daß dies der eigentliche Zweck ihrer Disziplin wäre. Oft treten auch außergewöhnliche Energieschübe auf, eine veränderte Körperwahrnehmung, Gefühle der Schwerelosigkeit, des Schwebens und Fliegens, ekstatische Zustände und solche einer universellen Verbundenheit.

Die Körperarbeit beginnt immer bei der eigenen Körpererfahrung. Manchmal sucht – und findet – man auch ein äußeres Vorbild, z.B. indem man die Natur betrachtet und deren Bewegungen nachahmt: ein einfaches Mittel, um sich eins mit der Natur zu fühlen.

Das tat z.B. Isadora Duncan:

> Für meine Tänze vertiefte ich mich in die Bewegungen von aufgehenden Blüten, den Flug der Bienen und die Anmut der Tauben und anderer Vögel. Sie alle erschienen mir als Ausdruck der Natur und des Liebestanzes, der das ganze Leben durchweht... Die Löwen und Tiger, die unvermittelt ihre Köpfe hochwerfen, erinnern mich an die Bacchantinnen, die den Kopf wiegen. Es sind wohl die edelsten Liebesgesten der Natur, genauso wie umgekehrt die Verrenkungen der unteren Körperhälfte bei gewissen Tänzen wie z.B. dem Charleston zu den niedrigsten gehören.

Im Hatha Yoga sind viele Stellungen nach Lebewesen oder Naturereignissen benannt: Schildkröte, Pfau, Schlange, Kamel, Lotus, Berg, Embryo, Halbmond, Blitz. Im T'ai Chi ist es ähnlich. Man kann T'ai Chi als Tanz betrachten, obwohl es ursprünglich eine Kampfkunst war. Viele seiner Bewegungen erinnern an natürliche Wesen oder Abläufe, so «den Tiger umarmen und zurück auf den Berg», «Wolkenhände», «zu den sieben Sternen des Großen Bären», «der Kranich breitet seine Flügel aus»: Doch wir erkennen vor allem beim Zusehen, wie stark sich darin das Tao und der natürliche Fluß des Lebens ausdrückt. Der T'ai Chi-Meister Al Huang Chiang, der besonderen Wert auf die spontane Leichtigkeit der Bewegung legt, beschreibt die höchste T'ai Chi-Erfahrung mit den Worten des taoistischen Philosophen Lieh Tzu:

> Dann wurde das Auge zum Ohr, das Ohr zur Nase und die Nase zum Mund; denn alle waren eins. Der Geist war entrückt, die Form löste sich auf und Knochen und Fleisch schmolzen dahin; und ich wußte nicht, wie das Gerüst noch aufrecht bleiben konnte und worauf die Füsse standen. Ich übergab mich dem Wind, nach Osten und nach Westen wie das Laub eines Baumes.[3]

Wesentlich ist bei solchen Körperdisziplinen, daß die Körperhaltungen und -bewegungen zum Selbstzweck werden: Die Bewegungen des T'ai Chi bezwecken nicht Manipulation, durch den Tanz will man sich nicht der Welt bemächtigen. Die Hatha-Yoga-Übungen nehmen den Menschen aus dem turbulenten, unberechenbaren, unsteten Fluß des Alltagsgeschehens heraus und bringen ihn in die heiteren, lichten Sphären des Daseins.

Dasselbe geschieht auch in der tantrischen Praktik des «Maithuna», in der der sexuelle Akt von einer rein körperlichen Befriedigung zu einer meditativen Handlung verwandelt wird. Die Reliefs im indischen Tempel von Khajuraho aus dem zehnten Jahrhundert zeigen Männer und Frauen in allen möglichen Kopulationsstellungen. Doch die verschlungenen Körper strahlen weder Sünde noch Scham aus; es stehen auch nicht sexuelle Lust oder persönliche Zuneigung im Vordergrund. Es sind hieratische Gestalten, ein Ausdruck von zeitloser Tiefe. Es sind Menschen, die nicht nur ihren persönlichen Wünschen frönen; hier ist die Sexualität zum Sakrament geworden. Im Yoga der Sexualität steht die Libido für die kreative Essenz des Universums, und das Zurückhalten des männlichen Orgasmus während des sexuellen Aktes ist ein Mittel, um Begierden und die Unachtsamkeit zu überwinden; der Gefährte ist die Verkörperung eines Gottes, die Vereinigung der beiden Körper steht für die Einheit aller Wesen; somit wird Sexualität zum Mittel der Befreiung, statt uns durch ihr unbeherrschbares Verlangen zu versklaven: «Wenn du gestreichelt wirst, süße Prinzessin», heißt es in einem viertausend Jahre alten Tantra-Text, «dann nehme in diesen Liebkosungen das ewige Leben wahr.»[4]

Der Alltag ist bekanntlich sehr anders: Der Körper führt die ihm vertrauten Bewegungen des Essens, Anziehens, Autofahrens, die er einmal gelernt hat, mechanisch und ohne bewußte Aufmerksamkeit aus; er lernt, sich gemäß der sozial anerkannten Normen und seiner kulturellen Prägung zu verhalten. Nach und nach legt er sich einen «Panzer» zu, ein Geflecht von chronischen Muskelspannungen, das seine emotionale Geschichte widerspiegelt; und schließlich sammeln sich in ihm die Zeichen von Alter und Krankheit an. So wird jeder Körper zum Sammelbecken von Erinnerungen und Spannungen und trägt gewissermaßen den Code seiner individuellen und sozialen Prägung. An diesem Punkt setzen die Körpertechniken in ihrer transpersonalen Bedeutung an: Sie verwenden Bewegungen und Körperstellungen, die mit unserer individuellen Geschichte oder den praktischen Alltagsgesten nichts zu tun haben. Diese Handlungen und Gesten gehen in ihrem Gehalt über die jeweilige Situation hinaus und haben deshalb eine befreiende Kraft.

In gewissen Fällen wie z.B. im Hatha Yoga wird eine «Kosmisierung» des Körpers angestrebt, wie es Mircea Eliade nennt:[5] der Körper als Universum. Sonne, Mond, Planeten und alles, was im äußeren Universum vorkommt, hat eine Entsprechung im menschlichen

Körper; jedem Chakra oder Energiezentrum im Körper entspricht eine Gottheit, ein Klang, eine spirituelle Eigenschaft. Daß sich im Körper Energiezentren und feinstoffliche Energiebahnen befinden, ist nicht nur symbolisch zu verstehen, es ist eine physiologische Tatsache. Der Körper besteht nicht nur aus Fleisch, Knochen, Nerven und Eingeweiden; er ist zudem auch ein energetisches System. Dieses ist für die meisten Menschen kaum wahrnehmbar und entzieht sich immer wieder dem wissenschaftlichen Nachweis, doch immer wieder erhalten medial veranlagte Menschen bildhafte Eindrücke davon.

Durch diese Körperhaltungen und Atemtechniken lernt der Körper, mehr zu sein, als die Geschichte eines Einzelnen mit seinen Schwächen, Leidenschaften, Triumphen und Versagen. Er wird zu einer konzentrierten Manifestation des Universums mit der ganzen Großartigkeit kosmischer Harmonie. Die Entsprechung zwischen Mikro- und Makrokosmos hat nichts mit Magie oder Aberglauben zu tun. Wir haben ja bereits gesehen, daß die Analogie den menschlichen Geist befreien kann. Hier hilft sie, das Chaos in Ordnung, das Einzelne in Universelles und das Vergängliche in Ewiges zu verwandeln.

Manche dieser Techniken beruhen mehr auf dem Apollonischen, andere mehr auf dem Dionysischen. Einige sind stark strukturiert, andere beruhen mehr auf der freien Hingabe. Doch immer geht es im Grunde um die Körperbeherrschung, die von vielen Yogis, Tänzern und Athleten in unermüdlicher Disziplin erreicht wurde, in der sie selbst mit den dunkelsten Winkel des eigenen Körpers Kontakt aufnahmen und das Spektrum der möglichen Bewegungen enorm erweiterten.

Es geht also in erster Linie um die Fähigkeit, sich alle möglichen Aspekte und Bewegungen des eigenen Körpers, auch die ganz subtilen, vorstellen zu können und sie zu spüren. Als Nijinski's Frau Romola ihrem Mann sagte, wie schade es doch sei, daß er sich nicht selber tanzen sehe, meinte er:

> Du irrst dich. Ich sehe mich immer tanzen. Ich kann mich selber so genau visualisieren, daß ich bestens weiß, wie ich wirke, gerade als säße ich selber im Publikum.[6]

Die Technik der Visualisierung ist auch im Sport ziemlich verbreitet. Eine Umfrage unter berühmten Sportlern von heute hat ergeben, daß etwa 80% von ihnen zum voraus ihre Leistungen visualisieren. Wenn sie sich ihr Vorhaben bildhaft in allen Einzelheiten vorstellen, dann machen sie sich mit einer bestimmten Situation vertraut und mobilisieren bereits ihre seelisch-körperlichen Energien; das Nervensystem wird vorbereitet und eingestimmt, und sie beginnen daran zu glauben, daß ihr Vorhaben möglich sei, so daß sich ihre Leistungen verbessern.[7]

In zweiter Linie fördert es unsere Geschicklichkeit und schenkt uns weitere und subtilere Ausdrucksmöglichkeiten. Für Nureyew z.B. hat der Tänzer zum eigenen Tanz die gleiche Beziehung wie der Schauspieler zum Gedicht, das er vorträgt: Er kann es auf tausenderlei Arten tun.

> Das erfordert natürlich gründliche Studien, doch es liegt ein unendlicher Reiz darin. Stundenlang muß man genauestens einstudieren, wie man eine Schulter, das Kinn oder gewisse Magenmuskeln halten will. Man muß jeden Körperteil einzeln erforschen, etwa wie die verschiedenen Teile einer Maschine. Dann muß man alle Einzelteile des Puzzles zusammenfügen – ja sogar zusammenkleben – und ins eigene Ausdrucksrepertoir aufnehmen. So ist unser Tanz, der für das Publikum oft aus leichten, spontanen Bewegungen zu bestehen scheint, nicht selten das Resultat von tagelanger Arbeit, von langen Stunden, die man geduldig vor dem Spiegel zugebracht hat und sich selber in strenger Kritik nicht den geringsten Haltungsfehler durchgehen ließ.[8]

Immer häufiger stoßen wir in unserer Suche auf einen wesentlichen Punkt: Wenn wir gelernt haben, irgendeine Lebensfunktion zu beherrschen, werden wir dadurch frei von unbewußten Abhängigkeiten, von Gewohnheiten, Konditionierungen und Teufelskreisen. Das Körpertraining gibt uns mehr Möglichkeiten; es hebt uns über die Funktion hinaus, die wir beherrschen wollen; wir stehen den psychophysischen Abläufen unseres Körpers ausgeglichener und freier gegenüber; wir können neue Harmonien und Rhythmen erfinden und finden nach einem langen Läuterungsprozeß Freude und Wohlgefühl.

In einem Vortrag sagte Martha Graham einst, es bräuchte zehn Jahre täglicher harter Übung, wenn man den eigenen Körper so in den Griff bekommen wollte, wie dies eine Tänzerin tun müße. Doch am Ende dieser Zeit geschieht das Wunderbare:

> Du lernst das Wunder des menschlichen Körpers kennen, denn es gibt nichts Großartigeres. Wenn du das nächste Mal in den Spiegel schaust, sieh bloß einmal, wie die Ohren am Kopf angewachsen sind; betrachte die Linie des Haaransatzes, denk an die feinen Knöchelchen der Handgelenke; oder an die Magie des Fußes, der so klein ist und doch dein ganzes Gewicht zu tragen vermag. Es ist ein Wunder. Und mit dem Tanz feiern wir dieses Wunder in all diesen Körperbereichen.

Gewiß ist Körpertraining nur der erste Schritt. Sobald der Körper bereit ist, wird er zum Instrument einer weit größeren Inspiration: Alles andere ist Gymnastik. Nach Isadora Duncan gibt es drei Arten von Tänzern: Solche, die den Tanz als Leibesübung verstehen; solche, die durch ihn Gefühle und Erfahrungen zum Ausdruck bringen und solche, die ihren Körper der Inspiration durch die Seele übergeben:

> Diese Tänzer wissen, daß die Kraft der Seele den Körper tatsächlich in leuchtendes Fluidum verwandeln kann. Der Leib wird licht und durchscheinend, wie auf einem Röntgenbild, bloß strahlt die Seele dann viel heller als die Röntgenstrahlen. Wenn die göttliche Kraft der Seele den Körper vollständig durchdrungen hat, wird er zu einer leuchtenden Wolke, die sich bewegt und die Seele in ihrer ganzen Göttlichkeit zum Ausdruck bringt.

Und wir – was können denn wir daraus lernen, die wir nicht Tänzer dieser dritten Gattung sind, weder Yogis noch Athleten, die wir uns mit weniger fein eingestimmten Körpern begnügen müssen und beim Treppensteigen tüchtig ins Pusten kommen? Etwas ganz Wichtiges: Vor allem lernen wir, daß «Materie» nicht eine ontologische Kategorie, sondern ein Zustand des Bewußtseins ist, nichts weiter als ein Gefühl von Schwere, Entfremdung und Bitterkeit. Dann lernen wir auch, daß wir uns mit dem Körper versöhnen können; daß wir ihm Rhythmus und Disziplin geben können; daß wir im Körper leben und ihn als Ausdrucksmittel in der Welt, als Quelle von Kraft, Leichtigkeit und Euphorie benützen können. Dann ist er nicht mehr ein Feind, der uns peinigt und plagt, sondern ein Verbündeter und Freund.

Der Tanz

Der Sonnenreflex auf einem Fluß, eine aufgehende Blüte, Bäume, die sich im Wind wiegen, das Wimmern eines Kindes, der Wechsel von Tag und Nacht: In der indischen Tradition ist das Universum «Bewegung als Selbstzweck», reine Schöpfungsfreude, Vitalität, die sich ständig erneuert: Alles ist Tanz.

Diese Vorstellung enthält eine Botschaft: Du bist nicht allein. Du magst dich noch so unsicher, abgeschnitten oder verzweifelt fühlen, du hast dennoch Teil am einen großen Tanz; und du gehörst zu einem Universum, das grundsätzlich richtig und gut ist. Dann wird die Botschaft noch deutlicher: Wenn du diese Tatsache bis in ihre tiefsten Schichten erfassen willst, dann tanze.

Schon immer und in allen Kulturen ist der Tanz als Mittel zur Erkenntnis und zur kosmischen Vereinigung benützt worden. In Tänzerbiographien finden wir immer wieder Zeugnisse dafür. Wer tanzt, kann die Grenzen des Individuellen sprengen, er geht über die persönliche Raum- und Zeitdimension hinaus bis zur Ekstase.

Die amerikanische Tänzerin Ruth St. Denis beschreibt jenen Augenblick, als ihr klar wurde, daß ihr Lebensinhalt in Zukunft der Tanz sein würde:

> Ich sehe mich auf einem Hügel hinter unserer Farm in New Jersey stehen, und meine Arme heben sich von selbst zum silbrigglänzenden Rund des Mondes hoch. Gleichzeitig lausche ich einer säuselnden Brise, welche die hohen Tannenkronen sanft hin- und herwiegt. Ich beginne mich zu bewegen. Mein erster Tanzimpuls ist es, mich auf den kosmischen Rhythmus einzustimmen. Meine Bewegung ist reine Freude, frei in einer unendlich tiefen und wunderbaren Welt, und ich überlasse mich dem unsichtbaren Puls des Universums.

Da wir über den Tanz zu höheren Dimension Zugang haben, vermag er, festgefahrene geistige und emotionale Muster aufzulösen, die sich im Laufe der Jahre im Körper abgelagert haben und befreit uns so aus den Fesseln der Persönlichkeit. Das ist besonders offensichtlich, wenn wir im Tanz etwas nachahmen, uns beispielsweise mit einem Tier, einem Geist, einem Gott oder einem Naturphänomen wie Feuer, Wind oder Regen identifizieren. Doch eigentlich verwandelt jeder Tanz den Tänzer und hilft ihm, seine festgefahrenen physischen, psychischen und sozialen Muster zu durchbrechen und frei zu werden – vor allem von sich selbst. So tötet Gott Shiva den dämonischen Elephanten (ein Symbol für den Egoismus, die Selbstverherrlichung): Er zwingt ihm seinen Tanz auf, bis dieser erschöpft zu Boden fällt. Im Tanz wird das dämonische Ego gezwungen, sich aufzulösen. Solche Prozesse stellen sich bei Tänzen mit repetitiven Rhythmen ein, in denen jede Bewegungen genau vorgegeben ist. Dann nämlich ist der «Wille entlastet», man steht nicht mehr unter dem dauernden Entscheidungsdruck, welche Bewegung gemacht und welche unterlassen werden soll – man darf sich völlig dem Rhythmus hingeben. Befreiung kann auch im umgekehrten Fall eintreten, wenn wir den Tanz ohne bestimmte Vorgaben frei gestalten können. Dann verändert sich der Geist in dem Maße, wie die Bewegungen anders und neu werden.

Wenn immer ein Tänzer sein Bewegungsrepertoir erweitert, bereichert er dadurch seine geistigen und spirituellen Ausdrucksmöglichkeiten. Denn jede Geste und Körperhaltung drücken einen bestimmten Gemütszustand aus; je größer also unser Bewegungsrepertoir ist, desto umfassender ist auch das innere Repertoir und unsere Öffnung für neue Bewußtseinszustände. Für den Tänzer und Choreographen Merce Cunningham waren die Einstein-Worte, daß es «im Raum keine Fixpunkte gibt», eine wahre Enthüllung: In einem fliessenden Raum ohne Fixpunkte wachsen die Möglichkeiten ins Unendliche.

Der argentinische Tänzer Edward Villella sagt:

> Ich weiß genau, was gemeint ist, wenn man «vor Freude tanzt». meint. Wenn ich nicht tanze, bin ich nur halb lebendig. Nur wenn ich tanze, lebe ich ganz. Und wenn ich im Tanz mein Bestes gebe, dann fühle ich mich exponiert und vertraue auf diese Blösse. Ich fühle, wie herrlich das Leben ist und daß alles möglich ist.

Wenn man neue Möglichkeiten entdeckt, heißt das, das man das Leben geändert hat. Dieser Grundsatz gilt auch abseits von der Bühne und für uns alle, nicht nur für die professionellen Tänzer. Eines Tages beschloß der französische Choreograph Maurice Béjart, er wolle das Tanzen «Herrn und Frau Jedermann» beibringen, also Leuten, die keinerlei Ahnung vom Tanzen hatten. Während drei Wochen unterrichtete er sie jeden Abend zwei bis drei Stunden lang. Am Ende des Kurses, sagte Béjart, waren sie alle «verändert»; viele von ihnen hatten neuen Mut, Vertrauen und Lebensfreude gewonnen.[9]

Häufig werden Wege des spirituellen Wachstums auch als Methoden der Psychotherapie verwendet. Der Tanz eignet sich dazu besonders gut: Durch das Lösen von muskulären und seelischen Spannungen lockert er Hemmungen; er regt Gefühle an und setzt sie frei; er läßt einen den Alltagstrott abstreifen; er weckt neue Lebens- und Gedankenkräfte. Wenn dies in der Gruppe geschieht, dann regt es zudem das Zusammenspiel und den Austausch mit anderen an; und wie leicht kann man sich im Tanz auf einen fremden Rhythmus einlassen; er verbindet Körper und Seele. All dies sind Elemente der inneren Wandlung. Jedermann, der sie im therapeutischen Bereich verwendet, wird erfahren, daß sie viel stärker und direkter wirken können als verbale Kommunikation, denn sie vermögen oft ganz leicht uralte kindliche Verspannungsmuster aufzulösen, an die man sonst nur schwer herankäme.

Wenn wir einen Moment lang frei sind von unseren alten Bindungen, fühlen wir uns erleichtert und wohl und das Bewußtsein kann sich für noch unerforschte Sphären öffnen. Gleichzeitig wird allerdings auch ein System aufgehoben, das wir bisher als einzige und bewährte Wirklichkeit gekannt haben, wenn auch eine beschränkte, neurotische. Manchmal wird jemand allein durch diesen abrupten Wechsel von unbewußten Kräften überflutet, denen das Ich nicht gewachsen ist und verfällt in ein Delirium.

Wir kennen historisch belegte Beispiele von kollektivem Wahnsinn und allen möglichen Arten von Exzessen. So beschreibt Apulejus den ekstatischen Tanz der syrischen Priester, die «tanzten und schrien wie Besessene», sich selber bissen und peitschten und sich die Arme mit Schwerthieben verletzten. Im Alten Rom kannte man im Kybele-Kult bis etwa im vierten Jahrhundert den sogenannten «Blutstag» (Dies Sanguinis), an dem die Gläubigen nach einem ausgelassenen Tanz, begleitet von Zimbeln, Trommeln, Flöten und Horn, schließlich sich selber verletzten und den Altar mit Blut bespritzten. Im fünfzehnten Jahrhundert brach in Italien eine wahre Tanzwut aus, so daß ganze Bevölkerungsgruppen, vor allem unter den Armen, solange tanzten, bis sie völlig von Sinnen waren: Dieses Phänomen ist bekannt als Tarantismus oder Veitztanz. Es gäbe noch viele Beispiele.[10]

Es gibt eine physiologische Erklärung für solche Tanzwut: Vor allem der entfesselte Tanz kann uns in Trance versetzen und das seelisch-körperliche Gleichgewicht wesentlich beeinflussen. Nach Erika Bourguignon ist die Trance ein veränderter Zustand des Bewußtseins, in dem wir Zeit und Raum, Farbe und Licht, Ton und Bewegung, Geschmack und Geruch, – auch Berührung, Schmerz, Hitze und Kälte – anders wahrnehmen. Solche Veränderungen können sogar das Erinnerungsvermögen und das Wissen um die eigene Identität erfassen. Das Tanzen wirkt sich auch auf den Atemrhythmus aus und bringt oft eine Sauerstoffüberversorgung mit sich. Drehbewegungen beeinträchtigen den Gleichgewichtssinn und verstärken das Gefühl, daß man seinen Körper – und somit sich selbst – nicht mehr in der Hand hat.

In dieser zeitweiligen Auflösung der Persönlichkeit kann es geschehen, daß sich jemand verliert oder umgekehrt, sich erst findet. Wie auf allen Wegen steht auch hier am Anfang die Auflösung bestehender Verhaltensmuster, die allerdings, wie überall, von einer neuen Synthese auf höherer Ebene begleitet oder abgelöst werden muß. Das Chaos allein ist noch keine Garantie für Erleuchtung. Wer ernsthaft den Weg des Tanzes verfolgt, wird aus tiefen oder leichten Trancezuständen sich selber und die Welt neu verstehen lernen. So beschreibt die große amerikanische Tänzerin Mary Wigman, was sie beim Tanzen empfindet:

> Immer wieder gab ich mich dem Rausch dieser Erfahrung hin, dieser fast lustvollen Zerstörung des Körpers, die mich für Sekunden fast mit dem Kosmos eins werden ließ. Ich drehte und drehte mich, bis ich das Geheimnis entdeckt hatte; ich wußte nun, wie ich die Füsse stellen und die Hüften verschieben mußte, wie den Körper halten, damit die abstrakte Drehung herauskam und es mir gelang, diese Wirbel in ihre ekstatische Sphäre zurückzuführen.[11]

Mary Wigman war imstande, sogar in solch ekstatischen Zuständen die technische Seite ihrer Bewegungen zu beobachten. Dies ist wahre Hingabe an den Fluß des Tanzes, gepaart mit einer höchst aufmerksamen, bewußten Präsenz. Auch die Äußerungen des indischen Tänzers Ram Gopal zeigen, daß er durch einen Trancezustand nicht zur Auflösung, sondern zu einem Neuanfang geführt wurde:

> Ich erinnere mich gut an das erste Mal, als ich auf dem zylinderförmigen schwarzen Marmorboden in Belur tanzte, jenem alten Hoysala-Denkmal, das einst von einem Königspaar erstellt wurde, damit sie bei den Tempelritualen zusammen darauf beten, meditieren und tanzen konnten. Ich fiel in eine tiefe Trance! Nur noch kurze Augenblicke nahm ich die Musik und die stillen Gesichter der indischen Zuschauer wahr, dann lösten sie sich langsam auf, und ich sah nur noch Nebel und war zurückgekehrt zum Anfang der Schöpfung, als der menschliche Körper in ekstatischer Trance durch die stumme Sprache des Tanzes sang.[12]

Der Tanz ist nach Gopal eine Rückkehr zu unseren Uranfängen: Das bestreitet niemand. Im Tanz fühlt man sich verbunden mit dem Urquell aller Bewegung, mit Energie in ihrer reinsten Form, mit den Göttern im Schöpfungsakt. In einem bekannten Text schreibt Luciano von Samosata, daß die Bewegungen der Sterne den Urtanz des Universums wiederspiegeln.[13] In jüngerer Zeit hat Ted Shawn den selben Gedanken aus einer mehr persönlichen Sicht wieder aufgenommen: «Durch den Tanz haben wir an der Schöpfung teil, und sobald sich der Mensch als Schöpfer fühlt, dann ist er ein Teil des Göttlichen.»[14]

In seiner höchsten Vollkommenheit ist der Tanz ein Tun der Götter, ein sorglose, leichte Zelebration des Lebens. Wer tanzt, arbeitet nicht, er steckt nicht im Alltagstrott und ist nicht geplagt von Schmerz und Sorgen. Deshalb erinnert uns der Tanz an das verlorene – oder lange ersehnte – Paradies. Im Tanz läßt sich die unermeßliche Freude am besten ausdrücken, die wir nur in unseren glücklichsten Momenten kennen. Nijinskys Frau schrieb über ihren Mann: «Er wollte zeigen, daß das Leben mehr zu geben hat als die kurze Befriedigung der Gier nach dem Schönen... er wollte dem Publikum den Sinn des Lebens zeigen und wie man dauerhaftes Glück findet.»[15]

Es ist ihm auch gelungen: «Er war so leicht», schrieb der Kritiker Valentin Hugo, «und so zierlich in seinem Kostüm, daß wir dachten, ein Wesen aus anderen Welten vor uns zu haben... Seither hat mir kein Tänzer, auch nicht einer der größten, einen ähnlichen Eindruck von Flug, von diesem verblüffenden Schweben und vollkommener Schwerelosigkeit vermitteln können. Nicht einmal hörte ich ihn seine Füße auf der Bühne absetzen. Es war, als ob etwas Übernatürliches vor dem verzauberten Publikum geschah.»[16]

Diese Beschreibung bezieht sich auf das Ballett Les Sylphides, in dem Nijinsky zu Musik von Chopin zusammen mit Anna Pavlova und Tamara Karsavina und einem Ensemble tanzte, das an jenem Abend erstmals in einer anspruchsvolleren Rolle auftrat und nicht nur Statistenfunktion hatte. Nijinskijs Sprünge sind berühmt geworden: Während er durch die Luft flog, schien es, als ob er einen Augenblick lang im Raum stehenbliebe. Dieses Überwinden der Schwerkraft, diese großartige Schwerelosigkeit stellten einen Triumph des Geistes über die Materie dar und versetzten das Publikum in helle Begeisterung. Im Spectre de la Rose gibt es eine Szene, in der Nijinskij, wie ein Kind von einem Fuß auf den andern tretend, rund um die ganze Bühne tanzt. Pieter Lieven beschreibt die Szene so:

> Ich erinnere mich an das Publikum der Metropolitan Opera in New York – es ist vielleicht das unbarmherzigste und unbestechlichste Publikum der Welt –, dem bei diesem Anblick ein Laut zwischen Seufzen und Stöhnen entwich. Es gab keinen Applaus – nur diesen erstickten Schrei. Nijinskij schwebte durch die Luft, knapp über dem Boden, und es schien, als würde er ihn nie berühren. Und sanft wie ein Herbstblatt kam er wieder auf den Boden.

Bei anderen Anlässen platzte lautstarke Begeisterung heraus. Seine Frau beschreibt es so:

> Vollkommen entrückt, erhob sich das Publikum wie ein Mann – es schrie und weinte, und in einem wilden Begeisterungssturm flogen Blumen, Handschuhe, Fächer, Programmhefte durcheinander auf die Bühne. Diese großartige Vision war Nijinski.[17]

Tanzen ist also kein privater Anlaß, der sich nur im Körper des Tänzers abspielt. Der Tanz gehört der Öffentlichkeit. Der Zuschauer geht mit und fühlt die Leichtigkeit des Tanzes in sich; er spürt dann diese Welt voller Anmut und Harmonie und es wird ihm bewußt, daß er daran teilhaben kann. Deshalb bringt das Publikum großen Tänzern oft solche Begeisterung und Dankbarkeit entgegen. Die Schwägerin von Isadora Duncan schrieb:

> Als sie den Walzer *Blaue Donau* tanzte, hatte ihr fließendes Wiegen, das an das Kommen und Gehen der Wellen am Strand erinnerte, eine solche ekstatische rhythmische Kraft, daß die Zuschauer ganz berauscht

davon angesteckt wurden, sie konnten sich nicht mehr beherrschen, sie standen auf, jubelten, applaudierten, lachten und weinten... Es war, wie wenn wir Gottes Segen erhalten hätten.[18]

Als Anna Pavlova noch am Anfang ihrer Karriere stand, folgte ihr eines abends nach einer Vorstellung ein ganzes Grüppchen Zuschauer. Es waren vor allem Leute aus kleinbürgerlichen Verhältnissen. Sie folgten ihr gerührt und still bis nach Hause, und als sie ihnen nochmals vom Balkon zuwinkte, stimmten sie plötzlich ein Lied für sie an. Sie blieben bis zu den ersten Morgenstunden und wollten sich nicht vom Fleck rühren. Pavlova fragte sich laut, womit sie wohl so inbrünstige Begeisterung ausgelöst haben mochte: Ihr Dienstmädchen, ein einfaches russisches Bauernmädchen, gab ihr eine tiefgründige Antwort, die Pavlova nie mehr vergaß: «Madame, Sie haben sie glücklich gemacht und ihnen geholfen, für eine Stunde die Trübsal des Lebens zu vergessen.»[19]

Nach Paul Valéry schafft der Tanz eine eigene Welt, die mit dem Alltag nichts zu tun hat. Im täglichen Leben hat jede Bewegung ihren praktischen Zweck; anders beim Tanz, wo die Bewegung reiner Selbstzweck ist.

Darum hat der Tanz die Kraft, ein magisches Feld zu schaffen, in dem sich völlig Unerwartetes und Wunderbares einstellen kann. Manchmal tut sogar allein die Bühne oder die Atmosphäre des Theaters schon ihre Wirkung. Nureyew erzählt, wie er als Kind zum ersten Mal in diese Zauberwelt eintrat:

Ich werde kein Detail jener Szene je vergessen: Das Theater mit den sanften, schönen Lichtern und das Funkeln der Kristalleuchter; die kleinen Leuchter überall; die bunten Fenster; Samt, wohin man schaut...; Gold – eine andere Welt, wie man sie – so kam es meinen erstaunten Kinderaugen vor – nur im zauberhaftesten Märchen finden konnte. Dieser erste Theaterbesuch hat sich mir als einzigartiges Erlebnis eingeprägt, ein inneres Strahlen von ganz besonderer Art, ein ganz persönliches Privileg. Etwas geschah in mir, das mich aus meiner festgefügten Welt wegführte und geradewegs in die höchsten Himmelssphären entrückte. Kaum hatte ich diesen magischen Ort betreten, wußte ich, daß ich tatsächlich die Welt verlassen hatte und von einem allein für mich inszenierten Traum davongetragen wurde, weit weg von allem, was ich kannte. Ich war sprachlos.

Der Tanz ist tatsächlich ein Erkenntnisweg, denn er durchbricht die vertraute Welt und versetzt uns in eine Welt des reinen Wissens und der Erkenntnis. Ein junger Prinz, so hören wir in einer chinesischen Geschichte, wollte die Lehren seines Lehrers nicht befolgen. Ihn interessierten die abstrakten Lektionen über den Buddhismus nicht: Worte, nichts als Worte. Darum nannten ihn alle den faulen Prinzen. Als er eines Tages am Fenster saß, sah er einen Schwarm Schmetterlinge vorbeiflattern. Er rannte ihnen nach und rief: «Da ist Buddha, bei den Schmetterlingen!» Und er tanzte mit den Schmetterlingen. Als er ins Schloß zurückkehrte, war er nicht mehr der faule Prinz; er wußte nun um das große Geheimnis.

Der sakrale Tanz

Christus stand in der Mitte; um ihn waren die zwölf Apostel im Kreis versammelt. Gleich werden die Feinde hereinstürzen, um den Sohn Gottes zu kreuzigen, und Dunkelheit wird sich auf die Welt senken. Doch bevor das geschehen konnte, bat Christus seine Schüler, mit ihm zu tanzen. In ihrer Mitte stehend, sprach er:

Ich werde errettet sein, und ich werde erretten.
Ich werde frei sein, und ich werde befreien.
Ich werde verwundet sein, und ich werde verwunden.
Ich werde geboren sein, und ich werde Leben geben.
Ich werde verbraucht sein, und ich werde verbrauchen.

Die Jünger tanzten um ihn herum und hielten sich bei der Hand. Nach jedem Christuswort sprachen sie «Amen». Dann fuhr er weiter:

Ich bin Dir Licht, der Du mich siehst.
Ich bin Dir Spiegel, der Du mich erblickst.
Ich bin Dir Tor, der Du anklopfst.
Ich bin Dir Weg, der Du vorwärtsgehst.[20]

Dann sprach Christus, daß uns der Tanz zur Lebensmitte führen könne, in jenen Zustand des umfassenden Teilhaftigseins, wo Absichten und Vorbehalte aufhören: zur Befreiung.

Wir wollen nun kurz ins dreizehnte Jahrhundert gehen. Wir sind in der Kathedrale von Auxerre und schauen dem Tanz der Engel zu.

Christus ist dargestellt als eine goldene Kugel, als Sonne der Auferstehung. In der Mitte steht der Dekan, die übrigen Priester tanzen im Kreis um in herum und drehen sich um die eigene Achse. Der Dekan wirft nun den goldenen Ball der Reihe nach den Priestern zu, die ihn auffangen, sich einmal drehen und ihn wieder zurückwerfen. Das ist der Tanz der Sonne – von Christus – im Kosmos, durch die Jahreszeiten. Dazu singen sie ein geistliches Lied. Man tanzt rund um einen Irrgarten, der auf dem Fußboden dargestellt ist und die Welt und die Materie verkörpert, in der sich die Seele zu verirren droht: Doch Christus hilft der Seele wieder auf den rechten Weg aus den Mäandern des Vergessens.[21]

Wir haben hier zwei Beispiele für den sakralen Tanz: Das erste ist nicht sicher belegt, es stammt aus den apokryphen Schriften des Johannes und könnte durchaus auch einen Initiationstanz der Gnostiker aus dem zweiten Jahrhundert beschreiben; das zweite Beispiel ist belegt. In beiden Fällen konzentriert sich der Geist der Tänzer auf die höchste Stufe der Realität, die der Körper sichtbar zum Ausdruck bringt: Das ist das Wesen des sakralen Tanzes.

In der Regel assoziiert man das Heilige mit Stille und Reglosigkeit, vielleicht weil sich solche Zustände so stark von der geisttötenden Hektik und Atemlosigkeit unseres Alltagstreibens abheben, von der Geschwätzigkeit des Alltags, die uns oft vollständig gefangen nimmt und von unserm Selbst ablenkt. Doch das Heilige kann auch in Klängen und Bewegungen, in einem Ausbruch von Lebensfreude, im glitzernden Spiel von Licht und Farben zum Ausdruck kommen. Das Transpersonale ist nicht unbedingt die Stille: Es ist auch ein ewiges Fest und unermüdliche Kraft. Es kann sich auch in Rhythmus und Tanz zeigen.

Viele Elemente, die wir im künstlerischen oder im Unterhaltungstanz getroffen haben, sind auch im sakralen Tanz vorhanden. Immerhin gibt es gewisse Unterschiede: Im sakralen Tanz steht vor allem der rituelle Aspekt im Vordergrund. Man tanzt zu Ehren des Göttlichen, um selbst auf jene Stufe zu gelangen und womöglich in ihm aufzugehen. Außerdem geht es im sakralen Tanz deutlich um universelle und abstrakte Inhalte, weniger um individuelle Anliegen und Gefühle. Oft findet er in Gemeinschaft statt, ja die Teilnehmer verspüren manchmal den unwiderstehlichen Wunsch zu tanzen.

Da sich der sakrale Tanz offenbar mühelos an jede Kultur anpaßt, echten Grundbedürfnissen entspricht und sehr starke Wirkungen entfaltet, finden wir ihn in allen großen Traditionen wieder, nicht selten in der Zeit der höchsten Blüte einer Religion.

Hier sind noch einige weitere Beispiele:

- Im antiken Ägypten kannte man im Rahmen des Ammon-Kultes eine Flußprozession, von der eine minuziöse Reliefdarstellung im Tempel von Luxor erhalten ist. Die Prozession war etwas zwischen Ritual und Spektakel: An der Spitze geht ein Priester, es folgen Soldaten, dann drei schwarze Tänzer, die Purzelbäume schlagen, während ein vierter die Trommel schlägt. Alle vier tragen Tierhäute und reichen Ohr- und Armschmuck. Es folgen einige Libyer, die mit Straussenfedern geschmückt sind und krumme Stecklein schwenken oder Rasseln schütteln. Dann folgen die Sistrumspieler, halbnackte Tänzerinnen, die akrobatische Kunststücke vorführen und die Sänger. Die Köpfe einiger Tänzer schauen nach hinten, was ein universelles Symbol für die Verzückung und Ekstase des Tanzes ist.[22]
- Aus der antiken griechischen Vasenmalerei und anderen ornamentalen Darstellungen kennen wir die tanzenden Menaden oder Bacchanten des Dionysos-Kultes, die Blumen und Schlangen in den Händen halten, die Trommel schlagen, Dudelsack oder Flöte spielen, ihre Röcke schürzen, Wein ausschütten und Lorbeerkränze auf dem Kopf tragen. Dionysos bedeutet Lysios, der Befreier, denn diese wilden Tänze sollten, zusammen mit dem Wein, die Tänzer von allem möglichen Enttäuschungen und Hemmungen befreien. In der Sage wurde Dionysos auf Geheiß seines Vaters Zeus in Stücke zerrissen, doch seine Mutter Demeter gab ihm das Leben zurück, indem sie alle Stücke wieder richtig zusammenfügte. Auch das mag ein Bild für die außerordentliche Wirkung des Tanzes sein. Am Anfang die Auflösung der bestehenden Rhythmen von Seele und Körper; dann das vorübergehendes Chaos und der Verlust jeglicher Bezugspunkte; dann die Wiedergeburt in eine Welt voller Harmonie und Lebensfreude.
- Von Schamanentänzen kennen wir Augenzeugenberichte aus dem letzten Jahrhundert von Missionaren und anderen Beobachtern in Mittelsibirien, wo das Schamanentum ursprünglich herkommt.

Schamanentänze sind Kreistänze, begleitet von rhythmischen Trommelschlägen, wobei sich der Schamane mit einem Tier (Vogel, Pferd, Hund) identifiziert und so die Schranken seines Menschseins überwindet. Alle möglichen Sprünge und Ausbrüche sind typisch für solche Tänze, die immer im ekstatischen Flug des Schamanen in übersinnliche Sphären gipfeln.[23]

- In Indien wird in der Tradition des Bharata Natyam eine junge Frau – genannt devadasa – dem Tempel geweiht; sie tanzt allein vor dem Altar in reiner Gottesverehrung. Die Tänzerin verkörpert den Kern aller Lebewesen, die das Göttliche verehren. In der Ekstase des Tanzes wird Gott zu ihrem Geliebten. In einem alten Text heißt es: «Wer das Höchste im Tanz verehrt, befriedigt alle Wünsche und öffnet den Weg zum Heil. Der Tanz zerstört Elend und bringt Frieden und Erfüllung.»[24]
- Die amerikanischen Shakers (des neunzehnten Jahrhunderts) bewegten sich «wie Wolken, von einem gewaltigen Wind getrieben». Sie stammten von den Albigensern ab, einer Gruppe von Häretikern des dreizehnten Jahrhunderts, die den Tanz als Gottesverehrung pflegten. Sie führten heftige Schüttelbewegungen von Armen und Händen aus (daher der Name «Shakers»), sie beugten und drehten sich, wobei alle Bewegungen präzisen religiösen Inhalten entsprachen. In einem ihrer schönsten Tänze verflochten sich Reihen von Männern und von Frauen wie die Fäden eines Gewebes miteinander. Auffallend und sehr außergewöhnlich für ihre Zeit war die selbstverständliche Gleichbehandlung von Negern und Indianern, die frei an ihren Tänzen teilnehmen konnten.[25]
- Der Wirbeltanz der Derwische der Mevlevi-Sekte war eine Erfindung des großen Dichters Rumi: Als er eines Tages an einer Goldschmiedewerkstatt vorbeiging, hörte er den rhythmischen Schlag eines Hammers und begann, mitten auf der Straße zu tanzen. Wenn immer die Derwische Musik hören – Trommel, Flöte, Gesang –, strecken sie ihre Arme aus, rechte Handfläche nach oben und die linke nach unten gerichtet. Wie sie sagen, tritt die kosmische Kraft durch die rechte Hand ein, fließt durch den Körper und verläßt diesen wieder durch die linke Hand, von welcher sie den Blick während des ganzen Tanzes nicht abwenden. Die Kraft breitet sich dann wie ein Segen auf die Welt aus. Der Derwischtanz ist ein Wirbeln um die eigene Achse, wobei sich der

Tänzer auf den Namen Allah konzentriert, den er innerlich mit dem Auftreten des rechten Fusses wiederholt, der dem Körper den Schwung gibt. Der linke Fuß hingegen bleibt fest in der Mitte verankert.[26]

«Wer die Kraft des Tanzes kennt, lebt in Gott!» sagte Rumi. Von Derwischtänzen und deren Wirkung gibt es viele Augenzeugenberichte von westlichen Beobachtern, die beschreiben, daß dadurch höhere Bewußtseinsebenen eröffnet werden können. Ein englischer Forscher hat den Derwischen zugeschaut, wie sie immer schneller wirbelten und ihr Blick immer entrückter wurde, bis sie mit einem Schrei zu Boden fielen. Er nahm selber am Tanz teil und beschrieb seine Erfahrung so:

> ...mir war zwar nicht schwindelig, doch mein Geist funktionierte auf eine seltsame, mir unbekannte Art ... Eines der Gefühle war Erleichterung; als hätte ich keine Ängste und keine Sorgen mehr... Ein anderes war, daß ich ein Teil dieses drehenden Kreises war, daß sich meine Individualität verloren und glücklich in etwas Größerem aufgelöst hatte.[27]

Sehr bemerkenswert ist die Geschichte des Schwarzen Elch, dem letzten großen Sioux-Häuptling: Dieser außergewöhnliche Mensch hatte im Alter von neun Jahren eine Vision, in der ein schwarzes Pferd tanzte und mit seinem gewaltigen Gesang den ganzen Kosmos erfüllte; gewissermaßen eine Einladung zum universellen Tanz: Es tanzten die Blätter an den Bäumen, die Gräser auf den Hügeln und in den Tälern, ja selbst das Wasser in den Bächen, Strömen und Seen, und es tanzten Mensch und Tier. Dann fühlte Schwarzer Elch, daß er im Zentrum der Welt stand. Seine Beschreibung ist von großartiger Schönheit:

> ...sah ich die Berge, mit Felsen und Wäldern, und von den Gebirgen flammten alle Farben aufwärts zum Himmel. Dann aber stand ich auf dem höchsten Berg von allen diesen Bergen und ringsum unter mir in der Tiefe lag der ganze Erdkreis. Und während ich dort stand, sah ich mehr, als ich sagen kann, und ich verstand mehr, als ich sah; denn ich schaute auf heilige Weise die Gestalten aller Dinge im Geiste, und die Gestalt aller Gestalten, wie sie zusammen leben müssen, gleich wie ein Wesen. Da sah ich, daß der heilige Ring meines Volkes einer von vielen

Ringen war, die einen Kreis bildeten, weit wie Tageslicht und wie Sternenlicht. In der Mitte aber wuchs ein üppig blühender Baum zum Schutze all der Kinder einer Mutter und eines Vaters. Und ich erkannte all dies als heilig.

Als die Vision nachließ, sah Schwarzer Elch eine große Ebene, in der Ebene sein Dorf, im Dorf sein Zelt und drinnen seine Eltern, die sich über ein krankes Kind beugen – das war er selbst, ein armes Kind, das eine Erfahrung gemacht hatte, die größer war als es selbst, das nun wieder zu Bewußtsein kommen mußte und die Wunder, die es gesehen hatte, niemandem mitteilen konnte.

Als er wieder zu sich kam, fühlte sich der Schwarze Elch allein, krank und voller Angst. Er dachte, er sei verrückt und seine Eltern seien sehr besorgt um ihn. Erst mit siebzehn beschloß er, einem alten Heiler von seiner Vision und seinem Elend zu erzählen. Der weise Mann verstand, daß der Junge mit gewaltigen spirituellen Kräften in Kontakt getreten war, die ihm unerklärlich waren, und daß er die charismatische Veranlagung zum Führer seines Volkes hatte. Da der Junge jedoch seine Vision nie zum Ausdruck gebracht hatte, ging es ihm so schlecht. Der Heiler schlug vor, daß Schwarzer Elch die Vision mit dem ganzen Stamm zusammen tanzen möge. Alle Einzelheiten der Vision sollten dargestellt werden, mit Männern und Frauen, Pferden, Schminke, Gesang und allen möglichen Hilfsmitteln. Das taten sie dann auch. Auf dem Höhepunkt des gemeinsamen Tanzes hatte Schwarzer Elch die gleiche Vision wie acht Jahre zuvor. Doch diesmal nahm der ganze Stamm teil, und das linderte den Schmerz, den das Volk unter den Weißen erleiden mußte, und die Gemeinschaft wurde gestärkt. Nach dem Tanz sagte Schwarzer Elch:

...schien es mir, als sei ich über der Erde und berühre sie beim Gehen nicht. Ich fühlte mich sehr froh, denn ich erkannte, daß alle meine Stammesgenossen glücklicher waren. Viele drängten sich um mich und sagten: Sie oder ihre Verwandten, die krank gewesen, fühlten sich wieder wohl, und diese brachten mir viele Geschenke. Sogar die Pferde schienen gesünder und munterer nach diesem Tanz. Die Furcht, die mich so lange beherrscht, war vergangen, und wenn die Donnerwolken erschienen, fühlte ich mich jedesmal glücklich, sie zu sehen, denn sie nahten nun als Verwandte, mich zu besuchen. Alles schien nun gut und schön und freundlich.[28]

Veränderte Bewußtseinszustände wie der eben beschriebene werden oft durch physiologische Umstände begünstigt. Der sakrale Tanz mit seinen repetitiven Rhythmen und dem starken Einbezug des Körpers ruft deutliche physiologische Veränderungen hervor. Gewisse Forscher nennen solche Reaktionen eine Art Einstimmung des Körpers, etwa so, wie man ein Instrument stimmt. Darüber hinaus kann ein solches neurobiologisches «Erdbeben» auch dazu führen, daß die Automatismen der Psyche und des Nervensystems durchbrochen werden und der Weg zur Ekstase frei wird.

Wichtiger als die physische Wirkung der Bewegung ist zweifellos der Symbolgehalt. Jede Bewegung des sakralen Tanzes hat einen Inhalt, den man nicht nur mental, sondern ganzheitlich mit Körper und Seele wahrnimmt. Die Gesten des sakralen Tanzes können Vieles darstellen: Sie können den Menschen in himmlische Gefilde heben; sie können die Tänzer mit dem Universum, den Menschen mit dem Göttlichen verbinden; sie können die Bewegung von der Vielfalt zur Einheit darstellen, usw. Eine Drehbewegung kann den Prozeß der Schöpfung darstellen, um die ewig unbewegte Mitte des Seins. Verstandesmäßiges Erfassen bleibt immer unvollständig: Was im sakralen Tanz zum Ausdruck kommt, kann niemals mit Worten eingefangen werden. Der sakrale Tanz spricht die Sprache des Unsagbaren und dient dazu, die Intuition wieder wachzurufen und den Körper in solchen besonders empfänglichen Momenten für größere Dimensionen zu öffnen.

Ist der Tanz nicht mehr als eine vergnügliche Beschäftigung, sondern geradezu ein Zustand des Bewußtseins? Die sakralen Tänze, die wir beschrieben haben, sind zum großen Teil im Laufe der Zeit verschwunden. Mag sein, daß neue entstehen werden. Vielleicht können wir den Tanz gerade in der Mitte des menschlichen Geistes wieder entdecken als eine Art innere Bedingung, eine Metapher für eine Weise des Dasein. Der heilige Ambrosius hat geschrieben:

> Wie jeder, der mit dem Körper tanzt und sich den drehenden Bewegungen seiner Glieder hingibt dadurch das Recht erwirbt, an der Tanzrunde teilzunehmen, so erwirbt sich der Tänzer des spirituellen Tanzes..., das Recht, in der Runde der gesamten Schöpfung mitzutanzen.

So ist also der sakrale Tanz nicht in erster Linie eine körperliche Betätigung, sondern eine Möglichkeit, wie man das Selbst im eigenen

Innern wahrnehmen kann als überbordende Freude und Feier und als unversiegbare Kraft.

Das Ritual

Das transpersonale Selbst ist der unfaßbare Kern unseres Lebens – viel reicher, als wir uns das vorstellen können; gelenkt von Gesetzen, die wir nicht durchschauen und schwerlich mit irgendeiner Definition erfaßbar. Wer immer versucht, das Unsichtbare, Unfaßbare in Zeit- und Raumbegriffen darzustellen, läuft Gefahr, plump oder oberflächlich zu wirken. Unsere Ausdrucksmittel sind nicht geeignet, etwas so gewaltig viel Größeres zu beschreiben.

Und doch ist das Selbst die Quelle unserer höchsten Werte und Inhalte. Es braucht mehr als flüchtige Beachtung. Wir müßen immer wieder damit in Kontakt treten, es feiern und andern mitteilen können. Wir alle brauchen etwas, das uns aus dem trüben Alltagsdasein heraushebt, das uns die numinose Essenz des Lebens immer wieder gegenwärtig und neu erleben läßt. Dies geschieht im Ritual, das uns über die Sinneswahrnehmung anspricht: Architektur, Formen, Gesten, Düfte, Speisen, Getränke, Gesang und Musik, Licht und Farben. In einem gut durchgeführten Ritual wird das äußerlich Dargestellte zur inneren Realität: das Bewußtsein erweitert sich; diffuse, flüchtige Stimmungen verankern sich fest in der Psyche, individuelle Erfahrungen werden mitteilbar.

Denken wir nur an eine feierliche Messe in einer gotischen Kathedrale. Das großartige Raumerlebnis in Kirchen hilft uns, den Alltag hinter uns zu lassen. Der rhythmische Klang einer Stimme oder eines Gesangs schläfert den Verstand ein, die vertrauten Stimmen werden zu einem feierlichen Echo im unendlichen Raum; der Weihrauchduft läßt uns alle gewohnten Düfte vergessen; die Farbenpracht der bunten Glasfenster versetzt uns in eine phantastische Welt auf eine höhere Bewußtseinstufe, und auch die Musik und der Chorgesang tun ihre Wirkung. In dieser Umgebung verdichten sogar die schillernden Priestergewänder, die sakralen Gesten und Handlungen den Eindruck des Heiligen; die sichtbare Welt der Materie und die unsichtbare des Geistes werden eins.

Jede Geste wirkt in besonderer Weise auf die Psyche. Es vollzieht sich eine Wandlung, wenn man die Arme zum Himmel hebt oder wenn man niederkniet, ja selbst dann, wenn man zum Zeichen der Einheit des Endlichen mit dem Ewigen die Spitzen von Daumen und Zeigefinger zusammenfügt. Jede Körperhaltung und Bewegung schafft eine entsprechende Stimmung, und zwar schon beim bloßen Zuschauen, umso mehr, wenn man sie selber ausführt.

So beschreibt der Zenmeisters Shunryu Suzuki die Bedeutung der Verneigung:

> Wenn wir uns verneigen, geben wir unser Selbst auf. Unser Selbst aufzugeben, bedeutet, daß wir unsere dualistischen Vorstellungen aufgeben. Es gibt also keinen Unterschied zwischen der Praxis des Zazen und der Verneigung. Gewöhnlich drücken wir mit der Verneigung aus, daß wir etwas Würdigerem als uns Achtung entgegenbringen. Doch wenn ihr euch vor Buddha verneigt, sollt Ihr euch keine Vorstellung von Buddha machen, sondern nur eins werden mit ihm, denn ihr seid schon Buddha selbst! Wenn Ihr eins werdet mit Buddha und allem, was existiert, werdet ihr den wahren Sinn des Lebens finden. Wenn ihr alle dualistischen Vorstellungen hinter euch gelassen habt, wird alles zu eurem Lehrer, und alles kann Gegenstand der Verehrung sein.[29]

Jede festgelegte, wiederholte Handlung drückt also eine gewisse Seinsweise aus. Das läßt sich sogar in den banalsten täglichen «Ritualen» beobachten: Vom Zeitungslesen bis zum Schwarzen Kaffee und dem gewohnten Fernsehprogramm. Selbst die kühnsten Verfechter der spontanen Improvisation schaffen sich ihre Rituale, denn wir alle brauchen eine gewisse Ordung und Struktur im Leben. Unser Alltag ist eine Folge von solch vorbestimmten Handlungen. Sie unterbrechen den Zeitfluß, lassen uns Atem schöpfen und die Gedanken ordnen; sie dienen uns zur Selbstdarstellung, geben uns einen Rhytmus, Sicherheit und helfen uns schließlich, Beziehungen zu festigen und die erwünschte Atmosphäre zu schaffen. Daran ist eigentlich nichts Besonderes, es sind lediglich die äußeren Mittel, um ein subjektives Universum zu schaffen.

Und damit erschöpft sich unsere Analogie auch schon, denn rituelle Gesten und Bewegungen unterscheiden sich gründlich von jenen des Alltags. Im Gegenteil: zum Weg der Handlung, der sich gerade im Alltag vollzieht, grenzt sich der Weg des Rituals scharf ab. «Tempel» und «Kontemplation» gehen etymologisch auf den griechischen Stamm «temno», Schnitt, zurück, womit die Trennung zwischen dem Heiligen und dem Profanen gemeint ist; der Zaun rund um den Tempel, der alle Eitlen und Neugierigen abhält. Heilige Gesten entstehen nicht als Reaktion auf irgendwelche äußeren Umstände; sie entstehen nicht, weil wir uns zurückziehen oder erschreckt aufspringen, oder weil wir nach etwas fassen und es besitzen wollen, auch nicht zum Herschen oder Manipulieren. Diese Gesten sind ungewöhnlich und verfolgen keinen bestimmten Zweck. Eben darum sind sie ein Ausdruck für die umfassende Lebensfülle.

Wie Kinderspiele, sagt der katholische Theologe Romano Guardini, haben Rituale zwar keinen konkreten Zweck, doch sehr präzise Regeln. Sie helfen uns mit ihrem ruhigen, steten Rhythmus, die Hektik der zweckbestimmten Handlungen aufzuheben. Rituale bleiben immer gleich, sie hängen nicht von äußeren Umständen ab. Man kann sie beliebig wiederholen: in Zeiten von Krieg oder von Frieden, arm oder reich, jung oder alt, im Glück oder im Elend; sie stellen also die zeitlose Dimension dar, die von den wechselhaften Umständen des Lebens nicht berührt wird.[30] Man darf sich wirklich darauf verlassen. Die bewußte Aufmerksamkeit, mit der Rituale zelebriert werden, die feierliche Konzentration der Beteiligten, die Gesten, die auf übersinnliche Ebenen hinweisen – all das schafft einen Raum, in dem sich das Bewußtsein ganz natürlich auf transpersonale Inhalte einstellt.

Hier ein Beispiel: Als Bruder Giovanni di Alverna (erwähnt in den Fioretti des Hl. Franziskus) in der Messe die zentralen Worten «Hoc est corpus meum» sprach, fiel er in Ekstase. Er sah Christus in seiner ganzen Herrlichkeit mit den Engeln über der Hostie schweben, um bei der Segnung in diese einzutreten. Er war dermaßen überwältigt, daß er nur die Worte «Hoc est» über die Lippen brachte, «Corpus meum» konnte er nicht mehr sagen. Die Anwesenden ahnten, was geschehen war und waren voller Ehrfurcht. Einige weinten. Endlich brachte Bruder Giovanni die Worte «corpus meum» heraus und sah, wie Christus in die Hostie eintrat. Als er den Kelch hob, spürte er, wie sich seine Seele aus dem Körper löste, und er verlor das Bewußtsein. Sein Körper fiel in Ohnmacht und wurde kalt, obwohl es mitten im Sommer war. Sehr lange lag Bruder Giovanni bewußtlos da.[31]

Jedes Ritual schafft einen Mikrokosmos, der in sich gewissermaßen das ganze Universum enthält. Damit dies geschehen kann, muß auch die Umgebung stimmen. In der Zen-Praxis der Teezeremonie muß der Raum, in dem die Zeremonie stattfinden soll, bestimmte beruhigende Elemente ausstrahlen: Ein bescheidenes Häuschen im Bambushain oder unter Bäumen, an einem Bächlein, bei Felsen und Sträuchern – das sind ideale Orte. Die Ausstattung des Raumes soll hell und heiter sein, die die innere Sammlung fördern und jene Einfachheit («wabi») ausstrahlen, die den Geist von Begierden befreit und Freude schenkt. Als Schmuck ist nur eine Vase mit Blumen erlaubt. So wird Teetrinken zu einer transpersonalen Handlung, die die Sinnen reinigt: Farbe und Duft der Blumen reinigen die Sicht und den Geruchssinn; das Wasser, das in der Teekanne brodelt, reinigt das Gehör; die Hantierungen mit den Geräten für die Zubereitung reinigt den Tastsinn; und der Tee selbst den Geschmack. Am Ende ist der Geist (im Buddhismus der sechste Sinn) in der meditativen Ruhe («jaku») des Rituals gereinigt worden.

Wesentlich sind zudem Aufrichtigkeit und Achtung für den Menschen, mit dem man Tee trinkt. Denn dies ist keine alltägliche Begegnung, bei der geplaudert und einander geschmeichelt wird. Verschwunden ist selbst der Wunsch, mit dem eigenen guten Geschmack oder Reichtum zu prahlen. Dieses Ritual öffnet das Herz für den Menschen gegenüber. D. T. Suzuki fragt sich: «Wer könnte es leugnen, daß ich dann beim Teeschlürfen ... das ganze Universum runterschlucke und daß dieser Moment, wenn ich die Tasse zum Mund führe, die Ewigkeit selbst ist, in der sich Raum und Zeit auflösen.»[32] Horst Hammitzsch, ein deutscher Gelehrter, der in Japan die Teezeremonie kennengelernt hatte und praktizierte, verglich seine Erfahrungen mit einem früheren Erlebnis in seiner Heimat, als er einen Organisten in einer kleinen Dorfkirche Bach spielen hörte:

> Und plötzlich fühlte ich, wie die Musik die ganze Weite der Kirche erfüllte, wie der Raum schwand und nur noch die Flut der Töne vorhanden war. Auch ich war gleichsam aller Körperlichkeit entblößt, von der Musik aufgesogen. Hier in Japan hatte ich ein gleiches Erlebnis. Die Wirkung der Teezeremonie war so stark, daß ein Gefühl der Selbstaufgabe, ein Gefühl des Einsseins mit allen andern, ein Gefühl eines eigenen Zufriedenseins mit mir selbst und der Umwelt erwuchs...[33]

Im Ritual verflüchtigt sich das Individuelle, das sich aus unseren Bedürfnissen, Phantasien, Problemen und vielen Plänen zusammensetzt, die wir mit uns herumtragen. Die auszuführenden Gesten und Handlungen sind nicht nur zwecklos und «leer», sondern auch vorbestimmt, so daß wir nicht mehr zu entscheiden brauchen. Jedes Ritual ist eine strenge Disziplin, die der Originalität des Einzelnen keinen Spielraum läßt.

Gerade dies ist die Kraft, aber auch die Schwäche des Rituals: Diese festgelegten Handlungen können mit spiritueller Kraft erfüllt werden und eine Öffnung zur übersinnlichen Welt schaffen. Doch genauso kann es geschehen, daß das Ritual mechanisch und schal wird. Dann ist es nur noch langweilig und bedrückend, begleitet von einem lästigen Pflichtgefühl, das nur Selbstverleugnung bedeutet. Rituale können also die transpersonale Dimension ansprechen und für uns erschließen; sie können allerdings auch dazu gebraucht werden, um Dogmen und die soziale Kontrolle zu verstärken; oder sie können zu fossilen, sinnentleerten Überbleibseln werden.

Es gibt ein Ritual, das dieser Gefahr der Gewöhnung nicht unterliegt, nämlich die Einweihung oder Initiation. Sie ist der Markstein für den Übertritt von einem Bewußtseinszustand zum nächsthöheren. Oft wird der Prüfling schmerzhaften, ja grausamen Prüfungen unterzogen. Oft steht er dem Tod gegenüber und taucht dann verwandelt aus dieser Erfahrung wieder auf. Einweihungszeremonien sind eine äußere Darstellung von inneren Prozessen: Es kann kaum deutlicher dargestellt werden, wie ein überlebter Lebensabschnitt aufhört und man in eine bessere, schönere und wahrere Welt eintritt.

Einer der spannendsten Berichte über eine solche Einweihung ist wohl Der Goldesel von Apulejus. In Romanform beschreibt der Autor seine eigene Entwicklung und seine Erfahrungen mit dem initiatischen Isis-Kult. Der Romanheld Lucius verliebt sich unterwegs auf einer Reise in eine dumme, unzuverlässige Sklavin, und vergißt darüber vollständig, in seine Heimat zurückzukehren (überirdischer Ursprung der Seele und Selbstverlust durch die Umstände des Lebens). Weil er so neugierig ist, wird er versehentlich in einen Esel verwandelt (Degeneration aufgrund des Selbstverlustes). Nach langen, harten Prüfungen (verschiedene Stationen des spirituellen Weges) wird er mit der Hilfe von Isis bei einer heiligen Flußprozession wieder in einen

Menschen zurückverwandelt (Erlangung der persönlichen Reife) und ist nun bereit, in den Isis-Kult eingeweiht zu werden. In den letzten zehn Tagen vor dem Einweihungsritual darf Lucius weder Fleisch noch Wein zu sich nehmen und muß eine strikte Diät einhalten. Der Priester liest ihm die Anweisungen aus einem Buch voller geheimnisvoller Zeichen und Tierfiguren vor; dann wird Lucius ins Wasser getaucht, und der Priester erfleht die göttliche Gnade. Danach legt er ihm ein Leinengewand an und führt ihn in den innersten Raum des Heiligtums. Hier spielt sich der streng esoterische Teil des Rituals ab, über den Lucio nicht sprechen darf. Doch er beschreibt uns seine Erfahrung von Tod und Wiedergeburt:

> Ich ging bis zur Grenzscheide zwischen Leben und Tod. Ich betrat Prosperinens Schwelle, und nachdem ich durch alle Elemente gefahren, kehrt' ich wiederum zurück. Zur Zeit der tiefsten Mitternacht sah ich die Sonne in ihrem hellsten Lichte leuchten. Ich schaute die untern und oberen Götter von Angesicht zu Angesicht und betete sie an.[34]

In den zwölf Nachtstunden mußte Lucius ein besonderes Weihegewand tragen. Er verkörperte nun die Sonne und deren Lauf durch die unterirdische Hemisphäre. Am nächsten Morgen trat er an die Öffentlichkeit in einem festlichen Kleid, das reich verziert war mit indischen Drachen und Fabeltieren aus der andern Welt. In seiner Rechten hielt er eine brennende Fackel und sein Haupt war mit glänzenden Palmenblättern bekränzt, die strahlenförmig vom Kopf abstanden. Jedermann verehrte ihn als die aufgehende Sonne.

Der Weg des Rituals hat vieles mit andern Wegen gemeinsam: Wie auf dem Weg der Schönheit strebt man auch hier nach einem konkreten Ausdruck für das unfaßbare Selbst; wie der Weg der Handlung lehrt auch dieser die Selbstlosigkeit; und wie auf dem Weg der Erleuchtung schult man auch hier die Aufmerksamkeit. Manchmal werden bei Ritualen auch psychedelische (ursprünglich «Enthüller der Seele») Substanzen eingenommen, um einen transpersonalen Zustand herbeizuführen. So spielte der Somapilz (der eine starke psychedelische Wirkung hat) in alten vedischen Ritualen eine wichtige Rolle. Das Ritual wurde von sieben Priestern zelebriert, die im Kreis um drei Opferfeuer saßen. Es wurde ein Trank gebraut, der die Seele des Gottes Indra darstellte; dieser Trank wurde den Göttern dargeboten und dann von den Priestern getrunken, damit sie in einen Gottesrausch fielen. In einem Gebet des Rig Veda ruft der unbekannte Verfasser Soma an, es möge ihn ins unvergängliche Licht, in eine unzerstörbare, unsterbliche Welt versetzen, wo die Quellen nicht versiegten, die Sterne funkelten und unendliche Freude herrschte. Wer Soma trank, rief laut: «Wir haben Soma getrunken, wir sind unsterblich geworden, wir haben das Licht erreicht und die Götter gefunden...»[35]

Auch das haben viele Rituale gemeinsam, daß sie in entscheidenden Lebensumständen auftreten. Es gibt Momente im Leben wie z.B. Geburt, Pubertät, Heirat, Tod, in denen wir verletzlicher und offener sind als in anderen. Dann können wir leichter Masken und Unechtheiten ablegen. Rollen werden durchbrochen, versteckte Gefühle kommen hoch und wir erfahren das Geheimnis, die Vergänglichkeit und die Schönheit des Leben in ihrer ganzen Kraft. Häufig feiern wir solche Gelegenheiten mit einem Ritual, das uns die transpersonale Dimension näherbringen kann.

In vorbuddhistischer Zeit unterwies der Priester im tibetischen Bön-Bestattungsritual den Toten oder Sterbenden (dessen Körper zum Zeichen der späteren Wiedergeburt in Embryonalstellung gelegt wird), wie er den Tücken und Illusionen des Zustandes nach dem Tod ausweichen und diese Erfahrung für sein spirituelles Wachstum nutzen soll. Gemäß dem Tibetanischen Totenbuch, dem Bardo Thödol (Bardo ist der «Zustand nach dem Tod»), ist ein eben Verstorbener verwirrt und hat allerlei Visionen, die von früheren Taten und Gedanken herrühren und sieht alle möglichen Dämonen und Götter. Es ist nun die Aufgabe des Begleiters, den Geist des Verstorbenen heil durch die Illusionen hindurch zur Freiheit zu führen und ihn immer wieder zu ermahnen, daß er sich nicht von den Visionen schrecken lasse und alle Bindungen aufgebe, damit er zum reinen Licht finde.

Die einzelnen Phasen sind im Bardo Thödol sehr genau beschrieben und lassen deutliche Parallelen mit neueren Berichten von Sterbeerfahrungen erkennen. Das wichtigste, offenbar nicht kulturspezifische Element ist das Auftreten eines wunderschönen und starken übernatürlichen Lichts, das von allen, die hinterher wieder ins Leben zurückgekehrt sind, als eine tiefe Regeneration und Besinnung über das eigene Leben beschrieben wird. Für den Verstorbenen ist es, nach dem Bardo Thödol, das letzte Ziel seiner Bestrebungen, nämlich das Nirvana.

Dieses tibetische Ritual dient nicht nur den Sterbenden. Es ist dasselbe, ob man jemanden durch Sphären außerhalb des Erdenlebens oder hier in dieser Welt begleitet – damit er die alltäglichen Hindernisse, seine Bindungen und die inneren Schreckensvisionen überwinde. Das Ritual wird dann zur Meditation über den Sinn von Leben und Tod. Die Worte, die der Priester dem Sterbenden ins Ohr flüstert, gelten eigentlich uns allen:

> Oh, Edelgeborener, jetzt ist die Zeit gekommen, wo du den Pfad suchst. Dein Atem hört gleich auf. Dein Guru hat dich zuvor von Angesicht zu Angesicht gesetzt mit dem Klaren Licht, und Du bist jetzt im Begriff, es in seiner Wirklichkeit im Bardo-Zustand zu erfahren, worin alle Dinge wie der leere, wolkenlose Himmel sind, und der nackte, fleckenlose Intellekt wie ein durchsichtiges Vakuum ohne Umkreis oder Mittelpunkt. In diesem Augenblick erkenne dich selbst und verharre in diesem Zustand.[36]

Ein Feld schaffen

Warum wohl hat man Schauspieler und Schauspielerinnen in verschiedenen Kulturen immer wieder für fast oder sogar ganz göttlich angesehen? Selbst in unserer Zeit, in der die Götter einen schweren Stand haben, treffen wir diese Haltung immer wieder: Wir haben unsere unsterblichen Stars und Divas. Vielleicht weil ihnen, wie den Göttern, mehr Möglichkeiten offenstehen als gewöhnlichen Sterblichen. Der Schauspieler ist einmal Held und einmal Taugenichts, einmal Mörder, einmal Heiliger, König oder Narr, alt oder jung, ja sogar Mann oder Frau. Er braucht sich nicht auf eine Existenz zu beschränken wie wir. In seinem Bewußtsein haben die verschiedensten Wesen, Epochen und Stile Platz. Wer, wenn nicht ein Gott, könnte so viele verschiedene Leben leben?

Vielleicht gibt es noch einen Grund: Der Schauspieler kann die Dramen, die uns alle quälen, die verborgenen Leidenschaften, die ungelösten Probleme sichtbar und exemplarisch darstellen. Nun haben wir sie plötzlich alle auf der Bühne vor uns, einige sogar gelöst. Auch unsere schlimmsten Alpträume und die wildesten Phantasien werden uns in archetypischer Klarheit und Intensität vor Augen geführt. Es sind unsere Gefühle, aber auch die Gefühle aller Männer und Frauen. Wer, wenn nicht ein Gott, könnte uns zeigen, wer wir sind?

Wir wissen, daß Schauspieler und Schauspielerinnen keine Götter sind, dennoch verfolgen sie einen transpersonalen Weg, der sehr viele Facetten und Techniken kennt. Neben dem breiten Spielfeld von Ausdrucksmöglichkeiten und archetypischen Menschenbildern, von dem wir eben gesprochen haben, sticht auf diesem Weg die Vorstellungskraft für starke und deutliche Bilder und Gefühle hervor.

Der deutsche Schauspieler Mitterwurzer erzählt von seinen gelungensten Auftritten:

> ...ich fühle mich in sonderbarer Verfassung, und sehe die Personen, vor allem diejenigen, die ich spielen soll, nicht vor mir, sondern in mir. Ich sehe sie dann greifbar als Personen vor mir, mit ganz bestimmten eigenen Lebensäußerungen, die manchmal im Drehbuch gar nicht beschrieben sind. Die Person, die ich spielen soll und die Art, wie ich das im wesentlichen tun soll, geladen mit ihren kollektiven Gefühlen – das alles steht lebendig und unmittelbar vor meiner Seele da.[37]

Auf diese Weise läßt der Schauspieler in sich die verschiedensten Gemütszustände entstehen, um sie dann darzustellen. Immer wieder hört man von Schauspielern, wie wichtig die Beobachtung ist. David Garrick riet, die Leute zu beobachten und ihr Verhalten in verschiedenen Situationen zu studieren. Das ist seiner Meinung nach «das edelste und beste Studium», denn es lehrt uns, die menschliche Natur verstehen: Und das ist für den Schauspieler so wichtig, wie die Beobachtung der Natur für den Maler.[38] Hilfreich ist auch häufige Lektüre, durch die man lernt, sich leichter in andere Welten und Lebensformen einzufühlen. Manchmal schafft sich der Schauspieler künstlich eine gewisse Situation, damit er seine Ausdrucksmöglichkeiten erweitern kann. Lee Strasberg hat z.B. seine Schüler aufgefordert, den Hamlet-Monolog «Sein oder nicht sein» einmal so vorzutragen, wie wenn sie betrunken wären.

Oft schöpfen Schauspieler auch aus dem eigenen emotionalen Erinnerungsschatz oder benützen bestimmte Methoden. Laurence Olivier erinnert sich an eine Aufführung des Ödipus von Sophokles, und zwar an jene fatale Szene, als ein alter Hirte Ödipus über seine tragische Lage aufklärt und dieser endlich begreift: Der Mann, den er umgebracht hat, ist sein Vater, die Frau, die er geliebt hat, ist seine Mutter. Seine Rolle schreibt ihm an dieser Stelle einen verblüfften, schmerzerfüllten Schrei vor. Um diesen Schrei möglichst echt auszustoßen, stellte sich Olivier ein Hermelin vor, das in die Falle gegangen war. (Hermeline fängt man, indem man Salz auf den Schnee streut; das Hermelin leckt den Schnee und bleibt rettungslos mit der Zunge daran kleben.) Mit dieser schrecklichen Vorstellung gelang es Olivier, sich in einen Gemütszustand zu versetzen, der ihm für diesen fürchterlichen Schrei angemessen schien.[39]

Der Schauspieler muß also sein eigenes Inneres gut kennen, er braucht eine lebendige Vorstellungskraft, und er sollte genau und rasch in die verschiedensten Welten eintauchen können.
Und noch einige Elemente sind auf diesem Weg wichtig:

- höchste Konzentrationsfähigkeit;
- Auflösung aller seelischen und körperlichen Spannungen, die den spontanen Ausdruck behindern;
- Beherrschung der eigenen Bewegungen, Stimme und Mimik;
- die Fähigkeit, in die Welt der Gefühle einzutauchen, ohne davon überschwemmt zu werden;
- eine mediale Veranlagung: Der Schauspieler muß sich selber beiseitestellen können und sich ganz in die Rolle hineingeben;
- ein hochentwickeltes Empfinden für den eigenen Ausdruck.

Disziplin, Inspiration, Wahrheit: Es sind auch hier alle Merkmale eines Weges vereint. Doch warum sprechen wir vom Schauspieler gerade im Zusammenhang mit Ritual und Tanz? Weil sich das Schauspiel (wie der Tanz) in einem Grenzbereich zwischen zwei wichtigen Aspekten des Selbst befindet: zwischen dem Schönen und dem Heiligen. Nach unserem heutigen Empfinden ist das Ritual ein Instrument des Heiligen; das Theater hingegen bringt uns eher das Schöne nahe. In früheren Zeiten und anderen Kulturen waren Theater und Ritual stets miteinander verknüpft. Es wird sogar behauptet, das Theater sei grundsätzlich aus dem Ritual hervorgegangen. Und sicherlich ist es nicht Zufall, daß beide die gleichen Ausdrucksmittel verwenden: Gesten und Bewegungen, Verkleidung und Masken, Publikum und Bühne.

Was die beiden allerdings am stärksten miteinander verbindet, ist der Aufbau eines Feldes. Sowohl das Ritual wie das Theater schaffen bewußt ein eigenes Spannungsfeld, in dem Zeit, Raum, Ereignisse, Gefühle grundsätzlich anders sind als in unserer gewohnten Welt. Das ereignet sich nicht nur für den Schauspieler – oder den zelebrierenden Priester beim Ritual, sondern für eine ganze Gruppe von Menschen, die in diese Zauberwelt eintritt und kurze Zeit darin lebt und sich davon verwandeln läßt.

Wir alle schaffen solche Felder in unserem Leben (wenn auch wesentlich schwächere als dies Ritual und Theater tun), allein mit unserer Präsenz und den Dingen, mit denen wir uns umgeben; ein Feld entsteht auch in der Familie, die sich zum Abendessen versammelt; durch den Arzt, der den Patienten besucht; die Schüler im Unterricht; eine Hausversammlung; die Sportfans, die einen Match verfolgen. Alle diese Felder haben ihre Eigenart und Atmosphäre. Es sind kurzdauernde Universen, die aus Ideen, Gefühlen und einem physischen Rahmen bestehen. Ein solches Feld mag zufällig und unbeabsichtigt entstehen, oft berührt es uns kaum oder wirkt bedrückend. Wir können aber auch die Elemente bewußt wählen, um einen bestimmten Eindruck, bestimmte Gefühle zu erzeugen. Entsprechend der Ordnung des Feldes ordnet sich auch in unserem Innern etwas, seine Schönheit kann erfrischend wirken; wir werden von der Begeisterung mitgerissen. Das kommt vor, wenn das Feld eine Atmosphäre schaffen kann, die über das rein Funktionelle hinausgeht. Man denke nur an die Teezeremonie, in der nicht nur ein Getränk angeboten, sondern eine ganze Lebenshaltung vermittelt wird. Häufig überlassen wir es dem Zufall, was für ein Klima entsteht, im Ritual und im Theater allerdings wird dieser Aspekt zur Kunst.

Im Theater wird das Feld mitgeprägt vom Bühnenbild und den Requisiten, doch in erster Linie entsteht es durch die Präsenz des Künstlers (im Ritual durch die persönliche Ausstrahlung des Zelebrierenden). So erzählt z.B. Isadora Duncan, daß sie 1899 einen Auftritt von Eleonora Duse in Paris erlebt hat. Aufgeführt wurde ein unbedeutendes Stück, «Die zweite Frau Tanqueray», und Duncan wunderte sich, daß sich Duse für ein derart triviales Stück hergegeben hatte. Am Ende des dritten Aktes wird Frau Tanqueray von ihren Gegnern bedroht und beschließt, sich umzubringen. Duse bleibt allein auf der Bühne zurück, und etwas Magisches geschieht:

> Ohne irgendwelche äußerliche Anzeichen schien sie plötzlich größer und größer zu werden, bis sie mit dem Kopf die Theaterdecke berührte, wie Demeter, als sie sich vor dem Haus des Metaneira als Göttin zu erkennen gab. In dieser edlen Haltung war Duse nicht mehr die zweite Frau Tanqueray, sondern eine großartige, zeitlose Göttin, und ihre Verwandlung zu dieser Göttlichen vor dem Publikum war eines der größten Kunsterlebnisse, das ich je hatte. Ich erinnere mich, wie ich auf dem Heimweg noch immer voll Staunen war über dieses Wunder ... In jenem Augenblick hatte sich Duses Geist so hoch aufgeschwungen, daß er die himmlischen Sphären erreichte.

Und was steckt wohl hinter solchen Momenten? Weder Kleider, Gesten, Worte, noch Bühnenbild: sie sind lediglich Hilfsmittel. Es ist viel unglaublicher und mysteriöser und hat etwas mit Gnadenmomenten zu tun.

Duse pflegte vor ihren Auftritten zu meditieren und sich die Personen, die sie spielte, bildlich vorzustellen. Auch Salvini, ein anderer berühmter italienischer Schauspieler, zog sich vor seinen Auftritten jeweils einige Stunden in die Stille zurück. Ob sie deswegen vermochten, die flüchtige Substanz der eigenen Ausstrahlung zu konzentrieren? Stanislawskij hat Salvini einst als Othello im Bolschoi-Theater erlebt. Auf den ersten Blick war er von Salvini nicht sonderlich beeindruckt: So plump wie er war, hatte Salvini wenig von Othello, hingegen war er ganz Salvini. Doch bald mußte Stanislawskij seine Meinung gründlich revidieren:

> Salvini trat an die Tribüne der Dogen heran, sammelte sich, überlegte und zog, ohne daß wir es merkten, die ganze Menge des Großen Theaters in seinen Bann. Es schien, als ob er das mit einer bloßen Geste machte – er streckte, ohne hinzusehen, den Arm zum Publikum aus, als packte er alle Zuschauer mit seiner Hand und halte sie während der ganzen Vorstellung darin fest wie Sperlinge... Wir waren ganz in seiner Gewalt, für immer. Ich kann nur sagen, daß sich damals in mir eine über alle Zweifel erhabene Gewißheit einstellte, daß Salvinis Othello ein Monument sei und ein bestimmtes unabänderliches Gesetz verkörpere.[40]

Es hängt mindestens so stark vom Publikum ab wie vom Schauspieler, wie ein solches Feld entsteht. Es verhält sich gleich wie mit dem Baum von Bischof Berkeley, der beim Umstürzen nur dann kracht, wenn jemand zugegen ist und es hört. Genauso entsteht das Feld erst, wenn das Publikum mitmacht. Es entsteht, wenn mehrere Menschen sich gemeinsam auf eine Wellenlänge einstellen. Vor der Vorstellung (dem Ritual, Tanz oder Konzert) waren sie zerstreut und ein jeder in seiner Welt beschäftigt mit irgendwelchen Problemen und Träumen. Schon die Entscheidung zu kommen, hat sie in derselben Absicht verbunden. Und wenn dann die Vorstellung beginnt, erleben sie zusammen ein und dasselbe Universum, das nicht etwa illusorisch ist, wie es vom Theater oft behauptet wird. Diese Welt ist mindestens so wirklich wie unser Alltag, wenn nicht wirklicher.

Das stellt sich nicht nur wegen der Austrahlung von einer oder zwei Personen ein, sondern gerade durch die Teilnahme der Vielen. Es geschieht auch in anderen Bereichen: Furtwängler erzählt, daß sich zwischen dem Komponisten, ihm als Dirigenten, dem Orchester und dem Publikum in besonders begnadeten Momenten eine Art «Liebesverbindung» eingestellt habe. Und wer Pater Pius aus Pietralcina gekannt hat, weiß zu berichten, daß seine Messen manchmal stundenlang dauerten und er in ekstatischer Verzückung die ganze Gemeinde mitreißen konnte.

Es dürfte nicht leicht sein, die Ausstrahlung eines begnadeten Schauspielers während seiner Auftritte zu erfassen. Hören wir, was Eleonora Duse über Sarah Bernhardt zu berichten hat. Duse saß eines Abends in Turin im Publikum und erzählt, wie sie Sarah Bernhardts Auftritt erlebte:

> Da war das Theater wie durch einen Zauber plötzlich erfüllt von Bewegung und Leben ... Sie war da, sie spielte, triumphierte, sie nahm uns alle gefangen und ging wieder weg ... doch wie ein großes Schiff ließ sie eine Spur zurück; lange noch blieb die Atmosphäre, die sie gebracht hatte, im alten Theater zurück.[41]

Es mag einigen fast blasphemisch vorkommen, wenn wir das Ritual und das Theater als ein und denselben Weg beschreiben. Doch das Mißverständnis klärt sich, sobald wir sagen, daß sie nur beide das gleiche Mittel benützen: Eben den Aufbau eines Feldes. Wir können das Ritual und das Theater als zwei Formen eines Ausdrucksmittels betrachten, nämlich dieses Spannungsfeldes, das mit Hilfe von Gegenständen, Gesten und Bewegungen, mit der Beziehung zum Publikum und vor allem der persönlichen Präsenz geschaffen wird. Was in diesem Feld zum Ausdruck kommt, ist unendlich vielfältig. Es kann der kollektive Rausch eines Rock-Konzertes sein oder die Fröhlichkeit eines Volksliedes; es kann der Zauber der Musik sein, das Drama des Menschlichen, der ewige Aspekt des Selbst in Raum und Zeit. Ist das Feld einmal geschaffen, dann stehen alle Möglichkeiten offen. Es liegt an uns, ob wir das Heilige oder das Profane, das Komische oder das Tragische, das Ordinäre oder das Erhabene wählen.

Der Weg der Wissenschaft

Wir alle kennen das unangenehme Gefühl, das sich einstellt, wenn wir etwas nicht verstehen. Wir fühlen uns dumm und ungeschickt; es dämpft unsere Lebenslust und manchmal ist es sogar qualvoll.

Und genauso kennen wir alle das Hochgefühl, wenn wir verstehen. Und sei es bloß die Gebrauchsanweisung der Geschirrspülmaschine, einen Rechenfehler, den wir entdeckt haben, oder als wir jemandem erklären konnten, warum es im Sommer wärmer ist als im Winter. Wir fühlen uns gehoben und voller Interesse, viel lebendiger; Wissen hat immer eine stärkende Wirkung.

Dieses elementare Verstehen können wir uns unendlich weiter und tiefer vorstellen. Stellen wir uns nun auch vor, daß wir dafür nicht Augenblicke, sondern die Mühe und Konzentration eines ganzen Lebens aufgewendet haben. Und weiter, daß dieses Verständnis aus hundert einzelnen Momenten des Verstehens, aber auch aus langen Zeiten des Nichtverstehens gewachsen ist. Wenn wir uns jetzt noch die Kraft vorstellen, die eine solche Intuition haben kann, beginnen wir zu ahnen, was der Weg der Wissenschaft bedeuten kann.

Im Unterschied zu anderen Erkenntniswegen wie Gebet und Meditation spricht kaum jemand vom Weg der Wissenschaft. Befragte man die Wissenschaftler selbst, würden wohl nur wenige von sich sagen, sie befänden sich auf dem Weg der Wissenschaft oder würden einen solchen Weg überhaupt anerkennen. In unserer Gesellschaft ist Wissenschaft sehr eng mit dem technologischen Fortschritt und der Förderung des Wohlstands verbunden, weit weniger mit dem Abenteuer der Erkenntnissuche. Und Erkenntnis heißt in diesem Zusammenhang das spezifische, äußerliche Erkennen, nicht das intuitive Begreifen, das sich bei transpersonalen Erfahrungen einstellt.

Wenn wir allerdings dem wissenschaftlichen Forschen auf den Grund gehen, dann erkennen wir, daß es seine Kraft aus einer tieferliegenden Neugier und Fragestellung bezieht, als dies die sachlichen Umstände oder persönlichen Bedürfnisse bedingen würden. Wie ist das Universum beschaffen, wie funktioniert es? Wenn wir diese Fragen beantworten können, wird der Geist frei. Wir entdecken, daß die Forschungsarbeit zahlreiche Merkmale eines spirituellen Weges aufweist.

Jeder Weg konfrontiert uns mit seinen Lektionen. Man muß sich beispielsweise vom eigenen, beschränkten Blickwinkel lösen, stark werden gegen äußeren Druck; trotz Enttäuschungen weitermachen; falsche Denkmuster ablegen; die eigenen Erfahrungen und Folgerungen immer wieder mit Distanz betrachten. Das sind Voraussetzungen auf jedem Weg. Ohne sie kann das individuelle Bewußtsein dem Selbst nicht nahekommen, beziehungsweise hält es der Kraft des Selbst nicht stand oder interpretiert sie falsch.

Auf dem Weg der Wissenschaft sehen wir diese Vorgänge deutlicher als anderswo. Wissenschaft ist eine äußerst strenge Disziplin. Sie verlangt Durchhaltevermögen, auch wenn die anfängliche Begeisterung geschwunden ist; große Aufrichtigkeit, denn man muß seine Gedanken und Aufmerksamkeit beherrschen. Sie lehrt uns, zum Prinzip vorzustoßen und nicht bei den Erscheinungsformen stehenzubleiben. Sie schärft den Blick für die Zusammenhänge zwischen den Dingen, für verborgene Strukturen und Rhythmen; sie fordert uns auf, die vertraute Welt zu verlassen und aufzubrechen zu neuen, unbekannten, unpersönlichen Bereichen.

Der Weg des Wissenschaftlers ist langsam und beschwerlich und bringt oft Zeiten großer Verzweiflung mit sich. Das sind düstere Augenblicke, in denen man sich verloren fühlt inmitten steriler Hypothesen und die Welt vollkommen sinnlos findet. Einstein erzählte in einem Interview, daß ihn alle möglichen Konflikte heimsuchten, während er an der Relativitätstheorie arbeitete: «Ich verbrachte Wochen in einem Zustand großer Verwirrung, wie einer...der noch genesen mußte von der Erschütterung der ersten Begegnung mit diesen Problemen.»[1] Manchmal ist der erste Kontakt ganz leicht, und die Schwierigkeiten stellen sich erst später ein. Margaret Mead beschrieb in einem Brief, wie sie am Anfang ihrer Reise, als sie für ihre anthropologischen Feldstudien unterwegs war, alles zu verstehen schien. Erst mit der Zeit wurde es schwierig: «Verzweiflung und das Gefühl, daß man überhaupt nichts erkennen kann.»[2]

Wer diesen Weg bis zu Ende geht, kommt um eine Verwandlung nicht herum; diese ist radikal, denn sie erfaßt auch die eigene Lebensweise und die Wahrnehmung der Wirklichkeit. Nicht selten öffnet dieser Weg den Zugang zu den transpersonalen Bereichen. Viele Wissenschaftler hatten Eingebungen, die weit über den Gegenstand ihrer Studien hinausgingen oder an jenes «kosmische, religiöse Gefühl» rührten, das nach Einstein «die stärkste und edelste Motivation der wissenschaftlichen Forschung» darstellt.

Können wir wirklich von Erleuchtung sprechen bei den Wissenschaftlern? Sobald wir das Wort Wissenschaft aussprechen, fallen uns all die Qualen und Grausamkeiten ein, die sie auf dem Gewissen hat: Atomwaffen, unmenschliche Technologien, Vivisektionen, Verschmutzung der Umwelt, genetische Monster und andere Schrecklichkeiten. Doch vergessen wir nicht: Es gibt auch Forscher, die unsere Welt weder ausgebeutet noch ihr Gewalt angetan haben. Sie haben sich der Wirklichkeit unterzogen, sie und ihre tieferen Strukturen erforscht. Ausgehend von den beruhigenden Koordinaten des Meßbaren und der logischen Zusammenhänge, erreichten sie jenen Ort, an dem Materie und Logik aufhören. Im Mineral und im Gehirn, in der Atomstruktur und den mathematischen Formeln, in den Blumen und in fossilen Schichten, im Spiel der Delphine und im Aufbau des Kristalls, in Mikroorganismen und ganzen Galaxien – überall sind sie dem Unendlichen auf die Spur gekommen.

Der französische Astronome Flammarion stand bei Sonnenuntergang auf einem Hügel. Schon der Anblick der Natur bei diesem Licht hatte ihn entzückt. Und als nun die Sterne aufgingen, wanderten seine Gedanken zu kosmischen Dimensionen:

> Über meinem Kopf breiteten sich in höchster Harmonie die gewaltigen Bahnen der Himmelskörper aus, die Erde schwebte gleich einem Atom im Unendlichen. Doch von diesem Atom ausgehend spürte ich zu allen Sonnen im All, selbst zu solchen, die Millionen Lichtjahre entfernt sind, und zu solchen, die sich in unbekannten Bereichen bewegen, die der menschlichen Sicht verschlossen sind, ein unsichtbares Band, das alle Universen und alle Seelen in der Einheit einer Schöpfung barg ... Die Großartigkeit des Spektakels überwältigte mich. Ich spürte, wie sich meine Person vor der gewaltigen Natur auflöste. Ich glaubte, weder

sprechen noch denken zu können – das große Meer der Unendlichkeit. Ich existierte nicht mehr, und es war, als werde ein Schleier über meine Augen gezogen.[3]

Es ist dies eine lyrische Beschreibung und deshalb eher selten. Wenn es um innere Erfahrungen ging, zeigten sich die Wissenschaftler aller Zeiten meist viel spröder. Ihnen lag und liegt viel mehr daran, in den Publikationen ihre theoretischen Schlüsse und die praktische Durchführung ihrer Experimente darzustellen. Alles Übrige gilt als Anekdote und scheint kaum erwähnenswert. Hinzu kommt noch eine gewisse berufsbedingte Scheu und das systematische Mißtrauen gegenüber allem, was sich nicht rational erklären läßt. Zum Glück ist diese Zurückhaltung immer wieder durchbrochen worden. Die Briefe, Memoiren, Interviews der gleichen Wissenschaftler zeugen oft von einem Innenleben, das erfüllt ist von Leidenschaftlichkeit und Staunen.

Manchmal genügt schon die Vorstellung des Unendlichen, um den Geist zu öffnen. So vermag beispielsweise nach Hermann Weyl gerade die Mathematik mit ihrer festen und strengen Ordnung das Folgende auszulösen:

...sie hebt den menschlichen Geist in solche Gottesnähe, wie dies kein anderes Mittel vermag. Mathematik ist die Wissenschaft des Unendlichen, ihr Anliegen ist die symbolische Erkenntnis des Unendlichen mit menschlichen, also endlichen Mitteln.[4]

Ein anderes Mal führt gerade die Forschungsarbeit den menschlichen Geist dahin, seine Grenzen zu durchbrechen und wahrzunehmen, daß es eine höhere Instanz gibt. Fabre hat sein Leben dem Studium von Insekten und anderen Kleintieren gewidmet. In seinen Schriften finden wir wunderbare Beschreibungen dieser zauberhaften Welt: Die Schaumzikade, die sich aus luftigen Schaumbläschen ein Haus baut; die großartige Architektur der orangefarbenen Puppe des Kohlweißlings; der Glühwurm, der die Schnecke, die er fressen will, mit Chloroform betäubt; eine Spinne, die nur nachts ihr Netz webt, der Mistkäfer, der seine Larven in ein Mistbällchen einbettet, von dem sie später zehren; die Prozessionsspinner, die in langer, geschlossener «Prozession» zur Nahrungssuche unterwegs sind und eine glänzende Spur zurücklassen.

Eines Tages beobachtete Fabre eine Wespe; das Tier faszinierte ihn, weil es seine Opfer anfiel, als wüßte es genauestens über dessen Nervensystem Bescheid, und zwar besser als die Wissenschaft. Es war fast eine inspirierte Handlung in ihrer Präzision und Treffsicherheit. So erkannte er voller Staunen und Bewunderung, daß in den Vorkommnissen der Tierwelt ein überlegener Geist am Werk war: «Je länger ich beobachte, desto klarer sehe ich diese Intelligenz durch die Geheimnisse der Dinge durchschillern.»[5]

Intelligenz, Perfektion, Harmonie: Die Worte wechseln, doch der Inhalt bleibt. Einstein sagte in einem Interview zu seinem Biographen, daß er unmöglich glauben könne, er habe als erster die Gesetze des Universums erdacht. Es gab einen Geist, der sie vor ihm ersonnen hatte:

> Meiner Definition von Gott liegt eine tiefe intuitive Überzeugung zugrunde, daß es eine Kraft geben muß, die über dem Denken steht und die sich im unerschöpflichen Universum manifestiert.

Was Einstein durch die Erforschung der kosmischen Gesetze erfahren hat, sah Linné in Pflanzen und Blumen. Das Staunen fällt uns nicht schwer angesichts der Farben- und Formenpracht der Natur, ihres unerschöpflichen Erfindungsreichtums, der Harmonie des Wachsens und des Wunders der Blüte. Dieser große schwedische Naturforscher ließ jeweils ein freudige Trompetensignal ertönen, wenn er eine neue Pflanze entdeckt hatte. Im Vorwort zur zweiten Ausgabe des Werkes *Systema Naturae* schrieb er:

> Ich sah den ewigen, allwissenden, allmächtigen Gott des Anfangs und im Weiterschreiten, und mir wurde schwindlig! Ich entdeckte seine Spuren auf den Feldern der Natur und fand in jeder von ihnen, selbst in den kaum sichtbaren, unendliche Weisheit und Macht, eine undurchschaubare Perfektion.[6]

Bewunderung kann auch der menschliche Organismus hervorrufen. Sherrington sah das menschlich Hirn als etwas Unergründliches, als «Quelle aller großartigen ‹Realitäten› des Menschen».[7] Candace Pert, die Entdeckerin der Neurotransmitter, sagte: «(Die Hirnforschung) vermittelt mir Bewunderung und Ehrfurcht vor Gott. Im Hirn sehe ich die umfassende Schönheit und Ordnung des Universums verkörpert.»[8] Teilhard de Chardin hatte an fossilen Überresten unserer vormenschlichen Ahnen erspürt, daß sich das «Phänomen Mensch» ankündigte. Er kehrte mit dem Schiff nach New York zurück, nachdem er in Afrika u.a. die Struktur eines Neanderthaler-Schädels, die Kiefer des Australopitekus und die geologischen Schichten von Nordrhodesien untersucht hatte. Und er schrieb einem Freund: «Immer kleiner wird für mich der Unterschied zwischen Forschung und Gottesverehrung.»[9]

Oft fallen wissenschaftliches Erkennen und Schönheitserlebnis zusammen. Wenn Einstein jeweils eine Theorie überprüfte, stellte er sich die Frage, ob er wohl an Gottes Stelle das Universum auch so gemacht hätte. Dann pflegte er häufig zu sagen: «Das ist so schön, daß es Gott unmöglich übersehen haben kann.»[10] Wenn er ein wissenschaftliches Problem nicht lösen konnte, holte er die Geige hervor, und die Musik brachte ihm die Lösung. Er sagte: «Musik hat keinen Einfluß auf die Forschungsarbeit, doch beide stammen aus der selben Quelle...». Und über das Atommodell von Niels Bohr meinte Einstein, es sei ein Ausdruck der «höchsten musikalischen Form der Gedankensphäre»[11].

Mancher holt sich Inspiration in der Natur. Helmholtz, der seine besten Einfälle stets auf Bergwanderungen hatte, meinte: «Der Wissenschaftler muß in sich etwas vom Dichter haben.» Ihm kamen die besten Ideen nicht am Tisch, sondern eben in den Bergen:

> Es braucht ein Gefühl für Leben und Kraft, wie es vor allem die reine Bergluft zu vermitteln vermag. Wenn der stille Friede des Waldes den Wanderer aus der Hektik der Welt erlöst, wenn dieser die reiche Ebene mit Feldern und Dörfern zu seinen Füssen schaut, und die Sonne im Untergehen ihre goldenen Fäden durch die Luft spannt, dann läßt die Sympathie im Dunkeln der Seele die Keime zu neuen Ideen sprießen, die Licht ins Innere bringen, wo vorher Dunkel und Chaos geherrscht haben.[12]

Wissenschaftler haben oft einen ausgeprägten Sinn für Schönheit und Stil. Es gibt viele Beispiele dafür:

- Heisenberg nahm sich das lateinische Motto zu Herzen: «Schönheit ist der Glanz der Wahrheit» und sagte, daß er eine Theorie am Ausmaß ihrer Schönheit als richtig erkenne, noch bevor er sie rational erklären könne.[13]

- Dirac wußte, daß er auf dem richtigen Weg war, wenn ihm «schöne» Gleichungen einfielen.[14]
- Nach Poincaré ist Schönheit der Filter, der uns hilft, die seltenen guten Ideen von den tausend unnützen zu trennen.[15]
- Für Rutherford war die Theorie von Einstein «ein außergewöhnliches Kunstwerk...»[16].
- Boltzmann sagte, daß er die Mathematiker an der stilistischen Schönheit erkenne, so wie ein Musiker Mozart von Beethoven und Schubert unterscheiden kann.

Oft liegt die Schönheit eines Gesetzes in der Schlichtheit. Einstein pflegte zu sagen: «Raffiniert ist der Herrgott, aber boshaft ist er nicht.» Seiner Meinung nach ist die scheinbare Komplexität des Universums nicht dazu da, uns zu verwirren; sie ist lediglich eine Herausforderung, die einfache darunterliegende Struktur aufzudekken. Darauf gründete auch seine Überzeugung, daß man selbst komplexe Theorien jedermann erklären können sollte, da sie einfache Dinge beschreiben. Einer seiner Mitarbeiter erzählt, daß Einstein eines morgens kam und sagte, er habe mit seiner Schwester, die von all diesen Dingen keine Ahnung hätte, über die einheitliche Feldtheorie gesprochen: «Sie meint auch, es sei eine gute Idee.»[17] Die Einfachheit hinter den Phänomenen treffen wir in der Arbeit vieler großer Forscher immer wieder an. Newton ist es wie Einstein gelungen, die Essenz all seiner Entdeckungen in eine kurze Formel zu komprimieren. Seine Worte könnten aus dem Mund eines östlichen Mystikers stammen:

> Die Wahrheit liegt stets in der Einfachheit, und nicht in der Vielfalt und Verwirrung der Dinge... die Welt, die dem Auge als eine Vielfalt von Dingen erscheint, ist in ihrem Inneren ganz schlicht, wenn man sie philosophisch betrachtet ... Die Vollkommenheit des göttlichen Werks liegt in seiner äußersten Einfachheit.[18]

Auf dem Weg der Wissenschaft gibt es noch eine Form von transpersonaler Erfahrung. Vielleicht stellt sie die transpersonale Erfahrung par excellence dar: den Moment der Entdeckung oder Erfindung selbst – das «Aha-Erlebnis». Dies ist ein freudiger Augenblick, ein Ausbruch von Lebensfreude und Sicherheit zugleich. Wie die schöpferische Eingebung steht er der Erleuchtung sehr nahe. Es gibt dafür viele gut belegte Beispiele, manchmal auch recht komische. Der Nobelpreisträger François Jacob beschreibt seine transpersonale Erfahrung so:

> Sie stellt sich ganz plötzlich ein, wie ein spontaner Wurf. Irgendwo, irgendwann, wie ein Blitzschlag. Der Geist gehorcht dann nicht der Logik, sondern dem Instinkt, der Eingebung, dem Bedürfnis, klar zu sehen. Der Lebensgier. Der unaufhörliche innere Dialog mit seinen zahllosen Vermutungen, Kombinationen, Assoziationen, die endlos durch den Geist ziehen, wird plötzlich aufgebrochen durch einen Feuerschein, der das Dunkel erhellt. Er wirft plötzlich ein Licht auf die Landschaft, das blendet und erschreckt und viel heller ist als tausend Sonnen.[19]

Was haben wir davon, wenn wir wissen, wie der wissenschaftliche Geist funktioniert? Was hat dieser Weg einem Menschen zu bieten, der die Wissenschaft als fremdes Universum sieht, faszinierend zwar, doch häufig auch beängstigend und erschreckend? Er zeigt uns zahlreiche neue, sinnvolle Einstellungen und Denkmuster, die über die wissenschaftliche Praxis hinausgehen und jedem intelligenten Geist dienlich sein können:

- Aufrichtigkeit gegenüber den Tatsachen
- Disziplin im Hinblick auf Präzision und Konzentration
- den Entschluß, alles in Frage zu stellen
- die Fähigkeit, auch verborgene Analogien zu sehen
- Sinn für begriffliche Eleganz
- die Kunst des angemessenen Denkens
- Staunen vor dem Mysterium

Die Realität annehmen

Zwei Jungen spielten zusammen Federball. Der Ältere von beiden zog den Ball immer sehr hoch. Der Schwächere litt darunter. Plötzlich schmetterte er den Schläger auf den Boden und rief: «Ich spiele nicht mehr mit!» und setzte sich auf einen Baumstamm. Der Ältere blieb verdutzt stehen. Ihm hatte es Spaß gemacht, und er hatte überhaupt nicht gemerkt, daß der andere immer frustrierter wurde. Nun mußte er sich mit dem Problem auseinandersetzen. Nacheinander traten verschiedene Ausdrücke auf sein Gesicht: Staunen, Sorge um den Kameraden, Nachdenken; und ensprechend veränderte sich sein Bild von der Situation. Plötzlich erhellte sich sein Gesicht: «Hör zu», sagte er, «anstatt uns gegenseitig übertrumpfen zu wollen, könnten wir etwas anderes spielen und gemeinsam versuchen, den Federball so lange wie möglich in der Luft zu halten?»

Es war eine tolle Lösung, und sie wurde auch begeistert aufgenommen. Der deutsche Psychologe, der die Szene beobachtet hatte, nannte sie ein Beispiel für «produktives Denken». Der Schlüssel lag seiner Meinung nach darin, daß der stärkere Junge das fallen ließ, was ihn am meisten fasziniert hatte, nämlich das Siegen, und so für die Situation empfänglich wurde. Nur so ist es möglich, eine unangemessene Beurteilung der Realität in eine angemessene umzuwandeln. Wertheimer hat mehrere Tage bei Einstein verbracht und eingehend die einzelnen Phasen studiert, die zur Formulierung der Relativitätstheorie geführt hatten. Seiner Meinung nach lag in beiden Fällen der gleiche Prozeß vor; um neue Ideen zuzulassen, darf man nicht an den alten haften bleiben. Man muß die Lebenssituationen so nehmen, wie sie sind, und nicht so, wie wir sie gerne hätten. Man muß sich der Realität beugen.[20]

Kinder tun so etwas spontan und nennen es Spiel; Erwachsene sind viel träger, sie nennen es wissenschaftliche Revolution. Betrachten wir doch die Auseinandersetzung zwischen Galileo Galilei und den Aristotelikern. Galilei behauptete, die Oberfläche der Sonne weise mehrere große Flecken auf. Dagegen versteiften sich die Aristoteliker darauf, daß göttliche Körper rein und perfekt seien und – da die Sonne ein göttlicher Körper sei – sie niemals Flecken haben könne. Diese logische Theorie hielt sich jahrhundertelang, obwohl sie vollkommen falsch war.

Galilei hatte die Flecken durch das Teleskop beobachtet, das er kurze Zeit zuvor erfunden hatte. Die Aristoteliker beharrten darauf, daß es sich um optische Täuschungen handle. Der Jesuitenpater Scheiner sprach von ganzen Schwärmen von Sternen, die zwischen uns und der Sonne liegen und die wir im Gegenlicht nicht als Planeten erkennen können. Es handelte sich jedoch um einen schlauen Trick, um die Theorie von der göttlich perfekten Sonne über die

Runden zu retten. Doch ein Blick durch das Teleskop hätte schon genügt, um solche Darstellungen als absurd zu entlarven. Die Sonnenflecken waren zu unstabil, als daß sie echte Himmelskörper hätten sein können. Damit sie also diesen Tatsachen, die ihren Vorstellungen zuwiderliefen, nicht ins Gesicht sehen mußten, negierten die Aristoteliker einfach die Tatsachen selbst und brauchten ihre logische Sicht des Universums nicht in Frage zu stellen. Galilei, der darauf bestand, daß andere Tatsachen vorlagen, büßte Ruf und Karriere ein, wurde verfolgt und führte schließlich ein einsames und verzweifeltes Dasein. Doch ihm war gelungen, was keinem anderen gelungen war. Er hat die Basis für die moderne Wissenschaft gelegt.[21]

Die wissenschaftliche Methodik ist erst wenige Jahrhunderte alt, die intellektuelle Aufrichtigkeit hingegen ist zeitlos. Sie ist die Fähigkeit, selbst fest verankerte Begriffsmodelle aufzugeben und die Dinge so zu betrachten, wie sie sind. Dies ist nicht immer leicht, oft sogar sehr unbequem, denn die Wahrheit kann aufwühlend und verwirrend sein. Es ist viel leichter, an bewährten Überzeugungen festzuhalten, auch wenn ihr Wahrheitsgehalt geringer oder gar falsch ist. Wer intellektuelle Aufrichtigkeit besitzt, ist auch stets ein Abenteurer, ein Mensch, der selbst das Allerseltsamste für möglich hält, auch dann, wenn alle anderen vom Gegenteil überzeugt sind. Seine Sicht der Realität ist nie endgültig.

Da ist zum Beispiel die Entdeckung der Radioaktivität. Antoine Henri Becquerel arbeitete mit der Phosphoreszenz der Kaliumbisulfat- und Uraniumkristallisationen. Er legte sie in die Sonne; dann wickelte er sie in schwarzes Papier ein und legte sie auf eine Photoplatte. Dort blieben Spuren der Strahlung zurück. Becquerel wollte zeigen, daß Kristalle die Sonnenstrahlung aufnehmen und in Form von Energie wieder abgeben können. An einem bewölkten Tag legte er die Kristalle in eine Schublade, da er das Experiment nicht durchführen konnte. In der Schublade lagen auch einige Photoplatten. Tags darauf, als er die Kristalle wieder herausnahm, fiel sein Blick auf die Platten. Seiner Theorie gemäß hätten die Platten keine Spuren aufweisen dürfen, denn die Kristalle waren ja dem Sonnenlicht nicht ausgesetzt gewesen und hätten daher nicht strahlen dürfen.

Er hätte es einfach übersehen können, doch er ging der Sache auf den Grund, mit der Sorgfalt und Ernsthaftigkeit des aufrichtig Suchenden. Was er entdeckte, wollte ihm gar nicht gefallen. Die Platten zeigten deutliche, klare Abdrücke der Salze. Doch diese hatten zuvor keine Sonnenenergie aufgenommen. Wie konnten sie dennoch Energie abstrahlen? Er mußte sich wohl oder übel eingestehen, daß seine Theorie nicht stimmte. Der Rest ist Geschichte. Das Fallenlassen einer mittelmäßigen Theorie machte eine außerordentlich wichtige Entdeckung möglich: Becquerel entdeckte, daß Uranium eine eigene Strahlungsenergie besitzt, eben die Radioaktivität. Dies konnte er nur entdecken, weil er sich eingestehen konnte, daß die Realität anders war, als er gemeint hatte.[22]

An Hindernissen fehlt es nicht auf diesem Weg. Es ist so angenehm, eine schöne, stimmige Theorie zu besitzen. Wer würde sie sich einfach wegnehmen lassen wegen einer kleinen, lapidaren Tatsache? Bossuet nannte es die größte Liederlichkeit des Geistes, wenn man an etwas glaubte, weil man es so haben wollte. Pasteur, der sich diese Worte sehr zu Herzen genommen hatte, spielte jeweils den eigenen Advocatus Diaboli, wenn er glaubte, er habe eine wichtige Entdekkung gemacht. Tagelang, ja manchmal jahrelang versuchte er, auf alle möglichen Arten seine Entdeckung zunichte zu machen. Und wenn schließlich alle Gegenhypothesen fehlgeschlagen waren, ließ er die Sache gelten. Dann überkam ihn «eine der größten Freuden, die ein Mensch überhaupt erleben kann».[23]

Nach Lavoisier ist im Wissenschaftler eine selbstverführende Kraft am Werk. Es ist eine Art übertriebene Nachsicht mit sich selber, so daß man nur die Dinge wahrnimmt und erinnert, die zu den eigenen Ideen passen.[24] Darwin fiel es auf, wie leichtfertig man oft solche unliebsame Tatsachen unter den Tisch wischt; er pflegte sie deshalb jeweils sofort aufzuschreiben. Sobald er dies einmal unterließ, setzte der seltsame Verführungsmechanismus ein, und Darwin hatte das Detail schon wieder vergessen.

Es gilt also, selber zum scharfsinnigsten, unerbittlichsten Feind der eigenen Entdeckungen zu werden. Das gilt auch im Bereich der Erfindungen. Edison suchte oft nach dem Schwachpunkt in seinen Erfindungen und unterzog sie äußerst harten Proben. Seine Akkumulatoren wurden ganz besonders hart geprüft. Nicht weniger als 1.700.000 heftige elektrische Schläge hatten sie zu ertragen; dann ließ er sie mehrmals an die Wand schmettern, um zu prüfen, wie robust sie waren. Und tatsächlich waren sie es. Seine Worte dazu lesen sich wie ein Manifest:

Ich habe viele Dinge geprüft, die ich als wahr angenommen hatte und dabei herausgefunden, daß sie falsch waren; so nehme ich heute nichts mehr als sicher an. Ich kann einzig versuchen, das Wahre herauszuspüren, oder aber ganz darauf verzichten, sobald ich einen Fehler entdeckt habe.

Wenn man die Realität annimmt, wie sie ist, dann zersetzt sich das eigene Denksystem. Das kann unabsehbare Folgen haben, die nur wenige bereit sind, auf sich zu nehmen; man liebt die eigenen Ideen und hält sich daran fest. Manchmal droht sogar mit dem Einsturz von Vorstellungen die ganze Ichstruktur zusammenzubrechen. Diese Gefahr spürte Jung, als er sich mit dem eigenen Unbewußten auseinandersetzte. Er hatte eine besondere Gabe zur Hellsichtigkeit und benützte diese, um systematisch die verborgenen Schichten seines Inneren zu erforschen und auf diese Art etwas über das Seelenleben des Menschen zu erfahren. Er stellte sich jeweils vor, daß er in kosmische Tiefen abtauche, wo er alle möglichen Wesen und Szenen sah. Allerdings fühlte er sich «machtlos angesichts der fremden Welt, in der ihm alles beschwerlich und unverständlich vorkam». Dies erschreckte ihn sehr, und er mußte sich zwingen, bei seinen Nachforschungen zu bleiben und die Inhalte zu beobachten, die ihm immer seltsamer, beunruhigender, sinnloser, falsch, lächerlich, ja sogar amoralisch vorkamen. Nur so konnte er das Unbewußte wirklich verstehen, nur so kam sein entscheidender Beitrag zustande.[25]

Was in der wissenschaftlichen Forschung geschieht, spielt sich analog auch im Alltag ab. Wir bauen Luftschlösser und erfahren immer wieder, daß wir uns von der eigenen Vergangenheit, von uns und den Mitmenschen, vom eigenen Körper, von der Zeit und anderen Völkern falsche Vorstellungen gemacht haben. Lügen, die wir uns wiederholt vorsagen, verfolgen einen bestimmten Zweck. Mit ihnen machen wir unsere Welt stimmig und beständig, sie festigen das Ich. Wenn sie fehlen würden, empfänden wir das Leben sehr chaotisch, unpersönlich und erbarmungslos. Der Psychologe Anthony Greenwald spricht in diesem Zusammenhang vom «totalitären Ego». Die Persönlichkeit mit all ihren Mechanismen zur Zensur und Manipulation von Erlebtem und Erinnertem ist zu vergleichen mit einem diktatorischen System, in dem die Regierungsparole der Wahrheit übergeordnet wird. Menschliche Reife, vielleicht kann man es Erleuchtung nennnen, ist ein Zustand, in dem man die Realität so sieht, wie sie ist, auch wenn sie sich nicht vereinbaren läßt mit unseren tiefsten Überzeugungen und leidenschaftlichsten Hoffnungen.[26]

Diese Einstellung ist unbequem und oft schmerzlich. Wir sind nicht mehr geschützt vor unseren Illusionen; wir sind einer fremden, unpersönlichen Realität ausgeliefert, in der es nicht auf unsere Theorien und Träume ankommt. Dennoch wird unsere Aufrichtigkeit belohnt mit dem einzigartigen Geschenk der Wahrheit.

Davor allerdings fürchtet sich unsere Ich-Persönlichkeit. Nur ungern geben wir Fehler zu; das Ich gleicht jenen Menschen, die in Auseinandersetzungen um jeden Preis recht behalten wollen. Es identifiziert sich mit seinen Überzeugungen. Es will dominieren und im Mittelpunkt stehen. Es will, daß sich das Universum nach seinem Willen bewegt. All dies verfolgt den Zweck, es in seiner Stabilität und seinem Überleben zu festigen. Auf jedem Weg gibt es Methoden, um diesen Mechanismus zu entlarven. Auf dem Weg der Wissenschaft geht es darum, die Welt nicht an die eigenen Denkmuster anzupassen, sondern umgekehrt diese an die Welt.

Eigentlich geht es darum zu verlernen. Jeder Weg ist eine Aufforderung, sich von dem zu befreien, was wir zu wissen glauben. Auf dem Weg der Wissenschaft muß man immer wieder bereit sein, sowohl die offiziellen Thesen wie die eigenen Hypothesen in Frage zu stellen. Der französische Physiologe Claude Bernard schrieb: «Wissen ist das größte Hindernis beim Lernen, und nicht etwa das, was wir nicht wissen.»[27] Crick sprach von der Wichtigkeit, sich immer wieder von den eigenen Ideen frei zu machen: «Mindestens so wichtig, wie Ideen zu haben, ist es, sich von ihnen zu befreien.»[28] Auch Darwin teilte diese Ansicht:

> Ich war stets bemüht, von Vorurteilen freizubleiben, so daß ich auf jede mir noch so liebe Hypothese verzichten kann und mir keinen Zwang antue, jederzeit eine neue aufzustellen, sobald sich herausstellt, daß sie nicht mit den Tatsachen übereinstimmt.

Im Weiteren spricht Darwin von einem Umstand, den sich vielleicht alle zu Herzen nehmen sollten, die Hypothesen aufstellen. Mit Ausnahme seiner Korallenriff-Theorie mußte er jedesmal die erste Formulierung einer Theorie verwerfen oder verändern.

Wenn man die eigenen Ideen beiseite stellt, ist man mit dem reinen Denkprozeß konfrontiert. Eines Tages suchte Pasteur Fabre zuhause auf. Beide waren noch nicht sonderlich berühmt; immerhin hatte Pasteur bereits einige wichtige Entdeckungen gemacht und war nun von der Regierung beauftragt worden, nach der Ursache der Seidenspinnerseuche zu forschen, die in jener Gegend ausgebrochen war. Pasteur wußte nichts über Seidenspinner. Er wollte sich von Fabre ein Kokon zeigen lassen. Fabre sagte, Pasteur habe sehr gestaunt, als er vernahm, daß der Kokon eine Larve enthielt. Nicht einmal das hatte er gewußt. Er stand also vollkommen ohne Rüstzeug da. Fabre hätte Pasteur als Banausen abtun können. Doch er war sehr beeindruckt, daß sich Pasteur an das Thema heranwagte, ohne sich von ausführlichen Erklärungen stören zu lassen. Fabre schrieb dazu:

> Ermutigt durch Pasteurs großartiges Vorbild habe ich mir die Methode des Nichtwissens in meiner Instinktforschung zur Regel gemacht. Ich lese kaum. Anstatt in Büchern zu blättern – eine kostspielige Methode, die meine Mittel übersteigt –, anstatt andere zu befragen, konfrontiere ich mich so lange von Angesicht zu Angesicht mit meinem Studienobjekt, bis es mir gelingt, es zum Sprechen zu bringen. Ich weiß nichts. Umso besser: Dann werden meine Fragen umso unbefangener sein, einmal dahin, einmal dorthin zielend, je nach den Auskünften, die ich erhalten habe.[29]

Dieses bloße Schauen ist mehr als ein kognitiver Akt. Es bedeutet auch Verzicht auf Ichbestätigung. Damit sich Verständnis einstellen kann, muß der individuelle Wille schweigen. Erst dann sieht man das unendlich Größere und Weisere. In seiner Antwort auf ein Beileidschreiben zum Tod des vierjährigen Sohnes schrieb Thomas Huxley:

> Soviel ich weiß, lehrt die Wissenschaft auf edelste und stärkste Weise jene große Wahrheit, die in der christlichen Lehre von der Hingabe an Gottes Willen verkündet wird. Stell dich einmal vor eine Tatsache wie ein Kind und sei bereit, auf jegliche vorgefaßte Meinung zu verzichten; folge ihm demütig überallhin, in jeden Abgrund, in den dich die Natur führt, sonst wirst du nichts lernen.[30]

Analogie

Analogie bedeutet, daß man in zwei verschiedenen Dingen eine Gemeinsamkeit sieht.

Analogie ist uns so vertraut, daß wir kaum noch darauf achten. Wir erkennen jemanden auf einer Photographie wieder, weil wir die Ähnlichkeit zwischen der Person in Fleisch und Blut und den schwarzweißen Punkten auf dem Papier sehen (es gibt «primitive» Völker, die das nicht können). Und wenn wir einen Pekinesen, eine Dogge, einen Pudel und einen Bernhardiner als Hund erkennen, dann deshalb, weil wir in diesen so verschiedenen Wesen Gemeinsamkeiten sehen; vielleicht ihre Eigenart zu bellen, zu wedeln und ihren Meister zu lieben. Auch das sind Analogien.

Dann gibt es neue Analogien, die uns unvermittelt neue Bereiche eröffnen oder die Erfindung irgendeines neuen Gerätes ermöglichen. Dazu braucht es nicht nur eine scharfe Beobachtungsgabe, sondern auch eine tüchtige Portion Mut, um in der Phantasie den Sprung von einer Realitätsebene in die andere zu wagen. Bell erfand das Telephon, als er an die innere Struktur des menschlichen Ohrs dachte:

> Mir fiel auf, daß die Knochen des menschlichen Ohres verglichen mit dem zarten Trommelfell, von dem sie bewegt werden, eigentlich sehr massiv sind. Wenn nun eine so zarte Membrane verhältnismäßig massive Knochen bewegen kann, warum soll dann nicht eine dickere und robustere Membrane mein Stahlstück bewegen können? Und so erfand ich das Telephon.[31]

Die Analogie erlaubt uns, nützliche Informationen auf etwas anderes zu übertragen. Im Beispiel von Bell war es die Tatsache, daß «eine zarte Membrane einen massiven Körper bewegen kann», übertragen von der menschlichen Physiologie auf die akustische Mechanik. So kommen Erfindungen zustande.

Das Beispiel von Laennec ist bekannt: Dieser belgische Arzt war äußerst schüchtern, und es war ihm hochpeinlich, die Herztöne seiner Patientinnen abzuhorchen (damals war es üblich, mit dem bloßen Ohr direkt an der Brust zu horchen). Auf einem Spaziergang im Park sah Laennec eines Tages, wie die Kinder mit herumliegenden Rohren spielten. Eines rief ins Rohr hinein, und das andere hörte am andern Ende des Rohres die verstärkte Stimme des Freundes. Das Spiel beeindruckte Laennec. Er eilte nach Hause, rollte ein Blatt Papier zu einem Rohr zusammen und horchte damit die Herztöne des nächsten Patienten ab, der ihn aufsuchte: Damit war das Stethoskop erfunden. Die nützliche Information, die vom Kinderspiel auf die Patientenbrust übertragen wurde, hieß: «längliche Hohlkörper leiten und verstärken Töne»[32].

Auch die Erfindung des Heißluftballons verdanken wir einer Analogie. Die Frau eines der Brüder Mongolfier hatte einen Rock zum Trocknen übers Kaminfeuer gehängt. Plötzlich löste sich der Rock von der Leine, und alle glaubten, er würde ins Feuer fallen; doch zum Erstaunen aller schwebte er nach oben. Mongolfier begriff, daß heiße Luft, die leichter ist als kalte, Hohlkörper hochheben konnte. So erfand er den Heißluftballon.[33]

Dies sind witzige, eher hausbackene Beispiele. Weitaus am eindrücklichsten sind jene Analogien, die der Mensch der Natur abschaut und auf seine Maschinen überträgt. Dem Vogelflug wurde zum Beispiel das Flugzeug abgeschaut. Leonardo da Vinci hatte es bereits vor mehreren Jahrhunderten konzipiert; konkret führten die Brüder Wright die ersten Modelle um 1900 aus, Langley baute schon Ende des letzten Jahrhunderts seine ersten Flugzeugmodelle, nachdem er zum Himmel hochgeschaut und den Flug der Vögel genau beobachtet hatte. Langley ging von einer besonders eindrücklichen Kindheitserinnerung aus. Als er als Kind einst auf einer Wiese in New England lag, beobachtete er einen Falken, der sich immer höher in das Blau des Himmels schwang:

> ...wie wunderbar leicht sein Flug war! Nicht ein Flügelschlag, während er übers Feld glitt, in einer Bewegung, so mühelos wie sein Schatten. Jahre später im reifen Alter fiel mir dies wieder ein, und ich fragte mich, ob das Problem des künstlichen Flugs wirklich so ausweglos und absurd war, wie man damals dachte.[34]

Auf Analogieschlüsse zwischen verschiedenen natürlichen Formen verstand sich Gregory Bateson, der bekannte Biologe, Anthropologe, Ethologe und Kybernetiker besonders gut. Er hatte eine große Gabe, Gedankenmodelle von einer Disziplin auf die andere zu übertragen. Schon als junger Mensch empfand er ein «unbestimmtes mystisches Gefühl», wenn er versuchte, in verschiedenen Naturphänomenen ähnliche Prozesse zu entdecken; wenn er sich vorstellte, daß er womöglich die gleichen Gesetze in der Struktur eines Kristalls und in der Gesellschaft finden könnte, oder in den Körpersegmenten eines Wurmes und in vulkanischen Formationen.[35] Margaret Mead (die vierzehn Jahre lang mit Bateson verheiratet war) beschrieb, wie Bateson seine Modelle ganz verschiedenen Bereichen entnahm: «Einmal aus der Embryologie, einmal aus der Geologie oder der Anthropologie, wie es gerade kam, so daß sich die Darstellungen aus dem einen Bereich klärend, korrigierend und erweiternd auf den andern auswirkten.»[36]

Bei Nikola Tesla ist die Analogie nicht ganz so offensichtlich. Tesla hatte lange Zeit vorgehabt, einen funktionstüchtigen Wechselstrommotor zu entwickeln. Alle hielten dieses Vorhaben für undurchführbar, doch Tesla hatte seit seiner Universitätszeit nie ganz davon abgelassen, obwohl ihm sein Professor wiederholt davon abgeraten hatte. Eines Tages ging Tesla mit seinem Freund Anital Szigety im Park spazieren. Es war später Nachmittag im Februar 1882, und er begann, einige Zeilen aus Faust zu zitieren, die ihm beim Anblick der untergehenden Sonne einfielen:

> Vorüber sind des Tages Mühen, der Glanz, er geht zur Neige, weiter zieht er, bricht auf zu neuen Lebensräumen; ach, hätt' ich Flügel, mich vom Boden zu heben, und seiner Spur im Flug zu folgen.

Und plötzlich stieß Tesla zur großen Verwunderung seines Freundes einige unverständliche Wort aus, fuchtelte mit den Armen, als wollte er vom Boden abheben und brach in wilde Begeisterung aus. Es dauerte eine Weile, bis Szigety endlich verstehen konnte, was ihm Tesla mit den Schemen erklären wollte, die er mit einem Stecklein auf den Boden kritzelte. Ihm war eingefallen, wie ein Wechselstrommotor funktionieren könnte. Das war die Geburt einer Erfindung, die noch heute für unsere Technologie grundlegend ist. Das rotierende magnetische Feld ist eine äußerst originelle, elegante Lösung. Tesla verdankt sie Goethes Versen über den Glanz, der sich zurückzieht. Hier war es die Analogie zwischen dem Sonnenlicht, das am Horizont verschwindet und dem magnetischen Feld, das nicht statisch bleibt, sondern sich dreht, wie die Sonne, die scheinbar um die Erde rotiert. Tesla schrieb, das ihn solche Momente der Erfindung mit dem größten, umfassendsten Glücksgefühl seines Lebens erfüllten.

Zwei Monate lang hielt dieser euphorische Zustand an. Nach John O'Neill, Teslas Biographen, war dieser Freudentaumel mit einem Erleuchtungszustand vergleichbar, in dem Tesla den Kosmos als eine große Sinfonie von Energieströmen verschiedener Frequenzen wahrnahm.[37]

Das Folgende ist beinahe ein Kriminalroman: Ein anderer Italiener, Galileo Ferraris, hatte nämlich gleichzeitig das rotierende magnetische Feld erfunden, und Tesla, der es erst 1888 patentieren ließ, wurde von seinen Gegnern des Plagiats bezichtigt. In Wirklichkeit war Tesla der erste, der seine Erfindung sinnvoll und konkret dargelegt hatte. Immerhin ist es interessant, daß auch Ferraris ganz unabhängig und mit mindestens gleich großem Einsatz zum Ziel kam. Auch er verdankte es einer Analogie. Der Zufall will es, daß auch er nach der Arbeit spazieren ging:

> Am Abend des 17. Augusts 1885 machte ich mich wie üblich auf zu meinem Spaziergang. Ich hing meinen Gedanken nach, und ihr natürlicher Lauf brachte mich auf die Analogie zwischen den elektromagnetischen und den optischen Phänomenen, in der es allerdings einige ungelöste Punkte gab, die mich in den vergangenen Monaten sehr beschäftigt hatten. Plötzlich zuckte es blitzschnell durch meinen Geist; eine Möglichkeit leuchtet auf, die mich blendete wegen ihren Folgen.[38]

Die Möglichkeit, die Galileo Ferraris dermaßen «blendete», war die Vorstellung, daß er dieselben Phänomene elektromagnetisch erzeugen könnte, die er beim polarisierten Licht beobachtet hatte; und er erfand das rotierende magnetische Feld.

Im gleichen Zeitraum beschäftigte sich eine andere bekannte Persönlichkeit mit Analogien zwischen optischen und elektromagnetischen Phänomenen. Es war Guglielmo Marconi, der berichtet, die Möglichkeit der drahtlosen Telegraphie sei ihm eingefallen, als er «die Mittel beobachtete und erforschte, welche die Natur verwendet.» Die Sonne strahlt Licht und Wärme in alle Himmelsrichtungen aus, und zwar über gewaltige Distanzen. Wenn das mit Licht möglich ist, so überlegte Marconi, sollte es eigentlich auch mit elektromagnetischen Wellen möglich sein. Hier seine Worte:

> So wie uns die Wärme und das Licht der Sonne übermittelt werden, von der das Leben auf unserem Planeten abhängt, und zwar über Abermil-

lionen von Kilometern, so wie das Licht der unendlich fernen Sterne und die vielen elektrischen und magnetischen Ströme der Natur bei uns eintreffen, nachdem sie unvorstellbar große Distanzen überwunden haben, so sollte es doch möglich sein, mit ähnlichen Mitteln, wie sie die Natur verwendet, willentlich Effekte zu erzielen, die über beliebige Distanzen normal empfangen werden können.[39]

Und ein weiteres Mal, nach Tesla und Marconi, war die Sonne der Anlaß zum Analogieschluß, nämlich bei Harvey. Dieser englische Wissenschaftler erfaßte das Funktionieren des menschlichen Blutkreislaufes, als er eine Analogie zwischen dem Sonnensystem und dem menschlichen Körper anstellte. Das Herz ist für den menschlichen Organismus, was die Sonne für das Sonnensystem; es ist die zentrale Lebensquelle. Es könnte sein, daß das Blut um das Herz kreist, wie die Planeten um die Sonne kreisen. Im British Museum sind Harvey's Notizen zu sehen, die er flüchtig hinkritzelte, oft in Lateinisch begonnen (damals die Sprache der Wissenschaft) und englisch zu Ende geschrieben. Man ahnt, wie eilig er es hatte, seine Begeisterung und seinen Triumph zu Papier zu bringen.[40]

Das Beispiel von Harvey zeigt sehr deutlich die heuristische Funktion der Analogie. Damals nahm man gemeinhin an, das Blut schwappe im menschlichen Körper hin und her; die Vorstellung eines Kreislaufes war der damaligen Wissenschaft vollkommen fremd. Es war ein äußerer, scheinbar fremder Bezug nötig – die Bewegung der Planeten um die Sonne –, um die eingefleischten, falschen Denkgewohnheiten auszumerzen und Platz zu schaffen für die richtige Erklärung.

Spannend ist die von Harvey verwendete Analogie auch aus einem anderen Grund: Sie setzt das Universum mit dem menschlichen Organismus gleich, also Mikrokosmos und Makrokosmos. Solche Analogien finden wir immer wieder in der Geschichte der Wissenschaft. Zum Beispiel war für Crick bei seinen Spekulationen über die DNA-Struktur der Gedanke sehr hilfreich, daß ein «perfektes biologisches Prinzip» vorhanden sein müsse, genau wie das «perfekte kosmologische Prinzip», das der Astronome Tommy Gold aufgestellt hatte. Crick wollte gewissermaßen aufzeigen, daß Galaxien und Zellen nach vergleichbaren Gesetzmäßigkeiten funktionieren.[41] Rutherford und Bohr konnten sich die Atomstruktur in Analogie zum Sonnensystem vorstellen. Dazu schreibt ihr Kollege Max Born:

> Ein wesentliches, einleuchtendes Ergebnis der Bohrschen Atomtheorie ist der Nachweis, daß das Atom ein kleines Planetensystem darstellt ... der Gedanke, daß die Gesetze des Makrokosmos im Kleinen die irdische Welt wiederspiegeln, ist offensichtlich sehr betörend für den menschlichen Geist.[42]

Doch nicht nur Wissenschaft und Technik haben ein Anrecht auf die Analogie; wir treffen sie in allen Formen des schöpferischen Denkens.

In der Literatur kennen wir die Analogie unter dem Namen Metapher. Dante im Paradies spricht von der lachenden Schönheit der feierlichen Engel;[43] Goethe verglich das menschliche Schicksal mit dem Wind und die Geliebte mit der Sonnenglut, die auf dem Meer glitzert; Shakespeare sprach von seinem Altwerden als einer verlöschenden Flamme.[44] Alle diese Bilder sprechen das ästhetische Empfinden an. Und Palladio versuchte, in seinen Bauten die harmonischen Bahnen der Himmelskörper aufzunehmen.[45] Ähnliches finden wir in der Musik. Haydn beispielsweise ließ sich im Aufbau einer Symphonie von Bildern leiten – die Etappen einer Schifffahrt wie günstige Winde, Ankunft im fremden Land, Handel im fremden Land, Rückkehr, Sturm auf hoher See, Wellengang, sich beruhigende See, Ankunft im Hafen, glückliches Wiedersehen mit der Familie.[46]

Auch im philosophischen Denken finden wir die Analogie; Heraklit vergleicht das ewige Werden der Dinge mit dem Fließen des Wassers.[47] Für Platon war das Gute die Quelle von Wirklichkeit und Wahrheit, so wie die Sonne Quelle von Wachstum und Licht ist.[48] Wittgenstein beschreibt die Willkür der Sprache als ein Geflecht von einzelnen Linien, das ganz verschiedene Bilder hervorbringt, je nachdem, wie man die Linien legt.[49]

Spirituelle Lehrer haben sich durch Analogien inspirieren lassen. Lao Tse spricht von der leeren Mitte des Wagenrades, um die Bedeutung des Nichtseins zu erläutern;[50] die Bhagavad Gita vergleicht den Yogi, der Einheit mit dem Selbst erreicht, mit einer Flamme, die vom Wind geschützt ist;[51] Shankaracarya sagt, der menschliche Geist sei keineswegs beschränkt durch den Körper, so wie der Himmel nicht durch die Wolken beschränkt sei.[52]

Solche Analogien haben ganz Verschiedenes bewirkt. Aus einigen sind Entdeckungen oder Erfindungen entstanden; andere fördern das Schönheitsempfinden; wieder andere das intellektuelle Verständnis; und einige werden zu spirituellen Wegweisern. Doch überall geschieht etwas Grundlegendes; man erfaßt eine Realität über einen ihr fremden Bezug, und dadurch wird der Geist frei von den alten, abgegriffenen Bezugsmustern. Dieses Freiwerden ist jedesmal ein spirituelles Ereignis; einmal Entdeckungsfreude, dann das Wunder der Schönheit oder der Erleuchtung.

Der Zufall

Auch Erfinder spielen gerne! Sie vielleicht mehr als alle anderen. Edison hatte ein Kartonspielzeug gebaut; es war ein Männchen, das Holz sägte und verbunden war mit einer Membrane im Innern eines Trichters. Wenn man nun das Lied «Mary had a little lamb...» in den Trichter sang, begann die Membrane zu schwingen und bewirkte durch die Übertragung, daß das Männchen Holz sägte. Zur gleichen Zeit arbeitete Edison an einer Technik, um telegraphische Signale auf die Spiralrille einer Kartonplatte aufzuzeichnen. Plötzlich kam ihm die Idee, man könnte diese beiden Konzepte kombinieren – die Schwingungen der Membrane, die Ton in Bewegung umformen und das Aufzeichnen von Signalen auf einer Platte – so erfand er das Grammophon.[53]

Zur Zeit von Ambroise Paré pflegte man Schußwunden mit heißem Holunderöl und etwas Theriak auszuwaschen. Diese Behandlung, die wegen der angeblichen Giftigkeit solcher Wunden üblich war, förderte allerdings die Infektion und nicht die Heilung und war für die Patienten äußerst schmerzvoll. Während der französischen Besetzung in Turin fehlte Paré einmal das Holunderöl; er nahm, was grad zur Stelle war, nämlich ein aus Eiern und Terpentin hergestelltes Verdauungsgetränk und unterließ die Brandbehandlung. Am nächsten Tag fiel ihm auf, daß jene Patienten, die nach der herkömmlichen Methode behandelt worden waren, Infektionen und Fieber hatten, während die anderen, deren Wunden mit dem neuen Mittel ausgewaschen wurden, gesund waren. Damit war die Wunddesinfektion entdeckt.[54]

Der amerikanische Maler Samuel Morse kehrte 1832 von einer Studienreise in Europa auf dem Schiff «Sully» nach Amerika zurück.

Eines Tages beteiligte er sich an einer Unterhaltung mit einigen Wissenschaftlern auf dem Schiff. Jemand fragte, ob eigentlich die Übertragungsgeschwindigkeit von elektrischen Impulsen von der Länge des Drahtes abhängig sei, durch den sie flossen. Die Antwort lautete, daß dies nicht der Fall sei. Das brachte Morse auf die Idee, daß man also durch elektrische Impulse Informationen sofort über große Distanzen übermitteln könnte. Das führte in der Folge zur Entwicklung der Telegraphie und des Morsealphabets.[55]

Im Herbst 1837 legte Daguerre einige Silberjodid-Platten, die er für verdorben hielt, in eine Schublade. Als er diese Wochen später wieder öffnete, merkte er, daß die Platten entwickelt waren. Er untersuchte die Schublade, um herauszufinden, welche Substanz diesen Prozeß gefördert haben konnte. Und schließlich fand er in den Ritzen des Holzes einige Tropfen Quecksilber, die aus einem alten, defekten Fläschchen ausgelaufen waren. So hatte er entdeckt, daß Quecksilberdämpfe sich sehr gut als Entwickler für die Platten eigneten. Dies war der Anfang der Photographie.[56]

Der aus Novarra stammende Giuseppe Ravizza, der gegen seinen Willen Anwalt wurde, ließ sich 1855 von einem kleinen Puppenklavier, das er seiner Tochter geschenkt hatte, zum Bau eines «Schreibcembalos» inspirieren; so entstand die erste Schreibmaschine.

Pasteur arbeitete im Frühjahr 1879 am Problem der Hühnercholera. Er spritzte einigen Hühnern Erreger ein, merkte aber sofort, daß diese wohl aktiv, jedoch zu schwach waren, um die Tiere wirklich krank zu machen. So setzte er eine neue Kultur an, dieses Mal eine ziemlich aktive, und injizierte sie sowohl Hühnern, die er inzwischen neu auf dem Markt erstanden hatte, wie auch den alten Hühnern, denen er bereits die unwirksame Kultur verabreicht hatte. Die neuen Hühner starben, die Kultur war also hochaktiv. Doch die alten wurden nicht krank. So verstand Pasteur, daß sie durch die erste Injektion immun geworden waren. Und damit war das Prinzip der Impfung entdeckt.[57]

Im Februar 1943 stand Salvador Luria auf einem Fest vor einem Glücksspielautomaten, in den man eine Münze einwirft, einen Hebel zieht und, wenn's gut läuft, mehr Münzen zurückerhält, als man eingeworfen hat; viel häufiger allerdings kommt gar nichts zurück. Als er einem Kollege zuschaute, wie er mit diesem Automaten spielte und gewann, durchzuckte es ihn plötzlich wie ein Blitz, daß zwischen dem Funktionieren dieser Spielautomaten und dem Verhalten der mutierenden Bakterien eine Analogie bestand. So entdeckte er, wie man die Rate von spontanen Genmutationen berechnen kann. Das war ein bedeutender Fortschritt in der Genetikforschung.

Irrtümer, defekte Flaschen, Zerstreutheit, Kinderspiele zum Zeitvertreib, Fehlen des richtigen Mittels, Zufallsbeobachtungen und so fort: Das allein würde schon ausreichen (und es gibt noch zahllose weitere Beispiele), um eine groteske Geschichte von Wissenschaft und Technologie zu schreiben, in der die wichtigsten und grundlegenden Entdeckungen unserer Zivilisation mitnichten als Früchte logischer Erkenntnis, sondern als Früchte des reinen Zufalls dargestellt sind und gewissermaßen jeglicher systematischen Bemühung spotten!

Man geht von der Vorstellung aus, Wissenschaft sei ein systematisches Bemühen des Verstandes zur methodischen Erforschung der Tatsachen, und was man findet, ist ein Vorwärtstasten; das Benützen von zufälligen Gegebenheiten; eine Reihe von glücklichen Umständen. Schon damit allein liesse sich das gängige Bild von Wissenschaft und Technik vollkommen auf den Kopf stellen. Wir sehen sie fast bildhaft, diese Wissenschaftler in ihrer Alltagsumgebung, fast riechen wir den vertrauten Duft ihres Heimes. Leopold Auenbrugger war z.B. Sohn eines Wirtes und hatte gelernt, daß man das Faß abklopft, um herauszufinden, wieviel Bier noch darin ist. Später verwendete er diese Methode am menschlichen Körper. Das ist heute noch die gängige Methode des Abklopfens in einer medizinischen Untersuchung.[58]

Während einer Messe im Dom von Pisa schaute der damals siebzehnjährige Galilei zerstreut auf die schwankende Bewegung eines Kandelabers, auf dem der Messner eben die Kerzen angezündet hatte. Er maß die Schwankungen an seinem Pulsschlag und entdeckte, daß der Ausschlag zwar allmählich abnahm, doch daß die Dauer konstant blieb. Damit hatte er die Pendelbewegung entdeckt; und gegen den Wunsch seines Vaters, der ihn als Arzt sah, entschloß er sich zum Studium der Physik.

Die ersten Studien über Elektrizität kamen nur deshalb zustande, weil die Frau von Luigi Galvani mit Entsetzen das komische Zucken der berühmten Froschschenkel feststellte, die an einem Metalldraht aufgehängt waren, und vor Schreck laut nach ihrem Mann rief, der eben eine Lektion erteilte. (Galvani's Theorie über die tierische Elektrizität wurde später von Volta übernommen und vermittelte der neuen Wissenschaft maßgebende Impulse über die Elektrophysiologie.)

Es kann eigentlich gar nicht anders sein. Strukturen, Instrumente, Texte und Modelle, auf die sich die Wissenschaft abstützt, sind stets Vertreter der alten, zu überwindenden Theorien. Sie stehen der Entdeckung sogar im Wege, denn sie können sie nicht vorwegnehmen. Neue Ideen treten eher auf Nebenpfaden auf, da wo mehr Freiraum für sie ist, im weniger strukturierten Bereich des Alltags und des Zufalls. Wesentlich ist immerhin, daß diese «zufälligen» Entdeckungen und Erfindungen die Essenz des schöpferischen, lebendigen Geistes sind, der in allem Geschehen einen sinnvollen, schönen Mikrokosmos sehen kann. Unkreative Leute begegnen dem Unerwarteten oder Zufälligen mit Herablassung. Es interessiert sie nicht; sie gehen ihren Weg geradeaus, befangen von ihren schon festgelegten Ideen und Zielsetzungen. Ein kreativer Mensch übergeht nichts, er sieht in allen Dingen Sinn.

Wenn es wahr ist, daß «die gesamte Wissenschaft nichts weiter als eine Verfeinerung des Alltagsdenkens ist», wie Einstein sagte,[59] dann müßten wir eigentlich alle, ob Wissenschaftler oder nicht, unseren Alltag überprüfen. Wie gehen wir mit dem Zufall und dem Unvorhersehbaren um? Schieben wir sie ab in unser verstaubtes, überfülltes Arsenal der sinnlosen Dinge, oder erlauben wir, daß sie unsere Aufmerksamkeit fesseln und uns zum Nachdenken anregen können? Eine erfreuliche Begegnung, eine Lektüre, ein seltsamer Zufall, ein mitgehörtes Gespräch, das Tagesgeschehen, ein Zwischenfall, ein Traum: Alles kann Sinn haben. Wiederum stehen wir vor einem Grundprinzip, das einigen dieser Wege gemeinsam ist; um voranzukommen, benützen wir, was immer gerade zur Verfügung steht. Es erfordert immer von neuem Demut, um den Fingerzeigen zu folgen, die das Leben gibt. Wenn jemand sich einbildet, er wisse mit Sicherheit, was sinnvoll ist und was nicht, ist seine Sache schon von Anfang an verloren.

Allerdings dürfen wir uns auch nicht blenden lassen von den vielen Zufallsentdeckungen. Daß zahlreiche wissenschaftliche Entdeckungen und Erfindungen dem Zufall zu verdanken sind, tut dem menschlichen Geist keinen Abbruch. Im Gegenteil, es hebt seine

Fähigkeiten noch hervor. Wie wichtig die Empfänglichkeit für Gegebenheiten ist, die vom eigenen wissenschaftlichen Konzept abweichen, haben wir im Zusammenhang mit der wissenschaftlichen Aufrichtigkeit gesehen. Zufallsentdeckungen zeigen einen Aspekt dieses Phänomens besonders deutlich. Sie stellen sich bei Forschern ein, die sich von den Ereignissen bei der Hand nehmen und in unerforschte, eigenartige Welten führen lassen. Diese kluge Passivität und die Gabe, die Umstände zu nutzen, ist bezeichnend für geniales Denken.

Pasteur pflegte zu sagen, der «Zufall begünstigt nur einen bereiten Geist»[60]. Was heißt hier «bereiter Geist»? Mindestens drei Bedeutungen, die einander nicht ausschließen, sind möglich:

Einmal kann es ganz einfach heißen, ein bereiter Geist ist ein gebildeter Geist. Als Roentgen zum Beispiel zufällig das Fluoreszieren wahrnahm, das ihn die Roentgenstrahlen entdecken ließ, dachte er sofort an eine Strahlung, die die Materie durchdringen kann; denn er erinnerte sich an eine zwei Jahren zuvor erschienene Publikation von Helmholtz, in der dieser behauptete, es gäbe möglicherweise Strahlen mit so kurzen Frequenzen, daß sie feste Gegenstände durchdringen könnten.[61]

Dann gibt es eine tiefere Bedeutung für «bereiten Geist»; nämlich die eines Geistes, der sich jahrelang einer einzigen Aufgabe gewidmet hat, diese geduldig ergründet und im Unbewußten bearbeitet hat. Ein solcher Geist ist ein hochsensibles Instrument, das wie ein Magnet funktioniert und alle Gedanken anzieht, die dem Verständnis seines Gegenstandes dienen könnten. Er bezieht jedes Ereignis auf das Objekt, das im Brennpunkt seiner Beschäftigung steht. Es kann sogar ein Apfel sein, der einem auf den Kopf fällt, wie bei Newton; oder ein Ding, das im Bad obenauf schwimmt, wie bei Archimedes.

Und in der dritten Bedeutung ist ein «bereiter Geist» ein offener Geist, der sich von allen Konzepten losgesagt hat, die ihn früher erfüllten, und der selbst den scheinbar belanglosen Dingen Sinn geben kann. Ein solcher Geist ist fähig, mit den Dingen zu kommunizieren, die richtigen Fragen zu stellen und dem Universum zu erlauben, daß ihm eine Reihe von scheinbar zufälligen Umständen durch die «Synchronizität», wie Jung es nannte, die Antwort gibt. Der Neurophysiologe Eccless schrieb:

> Grundsätzlich sind meine Entdeckungen so entstanden. Sie tauchten aus ganz unerwarteten Ereignissen auf, wo ich am Ende genügend aufmerksam war, um zu hören, was die Natur mir sagen wollte. Gute Forscher ... sind jene, die die Bedeutung des Unerwarteten erkennen und zu schätzen wissen.[62]

Es gibt auch unvollkommene Synchronizität. Die Dinge sprechen zwar, doch da ist keiner, der sie hört, zumindest nicht sofort. Das war der Fall bei Fleming, der irrtümlicherweise als Entdecker des Penizillins gilt. Die Geschichte ist unglaublich. Fleming arbeitete 1928 an einer Arbeit zur Antisepsis bei Kriegsverletzungen mit Kulturen von Staphylokokken. Als er in Urlaub fuhr, ließ er, zerstreut wie er war, alles auf seinem Tisch liegen. Einen Monat später, als er zurückkehrte, waren die Kulturen ganz verschimmelt und er tat, was er eigentlich vor der Abreise hätte tun sollen: Er warf sie weg. Da kam ein Kollege vorbei und fragte ihn, wie es mit seiner Arbeit stünde. Im Laufe der Unterhaltung holte Fleming eine der Kulturen aus dem Abfalleimer, damit er seinem Kollegen etwas vorweisen konnte. Erst jetzt bemerkte er, daß der Schimmel etliche Staphylokokken im Umfeld vernichtet hatte. «Seltsam», meinte er und zeigte die Kultur seinem Gesprächspartner.

Tatsächlich waren hier eine ganze Reihe von unwahrscheinlichen Umständen zusammengefallen: Eine für die Jahreszeit außergewöhnliche Kühlwetterperiode, so daß der Schimmel über die Dauer des Urlaubs erhalten blieb. Die Penicillumbakterien, die Fleming verwendet hattc, waren hervorragende Penizillinproduzenten (nur wenige dieser Schimmelarten produzieren Penizillin). Der Schimmel war im Labor aufgetreten, weil zur gleichen Zeit zufällig ein Stockwerk tiefer damit experimentiert wurde.

Fleming nannte den Schimmel «Penicillum», erwähnte ihn in einer Publikation, kam jedoch zum Schluß, daß das Penizillin keine besonderen therapeutischen Eigenschaften aufweise und ließ die Sache auf sich beruhen.

Erst Jahre später, als man in der bewegten Anfangszeit des zweiten Weltkrieges in England plötzlich Kriegsverletzungen zu behandeln hatte, wurden erneut intensivere, systematische Forschungen auf diesem Gebiet betrieben. Der australische Arzt Edward Florey nahm die Penizillin-Versuche wieder auf und erkannte ihren großen therapeutischen Wert. Wenn man unter «entdecken» versteht, daß

Funktion und Wert einer Sache vollständig erfaßt werden, dann müßten wir Florey als eigentlichen Entdecker des Penizillins betrachten. Erst er war genügend aufmerksam, um zu verstehen, was die Umstände in der aufgetretenen Zufallsanordnung Fleming vergeblich hatten mitteilen wollen.[63]

Nicht immer kommt der Zufall von außen auf uns zu. Wir können auch spontane innere, scheinbar unlogische Impulse als Zufall betrachten. Und wiederum ist die gleiche Gabe entscheidend: das Erkennen der richtigen Spur. Fermi hat geschrieben:

> Ich werde euch erzählen, wie es mir gelungen ist, die vermutlich wichtigste Entdeckung meines Lebens zu machen. Wir arbeiteten eifrig mit neutroneninduzierter Radioaktivität, und die Ergebnisse wollten nichts Schlüssiges hergeben. Eines Tages, als ich ins Labor kam, fiel mir ein, daß ich eigentlich hätte prüfen müssen, welche Wirkung es hätte, wenn ich ein Stück Blei vor die Neutronen legen würde. Ganz gegen meine Gewohnheit bemühte ich mich, ein genaues, maschinengefertigtes Bleistück zu erhalten. Etwas wollte mir offensichtlich nicht behagen. Ich suchte alle möglichen Ausflüchte, um das Bleistück lange nicht an seinen Platz zu legen. Und als ich es endlich etwas widerwillig tat, sagte ich mir: «Nein, hier will ich dieses Bleistück gar nicht; ich will ein Stück Paraffin.» Und so nahm ich, ganz unvorbereitet, ohne bewußte Überlegung, ein Stück Paraffin zur Hand und legte es an die Stelle, wo ich das Bleistück hatte hinlegen wollen.[64]

Das Schöpferische stellt sich ein, wenn wir dafür empfänglich sind, wenn wir jedem Ding Bedeutung und jedem Ereignis eine Chance geben. Es stellt sich ein, sobald wir bereit sind, den Überraschungen und Eigenarten des Lebens vertrauensvoll zu begegnen; sobald uns der unberechenbare Tanz der Dinge nicht mehr ängstigt oder langweilt, sondern neugierig macht; und wenn wir immer wieder zu einem Warum und zu einem neuen Spiel aufgelegt sind.

Disziplin

Das oberste Ziel ist nichts für die Schwachen. Es ist auch nichts für Leute, die auf der Oberfläche bleiben, leicht aufgeben oder sich mit wenig begnügen; und auch nichts für die, die meinen, sie hätten schon alle Lösungen in der Tasche.

Das oberste Ziel ist eine Entdeckungsreise. Es könnte ebenso gut ein anderes Ziel auf einem anderen Weg sein, das spielt keine Rolle. Doch erreicht es nur, wer alle inneren Ressourcen aufbietet. Man darf nicht aufgeben und sich nicht ablenken lassen. Es heißt kämpfen. Und dafür braucht es Begeisterung und Leidenschaft. Es ist eine Herausforderung an das Unmögliche, und das ist gleichbedeutend mit Disziplin.

Das Wesentliche an der Disziplin – wir kennen das auch im Alltag – ist die Konzentration. Wenn sie fehlt, sind wir nicht einmal imstande, ein Hemd zu bügeln oder den Schreibtisch aufzuräumen, zumindest nicht, wenn wir es gut machen wollen. Konzentration ist ein Element, das wir auf allen Wegen und bei allen Menschen finden, die ihr Ziel erreicht haben. Und zwar handelt es sich um eine äußerst intensive, man könnte fast sagen, eine wahnsinnige Konzentration:

- Isadora Duncan stand Stunden und Stunden reglos wie in Trance da, die Hände auf dem Solar Plexus. Sie suchte nach dem Ursprung der Bewegung, nach der «Musik der Seele»; und sobald sie diese Energie spürte, ließ sie sie durch den Körper fließen, bis dieser mit «vibrierendem Licht» erfüllt war.[65]
- Monet fragt eines Tages Renoir, der tief in seine Malerei versunken war, wiederholt nach Zigaretten. Da Renoir überhaupt nichts merkte, beugte sich Monet schließlich über den Freund und fummelte in dessen Taschen nach den Zigaretten. Erst als sein Bart Renoir's Backe streifte, nahm ihn dieser wahr, doch er malte unbeirrt weiter.[66]
- Vivekananda beklagte sich bei Ramakrishna, daß ihn das pfeifende Geräusch einer nahegelegenen Jutefabrik bei der Meditation störe. Ramakrishna riet ihm, er solle sich auf das Pfeifen konzentrieren; damit war das Problem gelöst.[67]
- Wenn Napoleon sich mit einer Idee auseinandersetzen mußte, dann packte er sie «an der Gurgel, am Hintern, an den Füssen, an den Händen, am Kopf», bis er wußte, was dahintersteckte.[68]
- Pedro de Alcantara mahnt in seinem Traktat über das Gebet, man solle den Geist wie einen Gaul im Zaum halten.
- Der Bergsteiger Messner schreibt, daß ihn die für ihn lebenswichtige Konzentration jeweils «von den Fingerspitzen bis zur Schuh-

sohle» erfaßt, denn schon bei der kleinsten Ablenkung würde er in den Abgrund stürzen.[69]

Doch am dringendsten ist Konzentration in der Wissenschaft notwendig, wo ein Gegenstand vollkommen im Mittelpunkt steht. So erst kann das Denken seine gewohnten Mechanismen überschreiten und fähig werden zu verstehen. Wenn man Newton fragte, wie er das Gesetz der Schwerkraft entdeckt habe, antwortete er: «Indem ich dauernd darüber nachgedacht habe. Ich halte mir den Gegenstand meiner Forschung dauernd vor Augen und warte, bis sich langsam das erste Licht einstellt; allmählich verändert sich die Situation und das Licht ist ganz da.» Ein andermal sagte er, das Entdecken der wissenschaftlichen Wahrheit sei «die Frucht ununterbrochener Stille und Meditation.» [70]

Licht und Meditation sind Bilder, die wir bei Wissenschaftlern immer wieder antreffen. Sehr wertvoll für alle, die das Denken entfalten wollen, sind die Worte des französischen Naturforschers Buffon: «Immer wenn man einen Einfall hat, soll man sich so lange damit befassen, bis er strahlend und klar vor uns steht, umgeben von Bildern, Assoziationen und Folgerungen.»[71] Marie Curie, die Entdeckerin des Radiums, erlebte die Zeit der Forschungen zusammen mit ihrem Mann «in einmaligem Einklang wie im Traum» in einer Atmosphäre von «Frieden und Meditation», wie das eigentlich in jedem Labor sein sollte. Es ging auch um Glauben: «Wir müssen an eine Begabung in uns glauben, und diese eine müssen wir um jeden Preis verwirklichen.»[72]

Diese Konzentration hat totalitäre, ja fast besessene Züge. Sie ist nicht nur während der Arbeit da, sondern immer. Der Neffe des Mathematikers Poincaré schrieb über die Konzentration seines Onkels:

> Er dachte auf der Straße, auf dem Weg zur Sorbonne, wenn er zu einem wissenschaftlichen Treffen unterwegs war oder wenn er nach dem Essen einen seiner üblichen langen Spaziergänge unternahm. Er dachte im Vorzimmer, im Konferenzraum des Instituts, wenn er mit kurzen Schritten und angespanntem Gesicht auf und ab ging und an seinem Schlüsselbund herumnestelte. Und er dachte bei Tisch, brach häufig abrupt ein Gespräch ab und ließ seinen Partner allein zurück, um einem Gedanken nachzugehen, der ihm durch den Kopf ging.[73]

Konzentration ist ein Kampf gegen Ablenkungen, Enttäuschungen und Fremdeinflüsse. Man muß unentwegt dabeibleiben und der gewählten Sache nachgehen, ohne den Faden zu verlieren. Man darf nicht aufgeben. Als Bertrand Russell (zwischen 1902 und 1910) am gigantischen Gebäude der Principia Mathematica arbeitete, bedeutete jeder kleinste Widerspruch, den er entdeckte, daß er ein schier übermenschliches Werk wieder von vorne beginnen mußte. Und solche gab es zu Hauf. Oft saß Russell tagelang vor dem weißen Blatt und dachte nach; und es kam vor, daß er nach einem ganzen Tag «ernsthaftester geistiger Arbeit» immer noch vor einem weißen Blatt saß. In jener Zeit war Russell oft versucht, sich unter den Zug zu werfen, wenn er von der Brücke aus dem Bahnverkehr in Oxford zuschaute. Doch er hat es nicht getan:

> ...ich empfand die Schwierigkeiten auch als Herausforderungen; es wäre irgendwie feig gewesen, sich nicht zu stellen und sie nicht zu überwinden. So blieb ich dabei, und am Ende war die Arbeit fertig, doch mein Intellekt hat sich von jener Anstrengung nie mehr ganz erholt.[74]

Für Einstein war der Kampf nicht ganz so dramatisch, doch er war ebenso fest entschlossen, ihn aufzunehmen. Der amerikanische Mathematiker Straus erzählt, daß er einmal mit Einstein einen Text verfaßt habe und am Ende nach einer Klammer suchte, um die Blätter zusammenzuheften. Sie fanden nur eine krumme und begannen, nach einem Instrument zu suchen, um sie geradezubiegen. Nachdem sie verschiedene Schubladen durchsucht hatten, fanden sie eine ganze Schachtel voller Klammern. Einstein nahm eine davon heraus und drückte damit die krumme Klammer zurecht. Und er antwortete Straus, der ihm bedeutete, das sei jetzt nicht mehr nötig: «Wenn ich einmal etwas im Kopf habe, dann lasse ich nicht mehr davon ab.» Einstein gestand seinem Freund, daß diese kleine Geschichte wohl die beste Beschreibung seiner Arbeitsmethode sei.[75]

Wenn man sich konzentriert, vergißt man oft die Zeit und seine ganze Umgebung. Das Cliché vom zerstreuten Professor und alle Anekdoten um dieses Thema (die meisten sind sogar wahr) sagen eigentlich alles:

- Einstein unterhielt sich mit einem befreundeten Geologen dermaßen intensiv über Erdbeben, daß keiner der beiden merkte, daß im Moment ein wirkliches Erdbeben die Erde so heftig erschütterte, daß das Gebäude, in dem sie sich aufhielten, evakuiert werden mußte;

- Newton merkte erst, daß er dabei war, seine Uhr zu kochen, als er eifrig nach ihr suchte, weil er nachschauen wollte, wann sein Ei fertig sei;
- Die Schwester von Poincaré hatte diesem Schellen an den Geldbeutel genäht, damit er mehr Sorge zu seinem Geld trage;
- Edison war dermaßen in seine Experimente vertieft, daß er die eigene Hochzeit vergaß.

Diese Anekdoten sind weit weniger ausgefallen, als sie scheinen, denn sie sagen viel aus über diese Menschen. Es sind stets leidenschaftliche Menschen, die ihre Aufmerksamkeit ganz auf jene Ebene und Gegenstände richten, die sie beschäftigen. So eröffnen sie sich andere Welten und vergessen sich selber.

Das Vergessen taucht immer wieder bei transpersonalen Phänomenen auf. Paradoxerweise vergißt man sich, um sich wiederzufinden. In der Kontemplation, im ekstatischen Tanz, im künstlerischen Schaffen oder im Dienen lösen sich Gedanken und Gefühle auf rätselhafte Weise auf, die alte Persönlichkeit verschwindet. Die Nobelpreisträgerin Barbara McClintock, eine Genetikerin, erzählt von ihrer Arbeit am Mikroskop zum Thema der Chromosomen der Neurosporen:

> Je mehr ich mich in die Arbeit vertiefte, um so größer wurden diese, und wenn ich wirklich mit ihnen arbeitete, war ich nicht mehr draußen, sondern mitten unter ihnen. Ich gehörte mit zum System. Ich war tatsächlich mitten unter ihnen, und alles wurde riesengroß. Ich konnte das Innere der Chromosomen sehen. Das verblüffte mich, denn ich hatte tatsächlich den Eindruck, darin zu sein, als wären die Chromosomen meine Freunde... Während ich diese Dinge betrachtete, wurden sie nach und nach zu einem Teil von mir; man vergißt sich dabei. Das Wichtigste ist, daß man sich selbst vergißt.[76]

Schon allein diese Worte zerstreuen alles Gerede über die angebliche Losgelöstheit des Wissenschaftlers. Wir spüren die große Fähigkeit, sich in die Dinge einzufühlen; die Leidenschaft, sie kennenzulernen, und das Einswerden mit ihnen, das nach Barbara McClintock viel mit Ekstase und einem «außerordentlich starken Gefühl» für die Einheit aller Dinge zu tun hat.

Konzentration ist also nicht nur ein inneres Phänomen, das sich auf Hypothesen und Gedanken richtet; es ist auch ein äußeres, es ist Beobachtung. Man muß beobachten, warum das menschliche Auge oft die allernächsten Dinge nicht sieht. Sie können noch so offen daliegen, das Wesentliche ist häufig nur dem geübten Auge sichtbar, das monate-, ja jahrelang hinschaut und nur allmählich entdeckt.

Nach Fresnel liegt zum Beispiel die klare Ordnung der Natur unter einem unübersichtlichen Netz von Verwirrtheit verborgen: «Das Einfache liegt in diesem Chaos begraben, wir müssen es nur entdecken!» Pasteur verbrachte endlose Stunden vor dem Mikroskop und schaute auf ein Plättchen; so konnte er kaum merkliche Bewegungen und Veränderungen wahrnehmen. Seine Mitarbeiter pflegten darüber zu scherzen und sagten, er beobachte, wie die Mikroben wachsen. Dann sagte er: «Die Natur will uns werken sehen; sie liebt schwielige Hände und offenbart sich nur dem Denker.»[77]

Durch geduldige, sorgfältige Beobachtung kann man die Geheimnisse der Natur ergründen. Ob Spiralnebel oder Blume, Zelle oder das Verhalten eines Tieres, Beobachtung ist die einzig echte und unvoreingenommene Form der Wahrnehmung. In seiner Autobiographie fragte sich Darwin: Was befähigt einen Menschen dazu, Entdeckungen zu machen? Sicherlich nicht seine Intelligenz, denn es gibt viele intelligente Leute, die überhaupt nichts entdecken:

> Ich vermute, daß das ständige Erforschen der Dinge und die Suche nach dem Sinn in den Naturphänomenen die nötige Voraussetzung ist. Dafür braucht es eine präzise Beobachtungsgabe und soviel Wissen wie nur möglich über das Thema, das man erforschen will.

Fabre lag ganze Tage lang reglos auf der Lauer, um das Verhalten von Insekten zu beobachten, so daß ihn die Bauern für verrückt hielten, wenn sie ihn am frühen Morgen auf dem Weg zur Arbeit daliegen sahen und bei ihrer Heimkehr am Abend immer noch in der selben Stellung fanden.[78]

Auch Goethe, dem Wissenschaft und Dichtung ähnlich nahestanden, war ein peinlich genauer Naturbeobachter. Besonders gern beobachtete er Felsen, Pflanzen und Sterne. Man konnte ihn überglücklich machen, schrieb ein Freund, wenn man ihm «den Zahn eines Löwen oder ein seltsam gewundenes Gemsgeweih» schickte, an dem er dann seine Betrachtungen anstellte.[79] An Gesteinsadern konnte er angeblich uralte Naturgesetze erkennen; im Botanischen Garten von Padua entdeckte er in der Palme die «Urpflanze» und sah, wie sich daraus durch verschiedene Metamorphosen alle übrigen Pflanzenformen entwickelt hatten. Und an Jacobi schrieb er, daß er das göttliche Wesen durch die Kontemplation der Dinge entdekken könne.[80]

Konzentration kann sich über längere Zeiträume erstrecken; dann fordert sie zähes Durchhalten. In der Wissenschaft kann es die geduldige, systematische Wiederholung eines Experiments bedeuten. Streptomyzin wurde aus zehntausend anderen Mikroorganismen ausgesondert. So berichtet der Entdecker Waksman:

> Es war die Geschichte der zehntausend Mikroben. Wir isolierten zehntausend Mikroben und prüften sie auf die Fähigkeit hin, die Entwicklung von pathogenen Bakterien zu hemmen. Wir sahen, daß zehn Prozent von ihnen diese Eigenschaft hatten. Wir versuchten nun, diese tausend Mikroben zu kultivieren, und fanden heraus, daß sich nur zehn Prozent zur Kultivierung eigneten. Aus diesen hundert versuchten wir, die aktiven Substanzen zu isolieren, und kamen so auf zehn chemische Verbindungen. Wir erprobten sie an Tieren, und eine davon ist das Antibiotikum, das wir als Streptomyzin kennen.[81]

Edison machte nicht weniger als 1600 Versuche, um herauszufinden, welcher Draht sich für die Glühlampe am besten eignete; und er unternahm 50 000 Experimente, um die Nickel-Eisenbatterie für seine Akkumulatoren zu entwickeln. Er sagte von seiner Arbeitsmethode, daß er genauso vorgehe, wie man das bei der Selektion von Saatgut tue:

> Und genauso behandle ich ein chemisches Problem. Ich unternehme Hunderte und Tausende von Versuchen und finde vielleicht einen dabei, der die gewünschten Resultate bringt. Dieses Experiment verfolge ich in logischer Konsequenz bis zum Schluß, und ich lasse alle übrigen beiseite; in der Regel erreiche ich mein Ziel.[82]

Hier unterscheidet sich der Laie vom Fachmann. Dem ersten reicht schon eine befriedigende Idee; der zweite bringt viele Ideen hervor, von denen die meisten nutzlos sind, und dann beginnt er auszuwählen. Nach Whitehead sollten wir möglichst viele Ideen hervorbringen:

> ...vermutlich führen neunhundertneunundneunzig davon zu nichts, weil sie entweder nichts taugten oder weil wir nicht imstande sind, ihren Wert nutzbar zu machen. Trotzdem und trotz der ganzen Skepsis müssen wir sie alle hervorbringen, denn gerade die tausendste Idee könnte jene sein, die die Welt verändert.[83]

Das Wesentliche all dieser Beispiele läßt sich in einem Wort zusammenfassen: Disziplin. Disziplin, die sich von keiner Kritik oder Ablenkung, von keinem Erfolg oder Mißerfolg beirren läßt. Disziplin, die sich unermüdlich und völlig einer Sache hingibt, diese ergründet, ohne dauernd nach Ansporn und Anerkennung zu schielen. Disziplin, die nicht nur zur Entdeckung führt, sondern auch Rhythmus und Harmonie schafft. Es geht um Disziplin als Einstellung und nicht als Erfolgsgarantie. Eigentlich sollten wir alle Umstände dankbar annehmen, die uns Disziplin abfordern, schreibt Oppenheimer seinem Bruder:

> Ich glaube, daß wir durch Disziplin... Heiterkeit erlangen können und in einem kleinen, aber kostbaren Maß Befreiung von den Unbilden des Erdenlebens, und Liebe und jene Loslösung, die die Welt retten kann, auf die sie verzichtet.[84]

Neugier und Staunen

In John Campbells Science-Fiction-Roman *Sonnenuntergang* gelingt es einem Mann, sich sieben Millionen Jahre in die Zukunft zu versetzen. Was er erlebt, ist überwältigend. Die Menschheit hat ihre höchstmögliche technische und spirituelle Entwicklung erreicht, doch sie steht unausweichlich vor dem Zerfall. Der Romanheld trifft überall auf Spuren einer großartigen Vergangenheit; wundervolle Musik, die ihm wie ein Triumph des menschlichen Geistes vorkommt; zauberhafte Parklandschaften, in denen die Dinge selbst ein herrliches Licht ausstrahlen; superintelligente Maschinen, die alles können, sich selbst reparieren und unzerstörbar sind; die

Aufhebung der Schwerkraft und tausend Wunder mehr. Den Menschen dieser Zivilisation sieht man den enormen biologischen und kulturellen Wandel an, der sich in den sieben Millionen Jahren vollzogen hat. Sie haben extrem hohe Stirne; sie werden bis zu dreitausend Jahren alt; ihre Sprache ist Musik, ein eigenartiges, qualvolles Lied. Nur etwas ist seltsam. Ihr Blick wirkt erloschen, ganz steril. Und er begreift plötzlich: Diese Menschheit hat entdeckt, was zu entdecken war, und erfunden, was zu erfinden war. Deshalb ist der Sonnenuntergang gekommen. Die Menschen hatten aufgehört, neugierig zu sein.

Wenn die Neugier stirbt, stirbt auch der Mensch. Wenn alles klar ist, hört die spirituelle Entwicklung auf, nicht nur im Fiction-Roman, auch im Leben. Umgekehrt verdanken wir die menschlichen Errungenschaften gerade dieser oft lästigen Neugier, die sich nie zufrieden gibt.

Viele schöpferische Wissenschaftler kennen dieses tiefe Bedürfnis, das Universum zu erkennen, den klärenden Schlüssel zu finden. Einstein sagt es deutlich:

> Ich möchte wissen, wie Gott diese Welt geschaffen hat. Nicht einzelne Phänomene im Bereich des einen oder anderen Elements ziehen mich an. Ich will Seine Gedanken erkennen, alles andere sind Einzelheiten.[85]

Man glaube ja nicht, Neugier sei bloß ein guter Zeitvertreib und Selbstzweck. Sie ist eine Leidenschaft, die immer wieder bohrt und nicht locker läßt, bis die Lösung endlich gefunden ist. Sie läßt den Geist nicht einschlafen; sie zwingt ihn zur Konzentration; womöglich ist sie es, die die unbewußte Verarbeitung in Gang bringt, die schließlich zur Entdeckung führt. Sie ist unbequem. Helmholtz schreibt in seinen autobiographischen Aufzeichnungen:

> Die Leidenschaft, die Realität gedanklich in den Griff zu kriegen oder – was für mich dasselbe ist – die Zusammenhänge zwischen den Phänomenen zu entdecken, hat mich das ganze Leben lang begleitet. Manchmal war mir ihre Intensität lästig, denn sie ließ sich nicht mit oberflächlichen Lösungen eines Problems abspeisen, solange ich noch irgendwo einen ungeklärten Punkt witterte.

Ganz eng verwandt mit der Neugier ist das Staunen, doch es gibt schon Unterschiede. Die Neugier ist ein Kind des Unwissens, das

Staunen kommt aus dem Verstehen; in der Neugier ist man skeptisch, im Staunen einfach verblüfft. Neugier ist nagend, Staunen erhebend. Neugier hat ihren Platz in der wissenschaftlichen Forschung, sie gehört sogar mit zum anerkannten Rüstzeug. Staunen wird dort nur selten zugelassen (und gerade deshalb wollen wir ihm Raum geben), ja oft stößt es auf Widerstände, als wäre es ein Eindringling im aseptischen, makellosen Gebäude der Wissenschaft. Doch eigentlich ist es ganz natürlich. Es lebt im Wissenschaftler und in uns allen, die wir in dieser erstaunlichen Welt leben. Staunen gehört zu jeder transpersonalen Erfahrung. Vielleicht ist Staunen sogar das wichtigste Merkmal geistiger Gesundheit, mehr als das bloße Fehlen von Zwangsvorstellungen und Ängsten.

Wenn wir an die Wissenschaft denken, fallen uns Stichworte wie Sicherheit, möglicherweise Überheblichkeit ein, aber nicht Staunen. Sobald wir allerdings das Leben von großen Wissenschaftlern verfolgen, finden wir das Staunen wieder, oft wird es beim Namen genannt. Galileo spricht immer wieder davon. In einem Brief an einen Prinzen kommentiert er 1610 seine neueste Erfindung, das Mikroskop:

> Ich habe viele Tiere mit großer Bewunderung studiert. So ist z.B. der Floh etwas Abscheuliches; Mücken und Motten sind wunderschön, und voller Vergnügen habe ich zugeschaut, wie Fliegen und anderes Kleingetier auf Spiegeln hoch- und runterkrabbeln können. Man kann da die unendliche Größe der Natur betrachten, wie zart sie arbeitet und mit welcher Sorgfalt.[86]

Bei einer anderen Gelegenheit sprach er von seinen astronomischen Entdeckungen, die «ich dank dem Fernrohr machte, das ich nach einer göttlichen Eingebung erfand», und erzählte vom «Staunen», das ihn überwältigte, als er die vier Satelliten des Jupiters entdeckte, und von der «unerhörten Verblüffung», die er empfand, als er am Himmel Dinge erblickte, die der Menschheit jahrhundertelang verborgen geblieben waren. Seine Worte lassen uns das Entzücken eines Menschen spüren, der als erster das Unbekannte berührt hat.[87]

Auch Schiapparelli, ein anderer italienischer Astronome, schreibt ähnlich über das Erlebnis, als ihn sein Vater mit vier Jahren in die Wunder der Astronomie einweihte und ihm die Sternbilder zeigte:

Der Sinn für das Unendliche und Ewige, den der Junge undeutlich erahnt hatte, wurde im erwachsenen Mann stärker. Noch heute sind es diese Formen, in denen Gott am klarsten zu meinem Verstand spricht. Unbewußt ließ ich mich von diesem Gefühl zur Astronomie leiten, jener Wissenschaft der unermeßlichen Zeiträume und Distanzen.[88]

Staunen angesichts des Großen kann uns auch die Geologie lehren. An den Niagarafällen erahnte Lyell den gewaltigen Zeitraum, der zur Bildung des Kalksteins unter den Wasserfällen nötig gewesen war. Vielleicht ist er vergleichbar mit dem Raum, der uns von den Milchstraßen trennt, in dem sich in Abermillionen Jahren die Alpen, die Pyrenäen und der Himalaya gebildet haben:

Der Geologe mag über diese Begebenheiten nachdenken, bis er, erfüllt von Ehrfurcht und Bewunderung, selbst die Gegenwart des mächtigen Wasserfalls vergißt und nicht länger die schnelle Bewegung seiner Gewässer sieht, noch das donnernde Geräusch vernimmt, wenn sie in den tiefen Abgrund hineinstürzen. Aber wenn seine Gedanken zur Gegenwart zurückgerufen werden, dann wird der Klang in seiner Brust, dann werden die ihm in der Seele erweckten Gefühle sich in völliger Harmonie befinden mit der Größe und Schönheit des prachtvollen Gemäldes, welches ihn umgibt.[89]

Wenn wir vom Staunen sprechen, dürfen wir sicherlich Darwin nicht übergehen, dessen Eindrücke aus dem tropischen Urwald Brasiliens in seinem Tagebuch beschrieben sind: «Unbeschreiblich sind die Hochgefühle von Staunen und Verwunderung und Ehrfurcht, die den Geist erfassen und erhöhen.»

Allerdings treffen wir bei Darwin noch andere Aspekte. Im Alter wollte er die Gefühle dieser jungen Jahre nicht mehr wahrhaben. Er bestand darauf, daß man sie nicht, wie er damals geglaubt hatte, als Gottesbeweis betrachten dürfe. Doch uns interessieren die Erfahrungen des jungen Darwin mehr als die Überzeugungen seiner alten Tage. Wir brauchen nur das Tagebuch seiner Südamerikareise zu lesen: Seitenlang bekundet er sein Staunen angesichts des großen Schauspiels der Natur; die magellanischen Nebel, die Eisberge, Wasserhosen, Gletscher, Korallenriffe, ausbrechende Vulkane und die Flora und Fauna mit all ihren Eigenarten. Da gab es Ochsen mit abgedeckten Zähnen und Füchse, die aussahen wie Wölfe; Vögel mit Kreuzschnäbeln und schreiende Fische; Käuze, die fischen; Teufelskröten, Spottdrosseln, fliegenfressende Königsvögel, singende Frösche und Leuchtkrebse; Schmetterlinge, die auf den Beinen davonstolzieren und Töne von sich geben; den Kugelfisch, der sich mit Luft aufbläst und eine karminrote Flüssigkeit ausscheidet, und die Schnecke mit dem Ventilator.

Er fühlte sich wie auf einem andern Planeten. Darwin schrieb, daß er nicht allein von der Schönheit so ergriffen war, sondern auch von der tiefen Kenntnis um die Einzelheiten dieser Lebewesen – wie jemand, der eine Symphonie um so mehr genießt, weil er mit der Musik und deren Gesetzen gründlich vertraut ist. Das größte Staunen überkam ihn im Urwald: «Man kann in dieser Einsamkeit nicht ungerührt bleiben und sich der Erkenntnis verschließen, daß der Mensch mehr in sich birgt als den Atem seines Körpers.»

Staunen kann man auch im bescheidenen Labor, nicht nur angesichts des Kosmos und der Natur. Dies geschah dem Ehepaar Curie am Ende eines Arbeitstages, als beide fasziniert auf der Schwelle stehenblieben und im Dunkeln die phosphoreszierenden Spuren der einzelnen Proben in den Gläsern betrachteten. Und Staunen kann einem auch die Entdeckung selbst abringen. Als er an der Synthese der Galaktossidase arbeitete, gelang es François Jacobs, gewisse genetische Regelmechanismen zu erkennen. Seine Worte beschreiben die höchsten Ebenen der wissenschaftlichen Forschung:

> Das Staunen darüber, ... eines der Wunder des Lebens erfaßt zu haben; bis zum Kern der Dinge vorgestoßen zu sein; den Zugang zu einem Urmechanismus gefunden zu haben; ein Grundgesetz, das den Lebewesen seit ihrem Bestehen das Leben ermöglicht hat und das bestehen wird, solange sie leben. Im Gedanken, daß mir der Kern der Dinge, der zugleich ewig und verborgen ist, enthüllt worden sei, fühlte ich mich aus dem Gesetz der Zeit befreit. Mehr denn je war nun Forschung für mich mit der menschlichen Natur verschmolzen. Als Ausdruck von Lebenslust und -wunsch. Der Mensch hatte tatsächlich die beste Art gefunden, um das universelle Chaos herauszufordern, um den Tod zu besiegen.[90]

Was ist Staunen? Für Jacobs war es seine Gemütsverfassung bei der Entdeckung. Für Einstein entstand es immer wieder aus dem Widerspruch zwischen der Erfahrung des Wirklichen und der eigenen eingefahrenen Vorstellungswelt. Als Kind hatte ihm sein Vater einst einen Kompaß gezeigt. Was der Kompaß tat, widersprach vollkommen seiner kindlichen Vorstellung von der Welt. Er erinnert sich, daß er damals deutlich ahnte, daß hinter den Dingen irgend eine verborgene Struktur liegen müsse. Dieses Gefühl hat ihn sein Leben lang begleitet und ihn später sehr weit gebracht.

Staunen stellt sich also stets dann ein, wenn die festgefahrenen Meinungen zu Fall kommen. In diesem Sinn können wir auch sagen, daß es nicht das Resultat, sondern die Voraussetzung für diesen Fall ist. Überraschung kann sich eigentlich nur einstellen, wenn sich der Geist nicht auf eine unantastbare Sicherheit versteift, sondern verletzlich und aufnahmefähig bleibt.

Es braucht einen fragenden Geist, nicht einen nur behauptenden, der seine Schlüsse schon gezogen hat: «Ich weiß schon alles, was es zu wissen gibt.» Dies ist eine Umkehrung, in der alles für selbstverständlich genommen wird, was man trifft. Der fragende Geist weiß nichts, er ist demütig und wehrlos; er sieht auch im Selbstverständlichen das Außergewöhnliche. Er sagt nicht: «So ist es», sondern «wenn nun aber...». Und er kann selbst über die einfachsten Dingen staunen, die unsern Alltag ausmachen, und die wir normalerweise für gegeben hinnehmen: Über Phänomene wie Zeit, Licht, Raum, Zahlen, Schwerkraft, die uns eigentlich sehr beunruhigen – eben erstaunen –, wenn wir nur ein bißchen darüber nachdenken.

Das Staunen in der Wissenschaft hat noch einen anderen Hintergrund. Wenn wir den vertrauten Raster verlassen, durch den wir normalerweise die Welt betrachten, dann sehen wir eine seltsame, unfaßbare, eindeutig andere Wirklichkeit. Ob wir nun die Beschaffenheit der Materie oder Gehirnfunktionen untersuchen, das Verhalten von Insekten, die Entstehung von Himmelskörpern, die Zusammensetzung von Gesteinen oder die Mäander des Unbewußten, stets betreten wir eine Welt voller Wunder, die mit der Alltagswelt kaum noch etwas zu tun hat; es bleibt uns nur das Staunen.

Manchmal vermischt sich das Staunen auch mit einem Schmerz darüber, daß wir das eigentliche Geschehen wohl nie wirklich erfahren werden. John und Antoinette Lilly haben lange, gründliche Studien über Delphine und andere Walarten angestellt, um zu ergründen, was im Bewußtsein dieser Tiere vor sich geht, wie sie denken und miteinander kommunizieren. All diese Funktionen sind zwar grundsätzlich anders, aber mindestens so hoch entwickelt wie beim Menschen.

John Lilly hat von sich und seinen Mitarbeitern folgendes geschrieben:

> ...die Öffnung unseres Geistes war ein zarter, aber schmerzlicher Prozeß. Wir hatten Gemütszustände, die man wohl am ehesten als «seltsam» beschreiben konnte. Wir hatten das Gefühl, am Rand eines weiten, unerforschten Gebietes zu stehen, in das wir uns hineinwagen wollten, und waren äußerst skeptisch, ob unser Rüstzeug wirklich taugte... Wir standen Etwas oder Jemandem auf der andern Seite einer unsichtbaren Schranke gegenüber, den wir bis jetzt noch nicht einmal gesehen hatten.

Nach dem Unbehagen, weil die vertrauten Schemen nicht mehr taugten, folgte das Staunen über das Unbekannte. Antoinette Lilly beschreibt ihre Begegnung mit einem Wal:

> Ich hatte den Eindruck, daß ich eine riesige Präsenz wahrnahm und von dieser wahrgenommen wurde. Ich war sprachlos, und gleichzeitig versuchte ich, möglichst viele Informationen aufzunehmen, die ich später nicht in die Schemen von früheren Erfahrungen einfügen konnte. Dieses Erlebnis ging über jede menschliche Erfahrung hinaus und tauchte mich in eine Welt von unbekannten Geheimnissen. Es gab einige ewige Momente des Erkennens. Unsere gemeinsame Schwingung war wie ein hellleuchtender Tunnel von Glückseligkeit. Alles rund um mich verschwamm in diesem weißen Licht, das mich erneuerte und bis ins tiefste Innerste durchdrang.

Und plötzlich streckte der Wal den Kopf aus dem Wasser, schaute ihr in die Augen und spritzte sie an:

> Die Freude der folgenden Minuten kann ich nur absurd nennen...Diese Einladung des Wals, an seiner Welt teilzuhaben, gewährte mir einen flüchtigen Blick wie durch einen kosmischen Riß, der sich zwischen zwei Spezies aufgetan hatte: Einheit mit allen Lebewesen, wie wir sie eines Tages kennen werden, einen Ort, wo wir bereits gewesen sind und wohin wir zurückkehren werden... ein friedliches Paradies... das wahre «Reich des Friedens».[91]

Der Weg der Andacht und Verehrung

Am Anfang steht immer das Eine: die Unzufriedenheit. Sie kann tausend Gesichter haben, und wir versuchen auf tausenderlei Arten, ihr zu entrinnen. Doch sie ist immer da, wie das ständige Gefühl von Mangel, das uns ein Leben lang begleitet und nie verläßt. Sie kann sich als Gefühl der Leere zeigen, die man vergeblich auf alle erdenklichen Arten auszufüllen sucht; oder als ein Gefühl der Unsicherheit, daß wir auf nichts im Leben wirklich zählen können; oder als Erkenntnis, daß wir nicht alles erleben und tun können, was wir wollen; oder als Wissen, daß der Tod früher oder später all unsere Pläne vereiteln wird. Wir fühlen uns schwach und unzufrieden. Etwas ist nicht ganz im Lot.

Darüber gibt es eine erstaunliche Theorie. Irgendwie ist die Vollkommenheit in unserem Inneren und dem Außen bereits da. Und – oh, Ironie des Schicksals – wir selbst zerstören sie immer wieder mit unserem Egoismus und Wahnsinn, in unserer Manie, alles selber machen zu wollen und unserer Blindheit für das Selbstverständlichste und Natürlichste der Welt. Der große Dichter Kabir war Muselmane und Hindu zugleich. Er hatte den Weg der Andacht gewählt, jedoch nicht im asketischen Sinn, denn er liebte Gott in allen Dingen. Er sagt:

> Du fühlst, daß es einen Geist gibt, der liebt, Vögel und Tiere und Ameisen – es ist womöglich derselbe Geist, der Dir Leben gab, als Du noch geborgen warst in Deiner Mutter Schoß. Sag, ist es richtig, daß Du heute umherirrst wie eine Waise? In Wahrheit bist Du es, der den Rücken gekehrt und beschlossen hat, allein im Dunkeln zu wandern. Nun hast Du Dich verwickelt mit all den andern, und hast vergessen,

> was Du einst wußtest, deshalb hat all Dein Tun den entsetzlichen Geschmack des Versagens.[1]

Jeder spirituelle Weg geht von diesem Gefühl der Unvollkommenheit aus und vom Wunsch, zur Einheit zu finden. Dazu benützt der Weg der Andacht und Verehrung jenes Gefühl, das die Sehnsucht nach der verlorenen Einheit wohl am stärksten verkörpert, nämlich die Liebe. So gesehen, ist dies wohl der menschlichste aller Wege, denn er geht vom tiefsten aller menschlichen Gefühle aus.

Wir alle lieben etwas oder jemanden: einen Menschen, eine Idee, Macht oder Vergnügen, Geld oder Gesundheit, unser Heimatland oder die Wahrheit. Unsere Liebe kann gierig, unstet oder unangemessen sein. Doch sie ist da, und damit ist der Anfang bereits gemacht. In dieser Liebe – egal wie begrenzt sie auch sein mag – ist das Verlangen nach der vollkommenen Schönheit enthalten; wir müssen sie ernst nehmen.

Das bedeutet auch, daß unsere alltäglichen Stimmungen viel weitere Kreise ziehen, als wir vermuten. Unsere Wünsche und unsere Liebe sind nicht nur das, was sie offen zeigen, sondern vor allem, was sie verdecken. In unseren Gelüsten, in einer Zuneigung, ja selbst in absurden, destruktiven Verlangen wie Fetischismus oder Drogensucht liegt neben den bekannten Aspekten auch jenes weit umfassendere Verlangen verborgen, nämlich unsere verzweifelte Sehnsucht nach dem Unendlichen. Jeder sucht es auf seine Art.

So betrachtet, sind wir alle bereits auf dem richtigen Weg; wir sind auf dem Weg der Hingabe, wenn auch noch unbewußt und weit entfernt vom Ziel, denn irgendetwas verehren wir alle.

Doch man muß etwas unternehmen. Man muß die Liebe bewußt auf etwas richten, das man als höchstes, schönstes und größtes Ziel erkennt; und es geht darum, daß diese Liebe immer reiner und stärker wird.

Selbstliebe, Gier, erotische Leidenschaft, der Wunsch nach Freundschaften, liebevolle Eltern-Kindbeziehungen – das ist das Rohmaterial. Diese Gefühle werden auf ein anderes Ziel umgelenkt; ihre Energie strebt nun zum Göttlichen – zu Christus, Ram, Jshvara, Jehova, Allah, zur göttlichen Mutter, zu Gott – und es ist die Kraft dieser Gefühle, die uns in transpersonale Sphären bringt. Man liebt die Menschen deswegen nicht weniger; doch man liebt sie in einem anderen Licht. Frühstück für die Kinder bereiten, einen Kranken pflegen, einen Freundesdienst erweisen, ja sogar einem Fremden den Weg erklären; jede Begegnung wird zur Erkenntnis und zum Dienst an Gott.

Wie viele Menschen in unserer großartigen, aber auch wirren Zeit negieren Gott oder finden dieses Thema unwesentlich! Für sie gibt es entschieden Wichtigeres. Man kann durchaus einen spirituellen Weg gehen, ohne an Gott zu glauben. Für andere allerdings, oft auch für Kinder, ist die Verbindung zum Göttlichen etwas sehr Innnerliches und Schönes. Vielleicht mögen sie gar nicht darüber sprechen in dem weltlichen Klima, das sie umgibt. Wer setzt sich schon gern der Lächerlichkeit aus? Doch es liegt ihnen viel daran. Sie beziehen daraus Hilfe und Unterstützung. Sie wenden sich an Gott, um Kraft zu schöpfen, wenn sie es schwer haben, aber auch in schönen Momenten, um ihm zu danken. Sie sehen Gott in der Schönheit der Natur, oder in Augenblicken selbstloser Liebe und im Glück des Musikerlebnisses. Für sie ist die Abwesenheit von Gott gleichbedeutend mit Leere und Angst, während seine Präsenz Freude ist. Im Leben lassen sie sich von Gott leiten. Und wenn sie sterben, spendet er ihnen Frieden. Immer ist Er ihr Weg. Gott hat viel mehr Einfluß auf ihr psychisches Gleichgewicht als alle Therapien und Psychopharmaka dieser Welt zusammen. Wir täten gut daran, uns dieses immer wieder vor Augen zu halten: Gott stirbt nicht so leicht.

Streben die Gefühle einmal zum Göttlichen, dann fließen sie in einem Strom, wachsen, verfeinern und veredeln sich. Die Sprache, mit der wir sie beschreiben, verrät oft ihre Herkunft. Es ist eine zärtliche, leidenschaftliche Sprache, aus dem Alltag gegriffen. Man geht nicht von einer unpersönlichen, kosmischen Intelligenz aus wie in der Wissenschaft; hier ist eine persönliche Beziehung zum Göttlichen spürbar, das häufig noch menschliche Züge hat. Diese Beziehung ist voller Wärme, Intimität, ja auch Sinnlichkeit. Manchmal verwirklicht sich sogar des Menschen kühnster Traum, die sexuelle Vereinigung mit Gott, die mystische Hochzeit.

Die Intimität beruht hier allerdings nicht auf Gegenseitigkeit. Dieser Beziehung liegt eine demütige Haltung zugrunde, welche die eigenen Grenzen anerkennt und die Einsicht, daß man allein das Rätsel des Lebens nicht lösen kann. Dies ist der einzige Weg, auf dem nicht Qualität und Begabung zählen, sondern die Schwäche.

Wer seine Grenzen anerkennt, braucht nicht mehr etwas zu sein, was er nicht ist, und das ist eine große Entlastung.

Mit dem Eingeständnis unserer Schwäche werden wir sozusagen wieder zu Kindern. Wir alle hegen mehr oder weniger versteckt, verdrängt oder neurotisch überhöht den Wunsch, wieder kindlich sein zu dürfen, wieder in der Obhut eines Menschen zu sein, der uns beschützt und für uns sorgt. Diesen Wunsch müssen wir überwinden, um zur vollen psychischen Reife zu gelangen. Er wird auch auf diesem Weg überwunden, aber auf eine seltsame Art. Man verdeckt ihn nicht, sondern läßt ihn ganz aufblühen. Sobald man angesichts der Schwierigkeiten und Rätsel unseres Daseins die eigene Beschränktheit zugeben kann, ist man auch bereit, Hilfe von einer höheren Quelle der Weisheit und Macht anzunehmen. Solche Hilfe fällt uns dann im Übermaß zu.

Der Weg der Hingabe und Andacht ist so bewegt wie kein anderer. Wir finden dort die großen Mystiker: Die hl. Teresa und Johannes vom Kreuz, Rumi, Hafiz, Naradha und Kabir. Es war viel Licht im Leben dieser Menschen, und ihre spirituellen Abenteuer waren so vielfältig und so reich, wie wohl auf keinem anderen Weg. Wir wollen einige ihrer Erlebnisse betrachten.

Vor allem fallen die Äußerungen von sublimierter Liebe und gefühlvoller Hingabe auf. Es ist leidenschaftliche Liebe, Glut, Ekstase. Und verbunden mit diesen Gefühlen treffen wir Phänomene wie die «Gabe der Tränen» an. Die hl. Katharina spricht von geistigen Tränen bei Menschen, die die vollkommene Liebe erreicht haben. Es sind Tränen «voller Sanftmut und Frieden», im Unterschied zu den Tränen des Todes und der Angst bei Menschen, die innerlich noch nicht geläutert und noch voller Qualen sind.[2]

Von dieser Umkehr der Gefühle wird das Unbewußte berührt; wir erkennen dies an den Träumen. In der Philokalie (einer Sammlung asketisch-mystischer Schriften orthodoxer Theologen, Anm. d. Autors) heißt es, daß sich die Träume «sehr sanft der Seele nähern und sie mit geistiger Freude erfüllen».[3]

Manchmal nimmt man den eigenen Körper vollkommen anders wahr; sei es, daß man ihn im Zustand der Verzückung überhaupt nicht mehrspürt, oder daß man ihn vollkommen verwandelt erlebt wie Julian von Norwich, die in ihrem Herzen die Gottesstadt erblickte:

Gott hat mir die Augen geöffnet und mir die Seele in meinem Herzen gezeigt. Die Seele war so groß wie das ganze Universum und ein Reich voller Glückseligkeit. Es war eine wunderbare Stadt.[4]

Häufig hört man Töne wie Richard Rolle, dessen Gedanken sich in Musik verwandelten; wie der heilige Franz von Assisi, der eines nachts beim Beten ein wunderbares Lied von einer Zither hörte und glaubte, daß er nun «in eine andere Welt getreten sei»[5]; oder Shamsoddin Lahiji, der sah, daß das Universum nur aus Licht besteht und hörte, wie alle Atome gemeinsam riefen: «Ich bin Gott», ein jedes auf seine Weise.[6]

Es gibt Visionen und Gesichte. Enrico Suso schrieb z. B., daß er stundenlang über die Glückseligkeit des Paradieses meditierte. Eindrücklich ist seine Beschreibung des Tanzes der Engel, die «gewaltige, ausgelassene Sprünge und Hüpfer vollführten, das Herz voller Jubel... Es war kein irdischer Tanz, wie wir ihn kennen. Es war ein paradiesisches Hin- und Herfließen in den einsamen Tiefen des göttlichen Wunders»[7].

Der Weg der Andacht gipfelt in der Kontemplation des weißen Lichts, das über alle mythologischen und kulturellen Vorstellungsbilder hinausgeht. Sehr anschaulich zeigt dies die Geschichte von Ramakrishna. Er befand sich an einem gewissen Punkt seines Lebens in einem Zustand der Agonie; alles war sinnlos geworden. Er wollte sich umbringen, und so sprang er in einem Augenblick von Wahnsinn auf und packte sein Schwert.

Das war seine Erleuchtung:

Es war, als wären mit einem Mal Häuser, Türen, Tempel und alles vollkommen verschwunden, als gäbe es überhaupt nirgends mehr etwas. Und ich gewahrte ein Meer aus Licht, unendlich und uferlos, ein Meer, das Bewußtsein war.[8]

Wie reich und wie armselig zugleich, wenn sich alle Lebensenergien auf einen einzigen Punkt konzentrieren, und alles übrige belanglos wird. Um auf diesem Weg voranzukommen, muß man sich von Verhaftungen lösen können. Sich-lösen bedeutet nicht unbedingt Askese; es heißt lediglich frei sein und nichts im Leben für unerläßlich halten. Eine solche Haltung macht uns leicht und voller Freude, so wie man sich nicht fühlen kann, solange man noch, von tausend

Wünschen gejagt, deren Bürde, Sorge und Not mit sich tragen muß. Dieses Nicht-haften ist eine innere Verfassung, die sich in jeder Lebenslage bewährt und auf jedem Weg zum Selbst unerläßlich ist.

Auch der Weg der Andacht kann schwere Zeiten bescheren. Da dieser Weg in all seinen Phasen besonders intensiv erlebt wird, werden auch seine dunklen Momente sehr lebendig beschrieben. Wie das Göttliche kann man auch sein Gegenstück, die Hölle, wahrnehmen. Die heilige Teresa von Avila erfuhr die Hölle als einen endlosen, engen Tunnel, der düster und beklemmend war, als ein Gefühl der Agonie im ganzen Körper, denn sie mußte zusammengekauert und eingeklemmt darin verharren, und die Wände lasteten schwer auf ihr. Doch viel schlimmer noch war die Agonie der Seele, denn sie war ein Ort ohne jegliche Hoffnung und ohne Ausweg. Es war eine kurze Vision während des Gebets, die nur wenige Augenblicke dauerte, doch sie erfuhr es als entsetzliches Leiden.[9]

Für Johannes vom Kreuz leidet die Seele in der dunkeln Nacht, weil ihr das göttliche Licht dann offenbart, wie unvollkommen und ohnmächtig sie ist. Man fühlt sich wie in einem dunklen Kerker, mit gefesselten Händen und Füssen.[10] Beide Erlebnisse beschreiben eine allgemeine Situation; auf diesem Weg stellt sich das Leiden in der lebendigen, direkten Konfrontation mit höheren Bewußtseinsebenen ein, im Läuterungsprozeß, der notwendig ist, um zu jenen Ebenen vorzustoßen.

Der größte Feind auf diesem Weg ist Fanatismus in all seinen verschiedenen Formen. Wenn sich das ganze Gefühlsleben auf ein einziges Ziel ausrichtet, kann man durchaus fanatisch werden. Und zwar richtet sich dieser Fanatismus gegen die anderen. Menschen mit diesem Fanatismus wollen bekehren, um jeden Preis deine Seele retten – und dich in die engen Bahnen ihrer Gedankenwelt hineinzwängen. Sie belagern, ermahnen dich, und wenn sie können, verbieten sie alles, was ihrem Glauben zuwiderläuft. Sie bitten um finanzielle Unterstützung; sind sehr erstaunt, wenn du ihre Begeisterung nicht teilst; verfolgen dich, wenn du dich abwendest, und machen auch vor Drohungen nicht halt, wenn du aus ihrer Kirche, Sekte oder Partei austreten willst. Sie bringen dich auf den Scheiterhaufen, damit du dich von deinen Sünden reinigen kannst. Und bei alledem sind sie zutiefst überzeugt, nur Gutes zu tun.

Auch hier wollen wir daran denken, einen Weg nicht nach den

Exzessen zu beurteilen. Kreuzzüge, Hexenverfolgungen, Inquisitionen, Glaubenskriege, Verbrennung von Ketzern, Terrorismus, all dies sind üble Entgleisungen auf diesem Weg. Oft schaffen solche Entgleisungen das Gegenteil von dem, was sie beabsichtigten. Eigentlich sind die Grundpfeiler dieses Weges Liebe, Leidenschaft, Freude und Hingabe. Auch das Feuer ist ein wesentliches Element, und eben hier liegt die Gefahr. Aber sollten wir deshalb auf das Feuer verzichten?

Und noch etwas bleibt zu sagen über zwei der Wege, die Vieles gemeinsam haben. Andacht und Meditation (der Weg der Erleuchtung) sind immer wieder miteinander verbunden worden (vor allem im Christentum hat die Andacht die Meditation stark geprägt), und in der Tat gleichen sie sich auch sehr. Beide waren sie anerkannt und verbreitet und kannten strenge Regeln wie kein anderer Weg in der ganzen Menschheitsgeschichte. Beide legen Wert auf eine systematische Praxis des inneren Losgelöstseins, und in beiden geht es ausdrücklich um Liebe.

In gewissen Aspekten unterscheiden sie sich allerdings; so umfaßt die Liebe in der Meditation alle Lebewesen, während sie sich bei der Andacht ausschließlich auf das Höchste Ziel richtet. In der Meditation ist die Liebe Werkzeug der Erkenntnis; sie schaut das innerste Herz der Menschen und das Wesen des Lebens. Dagegen ist sie in der Andacht viel leidenschaftlicher und feuriger. Auf dem Weg der Andacht ist das Loslassen in der Regel ein harter Prozeß. Das Nichthaften in der Meditation wird weniger als Mittel zur Befreiung betrachtet, sondern als deren Folge. Und auf dem Weg der Meditation wird die Vernunft, die letztlich zwar überwunden werden muß, oft angenommen und sogar für die Bewußtseinserweiterung eingesetzt. Der Weg der Andacht hat die Un-Vernunft der Selbstaufgabe als Grundlage. Doch je weiter man voranschreitet, um so mehr beginnen sich die beiden, ja eigentlich alle Wege, zu gleichen. Gerade wie die Regenbogenfarben, wenn sie zusammenfallen, zu Weiß werden, so verschmelzen die verschiedenen Wege am Ende in dem einen großen Licht.

Anbetung

Anbetung – fast ein antiquiertes Wort. Wir haben auch gleich unsere stereotypen Assoziationen: Weihrauchdüfte, Heiligenbildchen, auf denen irgendein Heiliger ergeben den Blick zum Himmel hebt, das Herz durchbohrt von göttlichen Pfeilen; Reliquien, die vergöttert werden, kurz, Frömmelei der übelsten Sorte. Wir denken auch an jenen religiösen Eifer, mit dem sich jemand Gott aneignet, Ihn sozusagen zum persönlichen Steckenpferd, zum politischen Aushängeschild oder zum Vorwand nimmt, um andere Menschen zu töten. Leider hat die Anbetung nicht eben den besten Ruf. Sie ist in den letzten zweitausend Jahren immer wieder gebraucht und mißbraucht worden; sie hat im guten und im schlechten Sinn im Dienst der großen Religionen gestanden, ist für politische Zwecke mißbraucht worden und hat, wie alle starken Kräfte, viel Unheil angerichtet.

Dennoch brauchen wir das Kind nicht gleich mit dem Bade auszuschütten. Wir müssen unterscheiden zwischen dem unverfälschten, reinen Transpersonalen und dessen degenerierten, verzerrten Ausdrucksformen. Dann stoßen wir unter dem alten Kram und Aberglauben auf echte Anbetung, dieses lichte, reine Gefühl, diese tiefe Selbstlosigkeit. Anbetung bedeutet Hingabefähigkeit ohne Gegenforderung; tiefe, ganzheitliche Hingabe, bedingungslose Treue in guten und in schlechten Zeiten, betreffe es einen Menschen, eine spirituelle Ordnung oder das Göttliche.

Vielleicht verstehen wir Verehrung und Hingabe besser, wenn wir an Gelegenheiten denken, da sie uns direkt betrafen; wenn jemand zu uns hielt, auch in schlechten Zeiten, obwohl es ihm nichts eintrug, und obwohl er dabei sogar etwas verlieren konnte. Wir verstehen Treue gerade auch in Momenten, wenn sie fehlt. Wenn sich ein Mensch, auf den wir uns fest verlassen hatten, plötzlich abwandte, oder wenn uns Freunde, auf die wir zählten, verrieten oder gerade dann im Stich ließen, wenn wir sie am meisten gebraucht hätten.

Anbetung ist eines der elementarsten Gefühle des Menschen. So steht also auch am Anfang dieses spirituellen Weges ein Grundzug des menschlichen Wesens. Wir beginnen mit den Gefühlen von Liebe und Treue, auch wenn die menschliche Natur, die schwächlich und unberechenbar ist, deren Gegenteil genauso kennt; sie vergißt leicht und widerspricht sich tausendmal. Die Anbetung muß nach und nach erstarken und verfeinert werden, damit sie zu einem jener höheren Gefühle werden kann, die im Überbewußtsein beheimatet sind und sich oft mit unseren schönsten Erlebnissen verbinden: mit Freude, Liebe, Heiterkeit, Frieden, die wir als lebendig, rein, frei und großartig erfahren - im Vergleich zu den alltäglichen Gefühlen - wie frische Bergluft anstatt der stickigen Stadtluft.

Anbetung verstehen, heißt, das Herz verstehen. Das Herz ist das Zentrum der Seele, deren innerster, lebendigster Teil. Oft ist es zerrissen von widersprüchlichen Wünschen. Wer oder was liegt uns wirklich am Herzen? Vielleicht alles und alle. Vor allem in der heutigen Zeit, da wir mit Reizen, Hektik und Geschäftigkeit bombardiert werden, ist das Herz zerrissen, fahrig und zersplittert. Unsere Gefühle werden oberflächlich, unstet, egoistisch.

Anbetung ist die Wiederentdeckung des Herzens; sie bedeutet das Beiseite räumen dessen, was im Weg steht. Sie ist das Wiedersehen mit den reinen Gefühlen und bedeutet, daß wir alles unternehmen, damit die Herzensschwingungen durch und durch warm und wahrhaftig werden. Anbetung heißt auch erkennen, daß all den Wünschen, die uns oft zerreissen, ein einziger Wunsch zugrundeliegt: Das Verlangen nach etwas, das größer ist als wir.

In diesem Kapitel wollen wir unser Augenmerk gewissermaßen auf die Koryphäen der Anbetung richten. Es sind große Vorbilder, dem einen höchst erstrebenswert, dem anderen jenseits alles Erreichbaren; womöglich findet er sie sogar exaltiert und kann sich mit ihrer Art zu sehen und zu fühlen nicht anfreunden. Wie immer muß ein jeder den Weg einschlagen, der ihm entspricht, ohne die anderen zu verurteilen. Doch etwas steht fest; das Grundthema dieses Weges ist ein wesentlicher Aspekt der menschlichen Psyche. Welchen Weg auch immer wir wählen, wir erfahren unendlich viel über uns, wenn wir uns fragen: Was liegt mir wirklich am Herzen?

Um die Anbetung zu umschreiben, wurden viele konkrete Bilder verwendet. Vor allem treffen wir das Bild der leidenschaftlichen Liebe, jener köstlichsten und erfüllendsten Form der Erotik. Sie umfaßt ekstatische Hingabe und uferlose Trauer, wenn sie das Geliebte verliert; das Liebesspiel, in dem das Geliebte einmal da ist, ein andermal sich entzieht, so daß die Leidenschaft wächst, bis sie glüht; Liebkosungen, Küsse, Umarmungen, und schließlich die mystische Hochzeit. Angela da Foligno schreibt:

...ich sah und spürte, daß Christus in meinem Innern die Seele umarmte... Und ich ruhte in einer Freude, die um Vieles gewisser und größer war, als ich es kannte. Seither wohnt in meinem Herzen eine Freude, durch die ich verstand, daß jener Mensch, Christus, im Himmel ist und wie unser Fleisch ganz eng mit Gott verbunden ist.[11]

Auch die Metapher des Feuers steht immer wieder für die Liebe. Liebe kann zur Glut werden – wie oft wird es uns ganz warm ums Herz. Hier ein Erlebnis des englischen Mystikers Richard Rolle, das uns solche Glut und solches Staunen spüren läßt:

Ich kann kaum sagen, wie überrascht ich war, als mir das Herz zum ersten Mal warm wurde. Es war wirklich Wärme, keine Einbildung; ich glaubte tatsächlich zu brennen. Ich erschrak heftig, als es sich einstellte, diese Empfindung schenkte mir großes, unerwartetes Wohlbehagen. Ich griff immer wieder an die Brust, um mich zu vergewissern, daß nicht etwa eine physische Ursache für diese Wärme vorlag! Doch als ich merkte, daß sie ganz und gar von innen kam, daß dieses Liebesfeuer keinen materiellen oder sündigen Ursprung hatte, sondern ein Geschenk des Schöpfers war, da fühlte ich mich überglücklich und wünschte nur, daß meine Liebe weiter wachsen dürfe. Diese Sehnsucht wurde noch brennender durch die köstliche Wirkung und die tiefe Süße, die die heilige Flamme meiner Seele schenkte.[12]

Das «Liebesfeuer» ist ein Grundaspekt des Gefühlslebens; wenn alle Gefühle in eine Richtung streben, überhitzen sie sich. Wahnsinn und Rausch sind zwei weitere Metaphern, die nicht nur die Intensität, sondern auch die Heftigkeit beschreiben, mit der es die ganze Persönlichkeit erfaßt. Der Feind dieses Feuers ist die Vernunft, die mit ihrem gemächlich abwägenden und bemessenden Vorgehen dem Liebesimpuls im Wege steht. Man muß die Vernunft erhängen wie einen Dieb, sagt Ramakrishna. «Gott kann man nicht erkennen, nur lieben», heißt es in der «Wolke des Unwissens», was nicht so sehr als Feststellung, sondern vielmehr als Hinweis auf eine Methode zu verstehen ist.[13] Wir sollen ihn gar nicht erkennen wollen, denn das wäre, als wollte das Endliche das Unendliche erfassen und besitzen: Das wäre gleichermaßen arrogant und überschwänglich. Aber Gott lieben – ja, das ist immer möglich.

Ohne Vernunft wird man verrückt; doch es ist eine göttliche, herrliche Verrücktheit, die Verrücktheit eines Verliebten. Oder man wird betrunken: «Betrinke dich mit Liebe» – sagt Rumi – «denn Liebe ist das einzige, was existiert.»

Auch das Bild des Fluges taucht immer wieder auf. Er ist nicht nur Symbol für die Kluft zwischen Mensch und Gott und für die Schwerelosigkeit, die sich in der Anbetung einstellt; er beschreibt auch einige Merkmale dieses Weges. Die heilige Teresa von Avila spricht mehrmals in ihren Schriften vom «Flug des Geistes», wenn man sich plötzlich zum Himmel emporgehoben fühlt:

> (Die Seele) fühlt sich entrückt in einen völlig ungewohnten Raum, große Dinge werden ihr gezeigt, die sie sich selber gar nicht ausdenken könnte, und wenn sie ein ganzes Leben lang damit verbringen würde. So erfährt sie in einem Augenblick unendlich viele Geheimnisse, von denen sie nicht einen Bruchteil erkennen könnte, auch wenn sie jahrelang all ihre Phantasie und ihren Verstand darauf verwenden würde.[14]

Kein anderer Weg zum Selbst kennt eine so direkte und klare Ausrichtung wie dieser. Es heißt nur, den Geist lieben, nach ihm streben, an ihn denken, ihn stets vor Augen halten, sich ganz hingeben. In einer Vision empfängt Katharina von Siena die folgende Botschaft von Christus: «Ich, der Unendliche Gott, möchte, daß du mir dienst in unendlichem Dienst. Und das einzig Unendliche, das ihr habt, sind die Liebe und die Wünsche eurer Seele.»[15] Diese Lebenshaltung hat den Vorteil, daß sie sich selbst regeneriert; die Liebe zur Quelle alles Guten schafft selber Wärme, Überzeugung, Begeisterung und Sicherheit; und das wiederum macht uns dankbar und liebevoll. Dies ist kein Teufelskreis, sondern ein wahrer Engelskreis!

Intensität ist nicht etwa die Frucht, sondern Voraussetzung dieses Weges. In einer östlichen Legende fragt der Schüler seinen Meister, was er tun müsse, um wahre Verwirklichung zu erlangen. Da brachte ihn der Meister zum See und drückte seinen Kopf solange unter Wasser, bis es der Schüler nicht mehr aushielt. Dann fragte er ihn, was er sich gewünscht habe, als sein Kopf unter Wasser war. «Atmen», sagte der Schüler. «Wie stark?», fragte der Meister. «Mit all meiner Kraft», antwortete der Schüler. Darauf sagte der Meister: «Wenn du mit der gleichen Kraft deinen Wunsch nach dem Göttlichen spürst, wirst du auf dem rechten Weg sein.»

Es ist auf diesem Weg grundsätzlich wichtig, daß der Gegenstand der Anbetung einen numinosen Inhalt hat. Man könnte auch Götzen anbeten: Geld, Vergnügen, Erfolg. In der Anbetung stimmen wir uns auf die Schwingung des verehrten Objektes ein und werden empfänglich für dessen Vorteile, aber auch für dessen Probleme, Nöte und was immer damit zusammenhängt. Wenn ich mich also dem Geld hingebe, werde ich geizig; widme ich mich der Gerechtigkeit, dann werde ich gerecht; wenn ich mich Gott hingebe, werde ich gewissermaßen göttlich. Wenn sich das individuelle Bewußtsein über sich selbst hinausentwickeln will, muß es sich auf das Höchste konzentrieren, was es sich vorstellen kann. In einem Abschnitt über Treue und Ausdauer, die bei der Anbetung grundlegend sind, erwähnt die *Theologia deutsch*:

> Das Beste sollte das Liebste sein, und in dieser Liebe sollte nicht angesehen werden Nutz oder Unnutz, Frommen oder Schaden, Gewinn oder Verlust, Ehre oder Unehre, Lob oder Unlob oder dieser eins, sondern was in der Wahrheit das Edelste und das Beste ist, das sollte auch das Allerliebste sein und wegen nichts anderem, denn allein deshalb, weil es das Beste und das Edelste ist.[16]

Es gibt da zweifellos einige Klippen. Die Gottesverehrung selbst kann einen rächenden, feindseligen, launischen Gott zum Inhalt haben und somit einen Aspekt verehren, den wir in uns selbst nicht akzeptiert und deshalb in den Kosmos projiziert haben. Außerdem drohen Fanatismus und Intoleranz. Wirklich befreiend ist nur die Verehrung einer herrlichen, unendlich liebenden, schönen, strahlenden Wesenheit.

Warum sollte Anbetung befreien? Viele Antworten gibt es darauf. Einmal, weil wir in der Anbetung nicht mehr an uns denken. Die Aufmerksamkeit wird von den eigenen Sorgen, Plänen und Wünschen abgelenkt; wir vergessen alles. «Wer liebt, der läuft, fliegt, betet an», heißt es in der «Nachfolge Christi»[17]. Man bewältigt Anstrengungen viel leichter und braucht den Schwierigkeiten nicht auszuweichen. Anbetung macht frei, weil sie uns in einem absoluten Sinn großherzig macht; man gibt sich ganz hin, mit dem ganzen Leben und Wesen. Nichts von uns halten wir zurück. Großmut, Liebe und Dankbarkeit sind die Gefühle, die das individuelle Bewußtsein befreien und erheben. Und dann macht Anbetung auch frei, weil sie die seelischen Kräfte an einem Punkt sammelt und uns dadurch große innere Sicherheit verleiht. Umgekehrt kann Angst von einem Mangel an Anbetung herrühren, wenn man z.B. nicht genau weiß, wem oder was man sich hingeben und ob man dies überhaupt tun soll. Oft ist für einen solchen Zustand die beste Therapie, daß man einen Menschen oder einen Inhalt findet, dem man sich ganz hingeben kann. Und schließlich befreit Anbetung auch deshalb, weil sich das Bewußtsein ganz dem geliebten Objekt anpaßt; indem es das Unendliche liebt, wird es selber unendlich.

Anbetung zeigt uns, daß das Streben nach dem Selbst nichts Aufgesetztes, Künstliches ist, sondern etwas höchst Natürliches. Treu sein – sei es einer Person, einem Prinzip, einer Gottheit, heißt immer, sich selber treu und transparent sein. Wer nicht zu wahrer Anbetung fähig ist, lebt gezwungenermaßen in einem Alptraum. Er irrt durch das Labyrinth seiner geistigen Vorbehalte; er trifft die Zerrspiegel von Ambivalenzen und Doppelbödigkeiten; er rennt mit dem Kopf gegen die Wand des Egoismus und tritt in die Fallen der Lügen, die er sich selbst einredet. Er klettert auf das hohe Roß der kühlen Berechnung und der Vorbehalte; er verläuft sich in den engen Gassen der Vorwände und Spitzfindigkeiten; er geht im Sumpf der Kompromisse unter. Wer anbeten, verehren kann, lebt in einer transparenten, natürlichen Welt, in der die Kraft nicht durch tausend Konflikte und Widersprüche zersplittert wird. Seine Umwelt hat klare Wasser und einen wolkenlosen Himmel.

Diese Haltung sickert nach und nach in alle Lebensbereiche des Menschen. Alles bezieht sich auf Gott. Wie ein Magnet zieht das Göttliche die einzelnen Teile an und wird zum Zentrum, das die Psyche eint. Auf diese Weise kann sich nicht nur das Innenleben ordnen, es ordnen sich auch die mitmenschlichen Beziehungen, das eigene Verhalten und die Wahrnehmung der Welt. Srimad Bhagavata spricht von Menschen auf einer hohen Entwicklungsstufe, wenn sie «mit ihrem ganzen Wesen das Göttliche in allen Dingen sehen, die es gibt, und alle Dinge, die es gibt, im Göttlichen.»[18]

Da haben wir alle Paradoxien unter einem Hut: die Liebe – ganz auf ein Einziges konzentriert, verströmt sich zu allen Wesen hin. Durch strengste Disziplin findet man zur größten Freiheit; man strebt nach dem höchsten, fernsten Ziel und findet es im Allerniedrigsten und Nahen; losgelöst von allem, ist plötzlich unendlicher Reichtum da; wenn man auf das Verstehen verzichtet hat, fällt einem tiefes Wissen, Erkenntnis des Herzens zu.

Das Gebet

Das Gebet ist keine Bitte an Gott, daß er uns begünstige. Sicherlich ist es verwendet worden, um persönliche Wünsche zu befriedigen, Vorurteile zu erhärten, Gewalttätigkeiten zu rechtfertigen und die Kluft zwischen den Menschen oder ganzen Völkern zu vergrößern. Wahres Gebet ist alles andere als das. Es beruht allein auf der Annahme, daß alles Seiende einen Ursprung und Weisheit hat. Das Gebet lehrt uns vor allem, uns für diese Lebensquelle oder Gottheit zu öffnen. Der Abt Bremond sagte, man solle Gott erkennen «als die höchste Quelle, die alle Kraft, Güte und das Leben überhaupt spendet, und sich selbst als Wesen, das sein Leben aus dieser Kraft erhalten hat.» Dann kann man mit dieser Quelle kommunizieren, man kann sie verehren und ihr die eigene Mitte anvertrauen.

Das Gebet ist eine passive Beziehung, denn trotz der Sammlung und Präsenz, die das Gebet erfordert, stellt es letztlich den vollständigen Verzicht auf Initiative dar und schafft eine Leere, in der sich Kräfte und Erkenntnisse einstellen können, die weit über das Individuelle hinausgehen. Auch sind die Gewichte in dieser Beziehung ungleich verteilt, denn da ist das Göttliche, angesichts dessen alle Wesen, auch der Mensch, zu nichts werden. Das Gebet ist etwas innig Vertrautes, denn wir sind mit dem Göttlichen in einem Strom von Leben, Liebe und Wärme verbunden. Es ist etwas Natürliches, denn im Gebet wendet sich der Mensch der eigenen Quelle zu. Mit den Worten des Jesuiten Guilloret: «Keine andere Handlung könnte dem Menschen näherstehen als die tiefe Verehrung dessen, was größer ist als er selbst.»[19]

Das Gebet ist also eine Beziehung. Und wie jede Beziehung wird es vom Gegenüber geprägt. Wenn es aggressiv ist, dann sind wir auf der Hut; wenn es interessant ist, sind wir vielleicht neugierig; wenn es freundlich ist, dann sind wir es vermutlich ebenfalls. Im Gebet ist das Göttliche unser Gegenüber, die unendliche, unvorstellbare Kraft. Was dieses Gegenüber auszulösen vermag, ist bestimmt von Mensch zu Mensch verschieden, nur eine Bedingung gilt für alle: In dieser Beziehung kann man nicht halbwegs oder zerstreut dabeisein. Wenn sie gelingen soll, dann erfordert sie unsere ganzheitliche Beteiligung. Schon dadurch ist eine Sammlung wie in der Meditation gegeben.

In dieser Beziehung haben wir keine andere Wahl, als so ungeschminkt wir selbst zu sein, wie wir uns möglicherweise noch keinem Menschen je gezeigt haben. Wir sind dann durch nichts bedingt, wie jemand, der nichts zu verlieren, nichts zu verbergen und auch nichts zu beweisen hat. Wir *sind* einfach. Wie der heilige Franz von Sales sagte, kann man mit Gott nur sein wie eine reglose Statue im Park; da gibt es nichts zu tun, zu sagen oder zu beweisen. Wir sind wehrlos und verletzlich und spüren, daß uns ein höheres Bewußtsein Schicht um Schicht durchdringt und versteht. Schon der Verzicht auf die eigene Abwehr und das Eingeständnis, daß wir so sind, wie wir sind, ist eine große Entlastung.

Das Gebet bedeutet für viele einen der wahrsten Momente im Alltag, der sie mit der eigenen Quelle verbindet. Für sie ist es die notwendigste und selbstverständlichste Handlung; ein Leben ohne Gebet wäre für sie wie ein Baum ohne Wurzeln oder ein Kind ohne Familie. Es wäre ihnen eine Qual, nicht zu beten.

Da haben wir also eine zutiefst natürlich Beziehung, die doch unmöglich ist, oder was könnte man sonst über ein Verhältnis sagen, in dem das Endliche dem Unendlichen von Angesicht zu Angesicht gegenübersitzt? Offenbar scheint ein solches Verhältnis den Zweck zu haben, alles Sichere zu entthronen, Denkmuster zu durchbrechen und jegliche Anmaßung aus dem Weg zu räumen. Wir gehen von jenem Wesen aus, das wir «Ich» nennen; dieses tritt mit seiner individuellen Geschichte, seinen Ungereimtheiten, mit seiner raumzeitlichen Begrenztheit und gänzlich ohne Mittler vor das unfaßbare, unendliche Mysterium. Ein absurdes Unterfangen, könnte man meinen, wenn da nicht ein grundlegender Faktor mit im Spiel wäre: Der Mensch, der betet, weiß um seine Grenzen und hat sie angenommen.

Der Mensch verzichtet also auf dem Weg der Anbetung mehr als anderswo auf seine Autonomie. Unsere unvermeidlichen Schwächen begleiten uns auf Schritt und Tritt. Alter und Tod kommen immer näher; Änderungsversuche mißlingen; das Leben mit seinen rauhen Ecken verletzt uns immer wieder; das Unbekannte mit seinem unergründlichen Mysterium umgibt uns überall. Wir fühlen uns schwerfällig und unzulänglich. Und gerade dieses qualvolle Wissen wird zur Kernaussage des Gebetes, denn wir verzichten von vornherein darauf, daß wir es selber schaffen: «Komm zu Gott», sagt Madame Guyon, «wie ein schwaches Kind, dreckig und verbeult – ein

Kind, das sich wehgetan hat, weil es immer wieder hingefallen ist. Komm zu Gott, wie einer, der keine eigene Kraft hat; komm zu ihm wie einer, der aus eigener Kraft nicht wieder rein werden kann.»[20]

Es ist eine weise Wahl. Wenn wir uns einem höheren Wesen anvertrauen, können wir die eigenen Grenzen überschreiten. Sicherlich ist es keine einfache Beziehung. Wie könnte es auch anders sein, da es eine Beziehung mit dem Unsichtbaren ist, die keinerlei Gewähr gibt und uns dennoch das Höchste abverlangt? Aber es ist auch eine ideale Beziehung; denn wir wissen, daß wir uns einem Wesen anvertrauen, das uns tausendmal besser kennt, als wir selbst uns kennen, und uns so lieben kann, wie wir es uns immer gewünscht haben.

Das also ist der Kern des Gebets. Er bleibt überall derselbe, auch wenn sich die äußere Form häufig und stark ändert. Man betet mit Worten und mit der Stimme, mit dem ganzen Körper und den Gefühlen, mit der Aufmerksamkeit, dem Geist und der Phantasie, mit dem inneren Dialog und einfach mit Dasein – mit der Stille. Wir verwenden die Fähigkeiten und Ausdrucksformen, die uns am besten entsprechen.

Man darf das gesprochene Gebet nicht unterschätzen. Es braucht nicht beim bloßen Herunterleiern von Formeln zu bleiben, es kann auch höchste Aufmerksamkeit bedeuten. Simone Weil sprach jeden Morgen in tiefer Konzentration das «Vaterunser» auf Griechisch. Wenn ihre Aufmerksamkeit auch nur einen Augenblick lang nachließ, begann sie wieder von vorne. Und sie schreibt über das Erlebte:

> Manchmal reissen schon die ersten Worte meine Gedanken aus dem Körper und entführen sie irgendwohin ins All, wo es weder Aussichten noch Ansichten gibt. Der Raum öffnet sich. Der unendliche Raum der gewöhnlichen Wahrnehmung wird durch einen unendlichen Raum der zweiten, ja zuweilen dritten Potenz ersetzt. Und gleichzeitig füllt sich diese Unendlichkeit der Unendlichkeiten von einem Ende zum andern mit einer Stille, die nicht Abwesenheit von Klang ist, sondern Gegenstand einer positiven Empfindung, viel positiver als die Erfahrung des Klangs. Geräusche, wenn überhaupt welche da sind, erreichen mich erst, nachdem sie durch die Stille gedrungen sind.

Das gesprochene Gebet kann auch die Wiederholung eines Mantras sein. Beim Mantra geht man davon aus, daß uns jeder innere oder äußere Ton für eine bestimmte Bewußtseinsebene öffnet. Durch das wiederholte Anrufen von Gott wird der Kontakt hergestellt. Swami Ramdas, ein Vertreter der indischen Bhakti-Lehre, lebte in einer Höhle und wiederholte den ganzen Tag den Namen Gottes: «Ram». Das war sein ganzer Lebensinhalt. Eines Tages sah er innerlich einen leuchtenden Kreis und ein Freudenschauer erfaßte ihn:

> Er [Ramdas spricht von sich in der dritten Person] tat dies während mehrerer Tage, und dann sah er ein strahlendes Licht, wie einen Blitz, das ihn blendete und durchdrang, so daß sein ganzes Wesen von einem unsäglichen Freudenrausch überflutet wurde. Am Anfang konnte er seine Füsse und Hände nicht mehr spüren, und nach und nach verlor er das Bewußtsein für den ganzen Körper.[21]

Ramdas verbrachte viele Stunden in diesem Zustand. Eines Tages nach dieser ekstatischen Erfahrung sah er, daß sich eine Schlange um sein rechtes Bein geringelt hatte und mit ihrer gegabelten Zunge seine große Zehe leckte. Es erschreckte ihn nicht, denn er sah Gott in der Schlange und empfand den Vorfall als eine Manifestation des Großen Spieles. Drei Morgen lang kam die Schlange wieder, dann verschwand sie.

Sicherlich kann das ständige Wiederholen eines Wortes auch mechanisch und hypnotisch wirken. Andererseits bringt es das Wesen des Gebetes auch äußerst klar zum Ausdruck. Wenn wir es zu unserem zentralen Lebensinhalt machen, den Namen Gottes auszusprechen, dann bezeugen wir damit Gottes höchste Bedeutung.

Man kann das gesprochene Gebet auch mit einer körperlichen Geste verbinden. Es gibt die naiven, jedoch sehr reizvollen und schönen Aufzeichnungen des russischen Pilgers, der beschreibt, wie er den Namen Jesu mit jedem Atemzug wiederholte und dabei seine Aufmerksamkeit auf die Herzgegend konzentrierte. Diese uralte Technik, die bereits in der Philokalie erwähnt wird, ließ sich beliebig während des ganzen Tages praktizieren. Beim Einatmen sagte der Pilger: «Herr Jesus Christus», und beim Ausatmen: «Erbarme dich meiner»:

> Mitunter lichtete sich mein sonst so törichtes Verstehen, so daß ich mit Leichtigkeit Dinge erfaßte und überlegte, an die ich früher nie hätte denken können. Mitunter überströmte die süße Herzenswärme mich ganz und gar, und voller Rührung verspürte ich in mir die Allgegenwart

Gottes. Mitunter empfand ich die allergrößte Freude beim Anrufen des Namens Jesu Christi und erkannte, was das Wort bedeutet, welches er gesagt hat: «Das Reich Gottes ist in Euch.»[22]

Diese liebevolle Hingabe kann zu einem echten inneren Dialog werden. Mit Gott läßt sich sprechen. Man kann mit ihm die eigenen Fehler besprechen, ihn um Rat bitten, ihm danken. Dies tat Teresa von Avila:

(Die Seele) stelle sich vor, sie stehe vor Jesus Christus, oft soll sie sich mit ihm unterhalten und danach trachten, daß sie sich in seine Menschlichkeit verliebe, diese immer vor Augen haltend. Sie bitte um Hilfe in der Not, sie weine mit ihm im Schmerz und freue sich mit ihm in der Freude; auch in guten Zeiten soll sie ihn nicht vergessen, und dafür sind keine studierten Gebete nötig, bloß einfache Worte, die aus ihren Wünschen und Bedürfnissen kommen. Mit dieser Methode kann man in kurzer Zeit hervorragend vorankommen.[23]

Eine solche Haltung ist zutiefst befreiend. In ihrer Autobiographie erzählt Teresa, wie ein Gefühl der Gottesgegenwart sie plötzlich so lebendig durchströmte, daß jeder Zweifel schwand und sie wußte, daß Gott in ihr und sie in ihm war. Dann ist die Seele «aufgehoben», die Erinnerung hört auf; sie zählt nicht mehr, die Vernunft ruht in sich, doch sie bringt keine Gedanken hervor. Man ist vollkommen überwältigt.

Wir beten mit dem, was wir haben. Wenn die Gefühle unser lebendigstes Gut sind, beten wir mit den Gefühlen, mit offenem Herzen, so wie wir an jemanden denken, den wir gern haben, und plötzlich von Gefühlen der Liebe und Dankbarkeit für diese Person überflutet werden. «Für mich», sagte die andere Teresa, nämlich Térèse von Lisieux, «ist Beten die Erhebung der Seele, ein einfacher Blick zum Himmel und ein Schrei der Dankbarkeit und Liebe in schweren wie in freudvollen Zeiten. Es ist etwas Großes, Übernatürliches, das die Seele öffnet und mit Gott verbindet.»[24]

Beten kann man auch im Geist und in der Vorstellung. In der christlichen Tradition wird die Meditation oft als Teil des Gebets betrachtet. Bei stark geistig veranlagten Menschen ist das Gebet tatsächlich der Meditation nahe. Ignaz von Loyola ließ seine Schüler beispielsweise über die Bedeutung der Worte eines Gebets nachdenken, oder er wies sie an, sich mit den fünf Körpersinnen so intensiv und wirklichkeitsgetreu wie möglich verschiedene Szenen aus dem Leben Christi vorzustellen. Es war unmittelbar nach einem Gebet, daß der heilige Ignaz eine Erleuchtung hatte, die ihn, wie er selbst schrieb, in wenigen Augenblicken mehr lehrte, als er zuvor in seinem ganzen Leben gelernt hatte. So schildert er es, in der dritten Person sprechend, in seiner Autobiographie:

> In Andacht versunken, ging er so dahin und setzte sich eine kleine Weile nieder mit dem Blick auf den Fluß, der tief unten dahinfloß. Wie er nun so dasaß, begannen die Augen seines Verstandes sich ihm zu eröffnen. Nicht als ob er irgendeine Erscheinung gesehen hätte, sondern es wurde ihm das Verständnis und die Erkenntnis vieler Dinge über das geistliche Leben sowohl wie auch über die Wahrheiten des Glaubens und über das menschliche Wissen geschenkt. Dies war von einer so großen Erleuchtung begleitet, daß ihm alles in neuem Licht erschien.[25]

Beten bedeutet auch wache Aufmerksamkeit. Für Jeanne de Chantal verhalten wir uns wie Blinde, die nicht wissen, daß sie vor dem König stehen, und sich unangemessen verhalten. Sobald wir es wissen, ändert sich alles. Sie meint, es sei bereits Gebet, wenn wir die Gottesgegenwart spüren, unabhängig von den eigenen Gemütsstimmungen und Umständen. Das Bewußtsein weiß von nun an um Gott in jedem Augenblick, es hält uns wach und hütet sorgsam die Schwelle zur Seele, um alle Zerstreuung fernzuhalten.[26] Im Islam nennt man diesen unablässigen Gedanken an Gott, diese dauernde Liebe «dhikr», in der jüdischen Tradition ist es «deveqùth». Es ist der höchste Wert, der über allen andern steht. In der Philokalie sagt Esicius:

> Achtsamkeit ist eine geistige Methode, die uns, lange Zeit sorgfältig angewendet, ... so weit bringt, wie es uns möglich ist: nämlich zur unfehlbaren Erkenntnis des unerkennbaren Gottes, und dadurch können wir in die verborgenen göttlichen Mysterien eindringen.[27]

Man kann auch in der Stille beten. Vielleicht ist dies sogar die höchste Form des Gebets. «Mache dir beim Beten keine Vorstellung des Göttlichen», sagt Evagrius in der Philokalie, «und erlaube nicht, daß dein Geist von irgendeiner Form geprägt wird; sondern trete dem Unstofflichen auf eine unstoffliche Weise entgegen, dann wirst du verstehen.» Für ihn bedeutet beten, die Gedanken loslassen, sich von den eigenen Gedanken lösen, bis man innerlich leer und still wird.

Gott ist in uns. Der Weg zu Gott ist eine Rückkehr zum eigenen Kern, ein Akt der Einkehr zum Innersten. Auch das ist ein Gebet der Stille oder in der Stille. Im «Gebet der Einfachheit», das Madame Guyon beschreibt, braucht man sich nur in sein Inneres zurückzuziehen und zu glauben, daß Gott im eigenen Herzen wohnt. Alles andere kommt von selbst. Gott ist anziehend wie ein Magnet. Das Schöne an diesem Gebet ist, daß man es zu jeder Zeit beten kann. In der Stille des Inneren findet die Begegnung mit Gott, die Liebeserfahrung, statt. So erzählt Madame Guyon: «Man kann diese Erfahrung, diese Begegnung, auf keine Weise beschreiben. Ich sage nur das Eine, daß solche Liebe, die Gott in dein Inneres flößt, der Anfang einer unbeschreiblichen Glückseligkeit ist.»

Für den heiligen Franz von Sales und seine Anhänger ist das Gebet die «zarte Spitze der Seele», die über das Dickicht von Emotionen und Wünschen hinausragt, eine «unbezwingbare Zitadelle». Diese zarte Spitze der Seele ist das Selbst. Verschiedene Kulturen haben ihm verschiedene Namen gegeben: Nus, Synteresis, Neshamà, Atman. In der christlichen Tradition wurde es verglichen mit einer Bergspitze, mit der inneren Burg oder einem heiligen Schrein. Es ist der stillste Ort der Seele, losgelöst und unberührt von allem äußeren Treiben. Das Gebet ist wie die Meditation ein innerer Akt von großer geometrischer Präzision. Man zieht sich in die verborgensten Gemächer der inneren Burg zurück oder auf «die zarte Spitze der Seele», wo das Zwiegespräch mit Gott möglich wird, und man läßt den eigenen Willen mit dem göttlichen verschmelzen. Die «zarte Spitze der Seele» ist gleichzeitig der leerste und der vollste, reichste Punkt. Nach Pierre Camus haben Glaube, Hoffnung und Barmherzigkeit als die höchsten Tugenden «ihren wahren Sitz und ihre wirkliche Heimat auf dieser höchsten Spitze der Seele, und aus dieser fließen, wie aus einer Quelle glückselig sprudelnden Lebenswassers, Bächlein nach allen Seiten zu den niederen Teilen und Gaben des Menschen»[28].

Das Nicht-Haften

Was wünschen wir uns? Sinnesfreuden oder das Wohl der Menschheit; universelles Bewußtsein oder ein neues Kleid; ein Glas Wasser oder Champagner; Verschmelzen mit der Geliebten oder mit Gott? Wünschen wir unseren Feinden Unheil oder unseren Freunden und allen Menschen Gutes? Und wie wünschen wir? Leidenschaftlich oder unsicher, heimlich oder ganz offen, verschämt oder freudvoll, ambivalent oder begeistert? Wenn wir diese Fragen beantworten, erkennen wir die Eigenart eines Menschen. Wir erfahren auch, was er fühlt und denkt und tut, welches seine Probleme und welches seine Chancen sind. Warum, ist leicht zu sagen. Der Wunsch, das Verlangen, ist stets die Triebkraft, die den Gefühlen und Ideen zugrundeliegt.

Und gerade wegen dieser zentralen Bedeutung des Wunsches haben sich Menschen, die nach spiritueller Befreiung suchten, immer wieder eingehend damit auseinandergesetzt. Ich habe mir in meiner Arbeit die Frage gestellt, welche Rolle der Wunsch eigentlich spielt? Ist er hinderlich oder förderlich? Darauf gibt es vielerlei Antworten, auf allen Wegen. Im allgemeinen läßt sich sagen, daß der Wunsch, vor allem wenn er zu maßlosem Begehren wird, wohl das größte Hindernis für die spirituelle Entwicklung darstellt.

Das ist so, weil insbesondere übertriebenes und nicht zielgerichtetes Begehren zu einem Leben führt, das vollgepfercht ist mit Gegenständen, Verpflichtungen, Personen, Ängsten, Phantasien, Pflichten und Sorgen. Leicht verlieren wir dann den Sinn für das Wesentliche. Vor lauter Sorgen und Hektik vergessen wir zu spielen und zu lachen. Zudem gibt uns alles, woran wir besonders haften – seien es Dinge, an denen wir sehr hängen, Menschen, die uns Sicherheit geben, Rollen, die uns schützen – eine trügerische Identität und entpuppt sich früher oder später als künstliche Stütze, die uns die Möglichkeit raubt, einen Blick in die tiefen Abgründe des Lebens zu tun.

Der Wunsch hindert uns daran, in der Gegenwart zu leben; er verschiebt unsere Mitte dauernd in die Vergangenheit, der wir nachtrauern, oder in die Zukunft, die mit all unsern Hoffnungen befrachtet ist. Wir sind nicht mehr in unserer Mitte und erkennen nicht mehr objektiv. Wenn es gilt, Interessen zu wahren, fallen wir leicht den eigenen Vorurteilen zum Opfer.

Und vom Vorurteil zur Feindseligkeit ist es nur ein kleiner Schritt. Wenn mehrere dasselbe wollen, ist der Kampf schon da. Ängste, Mißtrauen, Gewalt folgen unausweichlich; und wir stecken mitten in Konflikten und Kriegen. Wir wollen zu viel und alles für uns.

Schwierig wird es auch, wenn der Wunsch auf ein einziges Objekt fixiert ist. Das Leben wird immer ärmer (wie bei einem Geizhals, der nur noch Geld zählt); man wird berechnend (wie einer, der Geschäfte über die Freundschaft stellt); man macht sich lächerlich (wenn man nichts als sein Auto im Kopf hat); man wird sentimental (wie jene Nostalgiker, die dauernd in vergangenen Erinnerungen schwelgen); man stellt sich dumm an (wenn wir uns absurdes Verhalten abfordern); oder man demütigt sich selbst (wie jemand, der für Geld oder seine Sicherheit die eigene Würde verkauft). Solche Gier kann in extremen Fällen sehr zerstörerisch sein; sie macht den Geist blind, und führt ins Verbrechen. Denken wir bloß an die versklavende Wirkung von Alkohol und Drogen.

Was aber, wenn Wunsch und Verlangen wegfallen? Es verschwinden Sorgen, Zwänge, die Trennung von den andern. Da wir nichts erwarten, sind wir viel gegenwärtiger und echter; was immer das Leben bringt, wir nehmen es hin, ohne wehmütig zurückzuschielen oder uns aufzulehnen. Nur so sind wir wirklich objektiv. Wenn kein Verlangen mehr den Geist bewegt, wird er ruhig wie der klare, wellenlose Spiegel eines Sees.

Eine weitere Folge des Nicht-Haftens ist die Einfachheit. Wir können uns durchaus in der heutigen Überflußgesellschaft zur Einfachheit bekennen; sie ist eine kluge Antwort auf die Exzesse in Wohlstand und Konsum. Es ist sehr befreiend zu entdecken, daß wir etwas, das wir für unentbehrlich hielten, gar nicht brauchen. In der gelösten Atmosphäre, die sich dann einstellt, ist die Liebe echt und frei von Erwartungen. Nicht mehr verhaftet sein, heißt auch, die Dinge mit Humor zu nehmen, sich an Spielregeln zu halten, flexibel zu sein. Jeder gesunde Mensch tut das. Wenn wir endlich alle Krücken, Zerstreuungen und Ängste losgelassen haben, merken wir, daß es genügt, einfach zu sein. Dann kann sich das Selbst viel leichter manifestieren.

Alles ganz hübsch und logisch, könnte man einwenden, doch der Wunsch lasse sich nicht so einfach ausrotten, er gehöre mit zu den Bedingungen des Menschseins. Versuche man es, dann schaffe man nur Qualen, Schuldgefühle und Enttäuschungen. Das stimmt. Doch es gibt auch Menschen, denen es gelungen ist, heiter und gelassen alle Verhaftungen hinter sich zu lassen. Von ihnen können wir viel lernen. Sie haben ihr Begehren nicht im direkten Kampf überwunden, doch sie haben Situationen geschaffen, in denen es ganz natürlich schwinden konnte. Es gibt vielerlei Möglichkeiten, kreativ mit dem Verlangen umzugehen. Die verschiedenen Wege zeigen sie uns auf.

Man kann beispielsweise:

- das Verlangen auf die erhabensten Ziele richten, die man sich vorstellen kann;
- sich vom Verlangen distanzieren und es so betrachten, als wäre es unserem wahren Wesen fremd und als wollen wir uns nicht von ihm in Besitz nehmen lassen;
- ganz in der Gegenwart leben und mit der Zeit bewußt die Fülle jedes einzelnen Moments erleben;
- den Geist zu Disziplin und Ruhe anhalten, indem man sich von aufwühlenden Vorstellungen löst;
- das Schöne überall sehen, nicht nur in einzelnen Dingen und Menschen;
- uns bewußt all die Not und Bedürftigkeit ärmerer Völker vor Augen halten, so daß uns die eigenen Wünsche wie abstruse Launen vorkommen;
- lieben, so frei wie nur möglich, damit das Herz nicht mehr in illusorischen Dingen Erfüllung sucht;
- dem Tod ins Gesicht schauen, sei es in Gedanken oder in der Realität, und zulassen, daß sich alle Begierden auflösen.

Und immer bleibt der Mechanismus der gleiche. Die transpersonale Sphäre tut sich auf, wenn sich das einst so starre und bewährte Ich auflöst und um ein höheres Zentrum herum wieder neu bildet. Doch gerade das Verlangen ist der Grundpfeiler der Persönlichkeit. Es färbt unsere Wahrnehmung, verstärkt unsere Emotionen, beeinflußt unsere Ideen und Vorstellungen, und es prägt unser Verhalten. Wenn wir an diesem Pfeiler rütteln, dann ist die Persönlichkeit ihrer stärksten Stütze beraubt, und sie kann sich wandeln und für neue Möglichkeiten öffnen.

Noch etwas ist nicht zu unterschätzen. Wenn der transpersonale

Einfluß langsam spürbar wird, erlebt man zumindest zeitweise Gefühle von Fülle, Frieden, Freude und Einheit mit dem Universum, so daß man immer weniger nach anderen Befriedigungen sucht. Dann wird das Loslassen zu einem natürlichen, sozusagen physiologischen Vorgang, so wie im Herbst Blätter vom Baum fallen, wie sich die Schlange häutet oder wie eine Blume aufblüht; man braucht sich keine Gewalt anzutun.

Solche Vorstellungen sind nicht jedermanns Sache. Man kann im Verlangen auch das größte Potential des Menschen sehen, den Puls des Lebens, und es begeistert in die Arme schließen. Hier sind Goethes Worte sehr aufschlußreich, die aus «Dichtung und Wahrheit» stammen: «Unsere Wünsche sind Vorahnungen der Möglichkeiten, die in uns schlummern, und Boten für das, was uns möglich wäre.»[29] Ein herrlicher Gedanke. Wenn wir sie so betrachten, sind unsere Wünsche nicht penetrante Forderungen oder schamlose Triebe, sondern eine Fundgrube künftiger Möglichkeiten. Wehe dem, der sie unterdrückt oder übergeht. Und Erfolg und Ganzheit winkt dem, der sie beachtet und ihnen nachgeht.

Für William Blake sind Wünsche, die man nicht in Handlungen umsetzt, große Unheilstifter. Er ist überzeugt, daß alle Religionen an jenem Punkt irregehen, wo sie behaupten, Gott strafe den, der dem Fluß der eigenen Lebensenergie folge; wir müssen umgekehrt gerade in dieser Energie die «ewige Freude» wiederfinden. Man blockt nur die Wünsche ab, die zu wenig Durchschlagskraft haben. Diese werden dann allerdings passiv, bis sie nur noch ein Schatten ihrer selbst sind. Das ist nach Blake das verlorene Paradies.

Über den Wunsch und das Nichthaften gehen die Meinungen stark auseinander. Auf dem Weg der Andacht ist jedoch klar: Damit sich das Herz für Gott öffnen kann – so sagen alle großen Mystiker – muß es leer werden von allem Begehren und Wünschen. Zum Beispiel sagt Johannes vom Kreuz in seinem asketischen Traktat *Aufstieg zum Berg Carmelo*: Die Wünsche ermüden, quälen und erniedrigen uns, sie machen uns blind und schwach.[30] Ermüdend sind sie, weil sie wie quengelige Kinder dauernd am Rockzipfel der Mutter hangen; quälend wie ein Folterinstrument sind sie, weil sie nie befriedigt sind; blind machend, weil sie uns Sand in die Augen streuen; erniedrigend, weil Begierde die Seele verunstaltet; und sie schwächen uns, wie dies einem Baum geschehen mag, der vor lauter

Trieben keine Früchte trägt. Wir müssen uns von ihnen befreien. Ähnliche Vorstellungen finden wir bei vielen andern. Eine solche Einstellung macht diesen Weg scheinbar zu einem der beschwerlichsten. Die hedonistische Seite in uns mag den Kopf schütteln darüber. Vergessen wir jedoch nicht, daß es für jeden Menschen einen Weg gibt. Für viele ist es höchst erstrebenswert, bescheiden und in Armut zu leben. Immerhin dürfte es uns ehrwürdigen Bürgern einer Konsumgesellschaft keineswegs schaden, wenn wir von Zeit zu Zeit unsere Wünsche unter die Lupe nehmen und uns fragen, welche wirklich echt und welche aufgesetzt sind und uns nur vom Wesentlichen ablenken.

Um das Nichthaften zu veranschaulichen, wurde immer wieder die Metapher des Fremdlings verwendet. So lesen wir in der *Nachfolge Christi:*

> Benimm Dich auf Erden als Pilger und Fremdling, den die Weltgeschäfte nichts angehen. Bewahre Dein Herz frei und gotterhoben, denn Du hast hier keine bleibende Stätte.[31]

Und vom Gedanken an die Fremde ist der Tod nicht mehr weit. Wenn wir sterben, lassen wir alles zurück. Könnten wir uns nicht schon vorher daran gewöhnen? So lehrt Evagrius: «Denk an den Tag deines Todes, stell dir bildlich das Absterben deines Körpers vor; denke darüber nach, erlebe den Schmerz, weise das Eitle, die Kompromisse und die Verrücktheiten dieser Welt von dir, so daß du voranschreiten kannst auf dem Weg der Stille, ohne schwach zu werden.»[32]

Wenn das Verlangen schwächer wird, nimmt auch das Besitzdenken ab, mit dem man den Dingen und Menschen begegnet, sie als bloße Verlängerung unserer selbst betrachtend. In der *Theologia deutsch* ist von einer eigentlichen geistigen Revolution die Rede:

> Sieh, also soll man aller Dinge ledig und los werden, das ist des Annehmens. Wenn man dann der Dinge los wird, das ist die beste, vollkommenste, lauterste und edelste Erkenntnis, die in dem Menschen immer sein kann, und auch die alleredelste und lauterste Liebe, Wille und Begehrung.[33]

Wünsche und Begehren kann man natürlich nicht einfach unterdrükken und ausmerzen. Doch man kann sie umlenken. Die ganze Energie, die zur Befriedigung der egoistischen Ziele aufgewendet wurde, wird auf ein höheres Ziel gerichtet. So wird sie zur gewaltigen Triebkraft, die die Seele in herrrlich strahlende Welten befördern kann. In der «Wolke des Nichtwissens» kann man lesen, daß jeder, der sich echt nach dem Paradies sehnt, geistig bereits da ist.

Hingabe

Du läßt etwas los, an dem du zuvor gehaftet hast, und in diesem Haften war Angst und Gier. Woran hast du gehaftet? An irgendetwas, das dir das Gefühl vermittelte, daß du existierst und Wert und Würde hast: an einem Menschen, einem Lebensstil, einer Rolle, einem Ziel, einer Verheißung von Glück. Das Haften war mit Anstrengung und Kampf verbunden, denn ständig drohte die Gefahr, du könntest das, was du liebtest, verlieren; immer wieder kamen Verunsicherungen, gegen die du dich zur Wehr setzen mußtest. Es ging um Festhalten oder Sterben. Und du hattest dich so vollständig in diesen Kampf verwickeln lassen, daß er ein Teil von dir geworden war. Er gehörte fest zu deinen Lebensgewohnheiten, zu deiner Muskelstruktur und zu deinem Zelleben.

Dann hast du losgelassen.

Du wußtest nicht, was nun geschehen würde, du hattest keine Anhaltspunkte mehr. Das Paket von Ängsten und Anstrengungen, das du immer mitgeschleppt hattest, war plötzlich weg. Und du konntest spüren, daß du schon seit ewigen Zeiten im Plan einer unendlich viel größeren Intelligenz einbezogen warst – die Schwere deiner persönlichen Identität war verschwunden. Du fühltest dich leicht wie noch nie. Und großer Friede erfüllte dich.

Das ist die höchste Form der Hingabe, die zur inneren Befreiung führen kann, wie wir sie bei schöpferischen Menschen immer wieder treffen. Nicht jeder von uns erreicht solche Stufen der Hingabe, doch in einem gewissen Maß kennen wir alle Momente im Leben, in denen wir loslassen. Im Schlaf, wenn wir uns der dunklen Nacht und dem Unbewußten anvertrauen; im sexuellen Orgasmus, wenn wir uns im Ausbruch der Lustgefühle ganz in die Umarmung der geliebten Person geben; beim Lachen, wenn wir für Augenblicke alle Sorgen vergessen, und auch in Momenten, wenn wir alle Pläne über den Haufen werfen und uns ganz von der eigenen Spontaneität leiten lassen.

Solche Hingabe ist erfrischend und aufbauend. Ihr Mangel engt ein und macht steril; wir wollen dann alles unter Kontrolle halten, wir haben Angst. Jeder echten Hingabe liegt tiefes Vertrauen zugrunde, und jede Erfahrung von mißglückter Hingabe ist ein Vertrauensbruch, eine unheilbare Wunde – eine Quelle der Angst vor Auflösung und Tod. Dann beginnen wir zu zögern und uns zu verhärten. Dann ist unser Lachen nicht mehr spontan, der Schlaf wird unruhig; wir sind nicht mehr unbefangen, unser Orgasmus ist nicht viel mehr als kümmerliche Körperzuckungen.

All unseren Widerständen und Ängsten zum Trotz ist die Suche nach Hingabe etwas Universelles. Wir alle sehnen uns auf unsere Art danach, keine Verantwortung zu tragen und nicht denken zu müssen. In der Tiefe wissen wir, daß es einen solchen Zustand gibt, und wir sehnen uns danach. Hingabe kann viele Formen haben. Sie kann bewußt oder unbewußt sein, der eine gibt sich freudig hin, der andere verzweifelt. Man kann sich zum Beispiel der Droge hingeben oder stundenlang vor dem Fernseher sitzen oder laute Musik hören. Dies sind dumpfe Formen der Hingabe, die uns verhärten und betäuben. Man kann sich bewußt einem höheren Willen hingeben. Dies ist die natürliche Folge von Anbetung und Nichthaften. Es ist das vollständige Fehlen von Berechnung und Erwartung; eine erwartungsfreie Haltung also, die sich vor nichts verschließt und offen ist für alle inneren und äußeren Möglichkeiten.

Für Madame Guyon ist Hingabe «der Schlüssel, um zu unergründlichen Tiefen vorzustoßen ... und der Schlüssel zum inneren spirituellen Leben.»[34] Hingabe finden wir auch auf anderen Wegen, nicht bei der Anbetung allein. Doch hier steht sie im Mittelpunkt, da ja die persönliche Beziehung zum Göttlichen das wichtigste Anliegen ist. Ihm kann man sich hingeben und sich darauf verlassen, so vertrauensvoll und bedingungslos, wie dies nur in der aufrichtigsten Liebe geschehen kann. Hingabe ist viel leichter, wenn man sich jemandem hingeben kann.

Hingabe ist oft beschrieben worden als das Werden zum Werkzeug Gottes. Rumi vergleicht sich mit einer Harfe oder einer Flöte, auf der das Göttliche seine wunderlichen Melodien spielt. Es gibt andere, passivere Bilder: Nach Jeanne de Chantal soll man zum hohlen

Gefäß werden, bereit, sich füllen zu lassen.[35] Andere beschreiben die Hingabe als das Verschmelzen mit dem Ganzen, wie der Wassertropfen im Ozean. Für die heilige Veronica Giuliani wird die Seele in der Ekstase von den Wogen eines unendlichen Liebesmeeres getragen.[36] Weitaus am häufigsten sind Vergleiche aus dem biologischen Bereich. Für die heilige Térèse von Lisieux ist Hingabe wie das schlafende Kind in den Armen der Mutter. Oft wird geistige Hingabe mit erotischer Ekstase verglichen.[37]

Für andere wiederum ist Hingabe eine Todeserfahrung. Im Sterben verflüchtigt sich die Seele, und wir werden wie ein Stein oder ein Stück Holz. Ramakrishna sagt: «Lebe in der Welt wie ein dürres Blatt. Wie das dürre Blatt vom Wind bald auf ein Hausdach bald in den Straßengraben getragen wird und nicht selber wählt, so laß auch du dich vom Willen Gottes dahin wehen, wo er will.»[38]

Was uns an der Hingabe hindert, ist stets auch die Quelle unserer Nöte; nämlich unser ichbezogenes Wollen, unser Glaube und dementsprechendes Handeln, daß wir von allem getrennt seien; dies ist die Quelle von Hass, Wut, Trennung, Todesangst. Wir leben und fragen dauernd nach Absicherungen, versuchen Dinge und andere Menschen zu kontrollieren, bemühen uns, die Welt nach unseren Vorstellungen zurechtzubiegen. Wie lächerlich! Und vor allem wie mühsam!

Aber wie, wenn wir mit dem Universum einfach einen Blankovertrag abschließen würden? Eine solche Haltung bezeugt Mut, Großzügigkeit und Aufrichtigkeit, wie sie nur jemand haben kann, der bereit ist, sich selbst in Frage zu stellen und seinen ganzen Einsatz zu geben. Solche Menschen erkennen, daß im Unbekannten, das uns immer wieder Angst macht und das wir vergeblich in den Griff bekommen wollen, ein unendlich weiser und überlegener Wille am Werk ist, den sie vorbehaltlos annehmen.

Dann wäre es also möglich, hier und jetzt glücklich zu sein. Doch es geht um ein Glück, das vollkommen anders ist als alles, was wir uns vorstellen können und unser Herz begehrt. «Was ist das Paradies auf Erden?» wird in der *Theologia deutsch* gefragt, und es heißt: «Alle Dinge, die sind..., diese Welt ist der Vorraum der Ewigkeit und alles, was in der Zeit existiert, alle Dinge und Lebewesen zeigen uns oder erinnern an Gott und die Ewigkeit; denn die Wesen zeigen uns den Weg zu Gott und in die Ewigkeit.» Es gibt nur *etwas* Verbotenes und

Gotteswidriges: den egoistischen Willen, «der vom Ewigen Willen abweicht.»[39]

Hingabe an den göttlichen Willen bedeutet also annehmen, was immer geschieht, denn alles ist Teil des göttlichen Planes. Da gibt es keinen Raum mehr für Vorlieben und eigene Pläne. Was immer geschieht, ist gut. Auf diese Weise erfüllt uns die Kraft, der wir uns anvertraut haben, und sie tut, was wir alleine nie zustande gebracht hätten. Sie läutert und befreit uns in der Stille wirkend und schenkt manchmal Freude und manchmal tiefen Schmerz. Doch man soll es geschehen lassen. Diesen Willen, sagt Jean-Pierre De Caussade:

> ...brauchen wir nur geschehen zu lassen und uns ihm voll Vertrauen blindlings zu überlassen. Er ist grenzenlos weise, grenzenlos mächtig, grenzenlos wohltuend in einer Seele, die ganz und rückhaltlos auf ihn baut, ihn allein liebt und herbeisehnt, und die unerschütterlich glaubt und fest überzeugt ist, was Gott jeden Augenblick fügt, sei das Beste.[40]

All dies können wir nur im Hier und Jetzt tun. Die Vergangenheit mit den lieben Erinnerungen oder Vorwürfen, die Zukunft mit ihren Ängsten und Wünschen verblassen, wenn man sich ganz dem höheren Willen hingegeben hat. An der Gegenwart braucht man nichts zu ändern, denn jeder Augenblick ist ja bereits im unendlichen Willen eingebettet: «Tut was zu tun ist, leidet was zu leiden ist.» Es gibt nur das Mitgehen: Ich will, was geschieht.

Erstaunlicherweise wird man dennoch nicht von den Ereignissen hin- und hergerissen, so daß man nicht mehr weiß, wer man ist und wohin man geht. Wir brauchen nicht unbedingt den Weg der Anbetung zu wählen; es ist immer befreiend, das, was ist, anzunehmen. Wir brauchen dann nicht mehr gegen die Geschehnisse rund um uns anzukämpfen, wir brauchen uns nicht zu ärgern oder zu schämen oder gar zu flüchten. Sie erhalten plötzlich einen gewissen Glanz. Was immer in unserem Leben geschieht, es mag häßlich, ungerecht, sinnlos oder grausam sein, es ist Leben. Eine akzeptierende Haltung, die nichts hinzufügt und nichts unterschlägt, ist nicht nur klug, sie ist auch die edelste von allen, denn sie läßt sich nicht auf Streitereien und Verwünschungen ein. Diese ganzheitliche Annahme liegt jeder wahrhaft erfüllten Stimmung zugrunde, zu der ein Mensch fähig ist. In solchen Momenten sagt jede Zelle unseres Körpers ja, und wir leben das Leben voll.

Solche Stimmungen schenken uns die Ruhe der Mitte, jenen Gleichmut und Abstand von allen Dingen, die auf dem spirituellen Weg grundlegend sind. De Caussade schreibt weiter:

> Leben wir in einem höheren Seelenbereich, dort nämlich, wo Gott und sein Wille an einer immer gleichmäßigen, unveränderlichen Ewigkeit arbeitet. In dieser rein geistigen Behausung, wo das Unerschaffene und Unaussprechliche die Seele grenzenlos fernhält von allem, was der irdischen Schatten- und Scheinwelt eigen ist, dort verweile in Ruhe; dies selbst dann, wenn Stürme über die Sinne hinwegbrausen.[41]

Hingabe also, aber keine zufällige. Es ist die Hingabe des Selbst an die «Göttliche Vorsehung», nicht etwa ein chaotisches Sichgehenlassen oder Nichtstun. Im Gegenteil, die Hingabe des persönlichen Willens an den kosmischen setzt voraus, daß eine strenge Willensdisziplin und innere Läuterung vorangegangen sind. Solche Hingabe bedeutet nicht, sich wegzuwerfen. Nein, man bringt dem Göttlichen bewußt das Liebste dar. In der *Nachfolge Christi* ist Vollkommenheit: «...das Darbringen deiner selbst an den göttlichen Willen, und zwar mit ganzem Herzen, ohne auf eigene Vorteile im Kleinen oder im Großen, in Zeit oder Ewigkeit zu achten, so daß du in unveränderter Geistesverfassung gleich dankbar bleibst für Wohlstand und Nöte...» Und es gibt kein Zurück. Wie Madame Guyon sagt, wenn das Geschenk dargebracht ist, gibt es kein Zurück; geschenkt ist geschenkt, es gehört uns nicht mehr. Es findet eine Art Verlagerung der Zuständigkeit statt; das alte Ich von eh und je gehört mir nicht mehr, es gehört Gott. Nichts und alles hat sich geändert.

Diese ganzheitliche Hingabe entspringt aus einer strengen Disziplin. Man darf nicht nur die gröbsten und offensichtlichsten Bindungen aufgeben, sondern auch Gedanken, Erinnerungen, an denen wir festhalten und die wir ungern preisgeben. Für Johannes vom Kreuz geht es auch um eine «Nacktheit des Gedächtnisses». Wir müssen sozusagen im Angesicht des Absoluten unsere allertiefsten Überzeugungen und alles gehenlassen, was wir je gelernt haben.[42] Dies alles mag esoterisch ungreifbar anmuten, dennoch ist nichts leichter als das. Es sind eigentlich lauter Alltagsweisheiten:

- Nimm die Dinge, wie sie sind, Du sparst dir Mühe und Anstrengung;

- Wenn Du das Glück im Hier und Jetzt findest, weder in der Vergangenheit noch in der Zukunft, dann bist Du echt glücklich;
- Wenn Du nicht an Deinen Ideen hängenbleibst, verhärtest Du dich nicht;
- Wenn wir uns nicht darauf versteifen, daß die Welt nach unserer Geige tanzen soll, ersparen wir uns viel Kummer;
- Wenn wir uns hingeben, finden wir Lebensfreude.

Der Weg des Willens

Der Selbsterhaltungstrieb ist der stammesgeschichtlich älteste, am tiefsten verankerte Ausdruck des Selbst und stellt die äußerste Grenze vor der Selbstauflösung dar. Normalerweise bewegt sich unser Leben beruhigend weit von dieser Grenze entfernt. Sobald wir allerdings in ihre Nähe kommen, gerät alles in Aufruhr. Schon die kleinste Gefahr löst Panik aus.

Es gibt immer wieder Menschen, die sich gerne in diesem einsamen Gefahrenbereich zwischen Leben und Tod aufhalten. Sie stellen sich ständig selbst auf die Probe, nicht am Leben zu haften, sich zu wandeln und zu erneuern. Sie lassen zu, daß ihr ganzes Wesen immer wieder heftig erschüttert wird, damit Erneuerung stattfinden kann. Das ist der Weg des Willens.

Auf diesem Weg finden wir eine bunte Palette verschiedener Menschen: Pioniere und Entdecker, die sich über die Grenzen der bekannten Welt vorwagen; politische Führer, die ihr Leben aufs Spiel setzten, um sich der herrschenden Gesellschaftsordnung und den Machthabern zu widersetzen; Athleten, die die Grenzen des physisch Möglichen sprengen, und grundsätzlich alle, die sich für irgendeine Sache exponieren und einsetzen.

Nehmen wir das Beispiel des großen norwegischen Pioniers Fridtjof Nansen. Sein Leben lang war Nansen fast besessen vom Wunsch, das Unbekannte zu erfahren. Anfangs stillte er diesen Durst in der wissenschaftlichen Forschung im Bereich der Anatomie. Er untersuchte das Nervensystem und wollte herausfinden, was es mit dem größten aller Rätsel auf sich hatte; er wollte den Ursprung des Denkens ergründen. Er sei auf der Suche nach etwas Großartigem gewesen, schrieb er in seinem Tagebuch. Dann brach er diese Karriere ab und widmete sich der Arktikforschung. Ein völlig anderes Thema, denn hier drohten reale Gefahren und Unsicherheiten, doch es lag derselbe Wunsch nach Erkenntnis zugrunde:

> ...ich stieß auf das große Abenteuer des Eises, tief und rein wie die Unendlichkeit; die arktische, sternklare, stille Nacht, die Urgründe der Natur, die Fülle der Lebenswunder, der ewige Zyklus des Universums und dessen ewiger Tod. Das Fest des Todes, ohne Schmerzen und Entbehrungen, ewig auch dieses! Eingehüllt in die arktische Sternennacht, existiere ich in meiner nackten Einfachheit, von Angesicht zu Angesicht mit der Natur. Ergeben werfe ich mich der Ewigkeit zu Füssen und höre, und ich erkenne Gott, den Allmächtigen, die Mitte des Universums.[1]

Ganz verschiedene Menschen finden wir auf diesem Weg, doch eines haben sie alle gemeinsam: Alle überwinden die Angst, sie überschreiten eine Schwelle, schauen dem Tod ins Angesicht. Und alle überwinden die Urtriebe des Menschen mit dem, was vermutlich den echtesten Ausdruck für unser Wesen darstellt, mit dem Willen.

So entstehen Helden. Sie begegnen dem Leben in seiner ganzen Unberechenbarkeit und Gefahr, wie wir es alle kennen. Doch anders als normale Bürger wollen sie nicht in erster Linie die eigene Haut retten; sie tun oft das Unbequemste oder Absurdeste, aber stets das Richtigste. Der Held handelt großzügig und läßt sich vorbehaltlos mit den Ereignissen ein. Er erforscht Welten, in die sich noch keiner vorgewagt hat; er lehnt sich auf gegen Ungerechtigkeiten, die die Betroffenen selbst schon lange resigniert hingenommen haben; er unternimmt Dinge, die sich keiner ausgedacht hätte, nicht einmal in den wildesten Träumen. Und so verwandelt er das Unmögliche in Mögliches, das Undenkbare in Realität.

Der Weg des Willens ist der direkteste von allen. Wenn er den Gipfel des Berges erreichen will, schaut er weder auf Abgründe noch auf bequeme Pfade; er steuert gradewegs auf den Gipfel zu, ob nun Schnee und Eis dazwischen liegen oder alle möglichen anderen Hindernisse oder Schluchten. Im entscheidenden Moment kennt er kein Zögern, er setzt sich einfach über die Schwierigkeiten der subjektiven Welt hinweg. Oft sind es äußerst phantasievolle, feinfühlige und intelligente Menschen, die diesen Weg wählen. Wenn es draufankommt, setzen sie sich über alle müßigen Ideen, Vorstellungen oder

Gefühle hinweg und handeln entschlossen und wirksam. – Der Weg des Willens ist auch der einsamste aller Wege. Gewiß führen uns alle Wege in Probleme und Schwierigkeiten, die jeder nur aus sich heraus lösen kann, wenn er weiterkommen will. Auf anderen Wegen gibt es allerdings oft Regeln, Ratschläge und Lehrer, manchmal sogar eine stützende Gemeinschaft, die einem helfen, dem Vorhaben treu zu bleiben, weiterzugehen und deren Erfahrungen man sich zu nutze machen kann. Nichts dergleichen auf dem Weg des Willens. Wo es keine festen Bezugspunkte gibt, wo man als erster den Fuß in den unerforschten Dschungel setzt, wo man Regeln nicht befolgen, sondern sprengen muß, auch wenn sie vernünftig scheinen, da wird man sich selber zum Gesetz.

Der Weg des Willens ist auch der konkreteste. Auf anderen Wegen durchlebt man den eigenen Tod symbolisch und legt die alten Verhaltensweisen ab. Hier hingegen riskiert man den physischen Tod – man steht real vor einer aufgebrachten Menge, hängt über dem Abgrund oder steht im unbekannten Land. Auf anderen Wegen erforscht man unbekannte innere Räume; hier sind es die äußeren. Dort erklimmt man innere Stufen, hier hingegen klettert man tatsächlich auf die höchsten Felsenspitzen. Hindernisse treffen wir überall; dort in Form der inneren Dämonen, hier hingegen nicht nur die inneren Hindernissen, die es immer gibt, sondern auch noch die äußeren, die wir sehen, anfassen und hören können. Sei es nun eine vereiste Bergwand, eine Polizeipatrouille, ein gewaltig wogendes Meer, das Dünnwerden der Atmosphäre, die tiefen Meeresgründe, der kosmische Raum.

Und obendrein ist es auch noch der härteste aller Wege. Das individuelle Bewußtsein muß auf jedem Weg zum Selbst auf die eine oder andere Art Grenzen überwinden, um dann in größeren Welten aufzugehen. Dies kann auf vielerlei Arten geschehen. Das Netzwerk der Automatismen, das uns gefangenhält, kann grundsätzlich in Frage gestellt, verwandelt, dekonditioniert, übergangen oder überwunden werden. Auf dem Weg des Willens wird es gesprengt. Aufgegeben werden dabei die Regeln des gesunden Menschenverstands, die eingefleischtesten Gewohnheiten, die größten Interessen, die Grenzen der eigenen Physiologie. Allein mit Willenskraft und Mut bekämpft und überwindet man sie, um in vollkommen unerforschte Räume des eigenen Wesens vorzudringen.

Auf diesem Weg – in bescheidenerem Maß auch auf anderen – ist der Wille maßgebend. Er macht den Unterschied zwischen einem freien und einem unbewußten, ängstlichen, unterwürfigen Menschen aus. Wille ist der klarste Selbstausdruck, denn Wille heißt auch wählen. Wenn unsere Wahl stark und klar ist, ohne Zögern und ohne Ambivalenzen, dann ist es auch unser Wesen. Schließlich kann sich der Wille gerade am Widerstand einer überlegenen Kraft stärken und entfalten; dann nämlich, wenn er das Unmögliche will, und koste es das Leben, und das alles nicht etwa für das eigene Wohl, sondern allein für das Richtige.

Menschen auf diesem Weg sind nicht nur willensstark, sie haben meist auch eine ausgeprägte Gabe, sich in andere einzufühlen. Das ist ein paradoxes Phänomen, denn sie haben sich ja mit ihrer Wahl Einsamkeit auferlegt – nicht nur bei schwierigen Entscheidungen - oft ist es auch eine konkrete physische Einsamkeit. Der Astronaut Russell Schweikhart war der erste Mensch, der abgekoppelt von der Mondfähre frei im Nichts schwebte. Die Erde unter ihm schien ein winziger, leuchtender Punkt im Kosmos, doch in diesem kleinen Ding war alles enthalten, was ihm am Herzen lag – «die ganze Menschheitsgeschichte, Musik, Dichtung, Kunst, Tod, Geburt und Liebe, Tränen, Freude, Spiel...» In dieser Stille, wo «weder Strukturen noch Grenzen noch Schranken» existierten, merkte er, daß er keineswegs ein einsamer Privilegierter war, dem dieses herrliche Spektakel galt, er fühlte sich als Sinnesorgan der Menschheit: «Du schaust hinab auf den Globus, auf dem du die ganze Zeit gelebt hast, und du weißt, daß dort lauter Menschen leben wie du, sie sind du». So fühlte Schweikhart, der in jenem Augenblick das isolierteste Menschenwesen war, das man sich vorstellen kann, als «Teil des ganzheitlichen Lebens».

Der Wille wird also in den Dienst einer Sache gestellt, die über die persönlichen Wünsche und Bedürfnisse hinausgeht. Menschen auf diesem Weg sind durchaus auch menschlich, sie haben ihre Ambitionen, Hoffnungen und Ängste. Doch ihre schönsten Taten haben ganz unübliche Anliegen und allgemeinmenschliche Ziele im Auge wie etwa Gerechtigkeit, Erkenntnis, Bewußtseinserweiterung.

Auf ihren einsamen Pfaden und in den Extremsituationen, die sie antreffen, begegnen solche Leute nicht nur unerforschten Welten, sondern oft auch schrecklichen und rätselhaften inneren Erlebnissen. Da sie tun, was noch keiner vor ihnen getan hat, scheint ihnen ihr Tun oft sinnlos. Da sie sich in Bereiche wagen, wo noch keiner war, sind sie äußerst verletzlich. Sie sind allein; niemand, der sie ermutigen würde. Es gibt keine verläßlichen Kriterien und Maßstäbe, auf die sie zurückgreifen könnten; immer wieder lauert auch der Wahnsinn um die Ecke. Der Tiefseeforscher Cousteau spricht von der «ivresse des grandes profondeurs», dem Rausch der Tiefe, der einem ein trügerisches Gefühl von Sicherheit, beinahe Allmacht in äußerst gefährlichen Momenten verleiht. Cousteau erwähnt auch den Forscher Dumas, der von ähnlichen Erlebnissen unter Wasser berichtet:

> Ich empfinde ein seltsames Glücksgefühl. Ich bin frei von Sorgen, wie betrunken. Die Ohren sausen, und im Mund habe ich einen bitteren Geschmack. Die Strömung wiegt mich, als hätte ich weiß Gott wie viele Gläser runtergekippt.[2]

Der amerikanische Spelunkologe Siffre lebte lange Zeit in einer Kaverne, allein unter der Erde. In einem Buch berichtet er seine Erfahrung: In jener Stille, die so anders und tiefer ist als Stille, wie wir sie kennen, in der Dunkelheit, wo ihm die Natur wie in Ewigkeit erstarrt schien, wurde er von tieftraurigen, verzweifelten Gemütszuständen heimgesucht; manchmal war es Panik, er verlor das Zeitgefühl und hatte Halluzinationen.[3]

Wer sich auf einen so furchterregenden, einsamen Weg begibt, verkörpert den Archetypus des Kriegers. Man glaube ja nicht, die transpersonale Welt bestehe nur aus sanften Eigenschaften wie Liebe, Frieden, Gelassenheit und Licht. Auch Kraft ist eine transpersonale Qualität. Der Krieger benützt die Kraft für den Kampf gegen Unterdrückung; er ist bereit, einzugreifen, wenn andere zurückweichen; zu sprechen, wenn alle aus Trägheit oder Angst den Mund halten. Der Krieger setzt sein Leben für die anderen aufs Spiel und kämpft erbittert für das, was er als richtig und notwendig erkennt. Er sieht das Leben mit den Augen des Todes.

Die japanischen Samurai-Krieger lernen, sich in den Zustand des «Ai-uchi» zu versetzen, was soviel heißt wie vollständige, heitere Gelassenheit in bezug auf den Ausgang des Kampfes. Denn sobald er gewinnen will oder Angst vor dem Tod hat, ist er schon besiegt.[4] In der Bhagavad Gita sagt Krishna zu Arjuna, er solle sich nicht fürchten, denn das wahre Selbst sei nie geboren worden und werde nie sterben, Waffen können es nicht vernichten, Feuer könne es nicht verbrennen, Wasser könne es nicht ersäufen und der Wind nicht austrocknen. Wer um dieses Geheimnis weiß, ist ewig und unzerstörbar.

In seiner berühmten Abhandlung schreibt Clausewitz, wer eine Schlacht führe, müsse alle Informationen, die ihm aus tausend verschiedenen Quellen zukommen, zu einer Synthese zusammenfügen können, er müsse sich ferner das Gelände plastisch und geometrisch vorstellen und rasche Entscheide fällen können. Das schaffe einen «erhabenen Zustand von Herz und Geist ... einen Sinn von Einheit und größerer Urteilskraft, so daß der Geist außerordentlich klarsichtig» sei. Von Napoleon sagt Chabaneix: «Er sagte, der Ausgang einer Schlacht sei jeweils das Resultat eines Momentes, eines verborgenen Gedankens; der Moment ist da, der Funke springt, und man hat den Sieg in der Tasche.»

Doch das ist Kriegskunst, die Kunst zu töten, Menschen und Sachen zu vernichten, Böses entstehen zu lassen. Was soll das mit der Suche nach dem Selbst zu tun haben? Krieg ist eine grausame Sache, dennoch finden wir dort – bei aller Brutalität – Tugenden wie Mut, Heldentum, Kraft, Entschlossenheit, Willen, manchmal Großzügigkeit. Damit wollen wir den Krieg keineswegs als spirituellen Weg darstellen, sondern feststellen, daß sich der menschliche Geist sogar in solchen Situationen manifestiert. Die Eigenschaften des Kriegers sind universell und lassen sich auf alle menschlichen Situation übertragen, so beispielsweise auf unsere alltäglichen Auseinandersetzungen, vor allem jene mit den inneren Feinden wie Angst, Resignation und Trägheit, oder auf die Bewältigung von widrigen und ungerechten äußeren Verhältnissen. Dann helfen sie, Leben zu fördern und nicht zu zerstören.

Die größte Gefahr auf diesem Weg liegt im falschen Einsatz der Kraft. Wenn man Krieger ist, hat man viel Kraft und oft auch eine gewisse Machtstellung in der Gesellschaft. Leicht können sich Allmachtgefühle einschleichen; man wird gleichgültig gegenüber den Mitmenschen; man benützt die Kraft, um eigene Interessen durchzusetzen und wird zum Tyrannen. Man braucht die Kraft zur Rache, um sich andere gefügig zu machen, um mit seiner Macht zu prahlen, um Leben zu vernichten. Das war das Schicksal vieler Mächtigen auf dieser Erde zu allen Zeiten der Menschheitsgeschichte. Groß sind die Gefahren dieses Weges, vor allem in der Politik und in menschlichen Beziehungen. Trotzdem ist dies nicht nur ein geistiger Erkenntnisweg, er ist auch entscheidend für die gesamte Gesellschaftsentwicklung. Die Krieger einer Gesellschaft setzen eine neue Wirklichkeit: in Geographie, Physiologie, Politik oder Kosmologie. Mit seinem Wagemut auf diesem schwierigsten aller Wege erweitert der Krieger seinen Horizont und den seiner Mitmenschen. Er erschließt Welten, die keinem von jenen, die nach Sicherheit streben, je zugänglich wären. Die Kraft, die er erzeugt, belebt und inspiriert viele Menschen. So gelangt er auf eine universelle Stufe.

Dieser Weg scheint das Privileg von wenigen Auserwählten. Und streng genommen, ist es dies auch. Doch solche Abenteuer sind symbolische Darstellungen des menschlichen Geistes. Wir brauchen nicht gerade Astronauten, Spelunkologen oder Fallschirmspringer zu sein, wir können trotzdem lernen zu wagen. Auch wenn wir nicht gleich unser Leben aufs Spiel setzen, um Ungerechtigkeit und Grausamkeit auf der Welt zu bekämpfen, so haben wir doch immer wieder Gelegenheit, uns gegen Verlogenheit und Gleichgültigkeit zur Wehr zu setzen. Wir brauchen nicht gleich den physischen Tod zu riskieren und können doch alle alten, verhärteten und sinnlosen Inhalte sterben lassen.

Wenn wir die Erlebnisse der Menschen auf diesem Weg betrachten, dann hören wir in uns eine Stimme, dic sagt: Welchen Weg du auch wählst, du triffst Hindernisse, die unüberwindlich scheinen; der Lebenskampf wird dich verwirren und erschrecken; und im entscheidenden Moment wird niemand da sein, der dich versteht, aufmuntert und führt. Du bist ganz allein und wirst denken, deine Träume seien unerreichbar, und du willst aufgeben. Doch du sollst nicht aufgeben. Das wäre wie sterben. In diesem Moment mußt du deine ganze Person einbringen. Wenn sich die Dinge wirklich ändern sollen, darfst du nicht bloß hoffen, daß sie besser werden; du mußt wirklich etwas tun, etwas Schwieriges, und obendrein weißt du nicht, ob es gelingt. Doch versuchen sollst du. Vielleicht verlierst du; doch im Innern wirst du eine schöne Kraft entdecken, deine eigene Kraft, die aus dem tiefsten Selbst kommt.

Bis auf hundert Meter war er souverän an das Ziel herangeprescht, es lag nun vor ihm. Jetzt war es nur noch ein Kampf gegen sich selber. Roger Bannister hatte monatelang trainiert; er hatte sich etwas in den Kopf gesetzt, was viele für physiologisch unmachbar hielten – er wollte als erster eine Meile unter vier Minuten laufen. Er wollte erreichen, «was noch keiner gewagt hat», wie er später sagte.

In monatelanger Arbeit hatte er sich auf Höchstleistung getrimmt. Sein Körper war zu einer «Bewegungseinheit geworden, die um vieles leistungsfähiger war als die Summe ihrer Einzelteile». Alles ging automatisch, so daß der Geist frei und klar blieb und sich innerlich auf das Ziel einstellen konnte. Monatelang hatte sich Bannister diesen Wettlauf vorgestellt, und Abend für Abend hatte er ihn vor dem Einschlafen visualisiert. Jetzt war der große Moment da; es hatte gut begonnen, er fühlte sich in Form, er lief ganz mühelos, als würden seine Beine von «einer unsichtbaren Kraft» getragen. Die Zeitdurchgabe nach dreiviertel Meilen war vielversprechend: drei Minuten sieben Sekunden; die Menge schrie vor Begeisterung. Doch es war auch seine letzte Gelegenheit. Bannister war praktisch am Ende seiner Karriere; gleich günstige Umstände würden sich wohl kaum mehr ergeben. Er bot auf, was er hatte. Hier die Beschreibung, wie er das letzte Wegstück zu seinem denkwürdigen Rekord hinter sich brachte:

> Schon lange waren meine Körperenergien erschöpft, trotzdem lief ich weiter. Physisch gesehen lief ich «ohne Deckung», der Antrieb kam von einer höheren Willenskraft. Es war der entscheidende Moment, da meine Beine genügend stark waren, um mich noch wenige Yards weiterzutragen, wie sie es in den Jahren zuvor niemals geschafft hätten. Auf den letzten fünf Yards schien das Zielband sogar zurückzuweichen. Würde ich es je erreichen? Die letzten Minuten wollten kein Ende nehmen. Die blasse Ziellinie vor mir war wie eine Verheißung von Frieden, nach dem Kampf. Die Umarmung der Welt erwartete mich, wenn ich bloß das Band erreichte, ohne in der Geschwindigkeit nachzulassen... Ich sprang auf das Band los, als wollte ich mich vor einem Abgrund retten, der mich zu verschlingen drohte. (Im Ziel): Plötzlich fühlte ich mich wunderbar befreit von der Last des athletischen Ehrgeizes, die ich jahrelang mit mir geschleppt hatte. Es gibt keine Worte für

> das gewaltige Glück, das ich empfand und das alle anderen Gefühle wegwischte. Ich dachte in jenem Augenblick, daß ich wohl nie mehr solche Höhen der geistigen Einheit erreichen werde.[5]

Bannister hat somit das Unmögliche neu definiert. Als erster hatte er es geschafft, eine Meile unter vier Minuten zu laufen. In den darauffolgenden Monaten gelang dies noch einigen anderen Läufern. Bannister ist also nicht einfach schneller gelaufen. Er hat eine subjektive Realität verändert. Was bis dahin als Zielvorstellung festgestanden und als physiologische Grenze des Menschen gegolten hatte, war plötzlich mehreren Athleten möglich. Jeder Willensakt ist neben der Anstrengung auch eine Wahl. Man wählt einen Gedanken anstelle eines anderen.

Als Admiral Byrd allein in einer Baracke des Basislagers in der Antarktis zurückblieb und ihn die kohlenmonoxydhaltigen Dämpfe, die aus seinem Ofen austraten, langsam zu vergiften drohten, blieb ihm nichts anderes übrig, als abzuwarten, daß man ihn im Frühling retten würde. Aber wie konnte er bis dahin überleben? Er beschloß, seinen Lebenswillen innerlich zu stärken und negative Gedanken gleich wegzustellen, sobald sie auftauchten und an ihrer Stelle heitere, vertrauensvolle Gedanken zu hegen. Dies war ein Entschluß zu leben, in einem Moment, da er allein in einer Baracke festsaß, in einer Einöde aus Eis und Schnee über Hunderte von Kilometern, umtost von Stürmen, in bissiger Kälte und Dunkelheit und gänzlich unerreichbar, halb vergiftet von den schrecklichen Gasen:

> Es gelang mir wieder, meinen Geist mit den schönen, aufbauenden Dingen des Lebens zu füllen, die mir vorher unwiederbringlich verloren schienen. Ich umgab mich mit meiner Familie und meinen Freunden; ich stellte mir vor, ich gehe im Sonnenlicht, inmitten von üppig wachsenden grünen Pflanzen. Ich dachte an alles, was ich tun würde, wenn ich zuhause ankäme...[6]

So hat Byrd überlebt, und so haben die Internierten in den Konzentrationslagern überlebt; so werden Menschen geheilt, wenn es ihnen gelingt, ihre positiven Gefühle zu stärken und die eigenen Immunkräfte zu mobiliseren, wie man kürzlich entdeckt hat. Einfach dadurch, daß sie einen Gedankenraum nähren anstelle eines anderen.

Das zeigt uns eine ganze Menge: Wie oft schätzen wir eine Situation schon zum vornherein als «unmöglich» ein? Und wie oft nähren wir innerlich die Vorstellung, unfähig zu sein? So vieles hängt in solchen Fällen von den Gedanken ab, die wir wählen, und vieles davon, wie beharrlich wir das einmal gewählte Ziel verfolgen.

Eigentlich gibt es bei jedem wichtigen Vorhaben widrige Umstände. Man darf nicht träge sein, man darf sich nicht von fremden Einmischungsversuchen und Ansprüchen bedrängen lassen; man darf sich nicht in der Fülle des Lebens oder in Illusionen verlieren; man darf sich nicht wahllos den Impulsen des Augenblicks überlassen; man darf nicht aufgeben, wenn sich Schwierigkeiten einstellen; man darf nicht der Angst erliegen; und man darf sich nicht durch kurzfristige Bedürfnisse vom Wesentlichen ablenken lassen. Sonst resultiert daraus ein zielloser Zick-Zack-Gang, und wir verirren uns. Das ist bei allen wichtigen Vorhaben so, doch besonders gilt es für den Weg zum Selbst. Auf jedem Weg haben wir ein leuchtendes, wunderschönes Fernziel vor Augen. Nur einen Augenblick lang, und es ist wieder weg. Schon stehen wir wieder allein mit unserem Willen da. Dann heißt es glauben, vorwärtsgehen, nicht abweichen. Für dieses Fernziel, das womöglich nur in unserer Phantasie existiert, müssen wir unser Allerbestes hergeben.

Ich spreche hier allerdings nicht von jener Karikatur von «Willen», die aus erfolglosen Bemühungen besteht und eher einer trotzigen Moraldiktatur gleicht, die mehr verletzt, als aufbaut.

Wille, wie er hier gemeint ist, heißt vorbehaltlos ja sagen, ohne Zweifel und Kompromisse: Zu Ideen, Personen, Möglichkeiten; aber auch nein sagen können, denn es gibt mehr falsche als richtige Wege. Wille heißt, die Hindernisse anpacken, und zwar auch über ein vernünftiges Maß hinaus. Wille heißt, auch in den kleinen, belanglosen Dingen des Lebens den Werten treu sein, an die wir glauben. Sonst bleiben es nur Worte. Und es heißt, klare, genaue Ziele vor Augen zu haben und diese entschlossen und kraftvoll zu verfolgen. Und Wille heißt auch, eigenständig zu sein, wenn es sein muß, Rebellion in Kauf zu nehmen und sich vom Denken und Handeln der Masse abzusetzen. Wille kann auch heißen, sich psychisch und sozial zu exponieren, ja zuweilen auch physisch. Es geht also darum, die eigenen physiologischen, emotionalen oder geistigen Grenzen oder jene der Vorstellung zu sprengen. Auch Konzentration und Disziplin sind für den Willen unerläßlich. Es heißt, Tag für Tag geduldig und unentwegt weiterzumachen, auch wenn es langweilig und ungewiß wird oder wir uns plötzlich nach Neuem sehnen oder verzweifelt sind. Mit Willen können wir so werden, wie wir sein wollen; wenn der Wille fehlt, prägen uns die Ereignisse, oder der Strom des Lebens spült uns mal da- und mal dorthin.

Wie, ist es denn nicht gerade umgekehrt? Müssen wir nicht den Willen aufgeben und uns dem höheren Willen unterstellen? Gewiß: Bei transpersonalen Erfahrungen ist oft vom Tod des persönlichen Willens die Rede. Allerdings geschieht dieser Übergang auf ganz unterschiedliche Weise und zu den verschiedensten Zeitpunkten. Manchmal ist es eine bewußte Wahl am Anfang eines Weges; im Zen des Bogenschießens etwa, wo der «Schuß nur dann gelingt, wenn er den Schützen selber überrascht» – dann also, wenn der eigene Wunsch, zu kontrollieren und entscheiden, vollkommen verschwunden ist. Manchmal stirbt der persönliche Wille von selbst, jedoch erst in den Endphasen eines Weges.

Und gewisse Wege kennen Techniken, die den Willen geradezu zu negieren scheinen: So z.B. wenn wir zulassen, daß alle spontanen Gefühle und Impulse hochkommen oder daß sich die Aufmerksamkeit ausdehnt, ohne an etwas Bestimmtem haften zu bleiben, oder wenn wir uns völlig einer übersinnlichen Realität überlassen und alle Eigeninitiative aufgeben. Bei all diesen Handlungen scheint der persönliche Wille ausgeschaltet. Das stimmt auch in einem gewissen Sinn, doch unter der Oberfläche entdecken wir eine klare Wahl, Absicht und höchste Konzentration. Wenn der eigene Willen einem höheren Willen unterstellt wird, heißt das noch lange nicht, daß wir ziellos umherirren und irgendetwas treiben. Er entsteht durch eine lange, präzise Disziplin. Um den eigenen Willen aufzugeben, muß man ihn erst haben.

Auf diesem Weg kommt der Wille so ausdrücklich und extrem zum Einsatz, wie sonst nirgends. Er ist Wille in reiner Form mit all den erwähnten Aspekten, doch er ist auch mehr. Sein zielgerichteter Impuls, der alle Kräfte in eine Richtung zu lenken vermag, geht über sich selbst hinaus und bleibt solange wirksam, bis das gesteckte Ziel erreicht ist.

In dieser extremen Form bedeutet Wille auch Bruch. Und zwar Bruch mit dem Körper, weil er dessen elementarste Bedürfnisse und Impulse mißachtet; und im Gegensatz zu anderen Wegen, wie beispielsweise dem Tanz, der sich durch den Körper ausdrückt, ist das subjektive Erlebnis beim Willen der Sieg über die undurchdringliche und träge Materie. Nicht selten muß der eigene Körper sogar harte Strapazen ausstehen, die bisweilen sogar lebensgefährlich sein können.

Zweitens geht es um einen Bruch mit Gefühlen und Wünschen. Man gibt ihnen nicht nach, sondern ordnet sie dem Willen unter, ja manchmal setzt man sich sogar grundsätzlich über die Gefühle hinweg, als existierten sie gar nicht. Das ist in etwa das Gegenteil von dem, was bei der Anbetung geschieht, wo die Gefühle den Antrieb geben; oder bei der Suche nach dem Schönen, wo die ästhetische Wahrnehmung über die Gefühle läuft. Auch in der Meditation erleben wir die universelle Einheit über das Gefühl: Ja, jedem das Seine!

Drittens kann sich der Wille auch gegen den Geist wenden, gegen jede Logik und Vernunft. Schließlich ist es gerade die Vernunft, die uns unter dem Deckmantel von Sicherheit und Wohlwollen zu einer beschränkten Sicht der Welt verleiten will. Manchmal setzt sich der Wille einfach darüber hinweg, was andere sagen, wünschen, fordern oder kritisieren, oder was man sagen, tun und denken sollte, um nicht lächerlich zu wirken oder aus der Norm zu fallen.

Wir haben bereits die Erfahrungen von Bannister und Byrd gesehen. Einen hochentwickelten Willen, der sich selbst über die physische Integrität hinwegsetzt, treffen wir bei dem österreichischen Alpinisten Tichy an, der in der Endpartie der Bezwingung des Cho Oyu, eines Achttausenders im Himalaya, nicht aufgab, obwohl er unter Erfrierungen an den Händen litt und sich nicht mehr am Fels festhalten konnte. Als er oben ankam, erlebte er das Folgende:

> Die Welt schien mir erfüllt von Güte und Wohlwollen, wie ich sie vorher nie gekannt hatte. Es gab keine Grenze mehr zwischen mir und der übrigen Schöpfung. Die wenigen Phänomene, die jetzt mein Leben ausmachten, Himmel, Eis, Fels, Wind und ich waren untrennbar und göttlich miteinander verbunden. Ich fühlte mich – und dies ist nur scheinbar ein Widerspruch – strahlend wie Gott und gleichzeitig unbedeutend wie ein winziges Sandkorn am Meer. Ich hatte eine metaphysische Schranke durchbrochen und betrat nun eine Welt, in der andere Gesetze herrschten. Ich erinnerte mich an die Worte von Blake: Wenn die Tore der Wahrnehmung geläutert wären, würden die Menschen alles als unendlich wahrnehmen. Die Tore waren niedergerissen, und

> ein völlig unpersönliches und unbeschreibliches Glück durchdrang mich. Trotz alledem glaubte ich, daß wir durchaus alle an jenem Tag hätten sterben können.[7]

Robert Peary hatte als erster den Nordpol erreicht, nachdem schon mehrere vor ihm bei diesem Unterfangen gescheitert waren, enttäuscht umkehrten oder im Eis umkamen. Peary selbst nahm mehrere Anläufe. Erst nachdem er siebenmal aufgegeben hatte und nach dreiundzwanzigjähriger zäher Arbeit (zwischen seinem dreißigsten und achtundfünfzigsten Lebensjahr) gelang ihm das Vorhaben. In diesem Zeitraum hatte Peary nicht weniger als zwölf Jahre in der arktischen Wüste zugebracht; die übrige Zeit war er mit den Vorbereitungen für die verschiedenen Expeditionen beschäftigt. Zudem bedeutete jede Nordpol-Expedition wochenlange Marschstrapazen und harten Körpereinsatz, Schlafmangel und qualvolle Ängste. Die Natur enthüllt sich hier nur dem, der die allerhärtesten Prüfungen besteht. Es ist also keineswegs erstaunlich, daß Peary, endlich am Pol angelangt, einen «geistigen Höhenflug» erlebte:

> Mehr als zwanzig Jahre lang war dieser Punkt auf der Erdfläche Gegenstand all meiner Anstrengungen gewesen. Ich habe mein ganzes Wesen, physisch, geistig und moralisch, dafür eingesetzt, ihn zu erreichen ... mein Entschluß, den Nordpol zu erreichen, wurde dermaßen Teil von mir, daß ich, es mag seltsam klingen, mich selber schon lange nur noch als ein Instrument sah, um diesen Zweck zu erreichen. Dies mag einem normalen Bürger seltsam vorkommen, jeder Erfinder hingegen kann es verstehen, auch ein Künstler, oder einer, der sich jahrelang in den Dienst einer Idee gestellt hat.[8]

Ein eindrückliches Beispiel, das nicht ganz so genau überliefert ist, stammt aus einer früheren Zeit: Magellan entschloß sich an einem entscheidenden Punkt seiner Weltumschiffung, nachdem er jahrelang unterwegs gewesen war und viele Schwierigkeiten bestanden hatte – ein Teil seiner Mannschaft meuterte, und sie befanden sich in einer Gegend, wo Schnee, Wind, Hagel und Stürme an der Tagesordnung waren, vor ihnen lagen nur Meer und unbekannte Länder, und die Vorräte waren ausgegangen –, in dieser Lage also beschloß er, zwischen Patagonien und Feuerland weiterzufahren: «Und selbst, wenn wir die Lederriemen von unseren Masten und Rahen essen müssen, ich fahre weiter, um zu entdecken, was ich versprochen habe.» Als die Flotte den Pazifischen Ozean erreichte, weinte Magellan vor Freude.[9]

Diese Gewalt gegen sich selbst, der Exzess, der zur Methode, ja zum Fanatismus hochstilisiert wird, kann auch abstoßend wirken; aus begreiflichen Gründen, da ja der Wille in solchen Fällen gegen unsere allernormalsten und sinnvollsten Bedürfnisse eingesetzt wird. Sobald die Überlebensmechanismen angetastet werden, ist Verachtung und Entsetzen oft die Reaktion. Doch solche Handlungen sind weder absurd noch destruktiv. Der Wille bekundet hier einen Sieg des Geistes, der sich in keiner Form mit dem Mittelmaß und mit Kompromissen einläßt; er bezeugt, daß der Geist der Materie überlegen und frei von deren Dumpfheit und Schwere ist. Wir alle kennen das Gefängnis der Materie, wenn wir in irgendetwas befangen sind, das uns festhält, bremst und blind macht. Und viele von uns kennen die Sehnsucht, diese Zwänge abzuschütteln. Es gibt Menschen, die sich davon befreit haben.

Risiko

Am liebsten hätten wir alle Dinge niet- und nagelfest, sicher und absehbar schon vor der Geburt und über den Tod hinaus. Mit all den Atomkatastrophen, die uns drohen; dem Terrorismus, der überall lauert; der ewigen Unsicherheit unseres Planeten; der wirtschaftlichen Verunsicherung; inmitten all dieser Rätsel von Technologie und tausend Ausgeburten des menschlichen Wahns, was könnte uns im bedrohlichen Dickicht des Lebens, in einem Universum, wo tagtäglich zehntausend Sonnen wie die unsere explodieren, wohl erstrebenswerter scheinen als totale Sicherheit?

Wie gern wären wir sicher in einem stählernen Faß. Tatsächlich werden unsere großen Sicherheitslieferanten – die Pensionskassen, Sozialämter, die Psychopharmaka-Industrie, die Versicherungen, Parteien, Institutionen – nicht müde, uns von der Wiege bis zur Bahre und in allen Belangen Sicherheit zu geben und zu verkaufen; man kann sich gegen Armut, Unsicherheit und Leiden absichern.

Und natürlich wissen wir nur zu gut, daß das nicht stimmt. Wir wissen, daß Ungewißheit, dauerndes Werden, Mysterium fest mit dem menschlichen Leben verwoben sind. Und wir wissen, daß käufliche Sicherheit auf die Dauer Neugier und Staunen tötet. Hier liegt die spirituelle Bedeutung des Wagnisses: Erst wenn wir die sicheren, bequemen Krücken loslassen, erfahren wir uns wirklich. Erst wenn wir die üblichen Abwehrmechanismen aufgeben, wenn wir nackt und allein dastehen und nichts mehr zu verlieren haben, werden wir fähig, zu lernen und zu lieben. Erst wenn wir etwas riskieren, können wir wirklich sein.

Auf dem Weg, um den es hier geht, ist das Wagnis die zentrale Arbeitshypothese. Die Herausforderung alles Festgefahrenen bringt eine heilsame Erschütterung mit sich. Tief eingefleischte Denkmuster kommen zu Fall, die bequemsten Errungenschaften, Selbstgefälligkeiten und alle Überzeugungen taugen nichts mehr. In diesem Moment zündet der Funke des Erwachens. Man kann nicht wagen und dabei gleich bleiben wollen. Nach Professor Rosenthal von der Universität Illinois sind die extrem gefahrvollen Sportarten wie Klettern oder Fallschirmspringen ein Beweis dafür, daß das Risiko eines der menschlichen Grundbedürfnisse darstellt. Er hat beobachtet, daß diese riskanten Sportarten bewirken, daß der Mensch effizienter, leistungsfähiger, kreativer und sexuell aktiver wird.[10] Es ist sicher nicht jedermanns Sache, höchste Bergspitzen zu bezwingen oder mit dem Fallschirm in den Abgrund zu springen. Dennoch: Wagen können wir jederzeit, gleich hier im Alltag liegt die nächste Gelegenheit. Wagen heißt ja bloß, neues Verhalten auszuprobieren, sich den Mitmenschen offen zu zeigen, und sich nicht hinter Masken und Rollen zu verstecken; es kann heißen, sich selbst in Frage zu stellen, Initiative zu ergreifen, sich unter Umständen lächerlich zu machen und verletzt ober abgelehnt zu werden; es bedeutet, etwas zu unternehmen, was niemand von uns erwartet. Oft zeigen wir unser wahres Wesen gar nicht und fühlen uns sicher in der Zurückhaltung. Wir entschuldigen uns sozusagen, daß wir überhaupt existieren. Doch wenn wir es wagen, ganz zu uns zu stehen, zu unseren Überzeugungen, Hoffnungen, zu unserem Willen, dann hören wir auf, eine Imitation unserer selbst zu sein.

Wagen, Riskieren kann lebensgefährlich sein, und das ist gerade das Spannende und Reizvolle daran. Wir können daran wachsen und uns erneuern. Es eröffnet tatsächlich neue Möglichkeiten. Wenn wir in unseren Gewohnheiten und Verhalten festgefahren sind, sind es auch unsere Gefühle und Gedanken, an ihnen gibt es nichts zu rütteln. Sobald wir jedoch etwas wagen, schaffen wir neue Möglichkeiten. Martin Buber nannte das Spiel die «Verherrlichung des Möglichen»; dasselbe läßt sich auch vom Wagnis sagen. Gerade weil es spielerisch ist, bringt es Schwung und Spannung ins Leben, die oft im Alltagstrott unterzugehen drohen. Und jedesmal, wenn wir ein Risiko eingehen, ist es eine Herausforderung an die eigenen Zweifel und Ängste, die uns stärkt. Wir können beispielsweise eine chronische Situation, eine Situation, die sich ständig wiederholt, radikal verändern, indem wir etwas Neues wagen. Jedesmal, wenn wir etwas wagen, gehen wir über uns selbst hinaus und lassen das alte, zweifelnde und sture Ich hinter uns wie ein Relikt aus vergangener Zeit, das schon nicht mehr zu uns gehört. Und wir fühlen uns wieder neu.

Gefahr gehört immer zum Leben, doch es gibt Menschen, die sie zu ihrem Lebensinhalt gemacht haben. Sie begeben sich in Gefahren, erforschen das Innere der Erde, erklimmen hohe Berggipfel, fliegen durch die Lüfte oder verlassen gar die Atmosphäre, sie dringen in unbekannte Welten vor; oder sie rebellieren gegen die tiefsten Überzeugungen einer ganzen Gesellschaft. Nicht selten steht ihre physische oder soziale Existenz auf dem Spiel.

Risiko eingehen können, heißt auch, auf vordergründige Sicherheiten zu verzichten und oft unbequeme Überraschungen in Kauf zu nehmen. Was mag wohl jemanden dazu bewegen, solche Unannehmlichkeiten auf sich zu nehmen? Um das zu verstehen, müssen wir etwas weiter ausholen, und dabei treffen wir auf ein Konzept, das in der heutigen Psychologie immer wieder auftaucht: Homöostase ist das Stichwort und bedeutet, daß jeder Organismus bestrebt ist, Gleichgewicht, Integrität und Stabilität zu erhalten. Jedes Bedürfnis, das sich meldet (Hunger, Durst, Sex, Sicherheit, usw.), stellt eine Bedrohung für das psychophysische Gleichgewicht dar. Sobald wir es befriedigen, fühlen wir uns wieder wohl und stabil. Das ist auf den ersten Blick ziemlich einleuchtend. Es beschreibt die Vorgänge im Körper, wo ständig solche homöostatischen Mechanismen am Werk sind (Regulierung der Körpertemperatur, des Blutzuckerspiegels, usw.) Wir erkennen uns wieder in diesem Mechanismus. Solche Bedürfnisse sind uns vertraut, und wir alle kennen die Erleichterung, wenn sie befriedigt werden.

Allerdings haben wir dabei etwas Wesentliches ausgeklammert: Die grundsätzliche Rastlosigkeit des Menschen, seinen Drang, sich immer wieder in unbekannte Gefilde vorzuwagen; ein geheimnisvoller Wunsch – man hat ihn auch den Odysseusfaktor genannt. Was mag einen Menschen veranlassen, Gefahr und Unannehmlichkeiten dem Bequemen vorzuziehen? Wir ahnen nur, daß wir ständig nach einer Erfüllung suchen, die alles übertrifft, was wir mit den vertrauten Mitteln erreichen und uns vorstellen können. So suchen wir nach etwas, das uns allein das Unendliche geben kann; nach der Mitte des Seins, dem Selbst.

Wagen verfolgt denselben Zweck. Der Einsatz ist hoch, dennoch wird man reich belohnt. Mut führt zu den Sternen, Angst zum Tod, sagt Seneca. Das lateinische Wort «Animus» bedeutet Seele, aber auch Mut, als wären diese Eigenschaft tief in unserem Wesen verankert.

Wer etwas Mutiges unternimmt, begibt sich in eine Lage, wo jeglicher Schutz wegfällt. Und er zeigt sich so, wie er ist. Er ist großzügig, denn er schenkt seine volle Präsenz. Und er ist offen für das Leben, denn er setzt sich ihm aus und verschanzt sich nicht hinter Konventionen. Er erträgt Unsicherheit und läßt sich von der Gefahr beleben; rigidere Charaktere sind unfähig, sich in einem so hohen Maß zu exponieren. Er läßt sich nicht von der Angst unterkriegen; er ist imstande, sich umzuschauen und zu wählen, unter Umständen genau das, was er fürchtet. Er ist klar und wachsam. Bei großer Gefahr kann schon die kleinste Unachtsamkeit tödlich sein, darum hat er sich das Wachsamsein zur Regel gemacht. Und schließlich hat er Vertrauen ins Leben und nimmt an, daß ihm das Leben mit seiner Fülle von wechselnden und unerwarteten Umständen schon helfen wird. Etwa wie der französische Alpinist Lionel Terray, der sich in der fast glatten, heimtückischen Eiger-Nordwand so fühlte: «Ich befand mich in einem Zustand des göttlichen Wahns, in dem der Mensch jede Gefahr vergißt und alles möglich wird.»[11]

Als Lindbergh damals von Boston nach Paris flog, setzte er sein Leben aufs Spiel. Niemand hatte je etwas Vergleichbares versucht. Allein über den Atlantischen Ozean zu fliegen, hieß auch, jeden Augenblick mit dem Tod zu rechnen und eine Welt zu betreten, in der die vertrauten Spielregeln und Erfahrungen nicht mehr galten. Seine Beschreibung, wie er auf dem achtzehnstündigen Flug nach und nach die beruhigende, bekannte Dimension des Festlandes und all seine Denkgewohnheiten hinter sich ließ, ist großartig. Sein

Abenteurergeist hat ihn in diese seltsamen, ungewöhnlichen Gefilde geführt. Nach vielen anstrengenden Flugstunden erfährt er sich selbst wie verwandelt; seine Worte erinnern stark an östliche Mystik:

> Das Bewustsein trennt sich von den Sinnen. Man sieht ohne Augen, und zwar weiter, als der Horizont reicht. Es gibt Momente, da scheint das Dasein sogar vom Geist gelöst. Die Wichtigkeit der physischen Bedürfnisse und der unmittelbaren Umgebung wird überlagert von der Wahrnehmung universeller Werte. Für universelle Zeiträume fühle ich mich getrennt vom Körper, als wäre ich ein Bewußtsein, das sich im Raum, auf Erden und im Himmel ausdehnt, das von Zeit und Materie nicht mehr eingeschränkt wird und frei ist von jeglicher Schwerkraft, die den Menschen immer wieder an die drückenden Erdenprobleme bindet... Ich lebe in der Vergangenheit, in der Gegenwart, in der Zukunft, ich lebe hier und auch anderswo, und dies alles gleichzeitig.[12]

Was Lindbergh tat, ist im wahrsten Sinn Yoga, und zwar in verschiedener Hinsicht: Einsamkeit, Abwesenheit von menschlichen Einflüssen zwingen ihn zur Introspektion und entblößen ihn innerlich; der monotone Motorenlärm lullt die vertrauten Denkmuster ein; die spärliche Nahrung verändert seine Körperchemie und fördert die Bewußtseinserweiterung, ein Mittel, das die Mystiker und Asketen aller Zeiten genutzt haben; die unablässige Konzentration auf einen einzigen Gegenstand – hier den Flug – bringt ihn auf eine andere Ebene. Sicherlich ist Lindberghs Erfahrung aus dem Zusammenspiel all dieser Faktoren entstanden. Doch an erster Stelle stand vermutlich die Tatsache, daß er den Schritt ins Unbekannte gewagt hatte, und das Wissen, daß sein Flug eine universelle, völkerverbindende Wirkung hatte und für ihn Selbstverwirklichung bedeutete.

Mehr noch über Flugzeuge und Piloten: Lindbergh flog im Jahr 1927. Noch 1947 war es selbst mit wesentlich schnelleren Maschinen nicht möglich, die Schallgrenze Mach 1 (333 m/Sek.) zu überwinden. Sobald man in die Nähe dieser Grenze kam, nahm die Fahrstabilität der Maschine ab; sie ächzte und drohte zu bersten, so daß rund um die sogenannte «Schallmauer» lauter Schreckensmärchen entstanden. Ähnlich, wie die Säulen des Herkules vor Kolumbus' Zeiten als jene Grenze galten, hinter der sich Welten voller Ungeheuer und Schrecken auftaten, schien in unserem Jahrhundert das Durchbrechen der Schallmauer eine Infragestellung der natürlichen Ordnung der Dinge. Man war überzeugt, daß Flugzeuge einfach zerbersten würden, und in der Tat sind mehrere Piloten abgestürzt, als sie versuchten, diese fatale Grenze zu erreichen. Endlich gelang es Chuck Yeager und gleich nach ihm auch einigen anderen. Sie berichten alle vom «Pilotenhimmel» und «Pilotenparadies». Gleich nach dem Durchbruch schwebt das Flugzeug (und der Pilot) einen Moment lang schwerelos, der Himmel wird dunkel (weil die Atmosphäre dünner wird), und tiefe Stille stellt sich ein (weil die Maschine schneller fliegt als ihr eigenes Motorengeräusch). All dies waren Zeichen für den Übertritt in eine andere Dimension. Mit der Schallmauer haben diese Piloten auch die Mauer von Angst, Zögern und Unschlüssigkeit durchbrochen, ja auch die Mauer der Trauer, wehmütiger Erinnerung an Verstorbene, von Phantasien und Alpträumen und überhaupt der Verhaftung mit dem Leben. So beschrieb es einer dieser ersten Piloten:

> Ich habe die Welt verlassen. Ich habe nur noch das Fahrzeug, um mich zu identifizeren, seine Schwingungen sind auch meine, ich fühle sie so stark wie meinen eigenen Körper. Es ist eine Art Unwirklichkeit, vermischt mit Wirklichkeit, die ich mir selber kaum erklären kann. Ich bin in einem Zustand, den ich noch nie erlebt habe... Jede Zelle, jeder Saft und jeder Muskel meines Körpers ist hellwach. Überwach ist meine Wahrnehmung – Schwarz ist viel schwärzer, Weiß viel weißer. Die Stille ist intensiver. Ich bin an der heiklen Schwelle des Unerkennbaren. Allerlei ungereimte Gefühle sind in mir. Die Angst hat sich selbständig gemacht, wie ein Gespenst hockt sie auf meiner Schulter. Sie ist zwar ständig da, doch ich bin nicht empfänglich für ihre Übergriffe. Ich fürchte mich nicht. Ich bin ohnmächtig dem ausgeliefert, was gleich geschehen wird. Zeit ist jetzt. Nichts zählt außer dieser Erfahrung. Die Druckanzeige der Geschosse ist bedeutungslos, die Welt der Zahlen und Gleichungen, die noch vor wenigen Sekunden so wichtig war, ist nicht mehr real angesichts dieser Realität. Ich aber weiß mit Sicherheit, daß alles, was die Instrumente zeigen, nicht den geringsten Einfluß auf jene Kraft hat, die die Maschine lenkt. Es ist eine unabhängige, übernatürliche Macht. Sie ist lebendig und erfüllt von ihrer unerfaßbaren und unerschütterlichen Kraft.[13]

Von der Überschall-Stille ist es nur ein kleiner Schritt zur Unterwasser-Stille. Enzo Maiorca ist es gelungen, frei auf 78 Meter Tiefe abzutauchen. Er berichtet in einem Interview, daß ihm das Tauchen tiefe spirituelle Erfahrungen vermittelte:

> Der Gott, den ich in den Abgründen da unten traf, ist ein anderer als der, zu dem wir auf der Erde beten. Es ist ein Gott ohne Orgeltöne, ohne Liturgie, er ist gewaltig und türkisfarben. Ich erkenne ihn an der absoluten Stille, an seiner geheimnisvollen Botschaft von der Unendlichkeit. Das ist kein Geschwätz. Mein Gott ist dort unten auf dem Meeresgrund. In meiner Einsamkeit, in meinem Leben, das noch an einem Faden hängt. Auf dreißig Metern Tiefe schlüpfte ich durch eine niedere, enge Öffnung in eine Höhle. Die Vorsicht hätte mich eigentlich zurückhalten sollen, doch etwas ließ mir keine Ruhe. Es war Neugier, vielleicht ein Ruf, ich kann es nicht sagen. Die Grotte war rosa, und vom Boden erhoben sich zwei einzelne Säulen. Wie ein Tempel kam sie mir vor. Das Gewölbe war auf die eine Seite hin offen; ein Riss, durch den ein rosa Strahl unwirklichen Lichts einfiel, korallenartig, sich nach und nach mit dem Wasser vermischte, auflöste und türkis wurde. Ich hatte das Tauchgerät bei mir, so blieb ich eine Weile da. Es war eine Meereskirche. Dort habe ich meinen Gott gefunden.[14]

Gandhi ließ sich auf das höchste Wagnis ein, sein Mut war sozusagen chemisch rein. Da war keine Spur von falschem Heldentum, Ichbestätigung und Neugier, denn er beruhte vollständig auf dem Prinzip der Gewaltlosigkeit (ahimsa).[15] Das ist mehr als ein Verzicht auf aggressive Handlungen; es ist eine innere Haltung des Herzens, die in ständiger Übung die ganze Person erfaßt. Gandhi vergleicht sie mit dem Wandeln des Seiltänzers. Es geht darum, feindselige Gedan-ken von sich zu weisen oder, positiv ausgedrückt, um Wohlwollen gegenüber allem Lebendigen; um «vollkommene Liebe». Das ist alles andere als leicht, denn es verlangt von uns, daß wir «dem andern die höchsten Vorteile darbringen und gegen die größten Nachteile für uns eintauschen, und koste es selbst das Leben.» «Ahimsa» ist nicht passive Hinnahme von Angriffen und Kränkung; «ahimsa» bedeutet, jeder Ungerechtigkeit entgegenzutreten und sich dafür einzusetzen, daß sie verschwindet; die Kraft dazu entspringt nach Gandhi aus einem «unentwegten Willen»[16]. Diese Kraft haßt nicht und schadet niemandem. Der Gegner, der auf heftigen Widerstand gefaßt war, steht einem Widerstand der Seele gegenüber, über die er keine Macht hat; er ist verdutzt und muß nachgeben. Eine solche Niederlage ist nicht demütigend, sondern befreiend und erhebend. Auf diese Weise blieb Gandhi unerschütterlich, trotz der Angriffe der berittenen Polizei, trotz all der Handgemenge, des Gefängnisses, der Übermacht der englischen

Machthaber und schließlich auch dem Mann gegenüber, der ihn umbrachte.

Für Gandhi ist «Unentwegtheit die erste Voraussetzung für Spiritualität». Nach seinem Biographen Fischer hielt Gandhi Mut für ein Vitamin, das zum spirituellen Wachstum jedes Menschen unerläßlich ist, im Gegensatz zur Feigheit, die bloß Selbstwert und Selbstachtung herabsetzt. Ohne Mut können Liebe und Wahrheitssuche nicht gedeihen: «Ich bin ein Mann des Friedens. Ich glaube an den Frieden. Doch ich will ihn nicht um jeden Preis. Ich will nicht den Frieden, der im Stein zu finden ist. Ich will den Frieden, der im Herzen des Menschen wohnt und die Pfeile der ganzen Welt nicht scheut...».

Nach Ghandi sehen wir alles durch das illusorische Gewebe der Angst. Doch sie hat im Herzen keinen Platz mehr, wenn die stärksten Bindungen einmal gelöst sind, vor allem jene an Reichtum und an den eigenen Körper (d.h. die Sinnesfreuden und die körperliche Unversehrtheit). Zudem werden wir nach Gandhi unangreifbar, sobald wir uns selbst nicht mehr als Besitzer, sondern als «Verwalter» dessen verstehen, was uns das Leben anvertraut, nicht mehr als Herren mit allerlei Ansprüchen und Forderungen, sondern als Diener, die nichts zu verlieren und nichts zu erwarten haben: Dann «verflüchtigen sich die Ängste wie der Morgentau».[17]

Das Unbekannte

Die Begegnung mit dem Unbekannten bringt uns zurück zum Punkt Null. Es geht um unsere primäre Daseinsbedingung und zudem um die aufrichtigste aller Bedingungen; denn was immer wir im Leben gelernt haben, und sei es noch so bedeutungsvoll, ist ein kleines Sandkorn am Meer, gemessen an den gewaltigen Wundern, die uns umgeben. Wenn wir dem Unbekannten, Neuen, Rätselhaften begegnen, bleibt uns vor Staunen der Mund offen. Wir können uns weder langweilen noch ablenken, es ist, als würden wir neu geboren.

Früher oder später begegnen wir alle dem Unbekannten, vor allem in uns; denn in unserem Inneren – dies zeigt uns die Forschung über veränderte Bewußtseinszustände immer wieder – gibt es die wildesten Urlandschaften, Urwälder, Ozeane, Monster, unberührte

Gipfel und Abgründe, Galaxien und ganze Universen. Dann ist das Unbekannte auch in der Umwelt und im Alltag verborgen – ein unerwartetes Ereignis, das Wunder des Mitmenschen, den wir zu kennen glaubten, Zufall, der Tod, der uns jeden Moment ereilen kann.

Unsere Einstellung zum Unbekannten zeigt sich daran, wie wir den Grundthemen des Lebens begegnen: Liebe, Erkenntnis, Schönheit, Kreativität. Sind wir bereit, das Unbekannte anzunehmen? Unsere liebsten Überzeugungen aufzugeben? Oder bleiben wir stets an der Schwelle des unendlichen Wunders stehen, auf der kleinen Insel des Vertrauten, im sicheren Schoß des bereits Erklärten? Erklärungen, an denen es nichts mehr zu rütteln gibt, sind der größte Feind aller wahren Erkenntnis. Deshalb pflegen viele spirituelle Wege auf verschiedene Arten das Nichtwissen. In der Meditation übt man, bewußt zu sein, ohne an Vorstellungsbildern zu haften; in der Wissenschaft ist Forschung nur möglich, wenn man für das Staunen empfänglich ist; und auf dem Weg der Schönheit ist die unschuldige Wahrnehmung das Wesentliche. Noch offensichtlicher sehen wir diese Zusammenhänge auf dem Weg des Willens. Unschuld und Staunen werden hier zwar nicht bewußt gepflegt, doch sie stellen sich unvermeidlich ein, wenn das Unbekannte vor uns steht. Der geistige Hochmut ist zerschlagen, noch ehe er sich zeigen konnte.

Auf anderen Wegen wird die Wahrnehmung verfeinert, bis sie wieder unschuldig ist. Das Vertraute und Selbstverständliche ist plötzlich voller Geheimnisse und Wunder. Hier jedoch geht man direkt dorthin, wo ursprüngliche Wahrnehmung möglich ist, denn was wir erblicken, hat noch keiner gesehen. Wir entdecken die Tiefen des Ozeans, die Luft, Orte, an die noch kein Mensch den Fuß gesetzt hat, Räume, die die Vernunft noch nicht erobert hat. Alle Filter und Konzepte, die uns gewöhnlich sehr gute Dienste leisten, sind plötzlich untauglich und lächerlich geworden. Wir haben es plötzlich mit großartigen, erschreckenden oder grotesken Gebilden zu tun und sind schlicht überwältigt. Und das Staunen macht uns empfänglich für das Numinose.

Ein Beispiel mag dies erläutern. Der Tiefseetaucher Beebe, der mit dem Bathyskaph «Arcturus» bis auf acht-, neunhundert Meter Tiefe tauchte, berichtet von höchst wunderlichen Wesen, die selbst die phantasievollsten Wasserspeier an der Nôtre-Dame oder die

Dämonen aus Dantes *Hölle* in den Schatten stellen. Es gibt dort hauchdünne Krustentiere, Fische mit ausstülpbaren Augen oder Leuchtzähnen, wie die Katze in *Alice im Wunderland*, den Drachen, den Laternen-, den Regenbogenfisch, Fische mit Leuchtbarten, Pflanzen, die sich wie Tiere fortbewegen können, undefinierbare Gebilde, die im Wasser schweben, Fallschirme mit Tentakeln, tanzende Funken. Das ist das Unbekannte, eine unwahrscheinliche, wundersame Traumwelt. Von einem solchen Schauspiel bleibt niemand unberührt.[18]

Wer dem Unbekannten nachspürt, begibt sich in gleichgültige, unpersönliche Welten, wo ihm alles fremd ist. Er kann sich der Verwandlung nicht widersetzen, ja, mehr noch, die eingespielten Denkmuster finden keine Nahrung mehr. So fern von der bekannten Welt, in dieser Stille und Weite, erzählt Beebe, «fühle ich mich wie ein winziges Atom im grenzenlosen Raum». Für ihn ist die ewig stille und dunkle Nacht der Meerestiefen ein überirdisches Erlebnis, ebenso wie das großartige Schauspiel des interstellaren Raumes. Da kann einen auch Schrecken vor dem Unendlichen packen; das ist dann das andere Gesicht des Wunders. Und hier, eine Meile unter dem Meeresspiegel, erinnert sich Beebe, wie er einst als Kind seinen Drachen entsetzt ganz schnell aus der Luft wieder herrunterholte, als er daran dachte, wie einsam dieser in der Leere schwebte oder daß er selbst in den unendlichen Raum gezogen werden könnte.

Ähnliches geschieht auch den Höhlenforschern. In Höhlen verliert man nach und nach das Gefühl für den Rhythmus von Tag und Nacht. Die unwirkliche Stille ist so anders als alle Geräusche, die uns normalerweise umgeben. Die Intensität unserer Aufmerksamkeit und Sensibilität ist den zu erwartenden Gefahren angemessen, wie z.B Erdrutschen; oder wir könnten steckenbleiben oder uns verirren im unterirdischen Labyrinth. Auch hier wird uns der Zauber einer phantastischen Bilderwelt zuteil. Dies ist die Beschreibung eines französischen Höhlenforschers:

> ...wortlos hielten wir inne. Wir waren überzeugt, daß das Maß unseres Staunens voll war, aber gerade da betraten wir ein Zauberschloß. Mich hatten all die Hunderte von Höhlen, all die seltsamen Berichte und Photographien, die ich kannte, nicht auf solchen Zauber vorbereitet. Stalaktiten und Kristalle leuchteten allenthalben; über alle Maßen

phantastisch war ihr Reichtum, ihr Schillern und ihre Formen. Wir waren im Inneren eines Edelsteins; in einem Kristallpalast... sogar die Farben und die Zartheit dieser Formationen überstieg die zauberhaftesten Blumen, die ich je in der Natur gesehen hatte. Es gab mikroskopisch kleine Stalaktiten und ganz klare Riesenkristalle. Es gab leuchtende Formationen und matte, glatte und stachelige, milchige, rote, schwarze, grüne... Und schließlich waren da zwei ganz neue, unerklärliche Erscheinungen: Es gab riesige Nadeln, so fein wie Spinnengewebe, die bei jedem unserer Atemzüge zitterten und zerrissen, und Silberfäden, die wie Seide glänzten und von Decken und Wänden herunterhingen... Langsam durchschritten wir diese Wunder. Wohl oder übel mußten wir auf diese Blütengebilde treten, diese Kristallgebilde mit unseren genagelten Stiefeln zertreten, Kristallstäbe und schwertartige Gebilde und Sträucher aus Korallen zerbrechen. Einige hundert Yard bahnten wir uns den Weg durch diese Räume und Hallen. Immer neue Herrlichkeiten tauchten auf und raubten uns den Atem.[19]

Nun wollen wir die Zauberwelt der Höhlen verlassen und uns dem weißen Zauber der Arktik zuwenden. Was will dieses Weiß sagen, das Vision, Symbol und Unschuld verkörpert wie keine andere Farbe? Roald Amundsen, der zwischen 1903 und 1907 zusammen mit Hansen und zwölf Hunden durch Wind und Wetter hindurch den ewigen Schnee der Arktik erforschte, schreibt am Schluß seines Berichtes:

So wollte ich schreiben, daß der Leser gewissermaßen an Eindrücken reicher würde, daß er ein Gefühl von der gewaltigen Größe jener Gegenden bekäme, so wie sie sich in meiner Erinnerung für immer festgesetzt haben. Von jenen Gegenden, wo weder Weg noch Steg zu finden ist, wo aber Gottes Sonne oder die glitzernden Sterne uns den Weg weisen. Jetzt am Ende meiner Arbeit, sehe ich, wie wenig ich zu geben vermocht habe; denn die Gedanken, die mich zu überwältigen gedroht hatten, waren keine Gedanken, die in Worte gekleidet werden konnten; es waren meist nur Stimmungen.[20]

Alles ist möglich, wenn man die menschlichen Dramen und Träume hinter sich läßt. Auch Bergsteigen kann ein vollkommenes Yoga sein; der veränderte Körperzustand, die dauernde Gefahr und die entsprechend große Wachsamkeit, Solidarität mit den andern – was oft stark verbindende, brüderliche Gefühle auslöst – die Suche nach der Grenzerfahrung, die gleiche Symbolsprache vom Aufstieg zu anderen Dimensionen, alles scheint das Auftreten von transpersonalen Bewußtseinszuständen zu begünstigen. Zudem entdeckt man die Unschuld der Natur wieder neu und erfährt fremde Welten, wenn nicht gar einen andern Planeten. Darin besteht die auflösende, visionäre Kraft des Unbekannten. Die folgende Beschreibung stammt von Herzog, der das letzte Wegstück zum Gipfel des Annapurna beschreibt, wo er zusammen mit Lachenal unterwegs war:

> Mir war, als tauchte ich in etwas ganz Neues, Außerordentliches ein. Ganz seltsame, lebendige Eindrücke stellten sich ein, wie ich es nie zuvor in den Bergen erlebt hatte. Es lag etwas Unnatürliches in der Art, wie ich Lachenal und die ganze Umgebung betrachtete. Innerlich mußte ich lächeln über die Kleinheit unseres Unterfangens, denn ich konnte leicht zur Seite treten und mir beim Aufstieg zusehen. Ich fühlte keinerlei Anstrengung mehr, wie wenn die Schwerkraft aufgehoben gewesen wäre. Diese transparente Landschaft, diese Quintessenz von Reinheit – das waren nicht die Berge, die ich kannte, es waren die Berge meiner Träume. Der Schnee, der hingezuckert über alle Felsen in der Sonne glitzerte, strahlte in solcher Schönheit, daß ich tief in meinem Innern berührt war. Nie hatte ich solch vollkommene Transparenz gesehen, ich lebte in einer Welt aus Kristall. Es gab nur diffuse Töne, die Atmosphäre fühlte sich an wie Watte. Ich verfiel in einen Glücksrausch, doch beschreiben könnte ich ihn nicht. Alles war dermaßen neu, so gänzlich außerhalb allem Bekannten. In nichts war es vergleichbar mit dem, was ich in den Alpen erlebt hatte, wenn uns die Anwesenheit eines andern Menschen aufmuntert, der man sich vage bewußt ist, oder der Anblick einer Hütte, die in der Ferne auftaucht. Dieses hier war ganz anders. Da war eine gewaltige Trennung zwischen mir und der Welt. Dieses war ein anderes Universum, karg, verlassen, unbelebt; ein phantastisches Universum, nicht für den Menschen gemeint, womöglich war er nicht einmal erwünscht. Wir waren dabei, ein Verbot zu brechen, eine Grenze zu überschreiten, doch wir fürchteten uns nicht beim Weitersteigen.[21]

Und der Ballonflug? Ähnlich wie Wasser kann auch Luft das Gefühl von Weite und Bewegungsfreiheit vermitteln. Sie verkörpert einen Zustand, in dem alle Bindungen aufgehoben und alle Zwänge überwunden sind. Doch Luft ist durchlässiger und lichter als Wasser, verkörpert gewissermaßen noch stärker als dieses einen regressiven, embryonalen Zustand. Und auffällig ist, daß es keine festen Bezugspunkte mehr gibt. Sobald der Ballonfahrer über der Wolkendecke ist, kann er seine Fahrt nicht mehr wahrnehmen. Im absoluten Raum gibt es keine Bewegung mehr, man ist gewissermaßen überall. Die Ballonfahrer des letzten Jahrhunderts waren die Pioniere einer Technologie, die man damals als Kommunikationsmittel der Zukunft ansah. Diese Helden haben uns viele Berichte ihrer Abenteuer hinterlassen. Einige sind hochspannend. Ein bißchen Rhetorik des ausgehenden neunzehnten Jahrhunderts müssen wir wohl in Kauf nehmen, doch die Begeisterung ist echt:

> Und da waren wir im Licht und im reinen Himmel. Die Erde mit ihrem Nebelschleier war tief unter uns gesunken. Hier befiehlt das Licht; hier strahlt Wärme; hier ist die Atmosphäre von Freude erfüllt. Wenn wir uns an diese neue Welt herantasten, ist es, als ließen wir die dunklen Gestade des Schmerzes hinter uns. Der Blick auf die Natur von einem Berggipfel aus mag noch so bezaubernd und großartig sein, nie kommt er an die Schönheit derselben Natur heran, wenn wir sie senkrecht von oben aus dem Raum sehen. Erst dort erfährt der Mensch, wie schön die Welt und wie großartig die Natur wirklich ist. Die Luft hüllt diese Erde in ein Strahlen der Lebendigkeit, und die Schöpfung ist ein großartiger Einklang von allem.[22]

Wenn wir derart außergewöhnliche und überwältigende Erlebnisse haben, sind wir manchmal vor lauter Staunen auch offen für Eingebungen einer höheren Intelligenz. So ging es z.B. Admiral Byrd, der auf seiner zweiten Expedition in die Antarktis viereinhalb Monate lang allein im Basislager Bolling eingeschlossen war. Er hatte in dieser Zeit «mystische» Zustände (wie er sie in seinem Buch *Alone* nannte), in denen er von einem «erhabenen Gefühl der Einheit» mit der Natur und allen Dingen erfaßt wurde, und manchmal sogar den Körper verließ und «so glücklich und schwerelos durch den Raum schwebte, wie der Geist, wenn er über die Gegenstände seiner Betrachtung schweift.» Allein in dieser kalten, verlassenen Eiswüste und unter Lebensgefahr ahnte Byrd, daß es eine große Intelligenz geben muß:

> Für den Suchenden (der Harmonie) gibt es unerschöpflich viele Beweise für jene Intelligenz, die alles durchdringt. Die menschliche Gattung, sagt meine Eingebung, steht nicht abseits vom kosmischen Prozeß und ist kein Zufall. Sie gehört ebenso zum Universum wie die Bäume, die Berge, der Sonnenaufgang und die Sterne.[23]

Wie kommt es wohl, daß viele dieser Entdecker in ihrer Suche nach dem Unbekannten deutlich eine höhere Instanz wahrnehmen, die größer ist als sie? Die Antwort liegt auf der Hand: Sobald ich mich dahin vorwage, wo ich mich nicht mehr auskenne, verzichte ich auf meine Ordnung; dann sehe ich in der Welt nicht mehr die vertrauten Raster meines Geistes. Dann entdecke ich eine größere Ordnung und einen größeren Zweck. Als Edgar Mitchell auf dem Mond landete, sah er die Erde aus großer Distanz und war überwältigt von der Schönheit dieses blau-weißen Juwels, das da im unendlichen Raum schwebte:

> Es war ein spirituelles Erlebnis, in dem das Göttliche fast greifbar nahe war, ich wußte, daß das Leben im Universum nicht einfach auf zufälligen Prozessen beruhte. Dieses Wissen stellte sich unvermittelt, ganz intuitiv ein, es war keine Folgerung, zu der ich durch Nachdenken und logische Abstraktion gelangt war. Und es hatte auch nichts mit Informationen zu tun, die mir über die Sinnesorgane zugefallen waren. Es war ein subjektives Wissen, das jedoch mindestens so real und gültig war wie die objektiven Daten, auf denen das Flugprogramm und das Übermittlungsystem beruhten. Ganz offensichtlich hat das Universum einen Sinn und eine Stoßrichtung – da ist eine unsichtbare Dimension hinter der sichtbaren Schöpfung, die dieser eine sinnvolle Ordnung zugrunde legt und dem Leben Sinn verleiht.[24]

Offenbar lösen fremde Welten und außergewöhnliche Anblicke im Betrachter ebenso überraschende Bilder aus. Die unbekannten Landschaften, die der Pionier zum ersten Mal erblickt, beschwören auch seine inneren unbekannten Landschaften herauf, die noch unberührt sind von den Konventionen der Welt. Eigentlich öffnet alles Intakte in der Natur die inneren Räume, die noch nicht von geistigen Gewohnheiten und kulturbedingten Konditionierungen berührt worden sind. Paradoxerweise taucht gerade dann, wenn man sich fern von allem Bekannten wähnt, in der Fremde, in düsteren Abgründen, auf furchterregenden Berggipfeln, im Kosmos draußen, fern vom Gewohnten und von stereotypen Gesellschaftsbildern das Allerpersönlichste auf, nämlich unser wahres Gesicht.

Die Stimme

Stimmen gibt es unzählige; die Stimme der anderen, die warnen, protestieren, predigen, schreien; und die tausend inneren, oft widersprüchlichen Stimmen. Manchmal ist es die Stimme unserer Neurose, die kritisiert, belächelt und urteilt; oder die Stimme unserer Einsamkeit. Wenn uns keiner Mut macht, tun wir das eben selbst wie ein Kind, das im Dunkeln mit sich selber spricht; oder die Stimme unserer Zweifel, tausend ängstliche Fragen bedrängen uns; vielleicht vernehmen wir die ruhige, gesetzte, etwas langweilige Stimme der Vernunft; oder vielleicht martert uns die Stimme unserer Schuldgefühle; oder es lockt die verführerische Stimme des Irrationalen. Oft sind die Stimmen unserer nahen Bezugspersonen von äußeren zu inneren Stimmen geworden und leben in unserem Innern weiter. Immer sind diese Stimmen mit Gefühlen verbunden: Seit damals, als sie uns mit dem ersten Schlaflied eingelullt oder mit dem ersten Vorwurf verletzt haben, hatten sie die Macht, in uns einzudringen und uns zu verändern. Diese Stimmen berühren uns zutiefst, sie haben unsere heutige Gestalt und unseren Charakter geformt. Sag mir, auf welche Stimmen du hörst, und ich sage dir, wer du bist.

Auch das Selbst hat eine Stimme. Manchmal ist sie so kräftig und deutlich, daß sie die andern übertönt. Dann braucht sie uns nicht zu bedrängen und zu überlisten. Sie ist das Gegenstück zur äußeren oder zur inneren Stimme der Masse. Als geheimnisvolle Schwingung taucht sie aus der Tiefe auf und teilt sich mit ihrer Lebendigkeit und ihrem eigenen Willen mit. Sie ist der kategorische Imperativ. Wenn wir sie gehört haben, wissen wir, was zu tun ist. Es ist eine Stimme, die lenkt, inspiriert und regeneriert; sobald wir sie gehört haben, verändert sie uns. Es ist die Stimme der inneren Führung, die uns in schwierigen Situationen Fingerzeige gibt. So können wir durch die Schwingungen des inneren Tons die numinose Präsenz des Selbst erfahren. Doch weitaus häufiger schwingen die anderen Stimmen obenauf, die uns vertrauter und näher sind. Dann verflüchtigt sie sich und wird verschluckt vom Stimmengewirr.

Männer und Frauen, die den Weg des Willens gewählt haben, schenken der inneren Stimme mehr Beachtung als andere. Denn sie sind mehr als alle andern auf eine unbefangene, verläßliche Stimme in ihrem Inneren angewiesen, wenn sie allein und verlassen in der

Wüste oder am Himmel oben sind, im Meer, oder inmitten einer feindseligen Gesellschaft oder auf einem hohen Berggipfel. Die innere Stimme meldet sich auf allen Wegen. Auf dem Weg der Schönheit ist sie die Stimme der Eingebung; auf den Wegen der Erleuchtung und der Anbetung lernt man in Meditation und Gebet das Zwiegespräch mit höheren Bewußtseinsebenen. Immer ist diese Stimme eine Führung. Wir gehen davon aus, daß jede innere Realität ihren spezifischen Ton hat. Doch dies ist kein Ton, wie wir ihn konkret kennen. Haben etwa die äußeren Werte derart überhand genommen, daß wir uns erst wohl fühlen, wenn wir umgeben sind von schrillem Verkehrslärm, Fernsehgeräuschen, Presslufthämmern und Rockmusik? Wer könnte bei all dem Lärm noch die zarte Stimme der Seele hören?

Jeder kann den Ton der inneren Welt wahrnehmen; jeder Gemütszustand hat seinen Ton und seine spezifische Klangfarbe. So ist im Universum der Schwingungen in jedem Moment die gesamte Menschheitsgeschichte enthalten, gleich einem großen, bunten Chor. Das geht von den Urstimmen – wie Hunger und Angst – bis zur Stimme der Vernunft, der Schuld, der Pflicht und bis hin zur unfaßbaren Stimme des Transpersonalen.

Manchmal hören wir die transpersonale Stimme ganz deutlich, fast physisch wie Jeanne d'Arc, jene Bäuerin, die schon in jungen Jahren von inneren Stimmen den Auftrag erhielt, Frankreich zu befreien. Von diesen Stimmen geleitet, führte sie, verkleidet als Mann und bewaffnet, in Orléans die französischen Truppen an und besiegte das englische Heer. Als sie später verhört wurde, gestand sie, daß es sie sehr erschreckt hätte, als sie die Stimmen zum ersten Mal hörte, doch es sei auch wunderbar und überraschend gewesen. Das war in ihrem Geburtsort Domrémy. Später vernahm sie sie wieder, als sie allein durch die Wälder ging; in der Regel kam die Stimme von rechts: «Sie schien von ehrwürdigen Lippen zu kommen... und rundum war alles in Licht eingetaucht.»[25]

Abseits der Zivilisation ist man für die Stimme oder Stimmen empfänglicher. Messner berichtet, er habe auf den Gipfeln im Himalaya «eigenartige Geräusche» und Visionen wahrgenommen, die ihm ein «unschuldiges Wissen um seine Einheit mit dem Kosmos» vermittelt hätten.[26] Auch Lindbergh spürte auf seiner Atlantiküberquerung, als der Motorenlärm alle übrigen inneren und äußeren

Töne zum Schweigen gebracht hatte, daß freundliche Wesen zu ihm sprachen:

> Diese Gespenster haben Stimmen – es sind freundliche, nebelartige, körperlose Wesen, die ganz nach Belieben verschwinden können oder durch die Wände der Maschine gehen, als existierten sie nicht. Auch jetzt stehen einige von ihnen hinter mir. Einer nach dem andern tritt an meine Schulter heran und spricht durch den Motorenlärm hindurch, dann tritt er wieder zurück in die Gruppe. Manchmal erreichen mich die Stimmen einfach aus der Luft, ganz klar, aber dennoch aus der Ferne, und zwar sind es Distanzen, die nicht in menschlichen Meilen zu messen sind. Die Stimmen sind vertraut, sie sprechen über meinen Flug, erteilen Ratschläge, sprechen über Navigationsprobleme, muntern mich auf, machen mir wichtige Mitteilungen, die mir im normalen Leben niemals zugänglich gewesen wären. Diese Gespenster sind körperlos, doch sie haben menschliche Gestalt – sie strahlen jahrhundertealte Erfahrung aus, es sind Bewohner eines Universums, das den Sterblichen verschlossen ist.[27]

In der Neurophysiologie spricht man von jener wunderbaren selektiven Fähigkeit des menschlichen Gehirns als «Cocktail-Party-Effekt», der uns ermöglicht, aus einem Gewirr von verschiedensten Tönen, wie eben auf der Cocktail-Party, nur einen herauszuhören, zum Beispiel unseren Gesprächspartner. Dieses Selektionsvermögen ist auch in der inneren Welt vorhanden. Im gleichen Maß, wie wir der eigenen inneren Stimme lauschen können, sind wir fähig, alle anderen Stimmen auszuschließen, keinem äußeren Druck nachzugeben. Wir können beispielsweise die Klagen des Körpers überhören, der nach Ruhe und Entspannung lechzt; uns über die schmeichlerische Stimme der Macht hinwegsetzen; Drohungen beiseitestellen; die eigene Angst, das inständige Bitten eines Mitmenschen und Zweifel einfach übergehen; ja sogar die Stimme der Vernunft. Gewisse Menschen haben die Gabe, ein störungsfreies Feld zu schaffen, in dem sich die echte innere Stimme mitteilen kann.

Man muß nicht nur zuhören können; es ist auch wichtig, die echte Stimme von den verführerischen unterscheiden können, die sagen, was wir gerne hören und höchstens Vorurteile und Komplexe nähren. Das Bild der Wellenlängen ist hier sehr zutreffend. Im Radio liegen verschiedene Frequenzen oft sehr nahe beisammen. Wir brauchen den Knopf nur ein bißchen zu verstellen und schon wechselt das

Programm von der Waschpulverreklame zu den Nachrichten, zu einer schmetternden Musik, einem schlechten Sketch, zum Wetterbericht, einem Refrain, der einem nicht mehr aus den Ohren geht, zu einer wunderbaren Melodie. Es sind verschiedene Universen, die dicht nebeneinanderliegen und sich doch so fremd sind. Auch in unserem Inneren liegen die Stimmen dicht nebeneinander, übereinander, manchmal stören sie sich. Doch sie stammen aus ganz verschiedenen Sphären unseres Wesens; man muß die richtige wählen können.

Die Stimme ist Führung. Oft macht sie uns Mut, wenn wir in Gefahr oder sehr resigniert sind. Paradoxerweise mobilisieren gerade Gefühle wie Angst, Verzweiflung, Erschöpfung von Seele und Körper die Stimme in uns.

Auf der Rückfahrt von seiner vierten Amerikareise war Christoph Kolumbus krank und erschöpft und von tiefen Zweifeln gepeinigt. «Halb tot» fühlte er sich, seine Mannschaft war genauso entmutigt. Da ermahnte ihn eine Stimme, wie er in seiner *Lettera rarissima* schreibt, er hätte sich durch die äußeren Umstände entmutigen lassen. Sie gab ihm das Vertrauen zurück, damit er die Reise zu Ende führen konnte. Sie war Mahnung und Trost zugleich.[28]

Und Martin Luther King wurde von tiefer Angst befallen, gerade als sein sozialer Kampf auf dem Höhepunkt stand. Zu jenem Zeitpunkt hatten die Schwarzen gerade eine friedliche Protestaktion gegen Diskriminierung in den öffentlichen Verkehrsmitteln gestartet, wo sie jedem Weißen den Sitzplatz abtreten mußten. Sie gingen zu Fuß zur Arbeit, so daß die Verkehrsbetriebe finanzielle Einbussen erlitten und die Öffentlichkeit auf einen Zustand aufmerksam wurde, den die Schwarzen nicht weiter dulden wollten. Die Aktion tat ihre Wirkung, doch King, der sie ins Rollen gebracht hatte, zog sich den Groll der weißen Konservativen zu. Er erhielt in jenen Tagen zwischen dreißig und vierzig Briefen und rund fünfundzwanzig Drohanrufe täglich. Oft galten die Drohungen nicht nur ihm selbst, sondern auch seiner Frau und seiner Tochter, und das traf ihn empfindlich. Der zerstörerische Druck tat vorübergehend seine Wirkung; King bekam es mit der Angst zu tun und begann, an sich zu zweifeln. Er dachte schon ans Aufgeben und wollte sich mit seiner Familie irgendwohin zurückziehen. Nachdem er in dieser Not Gott im Gebet seine Angst und Ohnmacht eingestanden hatte, hörte er die innere Stimme: «Martin Luther, kämpfe für das Richtige. Kämpfe für die Wahrheit. Dann werde ich bei dir sein, auch bis ans Ende der Welt.» Der «innere Christus» versprach ihm, er würde ihn nicht mehr verlassen; er verlieh ihm Kraft, wie er sie nie zuvor gespürt hatte, und befahl ihm, unbeirrt den eingeschlagenen Weg weiterzugehen. Nach diesem Erlebnis, sagte King, zweifelte er nie mehr an der Realität des persönlichen Gottes, der ihm beistehen und «quälende Verzweiflung in heitere Hoffnung» verwandeln kann. Es war eine entscheidende Wende, und King nahm auch später immer wieder Bezug auf diese Erfahrung (die ihm in seiner Küche wiederfuhr). So erzählt uns King in jenem Singsang der Prediger aus dem Süden:

> Ich hörte die Stimme von Jesus, die mir befahl, weiterzukämpfen. Er versprach mir, daß er mich nie verlassen, mich nie im Stich lassen würde. Nein, niemals allein, nie allein. Er versprach mir, daß er mich nicht verlassen würde, daß er mich nie allein lassen würde.[29]

Für Gandhi war die innere Stimme etwas äußerst Feines, Präzises, das sich durch innere Reinigung einstellt. So beschreibt er, wie in ihm der Entschluß heranreifte, einen seiner Hungerstreiks durchzuführen:

> Für mich ist die Stimme von Gott, des Gewissens, der Wahrheit, oder die innere Stimme oder die «kleine stille Stimme» ein und dasselbe. Ich sah keine Form. Ich habe es gar nie versucht, denn ich glaubte stets, daß Gott keine Form hat. Doch was ich hörte, war eine Stimme, die aus der Ferne kam und dennoch nahe war. Sie war unverkennbar wie die Stimme eines Menschen, die zu mir und zu niemandem sonst sprach, und unwiderstehlich. Ich habe nicht geträumt, als ich die Stimme hörte. Dem Hören der Stimme war ein heftiger innerer Kampf vorangegangen; und plötzlich war die Stimme da. Ich horchte hin, um sicher zu sein, daß es die Stimme war, und dann hörte der Kampf auf. Ich war ganz ruhig. Der Entschluß war gefaßt, Tag und Stunde des Hungerstreiks standen fest.

Und später:

> Für mich war die Stimme wahrer als meine eigene Existenz. Sie hat weder mich noch sonst jemanden je verlassen. Wer immer es wünscht, kann die Stimme hören. Sie ist in uns allen. Doch es ist wie mit allem, man muß sich ganz präzis auf sie vorbereiten.[30]

Das Opfer

Im Januar 1981 hob eine Maschine der Air Florida an einem eiskalten, verhängten Morgen vom Washingtoner Flughafen ab. Ein großer Teil der Passagiere war unterwegs zu ersehnten Ferien in der Sonne. Die Maschine kam allerdings nicht weit. Kurz nach dem Abflug prallte sie gegen einen Brückenpfeiler und stürzte samt Insassen und Besatzung in den Fluß Potomac. Die Rettungsaktionen setzten sofort ein; es ging darum, die Überlebenden zu bergen, die in den eisigen Fluten mitten in der Großstadt verzweifelt gegen die Naturgewalten kämpften. Von mehreren Helikoptern wurden Rettungsringe ins Wasser geworfen. Vor allem einem Mann warf man die Ringe zu, der sie gleich weitergab. Er kämpfte nicht um einen Ring für sich, er gab sie weiter, als sei es das Natürlichste der Welt; und mit jedem Ring gab er seine Überlebenschance weiter. Als die Rettungsmannschaft ihm einen der letzten Ringe zuwerfen wollte, nachdem sie dank seiner Hilfe so viele hatten retten können, war er verschwunden. Der «Mann im Wasser», wie man ihn später nannte, hat es nicht geschafft; ihn hat die januarkalte Flut verschluckt. Er hat sich für die Mitmenschen aufgeopfert.

Wie ist es möglich, daß ein Mensch sein Leben so selbstverständlich hergibt? Was ging in ihm vor, als er nicht verzweifelt nach dem ersten Ring griff, sondern diesen weitergab und somit alle Theorien Lügen strafte, die behaupten, der Mensch hätte einen angeborenen Egoismus und Überlebenstrieb? Und was ging wohl in diesem «Mann im Wasser» vor, nachdem er aus seinen Träumen vom wohligen Sonnenglück in die eisige Realität katapultiert wurde und sich aufopferte?

Schwierig oder gar nicht zu sagen. Eines steht fest: Das Opfer des eigenen Lebens ist wohl die echteste Tat eines Menschen. Es gibt kein Zurück. Es ist der endgültige Akt. An dieser Botschaft gibt es nichts mehr zu rütteln. Gesagt, getan, und zwar endgültig.

Wenn wir grad in einer großzügigen Laune sind, fällt es uns leicht, etwas von uns zu geben: Gegenstände, Zeit, Aufmerksamkeit. Wer allerdings sein Leben gibt, gibt in einem absoluten Sinn. Er gibt die Möglichkeit auf, zu lieben und zu leiden, das Leben zu genießen, Zukunftspläne zu schmieden und zu hoffen. Er verzichtet nicht auf eine Möglichkeit, sondern gleich auf alle und erhält nichts zurück dafür. Es ist das kostbarste und erstaunlichste aller Geschenke.

Wer sich so aufopfert, besitzt gar nichts mehr, nicht einmal sein Leben. Er wird unsäglich leicht. Was geht wohl in ihm vor? Schopenhauer meint, daß sich in Ausnahmesituationen die Illusion vom abgetrennten Individuum verflüchtigt und wir instinktiv erkennen, daß ich und der andere ein einziges Wesen sind. Eine spannende Erklärung, nicht zuletzt weil sie ohne hochtrabende Aufopferungstheorien, ohne Pathos und versteckten Eigendünkel auskommt. Hier ist keine Berechnung im Spiel; es ist einfach ein natürlicher Akt.

In verschiedenen europäischen Ländern wurden mehrere hundert Personen befragt, die während des Weltkrieges Juden zur Flucht aus den Konzentrationslagern verholfen und damit die Vorschriften der Deutschen mißachtet und ihr eigenes Leben aufs Spiel gesetzt hatten. Auffällig ist, daß kein einziger von ihnen dachte, er hätte etwas Außergewöhnliches getan. Ihr Antrieb war entweder eine Grundeinstellung oder Sorge und Verantwortung für die möglichen Opfer.[31] Die Untersuchung zeigt auch, daß gegen alle psychoanalytischen Thesen über gefahrvolle Handlungen nicht eine dieser Personen eigene Größenvorstellungen oder masochistische Triebe befriedigen wollte.

Und ein anderes Beispiel: 1918 ist Nobile mit dem Zeppelin «Italia» auf einem Flug zum Nordpol verschwunden. Man mußte ihn retten. Amundsen wurde angefragt, als er gerade bei einem Festessen saß. Er hatte sich zwar in der Vergangenheit mit Nobile gestritten, dennoch antwortete er mit einem spontanen: «Sofort!» – Er war absolut verfügbar. Und kurz vor der Abreise sagte dieser außergewöhnliche Mann, der schon am Süd- und am Nordpol gewesen war: «Ach, wenn ihr nur wüßtet, wie herrlich es dort ist. Dort möchte ich sterben; ich hoffe bloß, daß mir ein würdiger Tod beschieden ist, rasch, schmerzlos, auf einer weiteren Mission.» Dann schiffte er sich auf einem französischen Strahlantriebboot ein, um nach Nobile zu suchen, und verschwand für immer in den arktischen Nebeln.[32]

Oft entstehen solche Opferhandlungen als momentane Impulse und tragen den Stempel der Großzügigkeit. Kein Für und Wider, eine spontane, entschlossene Klarheit, wie wir sie uns vielleicht alle in den engsten Beziehungen wünschen. Neben solchen Augenblicksentschlüssen gibt es auch Opfer, die uns über längere Zeit in Anspruch nehmen. Dann bleibt uns Zeit zu überlegen, uns zu ängstigen oder einen Rückzieher zu machen. Das ist Aufopferung für ein Ideal, nicht nur für einen anderen Menschen; es kann Freiheit, Wahrheit, Gerechtigkeit sein. Gerade an solchen Fällen läßt sich erkennen, daß scheinbar abstrakte Ideen häufig mehr Macht haben als die Liebe zum Leben.

Es gibt eine denkwürdige Sammlung von Briefen, geschrieben von zum Tode verurteilten Nazigegnern in Europa. Sie haben ihre Auflehnung gegen den Nazismus mit dem Leben bezahlt. Sie wurden zum Tode verurteilt und warteten im Gefängnis auf die Hinrichtung. Ihre Briefe sind oft voller Bitterkeit und Vorwürfe; doch es gibt darunter auch heitere und erschütternde. Bei einigen schimmert ein Wissen um transpersonale Ebenen durch. Wir wollen eines dieser Beispiele zitieren.

Ein achtundvierzigjähriger Volksschullehrer schreibt seiner Frau in den letzten Lebensstunden die folgenden Zeilen, die von seinem Verbundensein mit allen Wesen zeugen:

> Woher kommt dieses Ding, das wie ein Zauber die Seelen berührt und verbindet? Warum sprudelt diese Quelle nicht immer? Ich saß auf dem harten Schemel in meiner Zelle wie schon Aberhunderte von Stunden zuvor und fühlte mich plötzlich tief versunken in allen Dingen: in der Natur, im Menschen, in der Kunst. Der Unterschied zwischen Leben und Tod hat sich aufgehoben in einer Freude, der Freude nämlich, da zu sein...[33]

Wie läßt sich eine solche Erfahrung erklären? Es gibt dafür zwei Modelle: Nach dem ersten, naheliegenden und verbreiteten gehört das Leben mir; mein Überleben ist Eroberung; meine Selbstbehauptung ist Sieg auf Kosten der anderen, ich lebe in der Zeit, allein und von den anderen durch dicke Mauern aus Angst und Mißtrauen getrennt. Im zweiten Modell, in dem das Opfer anzusiedeln ist, kennt das Universum keine Grenzen zwischen den Einzelwesen, zwischen Leben und Tod, Vergangenheit und Zukunft. Das Leben gehört nicht mir, es ist eins mit dem Leben von Pflanzen, Blumen, Tieren und Menschen, Sternen und ganzen Milchstraßen. Hier existiert keine Trennung; in einem Universum, in dem gewaltige Energiezyklen von Leben und Tod pulsieren, ist es, als wäre ich gleichzeitig überall. Unsere Handlungen können im einen oder im anderen Modell stattfinden. Sie können die Schranken verstärken oder auflösen. Die heroische Aufopferung ist lediglich eine auffällige und extreme Form der Wahl, die wir alle jederzeit treffen können; wir brauchen dafür nicht unbedingt Helden zu sein.

Opfer ist für uns alle möglich – es ist ein Zustand von Großmut und Freiheit –, es braucht nicht gleich das Leben auf dem Spiel zu stehen. Doch erst mal wollen wir Mißverständnisse und Karikaturen aus dem Weg räumen. Sobald das Opfer begleitet ist von Gefühlen der Selbstzerstörung, des Dünkels, von bitterem Verzicht, Prahlerei, Vorwurf und Erpressung, ist es nicht echt; mindestens nicht in dem Sinne, wie wir den Begriff verwendet haben. Opfer bedeutet Verzicht auf die eigenen Ziele und Preisgabe des eigenen Lebens. Es ist eine revolutionäre Haltung, in der das Ich überwunden und nicht glorifiziert wird.

Im Unterschied zur egoistischen Haltung, die verkrampft Reichtum scheffelt und am Ende doch mausearm dasteht, macht uns das wahre Opfer besonders leicht und beweglich. Jemand, der sich aufopfert, betrachtet nichts als sein Eigentum, er verzichtet auf Vorrechte und hinterfragt jede Form von Bequemlichkeit und Vorteil. Das Opfer ist auch ein Willensakt, es braucht Entschlußkraft; oft ist es eine Momententscheidung in lebenswichtigen Fragen. Diese Haltung erlaubt keine Selbstgefälligkeiten. Sie ist spontan, präzise, rasch und klar, als wäre es das Natürlichste der Welt. Gleichzeitig zwingt sie uns, persönliche Interessen zurückzustellen und ständig damit zu rechnen, daß sie uns das Leben kosten könnte.

Dag Hammarskjöld war zwischen 1953 und 1961 Generalsekretär der Vereinten Nationen. Er hatte damals sehr heikle Situationen zu bestehen, vermutlich war es die Zeit, in der die Vereinten Nationen international ihre größte Bedeutung hatten. Hammarskjöld handelte aufgrund von Idealen und einem ausgeprägten Pflichtgefühl und war dabei äußerst tüchtig und demütig. Er war zutiefst davon überzeugt, daß man auch internationale Probleme aus einer persönlichen Ethik heraus lösen soll:

> Ich habe die Überzeugung geerbt, daß kein Leben befriedigender ist, als eines, das dem selbstlosen Dienst am eigenen Land gewidmet ist – oder an der Menschheit. Ein solcher Dienst verlangt das Opfer aller

persönlichen Interessen, aber auch Mut, für die eigenen Überzeugungen, die man für die Gemeinschaft als richtig und gut erachtet, entschieden einzustehen, und zwar ungeachtet der Meinungen, die gerade in Mode sind.

Er war also von Liebe getragen: «Das Leben und die Menschen lieben», schrieb er in *Zeichen am Weg*, seinem spirituellen Tagebuch, das erst nach seinem Tod veröffentlicht wurde, «so wie Gott sie liebt für ihre unendlichen Möglichkeiten».

Ein Traum gab ihm diesen Gedanken ein:

> Der Menschen größter Traum – der Traum von der Menschheit. Der Menschen größter und höchster Traum des Individuums – sich in ihn zu verlieren. Dafür: gerne Tod oder Scham, wenn es das ist, was er fordert.

Hammarskjöld starb bei seiner Arbeit. Vielleicht war jener Flugzeugabsturz ein Unfall, doch man vermutete Sabotage, denn dieser Mann hatte die Mächtigen der Erde stark herausgefordert. Auf alle Fälle hat er eine solche Opferhaltung auch gelebt, wie dies die folgenden Worte zeigen:

> Die höchste Hingabe an den Schöpfungsakt – ist das Los von wenigen, die in der Opferhandlung an seine Schwelle gelangen und nicht im Sexualakt; sie hören einen Donnerschlag derselben betäubenden Kraft.[34]

«Opfer» kommt vom lateinischen «offerre» – darbringen; im weiteren Sinn auch die irdischen Begierden und Ängste, um offen zu werden für die ewige, heitere Dimension des Heiligen: Es kann ein Leben urplötzlich verändern.

Der Tod

Eines Tages hörte ein Mann, wie der Todesengel zu jemandem sprach: «Ich muß heute hier in Baghdad einige Abrufe erledigen.» Ganz bestürzt merkte der Mann, daß seine letzte Stunde geschlagen hatte. Konnte er das Schicksal abwenden? Konnte er dem Tod entrinnen, der ihn suchte? Er schwang sich auf ein Pferd und galoppierte davon zu einer Grotte im fernen Samarcanda. Der Todesengel fragte weiter: «Wo ist der und der?», und nannte den Mann, der eben davongeritten war. «Ich vermute, er steckt hier in der Stadt irgendwo», antwortete sein Gegenüber. «Komisch», sagte der Todesengel, «ich habe seinen Namen auf meiner Liste. Ich muß ihn in vier Wochen in Samarcanda abholen.»

Unausweichlich ist der Tod. Wir verstecken uns, fliehen, erfinden Tricks und Täuschungen; der Tod wird uns ereilen, wo immer wir auch sind. Sekunden, Stunden, Jahre mögen vergehen; das Schicksal wird sich erfüllen, unsere Zeit ist begrenzt. Doch in unserer Lebensgier vergessen wir den Tod. Man sagt sogar, unser Leben sei ein einziger Versuch, nicht an das eigene Ende zu denken. Und wir lassen uns auf Spiele ein, wir tun, als wenn nichts wäre. Doch die Zeit vergeht, unausweichlich naht der Moment, da alles, was wir besitzen und zu sein glauben, zu seinem Ende kommt.

Eine erschreckende Aussicht. Doch wenn wir nur einen Augenblick lang den Schrecken und die Verzweiflung beiseitestellen können, erkennen wir vielleicht, daß uns dieser Moment wie kein anderer aus der düsteren Hülle der Vergangenheit löst und daß der Tod oder schon der bloße Gedanke daran befreiend sein kann.

Stellen wir uns einmal vor, wir seien dem Tod nahe. Wir stehen vor dem unausweichlichen Schicksal. Aus mit der Vorstellung, daß wir die Zügel des Lebens fest in der Hand halten, wie dies der naive Held unserer orientalischen Geschichte glaubte. Wir stehen vor dem absoluten Loslassen, Abschied von unseren Lieben, unseren Plänen und von allem, was uns je am Herzen lag. Es ist ein Abschied von Frühlingsblumen und -düften, von der Musik, von Freunden und von allem Schönen; aber auch ein Abschied von allen bedrückenden Ängsten und Sorgen. Was uns früher ernsthaft und beständig schien, verblaßt zu einer traumhaften, körperlosen Gestalt. Wir tragen keine Maske mehr, der Tod läßt sich nicht täuschen; wir stehen vor dem Unfaßbaren und ahnen, wie lächerlich unsere persönlichen Meinungen sind; wir sind ganz in der Gegenwart. Solche Umstände und Haltungen begünstigen die Öffnung zu transpersonalen Dimensionen, wir haben das schon bei anderen Erkenntniswegen gesehen.

Auch das Zeitgefühl verändert sich oder hebt sich auf. Leute, die dem Tod schon nahe gewesen und wieder ins Leben zurückgekehrt sind, erzählen, wie sich alles verlangsamt bis zum Stillstand. Ertrinkende z.B. konnten zuschauen, wie sich die eigenen Arme im Wasser bewegten, wie Luftblasen an die ferne, helle Oberfläche aufstiegen, langsam wie im Traum; und von Leuten, die einen Sturz erlebten, hören wir, daß sich die Sekunden in der Luft wie Jahrtausende anfühlten; und nicht selten sehen sie in einem Moment ihr ganzes Leben an sich vorbeiziehen. Zeit hört auf; es öffnet sich die Spirale zur Unendlichkeit. Ein Unfall, eine Gefahr, der man knapp entronnen ist, eine schwere Krankheit, der Tod einer lieben Person oder einfach die Beschäftigung mit dem Tod lösen oft ähnliche Gefühle und Empfindungen aus.

Einer der ausführlichsten Berichte über eine Sterbeerfahrung stammt von Jung. Nach einem Herzinfarkt fühlte sich Jung hoch über der Erde schweben und wußte, daß er dabei war, die Erde zu verlassen. Alles war vorbei. Das war zwar schmerzhaft, doch es erfüllte ihn auch mit tiefem Frieden. Er hatte keine Wünsche mehr. Als er später merkte, daß er ins Leben zurückkehren mußte, schien ihm diese Aussicht unerträglich bedrückend. Er nannte es ein «Schublädchensystem», Leben, das in starre Abteile aufgeteilt ist, ein Gefängnis, das irgendwelchen unbekannten Zwecken dient und eine hypnotische Anziehungs- und Täuschungskraft besitzt. Mehrere Wochen schwebte Jung in Lebensgefahr, oft hatte er mitten in der Nacht wunderbare Visionen und Erlebnisse: «Ich schwebte im Raum, aufgehoben im sicheren Schoß des Universums, in einer gewaltigen Leere, doch erfüllt von einem großartigen Glücksgefühl und dachte: ‹Das ist ewige Glückseligkeit, unbeschreiblich, wunderbar!› Am ehesten», fährt Jung fort, «läßt sie sich beschreiben als ‹zeitlosen Zustand›, in dem Gegenwart, Vergangenheit und Zukunft ineinanderfließen.»[35]

Oft geraten Leute auf dem Weg des Willens in solche Situationen; die Gefahren, denen sie sich aussetzen, konfrontieren sie häufig mit dem Tod. Wie Hammarskjöld in seinem Tagebuch schreibt, «ist der Tod mit von der Partie»[36]. Der Tod liegt in der Luft, man muß immer mit ihm rechnen, doch hier wird er manchmal greifbar wie ein Mensch, der vor uns steht. Am besten läßt er sich wohl vergleichen mit einem freien Fall im Nichts. Wenn alle Bande reissen, wenn man sich nirgends mehr halten kann, ist die Hingabe vollständig.

Bergsteiger stehen sehr konkret vor dieser Möglichkeit. Es gibt Berichte von überlebten Sturzerlebnissen. Der Zürcher Geologe Albert Heim bestieg einst für Studien den Säntis; ein Windstoß fegte ihm die Mütze vom Kopf und er griff instinktiv danach, um sie festzuhalten, dabei verlor er das Gleichgewicht und stürzte etwa zwanzig Meter in die Tiefe. Der Sturz war für ihn ein transpersonales Erlebnis, und das veranlaßte ihn, diesem Phänomen nachzugehen. Er sammelte Berichte von Leuten, die ähnliche Situationen überlebt hatten. In 95 % der Fälle deckten sich die Erfahrungen; weder Angst noch Verzweiflung, auch kein physischer Schmerz, sondern heitere Gelassenheit und tiefe Sicherheit, Austreten aus dem Körper, hochaktive Geistestätigkeit, innere Klarheit, Dehnung des Zeitgefühls. Heim stellte seine Erfahrungen in einem bekannten Artikel zusammen und widmete diesen den Angehörigen von Bergopfern, damit sie etwas von der Schönheit solcher Momente erfahren und sich mindestens zum Teil über den Verlust ihrer Lieben hinwegtrösten können. Hier die Beschreibung seines Sturzes:

> Mein ganzes Leben zog in vielen Bildern vorbei, gleichsam wie auf einer Bühne kurz vor mir. Ich selbst war der Hauptdarsteller dieses Schauspiels. Alles schien verwandelt durch ein paradiesisches Licht, und alles war schön und frei von Angst und Sorge und Schmerz. Die Erinnerung an tragische Ereignisse meines Lebens war deutlich, doch sie machte mich nicht traurig. Ich fühlte weder Konflikt noch Qual; Konflikt war verwandelt in Liebe. Edle, harmonische Gedanken herrschten vor und verbanden die einzelnen Bilder, und eine göttliche Ruhe durchströmte meine Seele wie wunderbare Musik. Ich war eingebettet in einen herrlich blauen Himmel, an dem zarte rosa und lila Wolken schwebten. Ich fiel ganz leicht und ohne Schmerz durch diesen, ich sah mich frei durch die Luft fallen und ich sah das Schneefeld unter mir, das mich erwartete. Es waren objektive Beobachtungen und Gedanken und gleichzeitig auch subjektive Gefühle da. Dann hörte ich den dumpfen Aufprall, und mein Fall war zu Ende.[37]

Auch beim Wagnis der ersten Flieger, die sich in die geheimnisvollen Lüfte von damals aufschwangen, und nicht an den sicheren Himmel von heute, war der Tod stets mit von der Partie. So erging es Lindbergh, der allein in seinem «Spirit of St. Louis» in den letzten Flugstunden, inmitten von Regen und Nebel, nach Durchblicken zum hellen Himmel suchte. Er fühlte sich auf der Schwelle des Todes:

> Fünfundzwanzig Jahre lang war mein Geist von festen, starren Mauern eingeschlossen, unfähig, eine grenzenlose Ausdehnung wahrzunehmen,

das unsterbliche Sein, das größer ist als er. Ist das der Tod? Bin ich womöglich dabei, jene Schwelle zu überschreiten, die man nur kurz vor dem Tod sieht? Bin ich schon über jenen Punkt hinaus, wo ich noch auf die Erde und zu den Menschen zurückkehren könnte, nach alledem, was ich gesehen habe? Der Tod erscheint mir nun nicht mehr als Ende, wie ich einst geglaubt hatte, sondern als Eintritt in eine neue, freie Existenz, die den ganzen Raum und alle Zeit umfaßt.[38]

Auf dem Weg des Willens lernt man den Tod besonders gut kennen. Doch immer wieder (wir haben es bei Jung gesehen) verleiht die Todesnähe tiefe Inspiration. Auch Ungaretti ist ein Beispiel dafür. Seine frühen poetischen Versuche vor dem ersten Weltkrieg blieben ohne Erfolg. Seine wahre Dichtung entstand im Schützengraben; wo ständig der Tod droht – schreibt Ungaretti – muß man noch schnell alles sagen, was es zu sagen gibt, mit wenigen, gehaltvollen Worten:

Und so fand ich meine Sprache: wenige Worte, doch bedeutungsschwer, die meine Lage in jenen Momenten spiegelten: Dieser Mann allein mitten unter anderen Männern, die allein sind, in einem nackten, fürchterlichen, steinigen Land; Männer, von denen ein jeder ganz allein seine eigene Zerbrechlichkeit fühlt. Und Männer, die gleichzeitig in ihrem Herzen etwas keimen spürten, das weit wichtiger war als der Krieg; die spürten, wie Liebe und Zuneigung zueinander wuchsen. Und sie fühlten sich so klein, wie sie angesichts der Gefahr waren, sie fühlten sich so wehrlos mit all ihren Waffen, und sie fühlten sich als Brüder.[39]

Manchmal wirkt schon der Gedanke an den Tod befreiend und inspirierend. Albert Schweitzer sagte von Bach, daß er «im Tod die Befreiung von aller Not sieht und in seinen wunderbaren geistlichen Gesängen jene Ruhe beschreibt, die im Innern bei diesem Gedanken einkehrt.»[40] Daß es echte spirituelle Erfahrungen von Bach waren und nicht nur ausgefeilte Kunstwerke, bezeugen zahlreiche Kantatenthemen: «Schlummert ein ihr müden Augen» in der Kantate «Ich habe genug», «Liebster Gott, wann werd ich sterben» (Kantate Nr. 8), «Schlage doch, gewünschte Stunde» (Nr. 53), «Ich stand mit einem Fuß im Grabe» (Nr. 156), um nur einige zu nennen. Etwas Ähnliches mußte wohl Mozart gefühlt haben, der 1778 mit 31 Jahren in einem Brief an seinen kranken Vater schrieb:

...da der Tod, wenn wir wirklich darüber nachdenken, eigentlich der höchste Lebenszweck ist, so habe ich diesen echten und besten Freund des Menschen so gut kennen gelernt, daß mich sein Bild nicht mehr erschrecken kann, es beruhigt und tröstet mich! Und ich danke Gott, daß er mir die Gnade erwiesen und Gelegenheit gegeben hat, ihn als Schlüssel zum wahren Glück zu erkennen – niemals lege ich mich zu Bett, trotz meiner Jugend, ohne den Gedanken, daß ich den Tag nicht mehr sehen könnte...[41]

Wenn der innere Dialog plötzlich verstummt, führt der Gedanke an den Tod zum Numinosen, auch der Gedanke ans Nichts, an das Unendliche, an das Schicksal in seiner Unbeständigkeit, an den Sinn von Leben und Universum. Der römische Kaiser und Philosoph Marc Aurel empfahl, diesen Gedanken tagtäglich bewußt in sich zu tragen:

> Als ob man schon gestorben wäre und nur bis zu diesem Augenblick gelebt hätte – in dieser Gesinnung muß man den überschüssigen Rest (der einem noch beschieden ist) gemäß der Natur leben.[42]

Montaigne hatte eine ähnliche Einstellung:

> Wo uns der Tod erwartet, ist nicht auszumachen; wir sollten ihn überall erwarten. Den Tod vorwegnehmen, heißt, die Freiheit vorwegnehmen. Wer gelernt hat zu sterben, hat verlernt, Sklave zu sein. Sterben können macht uns frei von jeglicher Knechtschaft und von jedem Zwang.[43]

Im Hinayana-Buddhismus wird man zur genauen Beobachtung von Leichen angehalten, damit man das Wesen der großen Täuschung ergründen kann, die uns bindet; nämlich, daß wir das Vergängliche für ewig halten, daß wir Befriedigung suchen, wo wir Enttäuschung ernten werden, daß wir Unwirkliches als wirklich empfinden. Nach dem Maha Satipatthana Sutta (das Buddhas Lehren enthält) soll man auf dem Friedhof Leichen von einem, zwei oder drei Tagen beobachten: «aufgedunsen, dann blau und dann verwesend», und sich vergegenwärtigen, daß auch der eigene Körper einst diesem Schicksal erliegen wird. Später wird der Schüler aufgefordert, auf ähnliche Weise allmählich dem Nichts näherkommend, Leichen zu beobachten, die von Krähen, Geiern, Hunden, Schakalen und anderen Tieren angefressen sind; dann Skelette, an denen noch Fleisch und Sehnen und Blutreste kleben; dann Skelette, die nur noch von den Bändern zusammengehalten werden und schließlich solche, deren Knochen einzeln auseinandergefallen sind («Handknochen, Fußknochen, Schlüsselbein, Schenkel, Becken, Wirbelsäule und Schädel»); dann dieselben Knochen, wenn sie ausgebleicht sind und schließlich Knochen, die verwest und zu Staub zerfallen sind.[44]

Wenn wir uns auf so brutale Weise von der Vergänglichkeit alles Seienden, also auch jenes zeitweiligen Zusammenspiels, das unsere Persönlichkeit ausmacht, überzeugen, dann befreien wir uns von falschen Bindungen und sehen die Welt, wie sie ist: nicht als starre Einheit, sondern als einen ständigen Wandel von Beziehungen. So überwinden wir den Schmerz und gehen ins Nirvana ein. Diese buddhistische Todesmeditation (das «memento mori» kennen auch zahlreiche andere Geistestraditionen) hat etwas Hartes, Erbarmungsloses an sich. Sie zwingt uns, genau das zu betrachten, was uns am meisten zuwider ist – das Ende unseres Daseins. Wenn wir den Mut aufbringen, die Quelle der Angst so direkt, rückhaltlos und unverblümt zu betrachten, dann werden wir frei.

Auch der Tod eines nahestehenden Menschen kann das Bewußtsein befreien, wenn wir schon offen sind für die transpersonale Dimension. Es gibt eine eindrückliche Stelle in der Lebensgeschichte des buddhistischen Heiligen Milarepa. Eine seiner tiefsten Lebenserfahrungen war ein erschreckendes Todeserlebnis. Milarepa kehrte nach vielen Jahren in sein Geburtshaus zurück und fand es verlassen und verfallen vor. Er trat ein und schaute sich um:

> Schlendernd erreichte ich die äußeren Gemächer und fand einen Haufen Erde und Lumpen, der von Gras und Unkraut überwuchert war. Ich schüttelte sie und sah, daß es ein Häufchen Menschenknochen war; da fühlte ich, daß es die Knochen meiner Mutter waren. Ich wurde von einer tiefen, unsäglichen Sehnsucht erfaßt. Der Gedanke, daß ich meine Mutter nie mehr sehen würde, war mir so unerträglich, daß ich beinahe in Ohnmacht fiel. Da erinnerte ich mich an die Lehren meines Meisters; und ich sprach im Geiste zum Geist meiner Mutter... und fertigte ein Kissen aus ihren Knochen und blieb in unbeirrter Ruhe in klarer, tiefer Meditation da. Da verstand ich, daß es zweifellos möglich war, meine Eltern vor dem Schmerz und dem Elend eines Lebens in der Illusion zu bewahren[45]

Auch Chuang Tzu hatte eine geliebte Person, nämlich seine Frau, verloren. Hui Tzu, der zum Begräbnis in sein Haus kam, fand ihn singend dasitzen und auf eine umgekehrte Tasse trommeln. Hui Tzu war entrüstet, doch der taoistische Philosoph antwortete bloß:

> Als sie starb, war ich davon benommen. Bald aber entsann ich mich. Sie hatte schon bestanden, ehe sie geboren war: ohne Form, ohne Wesen. Dann geschah in dem Urgemenge eine Wandlung, der Geist kam zu Wesen, das Wesen zu Form, die Form zu Geburt. Nun ist wieder eine Wandlung geschehen, und sie ist tot. So geht man von Frühling zu Herbst, von Sommer zu Winter. Jetzt schläft sie ruhig in dem Großen Haus. Würde ich weinen und klagen, ich hätte den Sinn von alledem nicht mehr. Darum habe ich mich entzogen.[46]

Künstlerische Inspiration, innere Führung, Erfahrungsintensität, Befreiung, Licht, Erkennen der universellen Rhythmen: Dies sind nur einige der Geschenke, die uns jene Realität vermitteln kann, die wir am meisten fürchten.

Merkmale der transpersonalen Erfahrung

Wir haben in diesem Buch verschiedene Wege zum Selbst und die Erfahrungen betrachtet, die für einige kreative, inspirierte Menschen damit verbunden waren. Die Wege sind nicht angelegt wie feste Autobahnen, sie gleichen eher den kaum angedeuteten Bergpfaden. Es gibt Verzweigungen, der Weg hört auf oder kommt mit einem anderen zusammen; er verändert sich dauernd. Unterwegs kann man immer wieder von neuem wählen, man kann sogar einen eigenen Weg erfinden. Und je nach Weg und der erreichten Höhe wechselt die Aussicht; erst ganz oben auf dem Gipfel sieht man alles.

Mit transpersonalen Erfahrungen ist es genauso. Viele haben wir auf den verschiedenen Wegen gesehen, und jede war wieder anders in ihrer Art und Erfahrungstiefe – ganz wie die verschiedenen Ausblicke in den Bergen. Manchmal ist es kaum mehr als ein tiefes Gefühl, ein andermal ein Zustand dem Nirvana nahe. Wir haben ein Nebeneinander von unzähligen Wegen gesehen. Doch es bleibt eine Kernfrage: Führen sie alle zum gleichen Gipfel?

In diesem und dem folgenden, etwas theoretischeren Kapitel werden uns Fragen beschäftigen wie beispielsweise: Was haben all diese Erfahrungen miteinander gemeinsam? Kann man überhaupt von einem transpersonalen Erfahrungsraum sprechen, der jenseits vom Alltag liegt? Gibt es jene Ebene unseres Wesens wirklich, wo Sinn, Kraft und Schönheit ihren Ursprung haben? Oder handelt es sich um unzusammenhängende Einzelerlebnisse? Es hängt viel an den Antworten, die wir darauf finden. Sie bringen einerseits Ordnung in unsere Bestrebungen und helfen uns andererseits, die typischen Merkmale jener Welt herauszuschälen, die – davon sind wir in diesem Buch ausgegangen – eine potentielle Kraftquelle für uns alle und den wahren Kern der menschlichen Natur darstellt. – Das Transpersonale ist ein immenser Raum der Wirklichkeit, der sich nur schwerlich mit unseren sprachlichen Mitteln beschreiben läßt. Es zeigt sich im menschlichen Gemüt auf die verschiedensten Arten, doch einige Merkmale sind all diesen Erfahrungen gemeinsam: Staunen, ein Gefühl der Stimmigkeit, Wissen, Einheit, Universalität, und soziale Relevanz. Trotz der äußeren Vielfalt liegt transpersonalen Phänomenen eine tiefe Einheit zugrunde. Anhand dieser sechs Kategorien können wir unsere Vorstellung sozusagen unter einen Hut bringen.

Eine Schwierigkeit läßt sich nicht aus dem Weg räumen: Nicht immer sind alle Merkmale zusammen vorhanden. Doch vergessen wir nicht, daß es hier nicht darum geht, konkrete Gegenstände wie z.B. farbige Bällchen, Münzen oder chemische Stoffe einzuordnen. Unsere Aufgabe ist viel subtiler. Es geht darum, den Raster der möglichen Erfahrungen zu erkennen. Wir müssen flexibel bleiben und dürfen uns unter keinen Umständen dazu verleiten lassen, das vorliegende Material in eine starre, hierarchische Ordnung hineinzwängen zu wollen.

Vielleicht eignet sich für unsere Zwecke das Wittgenstein'sche Modell der Familienmerkmale. Nach dem Wiener Philosophen soll man sich eine Familie mit verschiedenen typischen Familienmerkmalen vorstellen, wobei keines der Merkmale bei allen Mitgliedern anzutreffen sei. So hätten z.B. einige Familienmitglieder rote Haare, aber nicht alle; viele hätten blaue Augen, doch es treten auch grüne auf; mehrere hätten eine Adlernase, doch bei einigen wäre sie spitz; fast alle wären auffallend groß, doch auch hier gäbe es Ausnahmen. Sollte man daraus schließen, diese Menschen hätten nichts gemeinsam? Sicherlich nicht; im Gegenteil: einige Familienmerkmale springen ins Auge, wann immer man einem Mitglied dieser Familie begegnet.

Die Familie der transpersonalen Gemütszustände und Phänomene ist unendlich groß. Doch es gibt durchaus gemeinsame Züge (auch hier auf verschiedenen Ebenen und mit Ausnahmen). Allerdings ist in den Ähnlichkeiten und Abweichungen eine gewisse Kontinuität zu beobachten. Die Unterschiede sind eher mit den unendlichen Varianten der biologischen Spezies vergleichbar, als mit der klaren Aufteilung in Stockwerke bei einem Haus.

Wir wollen die Merkmale transpersonaler Erfahrungen nun einzeln eingehender betrachten.

Staunen

In der *Göttlichen Komödie* trifft Dante am Ende des Fegefeuers, nachdem er alle Schrecken der verschiedenen Kreise der Hölle durchschritten und den Berg der Läuterung erreicht hat, wieder mit Beatrice zusammen. Es ist eine dramatische Begegnung. Beatrice wirft ihm vor, daß er sie vergessen habe, und Dante fühlt sich vor lauter Verwirrung zu Eis erstarren. Plötzlich beginnt dieses innere Eis zu schmelzen wie der Apenninenschnee, und erschüttertes Weinen bricht aus ihm heraus. Danach ist er «rein und bereit, sich zu den Sternen zu erheben.»[1]

In dieser Szene steht Beatrice für die höchste Wahrheit, die sich ein Mensch vorstellen kann und die im Alltagstreiben immer wieder untergeht. Manchmal ist es tatsächlich unvermeidlich, die transpersonale Ebene und unser wahres Wesen zu vergessen. Doch wenn wir uns so selbstvergessen im Labyrinth der eitlen Dinge, plötzlich wieder erinnern, was für uns wirklich wahr ist, dann sind wir verwirrt.

Das erstaunt nicht. Gemessen am Alltagsgeschehen haben transpersonale Erfahrungen eine unvergleichlich höhere Schwingung; sie sind intensiver und von gänzlich anderer Natur. Eine neue Welt liegt vor uns. Oft wird von Blendung gesprochen, von vorübergehendem Erblinden (der heilige Paulus ist keine Ausnahme), wir hören von Schwindel, Weinen und Lachen, Verwirrung, Ohnmachten, dem Gefühl, man sei dem Teufel in die Falle geraten, Angst, Wahn. Solche Zustände sind zwar eher selten, doch sie zeigen, daß das Transpersonale tatsächlich andere, intensivere Dimensionen eröffnet.

Betrachten wir erst das Staunen in der Natur. Im Sommer 1816 besuchte Shelley das Tal unter dem Mont Blanc. Damals waren diese großartigen Landschaften noch nicht vom Massentourismus überrollt, Reisen war noch ein aufregendes Abenteuer. Alles begegnete dem unschuldigen Blick. Shelley beschreibt, wie ihm zumute war, als er zum ersten Mal die Alpen erblickte (was ihn zum Gedicht *Mont Blanc* inspirierte):

> Unerträglich leuchtend erstrahlten in der Kette, die zum Mont Blanc führt, einige Schneespitzen hoch oben zuweilen durch die Wolken hindurch. Nie hätte ich geahnt, was die Berge sind. Wie diese kargen Gipfel

so gewaltig vor mir explodierten, überkam mich ein ekstatisches Staunen, das dem Wahnsinn nahe war.[2]

Ganz ähnlich erging es Gauguin in Tahiti, wie er selbst in seinem Tagebuch schreibt:

> Die Landschaft mit ihren reinen, glühenden Farben blendete und verwirrte mich. Ich war früher stets unsicher und ängstlich gewesen... Und jetzt war es kinderleicht zu malen, was ich sah, einfach ein Rot oder ein Blau auf die Leinwand zu bringen, ohne lange abzuwägen. Weshalb noch zögern, und all das Gold und diese Sonnenfreude nicht auf die Leinwand fließen lassen?[3]

Oft erschüttern transpersonale Erfahrungen die Persönlichkeit. Es ist wie ein Erdbeben, das Denkschemen, emotionale Gewohnheiten, ja die ganze Wahrnehmung und die seelische Struktur eines Menschen erfaßt. Ganz unerwartete Elemente tauchen auf; wir sind verblüfft und staunen. In einem indischen Spruch wird dieser Einbruch des Transpersonalen in die menschliche Seele mit dem Augenblick verglichen, wenn im Theater der Vorhang hochgeht und es still wird im Saal. Wenn sich der Geist offenbart, ist kein Platz mehr für Geschwätz. Eindrücklich beschreibt Nietzsche, wie das Konzept zu *Also sprach Zarathustra* entstanden ist, und wir sehen, wie gebieterisch das Selbst in die Psyche einbrechen kann:

> ...ganz plötzlich meldet sich etwas zutiefst Aufwühlendes und Störendes sicht- und hörbar mit solcher Eindringlichkeit und Präzision ... ein Gedankenblitz, unausweichlich und ohne Zögern – diesbezüglich habe ich noch nie wählen können. Es ist eine Ekstase, deren gewaltige Spannung sich manchmal in einem Tränenstrom Bahn bricht, in dem alles zwischen Heftigkeit und Trägheit ausfließt, beide ungewollt. Es ist ein Gefühl, vollständig außer Kontrolle zu sein, und das glasklare Bewußtsein, daß mich unzählige Schauder von Kopf bis Fuß durchströmen; es ist ein tiefes Glücksempfinden, in dem selbst noch so schwere und schmerzliche Gefühle stimmig, ja unerläßlich sind in ihrer Wirkung, als wären sie die nötigen Farben in dieser Überschwemmung des Lichts.[4]

Oft stellen sich solche Erfahrungen themenbezogen ein, als Antwort in einer Suche oder als Besiegelung einer Verwandlung, die jahrelang gedauert hat. Doch manchmal fallen sie ganz unvermutet mit der Tür ins Haus, wie ein unerwarteter Gast oder ein Gesprächspartner, der sich im Thema vergriffen hat. Das Transpersonale hält sich nicht an die Spielregeln der persönlichen Welt, es durchbricht sie so oder so. Es hat seinen eigenen Willen, der uns oft unverhofft überfällt. Unserem bewußten Ich bleibt nur die Wahl, sich hinzugeben und mit den Geschehnissen mitzugehen.

Wegen dieser numinosen Ladung bringt jede transpersonale Erfahrung einen Bruch zur gewohnten Gemütsverfassung mit sich. Wer damit in Berührung kommt, wird verwandelt; unausweichlich erfaßt sie das Bewußtsein und die Persönlichkeit mit all ihren Funktionen und Werthaltungen. Wie der deutsche Wissenschaftler Rudolf Otto sagt, ist «Stupor» die Folge: ein überwältigtes Staunen angesichts einer verwandelten Realität, die machtvoll und gebieterisch vor uns steht; das «mysterium tremendum et fascinans»[5].

Richtigkeit

Erfahrungen des Selbst brauchen weder Bestätigung noch Überprüfung oder Vergleiche. Ihr Wert und ihre Gültigkeit liegen in ihnen selbst. Dies ist nicht dogmatisch zu verstehen, es erübrigt sich einfach jegliche Erklärung, denn sie sind unmittelbar wie das Glück.

Transpersonale Erfahrungen sind Antworten auf tiefe Lebensfragen und befriedigen ein unermeßlich großes Bedürfnis des Menschen. Wenn sie sich einstellen, hat man plötzlich keine Wünsche mehr. Es fühlt sich an, als wenn man nach langer Reise und bitteren Schicksalsschlägen in fernen Ländern, nach harten Entbehrungen und Proben endlich heimgekehrt wäre.

Rousseau beispielsweise litt in den letzten Lebensjahren oft an der zwanghaften Vorstellung, alle seien gegen ihn verschworen. Es war ein tief depressiver Zustand, und er war sehr einsam. Als er seine «Beichte» verfaßte, fand eine echte Katharsis statt, die Erleichterung brachte; es war eine umfassende, aufrichtige Selbstdarstellung. Doch erst seine Spaziergänge in der freien Natur, vor allem in der Nähe von Flußläufen, brachten Rousseau das Gefühl zurück, daß alle Dinge zutiefst richtig sind. Sehr beredt beschreibt er die Fülle der transpersonalen Welt:

> Wenn es aber einen Zustand gibt, in welchem die Seele eine hinreichende Grundlage findet, um sich dort ganz und gar auszuruhen und ihr ganzes Wesen darin zu sammeln, ohne sich an das Vergangene erinnern oder sich das Zukünftige herbeiwünschen zu müssen; einen Zustand, in welchem die Zeit nichts für sie ist, das Gegenwärtige immer andauert, ohne doch seine Dauer und irgendeine Spur seiner Abfolge merken zu lassen, ohne irgendeine andere Empfindung von Verlust oder Genuß, von Freude oder Schmerz, Verlangen oder Furcht als allein diejenige unserer Existenz; und wenn einzig diese Empfindung sie ganz erfüllte – so kann derjenige, welcher sich in diesem Zustand befindet, sich glücklich nennen; und sein Glück ist nicht unvollkommen, arm und nur bedingt, wie jenes, das man in den Freuden des Lebens findet, sondern es ist ausreichend, vollkommen und erfüllt und hinterläßt keine Leere in der Seele, die diese auszufüllen wünschte.[6]

Solche Richtigkeit bedeutet Sicherheit, doch in einem unendlich viel tieferen Sinn als jede materielle Sicherheit. Hier hat die Angst nichts mehr zu suchen. Da ist kein Platz mehr für Schuldgefühle, Unsicherheit, Zögern und Furcht. Vorübergehend sind sogar die menschlichen Schwächen einfach aufgehoben, selbst die Todesangst.

Tennyson hatte schon als Kind die Angewohnheit, seinen Namen vor sich her zu sagen wie ein Mantra oder eine Zauberformel. So konnte er sich in einen Zustand transpersonaler Wahrnehmung versetzen, den er folgendermaßen beschreibt:

> Die Individualität schien sich aufzulösen und in einem unbegrenzten Wesen aufzugehen; es war kein wirrer Zustand, sondern der klarste von allen, der sicherste, wunderbarste aller wunderbaren Zustände, jenseits von Worten, wo der Tod ein fast lächerliches Ding der Unmöglichkeit ist und der Verlust der Persönlichkeit das einzig wahre Leben.[7]

Solche Richtigkeit kann auch als Gnade erlebt werden, was sich leichter beschreiben läßt, wenn wir sagen, was sie nicht ist: Es ist ein Zustand, in dem es keine Isolation mehr gibt, weder Zweifel, noch Anstrengung, noch Schmerz. Auch die Schwerkraft der Dinge, verhärtete Lebensformen, Grenzen, die alles so schwerfällig machen, fallen einfach weg.

Dieses Gefühl der Richtigkeit ist ein ureigenes Gefühl. Man fühlt, daß es richtig und gut ist, da zu sein. Doch sie bleibt nicht auf uns beschränkt, wir erfahren sie auch bei den Mitmenschen, in der Natur oder grundsätzlich in unserer inneren Ordnung, in der wir eine Gesetzmäßigkeit erkennen. Sie existiert nicht losgelöst und setzt sich nicht einfach über die Nöte und Schrecken der Menschen hinweg. Doch sie erkennt diese als notwendige Teile des Ganzen. Dies ist keine Theorie, die uns handlungsunfähig macht. Es ist ein wertfreies Erahnen der unerklärlichen Richtigkeit aller Dinge, die so sind, wie sie eben sind.

Wissen

Jede transpersonale Erfahrung eröffnet unbekannte, höchst außergewöhnliche Dimensionen, in deren Licht unsere normalen Erkenntnismöglichkeiten ganz unbedeutend werden. Wie Maine de Biran berichtet, betritt man eine andere Bewußtseinsebene:

> ...meine ich, es gebe in mir einen höheren Sinn, gleichsam eine Seite meiner Seele, der sich in gewissen Augenblicken (und zwar häufiger zu bestimmten Zeiten und Abschnitten des Jahres) einer Ordnung der Dinge oder Ideen zuwendet, die hoch über allem steht, was mit dem gewöhnlichen Leben zusammenhängt, den Interessen dieser Welt verbunden ist und die Menschen ausschließlich beschäftigt. Da habe ich dann das innerste Gefühl und die wahre Vorstellung gewisser Wahrheiten, die sich auf eine unsichtbare Ordnung, eine gänzlich von unserer verschiedene, bessere Art von Dasein beziehen. Aber das sind lichte Momente, die keinerlei Spur im gewöhnlichen Leben oder in der Ausübung der mit ihnen verbundenen Fähigkeiten hinterlassen: Ich stürze hernieder, sooft ich mich erhoben habe.[8]

Transpersonales Wissen ist stets umfassend, unmittelbar, wesentlich, verblüffend und tief.

Es ist umfassende Erkenntnis; nicht bruchstückhafte, die aus dem Sammeln von Teilinformationen entstanden wäre, wie wirbeispielsweise die Teile einer Maschine, die chemische Zusammensetzung einer Substanz oder die einzelnen Epochen eines geschichtlichen Ablaufes kennenlernen. Transpersonales Wissen stellt sich ganzheitlich und unteilbar ein. – Es ist unmittelbar. Es gibt keinen Mittler; weder Worte, noch Folgerungen, noch Erläuterungen irgendwelcher Art. Es kann eine plötzliche Intuition sein; aber auch dann, wenn es nach und nach ins Bewußtsein sickert, ist transpersonales Wissen nie die Folge von logischen Verknüpfungen.

Es ist wesentlich. Inhalte, die wir so verstehen, liegen uns am Herzen und betreffen stets grundsätzliche Lebens- und Sinnfragen.

Verblüffend ist es, weil es sich nicht in bestehende geistige Kategorien einordnen läßt. Es kann einen durchaus aus dem Konzept bringen, denn es zwingt zu revolutionären Aufbrüchen im eigenen Inneren.

Und schließlich ist es tief: Transpersonale Erfahrungen lassen uns an einer Fülle teilhaben, die unser mentales Fassungsvermögen weit übersteigt. Es gibt in der Tat mehr Dinge zwischen Himmel und Erde, als wir uns vorstellen können.

Neben der Intuition wie bei Maine de Biran ist auch echte Erleuchtung möglich. Intuition ist wie ein kurzer Blick von ferne. Erleuchtung ist die vollständige Identifikation mit dem Selbst, die Gnosis. Solches Wissen hat eine unvorstellbare Wandlungskraft. Gegebenheiten wie Tod oder Krankheit, die früher beängstigend waren, sieht man jetzt mit Humor und heiterem Herzen. Immer ist man verblüfft und hat das Gefühl, man sei eben aufgewacht und habe einen Betrug aufgedeckt, dem man allzu lange aufgesessen war.

Solches hören wir bei Narendra (später als Swami Vivekananda bekannt), der als junger, begabter, eher skeptischer Student den großen indischen Mystiker Ramakrishna traf. Narendra, das muß man vorwegnehmen, hatte hellseherische Fähigkeiten. Schon als Kind sah er beim Einschlafen einen «wunderbaren Lichtpunkt», der sich veränderte, die Farbe wechselte, zu einem Lichtball anschwoll, explodierte und den ganzen Körper in fließendes, weißes Licht einhüllte. Wenn dies geschehen war, schlief Narendra ein. Das wiederholte sich jeden Abend. Dabei war er fest überzeugt, daß alle Menschen so einschlafen. Erst als Erwachsener merkte er, daß es eine außergewöhnliche Erfahrung war.[9]

Narendra hatte an der Universität von Ramakrishna gehört, als sein Professor für Literatur im Zusammenhang mit Wordsworth über das ekstatische Naturerlebnis des englischen Dichters sprach und es mit der Erleuchtung verglich, wie sie in der indischen Tradition bekannt ist. Dabei erwähnte er Ramakrishna, der sich in solchen Phänomenen auskenne wie kein anderer. Narendra suchte Ramakrishna auf. Als sie sich begegneten, kam Ramakrishna auf ihn zu und berührte seinen Körper mit dem rechten Fuß (nach dem alten Brauch einer physischen Kontaktnahme zwischen Meister und Schüler).

> Jäh hatte ich ein wunderbares Erlebnis. Meine Augen waren ganz offen, und ich sah, wie sich alles im Zimmer, selbst die Wände, rasch drehte und zurückwich; gleichzeitig war mir, als löste sich das Bewußtsein meiner selbst und das gesamte Universum im großen Nichts auf, das alles zerstörte. Daß das Bewußtsein meiner selbst ausgelöscht wurde, erschien mir wie ein Tod.

Dies ist der Anfang einer Erleuchtungerfahrung. Narendra war allerdings noch nicht bereit, ihm fehlte gewissermaßen noch der Mut. Er rief: «Ah! Was tust du mir da, was tust du? Weißt du nicht, daß ich noch meine Eltern zuhause habe?» Ramakrishna lachte und berührte ihn an der Brust, und Narandra kehrt zurück in seinen Normalzustand. «Es wird zum rechten Zeitpunkt geschehen», meinte der Meister.

Nach diesem Erlebnis hatte Narendra äußerst zwiespältige Gefühle gegenüber Ramakrishna und vermutete, daß ihn dieser hypnotisiert hatte. Doch wenig später, als Narendra gerade mit einem Freund über die Vedanta-Lehren spottete, stand Ramakrishna da, berührte ihn erneut und das Folgende geschah:

> Die wunderbare Berührung des Meisters löste in meinem Geist eine vollkommene Revolution aus. Ich war hocherstaunt, als ich gewahrte, daß es tatsächlich nichts im Universum gab, das nicht Göttlich wäre. Ich blieb still und fragte mich, wie lang wohl dieser Zustand andauern würde. Er verging den ganzen Tag nicht. Noch als ich nach Hause zurückkehrte, fühlte mich genau so. Was immer ich sah, war Gott. Ich setzte mich zum Essen hin und sah in allen Dingen – Teller, Speise, in meiner Mutter, die die Speisen reichte, in mir selbst – Gott, und nichts außer Gott. So aß ich einige Brocken und blieb dann wortlos sitzen. Meine Mutter fragte liebevoll: «Warum bist du so still? Warum ißt du nicht?» Und das holte mich zurück ins Alltagsbewußtsein, und ich begann zu essen. Doch danach stellte sich diese Erfahrung immer wieder ein, bei irgendwelchen Tätigkeiten – während ich aß, trank, dasaß, lag, an der Universität, wenn ich durch die Straßen schlenderte. Es war wie ein Rausch; ich kann es gar nicht beschreiben.[10]

Einheit

Unser Geist trennt und unterscheidet, und es entsteht Dualität: häßlich und schön, gut und böse, Licht und Schatten, Freude und

Leid, davor und danach, ich und die anderen. Und diese Unterschiede schaffen die Möglichkeit zu vergleichen, zu wählen; sie schaffen auch Ängste und Konflikte in unserem Inneren, zwischen Vernunft und Instinkt oder dem, was wir sein möchten und dem, was wir sind. Ganz ähnlich verhält es sich mit unserer Beziehung zur Umwelt. Sobald wir uns abgeschnitten fühlen von der Außenwelt und den Mitmenschen, stellen sich Gefühle von Angst und Feindseligkeit ein gegen alles, was wir nicht selber sind. Manchmal erscheint uns sogar die Umwelt in lauter Einzelteile aufgesplittert. Dann erleben wir sie wie eine bunte Ansammlung isolierter Einzelereignisse und Dinge, und wir erkennen nicht mehr, daß alles aus einer Quelle und einem Gesetz entspringt.

Doch es gibt Bewußtseinszustände, in denen dies nicht geschieht. Dann gibt es keine Wünsche und Vorlieben mehr. Und wenn wir keine Vorlieben mehr haben, brauchen wir nicht mehr zu wählen. Ohne Wahl fallen die Unterschiede weg. Und wo die Unterschiede fehlen, ist alles eins.

Ein Beispiel soll dies veranschaulichen. Der junge Giovanni Pascoli kehrte eines nachts allein unter einem klaren Sternenhimmel nach Hause. In dieser Einsamkeit dachte er an die Ermordung seines Vaters und fühlte Sehnsucht nach seiner Mutter, so daß er mit offenen Augen zu träumen begann, seine Angehörigen umarmten ihn liebevoll und nähmen ihn zu sich in die «andere Welt, die so ruhig und sanft ist». Schmerzlich erlebte er die Kluft zwischen dem Traumbild und seiner Realität. Da geschah etwas, was den Dichter jäh aus dieser persönlichen Welt voller Sehnsucht und Erinnerung herausholte: Eine Sternschnuppe fiel vom Himmel.

> ...plötzlich sah ich einen goldenen Ball, eine Feuerkugel, ganz gemächlich vom Himmel fallen. Und sie tauchte unter im großen Grün, in sanfter Stille. Oh! Die Himmelskugel! Es war nicht der kleine Blitz aus deiner Flinte, oh Sterblicher! Sie kam aus dem ruhigen, schweigenden Blau des Himmels... Ich vergaß viel Unglück, im Traum sah ich und sehe es noch heute, wie die glitzernden Sterne niederstiegen, auf einem Stein sitzend wie ein Hirte... Und es tat nicht weh, daß auch ich ein solcher Stern bin, der leuchtend in die Welt des Schattens untertaucht... Und ich fühlte, wie mein Leben mit dem großen All verschmolzen war.[11]

Manchmal erfahren wir die Einheit durch Beobachtung und Forschung. Goethe war seiner Zeit weit voraus, denn er hatte die biologische Evolution erfaßt. Mit fünfunddreißig entdeckte er am menschlichen Skelett den Zwischenkieferknochen, an dem sich der Affe vom Menschen unterscheidet, der jedoch gleichzeitig jenes Bindeglied ist, das den Menschen mit der ganzen Natur verbindet. Goethe schreibt seinem Freund Herder:

> Jena, 27. März, nachts... Ich habe weder Gold noch Silber gefunden, doch etwas, das mir unsägliche Freude bereitet... den Zwischenkieferknochen des Menschen...

Und das alles wegen eines Knochens? Goethe erklärt es in einem anderen Brief:

> Der Mensch ist auf nächste Weise mit dem Tier verwandt. Nur die Harmonie des Ganzen macht ein Wesen zu dem, was es ist; und der Mensch ist Mensch wegen der Stellung und Beschaffenheit seines Oberkiefers, und wegen der Stellung des letzten Gliedes der kleinen Zehe. Jedes Wesen ist nur eine Note, eine Klangfarbe in der großen Harmonie, die als Ganzes betrachten werden muß, denn sonst wird jede Einzelheit zum toten Buchstaben.[12]

Goethe war von seiner Entdeckung des Zwischenkieferknochens deshalb so begeistert, weil dieser jenes Mosaiksteinchen darstellte, das im ganzheitlichen Bild noch gefehlt hatte, und weil man jetzt sehen konnte, wie würdig jeder Teil seinen Platz ausfüllt.

Die Einheit zu sehen, macht uns Freude; umgekehrt ist es bedrükkend und verwirrend, wenn wir uns in der Vielfalt verlieren. In der Vielfalt ist unsere Aufmerksamkeit gespalten, unsere Gefühle sind gequält, unsere Wünsche widersprüchlich, der Geist ist übervoll. Zersplitterung nagt an unserer geistigen und emotionalen Energie. Umgekehrt wirkt Einheit heilend und entlastend. Wenn man sich eins fühlt mit «dem großen All» wie Pascoli, dann braucht man sich nicht mehr vor Fremdeinflüssen zu schützen. Sieht man den Menschen getrennt von der übrigen Natur, dann besteht schon ein geistiges Spannungsfeld; sieht man ihn hingegen wie Goethe als einen Ton in der großen Symphonie, dann macht die Spannung der Freude Platz.

In einem solchen Zustand der Einheit sucht man das Ersehnte nicht mehr anderswo oder in etwas, das wir nicht besitzen oder das nicht geschieht. Wir haben auch nicht mehr Angst, wir könnten vom Leben abgeschnitten werden. Wir fühlen uns als Teil des Ganzen, der niemals ausgeschlossen werden kann. Rabindranath Tagore erzählt:

> Es war Morgen. Ich beobachtete die Dämmerung in der Free School Lane. Da nahm plötzlich eine Landschaft Gestalt an, und was ich sah, wurde großartig. Die Welt war eine strahlende Musik, ein wunderbarer Rhythmus. Die Häuser, die Leute in den Straßen, die spielenden Kinder, alles war Teil eines leuchtenden Ganzen – unsäglich leuchtend.[13]

Diese Vision hielt sieben oder acht Tage an. Doch alles vergeht. Tagore ging zu weit. Er verließ die Stadt, um noch mehr Erleuchtung zu erfahren. Und damit war er auch schon zur Welt der Vorlieben und der Trennung zurückgekehrt: «Dann ging ich in den Himalaya, um diese Vision zu suchen, und verlor sie.»

Das Universelle

Thoreau fühlte sich äußerst frei und klar, wenn er sich noch im Zustand zwischen Wachen und Schlafen befand: «Ich weiß dann, daß ich im Schlaf die Grenzen des Persönlichen überschritten, Beobachtungen gemacht und Gespräche geführt habe, die ich im Wachzustand nicht mehr erinnere und nicht schätzen kann. Es ist, als würde der individuelle Geist im Schlaf im unendlichen Geist aufgehen und als stünden wir beim Erwachen noch auf der Schwelle.»[14]

Ein anschauliches Beispiel für das Universelle der transpersonalen Welt. Dort sind wir nicht von der Enge des persönlichen Erlebens befangen, klammern wir uns nicht an Ideen und lassen uns nicht von den eigenen Dramen bedrücken oder von Wünschen überfahren. Der Egoismus ist da fehl am Platz, er wirkt höchstens lächerlich und pathetisch. Alle Trennungen zwischen «dein» und «mein», Besitzgier, chauvinistisches und patriotisches Getue sind plötzlich nicht mehr da. Sogar brennende Probleme sind plötzlich unwichtig, unsere großen Taten scheinen Kinderspiele. Manchmal erahnen wir flüchtig das Unendliche, dann erweitert sich unsere Sicht, und altbewährte Muster werden umgekrempelt. Wenn wir das Einzelne verlassen, offenbart sich das Universelle. Das ist wahre Katharsis.

Der Kontakt mit dem Universellen zwingt uns nicht selten, unser Selbstbild radikal zu revidieren. Wir wollen die Briefe des Schriftstellers und Kriegspiloten Antoine de Saint-Exupéry betrachten, der seine tiefsten Erlebnisse beim Fliegen hatte:

> ... bei einer mitternächtlichen Prüfung, die dich von allem Nebensächlichen entledigte, hast Du plötzlich in dir eine Person entdeckt, von der Du nichts gewußt hast... Einen großen Menschen, den du nie vergessen wirst. Und das bist du; Er hat die Flügel ausgebreitet, er hängt nicht mehr an den vergänglichen Gütern dieser Erde, er hat es angenommen, für alle andern Menschen zu sterben, und kam so in den universellen Raum. Ein gewaltiger Atem strömt durch ihn. Hier steht er vor Dir, seiner Form entledigt, der Erhabene, der in dir geschlafen hatte: der Mensch. Du bist wie der Komponist, wie der Physiker, der Bewußtseinshorizonte öffnet... Du hast jene Höhe erreicht, wo alle Formen von Liebe ein und das selbe Maß haben. Vielleicht hast du gelitten, vielleicht warst du einsam, dein Körper hat vielleicht keine Heimat gefunden, doch heute bist Du mit offenen Armen von der Liebe aufgenommen worden.[15]

Die Begegnung mit dem Universellen entlastet uns, denn sie hebt uns aus der widersprüchlichen, wackeligen Individualität in die verläßliche Sicherheit des transpersonalen Selbst. Sie stärkt uns. Sie konfrontiert uns mit etwas, das alle und alles angeht und deshalb eine gänzlich andere Kraft besitzt als unsere privaten, stets unberechenbaren Angelegenheiten. Das Universelle hilft uns klarer sehen, denn wir stellen uns auf einen Standpunkt, wo wir die verworrenen individuellen Ansichten gewissermaßen von oben betrachten können. Schließlich verleiht es dem Leben Sinn; denn solange wir das menschliche Leben losgelöst vom übrigen Universum betrachten, ist es sinnlos. Die Hölle ist eigentlich nichts anderes als diese tiefe, erschreckende Einsamkeit.

Es besteht also eine Polarität zwischen dem Universellen (Befreienden) und dem Einzelnen (Bedrückenden). Manchmal ist die Suche nach dem Universellen nichts anderes als ein bewußtes Wegtreten von der zersplitterten Alltagswelt und die Hinwendung zu einer völlig anderen, freien und hellen Welt. Einzeln und universell können allerdings auch zusammenfallen. Das kleinste, unscheinbare

Ereignis oder alltägliche Detail kann das Große in sich tragen. Leopardi nahmzum Beispiel das Unendliche in einer Stimme oder einem Ton aus der Ferne wahr, im Donnergrollen auf dem Land oder im Gesang der Bauersleute oder der Vögel, im Brüllen des Ochsen. Blake entdeckte das Universum in einem Sandkorn. Pasteur sagte, er erkenne alles als unverkennbaren Ausdruck des Unendlichen.[16] Im Zen heißt es, man brauche nirgendwo hinzugehen, die Erleuchtung sei genau dort, wo wir sind und in dem, was wir tun – ob Holzspalten oder Wassertragen.

Soziale Relevanz

Bach hatte wie alle großen Musiker glückliche Momente der Eingebung. Er verwandelte sie in Noten, die er zu Papier brachte. In den Jahrhunderten danach wurden diese Noten durch viele Interpreten in Töne verwandelt. Und die Töne konnten dank der Technik aufgezeichnet werden. Irgend jemand hat sie eines Tages auf die Kassette aufgenommen, die eben in meinem Recorder abspult, während ich hier sitze und auf den Bus warte. Die Töne, die als magnetische Informationen auf das Band gespeichert worden sind, gelangen nun als elektrische Impulse durch das Kabel in den Stereo-Kopfhörer und von dort zu meinen Ohren. Auf diesem wunderlichen Weg kommt Bach zu mir, er bereichert mein Lebensgefühl und schenkt mir Schönheit und Zufriedenheit.

Man könnte es auch so nennen: Der transpersonale Einfluß geht über eine bestimmte Situation hinaus und lebt weiter als Kunstwerk, wissenschaftliche Entdeckung, Erfindung, soziale oder religiöse Bewegung oder als humanitäres Werk. Die Handlung des Selbst wird konkret, sie dehnt sich aus in Zeit und Raum, verwandelt Gedanken und Gefühle der Menschen, zuweilen sogar ihr Leben.

Nichts findet im luftleeren Raum statt, es gibt die rein individuelle Erfahrung nicht. Was immer jemand erlebt, gibt er an seine Umwelt weiter, nicht nur mit Worten und Handlungen, sondern mit seinem ganzen Wesen.

Wie wohltuend der Einfluß eines Menschen ist, der im Transpersonalen lebt, fühlt man besonders deutlich in seiner Nähe. Man spürt es an der Ausstrahlung eines Menschen, daß er mit der Welt des

Selbst in Berührung gekommen ist. Vor allem einfache Menschen merken es gleich und fühlen sich angezogen, wie es den Dürstenden zum Wasser zieht.

Im indischen Kulturraum, wo den feineren Schichten der Wirklichkeit mehr Bedeutung beigemessen wird als bei uns, gibt es den Brauch des Darshans. Das ist die Vermittlung eines transpersonalen Zustands durch die physische Präsenz. Der amerikanische Journalist William Shirer berichtet, wie sehr die Masse in Indien nach dem Darshan von Gandhi verlangte. Als Gandhi 1931 im Zug zwischen Delhi und Ahmedabad unterwegs war, hängten sich auf jedem Bahnhof Tausende von Menschen an das Abteil, in dem Gandhi saß:

> Sie waren schon glücklich, wenn sie ihn nur sahen, und mehr noch, wenn sie von ihm Darshan erhalten hatten... Die Inder, auch die ärmsten Bauern und Analphabeten, taten dies offenbar instinktiv. Sie spürten in der Gegenwart des großen Mannes etwas Großes, das plötzlich in ihr einfaches Leben einbrach...[17]

Wer mit dem Transpersonalen in Kontakt ist, sieht und erlebt auf eine Weise, die für alle, Männer und Frauen, gleich ist. Wer davon berührt worden ist, gibt unweigerlich etwas davon an die Umwelt weiter; eine Erweiterung des Selbst, etwa vergleichbar mit dem Duft einer Blume oder dem Licht, das die Sonne ausstrahlt. Wir wissen alle, daß man sich in der Nähe einer kreativen, freundlichen, fröhlichen Person ebenfalls kreativ, freundlich und fröhlich fühlt, daß etwas von dieser Person auf uns übergeht und uns verwandelt. Das hat die Masse bei Gandhi gesucht. Das berichten auch viele, die schöpferischen und inspirierten Menschen nahestanden. Solche Menschen verbreiten einen heilenden Einfluß, der aufbauend und ermutigend wirkt, inspirierend und erhebend, so daß man den eigenen wahren Kern lebendig spürt.

Das Folgende beschreibt diesen Einfluß des Transpersonalen sehr eindrücklich. Der russische Adelige Motovilov war einer der eifrigsten Anhänger des großen Mystikers Serafin von Sarov. Ihm verdanken wir einen aufschlußreichen Bericht über ein Gespräch mit Sarov. Motovilov wollte sich von Serafin erklären lassen, «wie man im Göttlichen ruhen soll». Serafin gab ihm ein paar Ratschläge, doch Motovilov gab sich noch nicht zufrieden. Da packte ihn Serafin an der Schulter und sprach weiter, wobei er ihn aufforderte, ihm in die Augen zu blicken. Motovilov berichtet:

> Bei diesen Worten schaute ich in sein Gesicht und ein großes Staunen erfüllte mich. Stell Dir einmal das Zentrum der Sonne vor, beim grellsten Mittagslicht, und in diesem Zentrum das Gesicht des Menschen, der mit Dir spricht. Du siehst, wie sich seine Lippen bewegen, Du siehst das wechselhafte Spiel seiner Augen, hörst seine Stimme; Du merkst, daß Dich jemand an der Schulter festhält. Doch Du kannst die Hände nicht sehen, die Dich halten, Du siehst auch Dich selber nicht, auch nicht die Gestalt dieses Mannes, nur eine blendende Lichtkugel, die sich in meterlangen Strahlen über die Schneefelder ergießt und die feinen Schneeflocken in der Luft und Dich und den großen Staretz. Kannst Du Dir vorstellen, wie ich mich fühlte?[18]

Motovilov erzählt weiter, er habe dabei unbeschreibliche Ruhe und Frieden gefühlt, eine wundersame Milde und große Freude im Herzen, er habe Wärme und einen so köstlichen, zarten Duft wahrgenommen, wie man ihn nicht im vornehmsten Kazan-Geschäft kaufen könne.

Manchmal wird nicht nur ein Gemütszustand vermittelt, sondern es werden auch besondere Fähigkeiten erweckt. Dies war bei Ramana Maharshi und dem englischen Journalisten Paul Brunton der Fall. Brunton kam nach einer langen Entdeckungsreise im Mittleren und Fernen Osten zu Maharshi. Er war auf der Suche nach Hexenmeistern, Gurus, Wundertätern und allen möglichen mystischen Phänomenen. Bei der ersten Begegnung stellte Brunton die üblichen Fragen eines willigen Schülers und weiter nichts: Was muß ich tun, um erleuchtet zu werden, warum komme ich in der Meditation nicht voran, brauche ich einen Meister, usw. Nach dem Bericht waren auch Ramanas Antworten nicht sonderlich originell, doch offenbar wurde sein Einfluß anders spürbar. Mindestens verlängerte Brunton seinen Aufenthalt und meditierte häufig zusammen mit Ramana. Er, der bis dahin nicht einmal verstanden hat, was Meditation ist, schreibt nun:

> Bei diesen täglichen Meditationen mit der kraftvollen Präsenz des Weisen habe ich gelernt, meine Gedanken innerlich auf einen immer tieferen Punkt hinzuführen. Es ist unmöglich, mit ihm häufig Kontakt

zu haben, ohne im Inneren Feuer zu fangen, wenn man es so nennen will, und geistig erleuchtet zu werden von einem hellen Strahl aus seinem geistigen Bereich.

Und eines Abends geschieht etwas Herrliches:

Das Hirn ist in einen Zustand vollkommener Stille getreten, wie ein Tiefschlaf, doch ohne den leisesten Verlust an Bewußtsein... Ich bin mitten in einem Meer von Licht, das in Flammen steht... Ich habe göttliche Freiheit und ein kaum beschreibliches Glück erreicht... Ich umarme die ganze Schöpfung mit tiefem Mitgefühl, denn ich weiß zutiefst, was es heißt, alles und alle zu kennen; es heißt nicht nur verzeihen, sondern auch alles und alle lieben.[19]

Das Selbst

Die Beispiele in diesem Buch zeigen deutlich, daß sich im Laufe der Menschheitsgeschichte bei vielen Menschen äußerst wertvolle und kostbare Fähigkeiten und Bewußtseinszustände eingestellt haben. Es dürften dies die höchsten Ausdrucksformen der menschlichen Möglichkeiten überhaupt sein. Zudem kann man sie auch als Nährboden für alle großen Errungenschaften der wichtigen Zivilisationen ansehen: in Form von Kunstwerken, wissenschaftlichen Entdekkungen, philosophischen Systemen, ethischen und sozialen Neuerungen, geographischen Entdeckungen, religiösen Strömungen.

Wenn man von transpersonalen Phänomenen hört, erkennt man gleich, daß sie eine eigene Gesetzmäßigkeit haben und mehr sind als bloße Phantasieprodukte und Gedankenspielereien. Sie treten in allen großen Zivilisationen auf; das bedeutet also, daß sie weder örtlich noch kulturell bedingt sind. Sie sind so echt und unmittelbar, daß man sie unmöglich als Fälle bloßer Kompensation und Flucht abtun kann. Sie lassen sich auch nicht irgendwelchen Ideologien zuordnen als Ausdruck für die Ausbeutung einer Gesellschaftsschicht durch eine andere. Sie bringen viele positive Auswirkungen mit sich, also lassen sie sich auch nicht als Exzesse oder Produkte des Wahnsinns beiseitestellen. Und schließlich gehören transpersonale Erfahrungen in einen anderen Raum als andere psychische Phänomene. Sie sind von numinoser, universeller Natur. Sie finden auf einer anderen Wellenlänge statt.

Nun wollen wir einige Thesen aufstellen. Erstens sind wir der Ansicht, daß die Fähigkeiten und Erfahrungen, wie wir sie nun bei einigen außergewöhnlichen Menschen betrachtet haben, keineswegs vereinzelte Sonderphänomene sind, sondern zum Potential der gesamten Menschheit gehören und in jedem Menschen mehr oder minder ausgeprägt und entwickelt vorhanden sind. Es gibt viele Hinweise darauf, wie häufig transpersonale Erfahrungen sind, auch bei Personen, denen oft die Ausdrucksmittel fehlen, um dies mitzuteilen. Diese Hinweise finden sich in verschiedenen soziologischen Forschungsarbeiten (u.a. die kürzlich wiederholte Studie von Greely und Mc Greedy), im Material über die Berichte von Sterbenden, den Untersuchungen über veränderte Bewußtseinszustände, in Daten aus der vergleichenden Religionswissenschaft und Kulturanthropologie, in den empirischen, doch gut belegten Anekdoten von William James und später in der Psychotherapie und im Zusammenhang mit Erfahrungen der verschiedenen Meditationsformen, von Tanz und Gebet, in der Untersuchung über transpersonale Zustände bei Leistungssportlern oder in anderen Ausnahmesituationen, in den Berichten über Erfahrungen im Umfeld der Geburt, vor allem, wenn sie außerhalb der konventionellen medizinischen Infrastrukturen stattfinden. Diese und weitere Beispiele zeigen, daß transpersonale Erfahrungen ziemlich verbreitet sind, auch wenn dem Betroffenen oft die Ausdrucksmittel fehlen, um darüber zu sprechen und sich mitzuteilen.

Im vorliegenden Buch haben wir uns auf Beispiele von ausnehmend kreativen, erleuchteten Menschen konzentriert. Ihre Erfahrungen zeugen von besonderer Kraft und Schönheit, und oft sind sie auch umfassender, besser beschrieben und belegt und in ihrer sozialen Wirkung erkennbar. Solche Menschen haben in sich Fähigkeiten und Funktionen zur höchsten Entfaltung gebracht, die in uns allen schlummern. Wenn wir ihr Leben und ihre Taten betrachten, erfahren wir wesentliche Dinge über uns selbst und unsere Möglichkeiten.

Zweite These: Transpersonale Fähigkeiten und Erfahrungen sind nicht Einzelphänomene, die nichts miteinander zu tun haben, sie gehören zur gleichen Erfahrungsfamilie und stammen aus einer Quelle, die wir Selbst genannt haben, und bringen die eigentliche Identität eines jeden von uns zum Ausdruck. In der biopsychischen Anlage des Menschen gibt es ein höheres, transpersonales Zentrum, dem solche Erfahrungen und Fähigkeiten entspringen. Dieses Zentrum ist der wahre Kern unseres Wesens.

Dritte These: Es ist möglich, das Bewußtsein für das Selbst bis zu einem gewissen Grad zu entwickeln, im Leben auszudrücken und in den anderen zu erkennen. Gewisse Handlungen und Einstellungen können uns dabei unterstützen. Deshalb haben wir von Wegen gesprochen. Es sind Wege, die sich aus Versuchen, Fehlschlägen, Erkenntnissen, Erfolgen zusammensetzen. Das menschliche Leben ist oder kann Bewegung sein, und zwar Bewegung zum Sinn, zur Erkenntnis und zur Freude. Wahre Verwirklichung des Selbst erreichen wir nicht zufällig, versehentlich oder unvermittelt, es steht ein systematisches Bemühen dahinter, dem wir unsere Aufmerksamkeit und Lebenskräfte voll widmen.

Meistens ist dieses Zentrum unsichtbar. Nur gelegentlich offenbart es sich. Dies kann bei besonders intensiven Erlebnissen geschehen, wie wir gesehen haben. Doch für die meisten Menschen bleibt es im Unbewußten verborgen. Sie sind zu sehr beschäftigt mit ihren Sorgen und Nöten, Ängsten und Träumen, die mit der transpersonalen Ebene wenig zu tun haben.

Als vierte These gehen wir davon aus, daß das Selbst die letzte Stufe der menschlichen Entwicklung darstellt; sie tritt gelegentlich in außergewöhnlichen Individuen zutage und eines Tages wird sie allen zugänglich sein.

Eine Folge der dargestellten Tatsachen und Thesen ist, daß gerade das Vergessen des Selbst, also unseres echtesten und wahrsten Wesens, in unserem Leben bewirkt, daß wir in tausenderlei unlösbare Probleme verwickelt werden und ein beschränktes, elendes, pathologisches Dasein führen. Wie jener reiche Bettler im engen Dachstock des großen Herrschaftshauses laufen wir Gefahr, nicht zu merken, daß uns das ganze Haus gehört. Wir negieren und übersehen und belächeln die großartigen Gaben von Verstand, Liebe und Kreativität in uns und unseren Mitmenschen und bauen auf dieser engen Vorstellung ganze Gesellschaftsstrukturen, Institutionen, Erziehungssysteme und menschliche Beziehungen, Arbeits- und Lebensbedingungen auf – was könnte anderes daraus entstehen als Unglück, Disharmonie und Krankheit? Ist es nicht zu einem großen Teil so in der heutigen Gesellschaft?

Deshalb können wir das Selbst in allen Bereichen, wo es zum Ausdruck kommt, gar nicht genug achten, vor allem da, wo es um die Gesundheit des Menschen geht.

An erster Stelle steht die Erziehung. Wenn wir im Kind (und allgemein im Schüler) das Selbst achten, beleben wir alles Wertvolle in ihm. Die tiefste Aufgabe der Erziehung ist es, einen Menschen auf dem Weg zum Selbst zu unterstützen. Alle Fähigkeiten und Erfahrungen, denen wir begegnet sind, kann man erkennen und fördern; so die Gabe zu erfinden, mitzufühlen, Mut, Konzentration, Schönheitssinn, Intuition, das analoge Denken, lustvolles Körpererleben, die Wahrnehmung von unsichtbaren Welten und Bewußtseinserweiterung, Beobachtung des Details, kreativen Umgang mit Schmerz und Frustration. Dadurch geht Erziehung über bloße Wissensvermittlung hinaus und wird ein Mittel zur Erweckung des «universellen Menschen».

Auch Psychotherapie ist ein weites Feld, in dem der Einfluß des Selbst wichtig ist. Psychotherapie ist hier nicht als Betreuung von neurotischen oder psychotischen Patienten zu verstehen, sondern als Beratung für Menschen, die sich entschieden haben, zu lernen und innerlich zu wachsen.

Die transpersonale Dimension ist in mancher Hinsicht wohltuend:

- sie löst alte Traumata auf, indem sie positive Energien freilegt;
- sie leitet uns bei grundsätzlichen Lebensentscheidungen, wie dies nur ein sehr weiser Meister tun könnte;
- sie hilft Erfahrungen integrieren und ordnet das innere Chaos zum Kosmos, d.h. in eine harmonische Ordnung;
- sie läßt uns Sinn und Lebenswerte erkennen, selbst in absurden, schmerzlichen Momenten;
- sie sprengt den eigenen kleinen Kreis von Sorgen und schenkt uns die universelle Sicht;
- sie weckt unser Verbundenheitsgefühl mit Menschen und dem Leben, so daß sich die Angst vor dem Alleinsein lösen kann.

Auch in der Medizin hat die Anerkennung des Selbst revolutionäre Folgen. Anstatt den menschlichen Körper als komplexes System von biochemischen Vorgängen anzusehen, betrachtet man ihn nun als Behausung für ein Bewußtsein, das liebt und versteht, ein Schicksal hat und mit einem gewaltigen Potential an Liebesfähigkeit und Intelligenz ausgestattet ist. Die Medizin der Massenpharmaka, der sterilen Spitalgänge, der institutionalisierten Einsamkeit und der Herztransplantationen ist unzulänglich. Einzig in der Beziehung zwischen einem Ich und einem Du liegt echte Heilung, wie Martin Buber sagt.

In transpersonaler Sicht erhält Krankheit eine neue Bedeutung: Schmerz ist nicht mehr eine dumpfe, sinnlose Gegebenheit, er birgt die Chance, das eigene Leben zu überdenken und sich einer spirituellen Wandlung zu öffnen. Der Patient lernt, sich nicht ausschließlich mit dem kranken Körper zu identifizieren; er erfährt auch, daß er sich in anderen Bereichen seines Wesens ausdrücken kann, die frei sind von Krankheit und Schmerz. Wenn wir schwer krank oder dem Tode nahe sind, wird die Membrane, die uns von den höheren Bewußtseinsschichten trennt, allmählich dünner und die transpersonale Welt rückt näher und wird wirklicher. Leidenszeiten, die oft von Einsamkeit, Verwirrung, Langeweile und Verzweiflung begleitet sind, können auch kreativ genutzt werden. Die Krankheit hat den Alltagstrott unterbrochen, Rollen fallen weg, die Sensiblität nimmt zu. All dies öffnet dem Kranken Perspektiven und man kann ihm helfen, diese anzunehmen. Ganz abgesehen von den neuesten Kenntnissen in der psychosomatischen Medizin, Psychoneuro-Immunologie und der Entdeckung, daß positive Gefühle therapeutisch wirken, kann es das Verständnis der Medizin stark ändern, wenn wir das Selbst anerkennen.

Auch Religion erhält durch die empirische Erforschung des Selbst in der Psychologie Unterstützung. An der Wiege jeder Religion stehen transpersonale Erfahrungen des Begründers und seiner Anhänger. Jede Religion ist allerdings auch eine öffentliche Institution mit allen Gefahren, die das mit sich bringt. Die eigentliche zentrale Funktion kann vergessen gehen, daß nämlich Religion den Menschen mit dem Heiligen verbinden soll. Transpersonale Erfahrungen stoßen uns erneut auf dieses grundsätzliche Anliegen der Religion und zeigen unbefangen von Dogmen, daß der universelle Aspekt der einzelnen Wege und Erfahrungen die Einheit aller Religionen fördern kann.

Noch in vielen Bereichen könnte die Anerkennung des Selbst Öffnung und Wandel bringen: in Politik, Sport, Kunst, Theater, ja auch in der Geschäftswelt. Dies alles geschieht allerdings erst, wenn wir das Selbst in uns anerkennen. Sobald wir diese Wirklichkeit für uns selbst akzeptieren – egal wie wir sie nennen oder interpretieren –, erfolgt ein radikaler Wandel in unserem Leben, das wir zu kennen glaubten wie die eigene Tasche – sie wirkt wie eine Zeitbombe für manches eingefleischte Denkmuster, das wir lange sorgsam gepflegt haben.

Vor allem das Selbstbild wird einer strengen Prüfung unterzogen. Wir sind mehr, als wir glaubten; unter der oberflächlichen Identität kommt eine tiefere zum Vorschein, wesentlich reicher und fruchtbarer. Die Modelle, die Kultur und Gesellschaft zum Selbstverständnis anbieten, entsprechen überhaupt nicht unseren Empfindungen. Sie sind nicht viel besser als jene Waschmaschinen-Gebrauchsanweisung, in der ständig von einer Taste die Rede ist, die es gar nicht gibt, oder von einer Schraube, die ganz anders aussieht, als sie beschrieben ist. Wir können uns in diesen Modellen nicht erkennen. Wir wissen bloß, daß sie uns nicht so beschreiben, wie wir sind, und fühlen diffus: «Hier geht etwas nicht auf.»

Nicht nur das Selbstbild müssen wir verändern. Wenn wir das Selbst anerkennen, erscheinen auch unsere Bedürfnisse und Wünsche in einem neuen Licht. Sind sie wirklich, was sie scheinen – der Wunsch nach einem Menschen, Reichtum, Ruhm, Sicherheit – oder liegt darunter ein tieferes, umfassenderes Anliegen verborgen, für das es keine Worte gibt: Sehnsucht nach Ganzheit und Glück, die nur in der transpersonalen Verwirklichung gestillt werden kann?

So erscheinen auch unsere Probleme in einem ganz anderen Licht. Depression, Angst, Unzufriedenheit sind nicht mehr pathologische Zustände, die man dringend beseitigen oder betäuben muß, sie wollen verstanden sein. Es sind Signale, daß wir womöglich den falschen Weg eingeschlagen haben, daß wir anderswo weitersuchen oder neu definieren sollen, was wir suchen. Oder sie bedeuten, daß verborgen im Dunkeln eine Transformation im Gang ist, die unsere Persönlichkeit in eine andere Lebensform führt.

Radikal wird so unser Verständnis der Wirklichkeit verwandelt. Wie in jener jüdischen Geschichte vom verrückten Prinzen: Er glaubte, er sei ein Truthahn, hüpfte nackt auf dem Boden herum und pickte Krümel unter dem Tisch auf. Die Ärzte am Hof hatten schon alles unternommen, um ihn zu heilen – nichts hat gefruchtet. Endlich kam ein Weiser. «Das überlaßt mir», sagte er, und der verzweifelte König willigte ein. Der Weise zog sich nackt aus und begann ebenfalls wie ein Truthahn unter dem Tisch zu hüpfen, und er freundete sich mit dem Prinzen an. Das ging eine Weile so. Dann ließ sich der Weise zwei Paar Socken bringen. «Warum ziehst Du

Socken an?» fragte der Prinz erstaunt. «Man kann ohne weiteres Socken tragen und ein Truthahn sein», antwortete der Weise. So zog der Prinz auch ein Paar Socken an. Etwas später wiederholte sich das Gleiche mit dem Hemd: «Warum soll man nicht ein Hemd tragen und ein Truthahn bleiben?» So fand der Prinz nach und nach einen besseren Bezug zur Wirklichkeit, ohne daß seiner Überzeugung Gewalt angetan wurde. Es verstrich geraume Zeit, bis ihm der Weise eines Tages vorschlug, er solle sich an den Tisch setzen und essen: «Man kann Truthahn sein und am Tisch essen». Und schließlich hatte der Prinz vergessen, daß er ein Truthahn war, und begann, in seinem Denken und Handeln die Fähigkeiten zu gebrauchen, die er wirklich besaß.

Wie dieser Prinz haben auch wir eine ganzheitliche Identität und ganzheitliche Fähigkeiten und Eigenschaften, von denen wir nichts wissen. Wir gestalten unser Leben weit unter dem Niveau des wirklich Möglichen. Es ist keine Hexerei zu entdecken – eigentlich wiederzuentdecken –, was wir wirklich können und wer wir wirklich sind. Manchmal ist es ganz leicht, und wir erhalten gute und geschickte Führung wie der Prinz durch den Weisen; andere Male führt unser Weg durch zahlreiche Irrtümer, Zweifel und große Mühsal.

Aber nie ist die Mühsal umsonst – es lohnt sich immer.

Anmerkungen

Der Weg der Schönheit

1 Plato: *Ein Gastmahl*, Wiesbaden 1947, 211 a.
2 Chekhov, Anton: *Selected Letters*, London 1955, p. 142.
3 Bonifazi, M. (ed.): *Leopardi autobiografico*, Ravenna 1984, p. 108.
4 Matheopoulos, Helena: *Maestro – Encounters with the Conductors of Today*, London 1982, p. 11.
5 Ruskin, John: *Viaggi in Italia 1840–45*, Firenze 1985, p. 163.
6 Hucher, Y. (ed.): Schumann, Robert und Clara: *Journal Intime*, Paris 1967, pp. 265–267.
7 Geffroy, Gustave: *Claude Monet – sa vie, son oeuvre*, Paris 1980.
8 Van Gogh, Vincent: «Letter 380 to Theo, October 1984», in: Van Gogh, Vincent: *Self-Portrait*, London 1961, p. 222.
9 Hamilton, Nigel: *The Brothers Mann*, London 1978, p. 99.
10 Zamoyski, Adam: *Chopin*, London 1979, p. 239.
11 Berlioz, Hector: *Autobiography*, in: Warner's Library of the World's Best Literature, Vol. IV, New York 1896, pp. 1817–1818.
12 Flaubert, Gustave: *Correspondance*, II, p. 19.
13 Turnbull, A. (ed.): Fitzgerald, F. Scott: *Letters*, New York 1963, p. 612.
14 Hanson, L.: *Gauguin*, Milano 1958, p. 254.
15 Petrarca: *Epistole Familiari*, XV, 11.
16 De Miceli, M.: «Courbet», in: *I Protagonisti*, Vol. 10, Milano o.J., p. 185.
17 Goethe, W. v.: *Dichtung und Wahrheit*, Bd. 2, Buch XII.
18 Saba, U.: «Quello che resta da fare ai poeti», in: Saba, U.: *Prose*, Milano 1964, pp. 756–757.
19 Van Gogh, V.: «Letter 347 to Theo, 16 December 1883», in: Van Gogh, V.: *Self-Portrait*, London 1961, p. 192.

20 Clark, D.L. (ed.): Shelley, Percy Bysshe: *Shelleys Prose – or, The Trumpet of a Prophecy*, New Mexico 1966, pp. 282–283.
21 Keats, J.: *Letter to Richard Woodhouse*, 27. October 1818.
22 Maurois, A.: *Prometheus – The Life of Balzac*, New York 1965, pp. 57–58.
23 Valéry, P.: *Degas Manet Morisot*, New York 1960, pp. 54–55.
24 Neruda, P.: *Ich bekenne, ich habe gelebt*, Darmstadt 1974, A. 232.
25 Lamartine, A. de: *Confidences*, Book VI.
26 Wordsworth, W.: «Letter to Dorothy Wordsworth, 6–12 september 1790», in: *Letters of William Wordsworth*, Oxford 1984, p. 3.
27 Thoreau, H. D.: *A Writer's Journal*, New York 1960, pp. 93–94.
28 Renoir, J.: *Renoir mio padre*, Milano 1962, p. 420.
29 Elsen, A.: *Rodin*, New York 1963, p. 163.
30 Da Vinci, L.: *Codice Atlantico*, 141.
31 Panofsky, E.: *La vita e le opere di Albrecht Dürer*, Milano 1979, p. 361.
32 Sullivan, M.: *Symbols of Eternity – The Art of Landscape Painting in China*, Stanford 1979, p. 48.
33 Shikes, R. E.: *Pissarro – His Life and Work*, New York 1980, p. 23.
34 Cézanne, P.: «Letter CXCIII to Emile Bernard, 8 september 1906», in: Cézanne, P.: *Letters*. London 1941, p. 262.
35 Leslie, Ch. R.: *Memoirs of the Life of John Constable*, Oxford 1951, pp. 323, 327.
36 Petrarca: *Epistulae Metricae*, I, 6.
37 Delacroix, E.: *Diary 1822–1863*, 6 May 1852 and 13 July 1855.
38 Tchaikovsky, M.: *The Life and Letters of Ilich Tchaikovsky*, Letter 24 November, London 1878, p. 325.
39 Lockspeiser, E.: *Debussy – la vita, le opere*, Milano 1946, p. 214.
40 Panofsky, E.: *La vita e le opere di Albrecht Dürer*, Milano 1979, p. 361.
41 Wolfe, Th.: *The Autobiography of an American Novelist*, Cambridge 1983, pp. 30–31.
42 Allason, B.: *Goethe a colloquio*, n. 249, 4 novembre 1823, Torino 1947.
43 Delacroix, E.: *Diary 1822–1863*. 28 April 1854.
44 Hanson, L.: *Gauguin*, Milano 1958, p. 154.
45 Da Vinci, L.: *Codice Urbinate*, 5 r.
46 Lisle, L.: *Portrait of an Artist – A Biography of Georgia O'Keefe*, New York 1980, p. 81.
47 Rothenberg, A.: *The Emerging Goddess*, Chicago 1979, p. 114. *Siehe auch* Miller, A.: *Imagery in Scientific Thought*, Boston 1984, p. 244.

48 Watson, J.: *The Double Helix*, New York 1968, p. 118.
49 O'Neill, J.: *The Life of Nikola Tesla – Prodigal Genius*, London 1968, p. 276.
50 Blofeld, J.: *The Tantric Mysticism of Tibet*, New York 1970, p. 86.
51 Restout, D. (ed.): *Landowska on Music*, New York o.J., p. 368.
52 Jung, C. G.: *Erinnerungen, Träume, Gedanken*, Olten/ Freiburg 1984.
53 Fouquet, J.: *La vie d'Ingres*, Paris 1930, p. 170.
54 Westernhagen, C. v.: *Wagner – L'uomo, il creatore*, Milano 1983, p. 63.
55 Weil, A.: *Schiller*, Paris 1855, p. 98.
56 Seiberling, G.: *Monet's Series*, New York 1981, p. 274.
57 De Chirico; Porzio, D. (eds.): *Conoscere De Chirico*, Milano 1979, p. 15.
58 Moore, H.: *My Ideas, Inspiration and Life as an Artist*, London 1986, p. 25.
59 Micheli, P.: «Ricordi Pascoliani», in: *Pan*, 1932.
60 Zu Baudelaire: Huisman, Ph.: *Lautrec visto da Lautrec*, Milano 1964, p. 200.
61 Schiller, F.: *Briefwechsel*, Dezember 1788, Weimar 1979.
62 Keats, J.: *Letter to George and Thomas Keats*, 21 December 1817.
63 Hocquard, J.-V.: *La Pensée de Mozart*, Paris 1958, p. 39.
64 Wordsworth, W.: *The Borderers*, III, 1539.
65 Beethoven, L.v.: «Brief an F. G. Wegeler, 29. Juni 1801», in: *Briefe*, Zürich 1944, S. 22.
66 Beethoven, L. v.: «Letter to countess Erdödy, 27 October 1818», in: Magnani, L.: *Beethoven lettore die Omero*, Torino 1984, p. 68.
67 Schauffler, R. H.: *Franz Schubert – The Ariel of Music*, New York 1949, p. 126.
68 Casals, P.: *Licht und Schatten auf einem langen Weg*, Frankfurt 1971, S. 96–97.
69 Kandinski, V.: *Tutti gli scritti*, Milano 1973, p. 156.
70 Shykes, R. E.: *Pissarro – His Life and Work*, New York 1980, p. 175.
71 Renoir, J.: *Renoir mio padre*, Milano 1962, pp. 168–169.
72 Goodrich, L.; Bry, D.: *Georgia O'Keeffe*, New York 1970, p. 23.
73 Yarmolinsky, A.: *La vita e l'arte di Dostojevskij*, Milano 1959.
74 Wordsworth, W.: «Letter to John Wilson, 7 giugno 1802», in: Wordsworth, W.: *Letters of William Wordsworth*, Oxford 1984, pp. 51–52.
75 Hanson, L.: *Gauguin*, Milano 1958, p. 320.
76 Sand, G.: *Oeuvres autobiographiques*, Paris 1971, p. 446.

77 Tchaikovsky, P. I.: «Letter to N. F. von Meck, 24 giugno (6 luglio) 1878», in: Tchaikovsky, M.: *Peter Ilich Tchaikovsky*, London o.J., p. 309.
78 Huisman, Ph.: *Lautrec visto da Lautrec*, Milano 1964.
79 Vallier, D.: *L´intérieur de l´art – Entretiens avec Braque, Léger, Villon, Miró, Brancusi*, Paris 1982, p. 47.
80 Thayer, A.: *Thayer´s Life of Beethoven*, Princeton 1969, pp. 372, 380.
81 Keats, J.: «Letter to George and Georgiana Keats», 3 May 1819.
82 Panofsky, E.: *La vita e le opere di Albrecht Dürer*, Milano o.J.
83 Stravinsky, I.: Craft, R.: *Colloqui con Stravinsky*, Torino 1977, p. 6.
84 Stevenson, R. L.: «A Chapter on Dreams». *Memories and Portraits, Random Memories, Memories of Himself*, New York 1925.
85 Barett, C. (ed.): *Great Short Biographies of the World*, New York 1929, p. 1226.
86 Eckermann, J. P.: *Gespräche mit Goethe*, Wiesbaden 1955, S. 609.
87 Erb, L.: *Brahms – la vita le opere*, Milano 1946, p. 103.
88 Beethoven, L. v.: «Letter to Louis Schlosser, 1823», in: Scott, M.: *Beethoven*, London 1974, p.121.
89 Renoir, J.: *Renoir mio padre*, Milano 1962, p. 198.
90 Vallier, D.: *L´intérieur de l´art, entretiens avec Braque, Léger, Villon, Miró, Brancusi*, Paris 1982, p.128.
91 Wagner, R.: *Autobiografie*, Varese 1983, p. 521.
92 Hayman, R.: *Kafka*, Milano 1983, p. 23.
93 Schumann, R. u. Cl.: *Journal Intime*, Paris 1967, p. 114.

Der Weg der Handlung

1 Haas, L.: *Practical Occupational Therapy*, Milwaukee 1944, p. 3.
2 Huxley, E.: *Florence Nightingale*, London 1975, p. 27.
3 Tschuang-Tse: *Reden und Gleichnisse*, Zürich 1951, S. 152.
4 Tooley, S.: *The Life of Florence Nightingale*, London 1910, p. 298.
5 Bruder Lorenz: *Leben in Gottes Gegenwart*, Zürich 1948, S. 178.
6 Anderson, E. (ed.): *Albert Schweitzer – Thoughts for Our Times*, New York 1975, p. 21.
7 Mother Teresa of Calcutta: *A Gift for God*, New York 1975, p. 43.
8 Brabazon, J.: *Albert Schweitzer – A Biography*, New York 1975, p. 223.
9 Manton, J.: *Mary Carpenter and the Children of the Streets*, London 1976, pp. 32, 74, 79.

10 Yinger, W.: Cesar Chavez: *The Rhetoric of Nonviolence*, Hicksville 1975, p. 29.
11 Bosco, T.: *Raoul Follerau*, Torino 1982, p. 8.
12 Huxley, E.: *Florence Nightingale*, London 1975, p. 107.
13 Day, D.: «Abbé Pierre and the Poor», *The Commonweal*, 30 October 1959, p. 147.
14 Mother Teresa of Calcutta: *A Gift for God*, New York 1975, pp. 56–57.
15 Whitney, J.: *Elizabeth Fry*, New York 1972, pp. 198–199.
16 Brabazon, J.: *Albert Schweitzer – A Biography*, New York 1975, p. 178.
17 S. Teresa di Gesu Bambino: *Storia di un´anima – Scritti autobiografici*, Roma 1980, p. 296.
18 Tschuang-Tse: *Reden und Gleichnisse*, Zürich 1951.
19 «Epitome of Zen Master Han Shan´s Autobiography», in: Carma Chang: *The Practice of Zen*, New York 1959, p. 135.
20 Sri Aurobindo: *Letters on Yoga*, Parts II and III. Pondicherry o. J., p. 717.
21 Suzuki, D.: *Zen Buddhism*, New York 1956, p. 130.
22 Nightingale, F.: *Notes on Nursing*, Edinburgh 1980.
23 Cook, E.: *The Life of Florence Nightingale*, New York 1942, p. 245.

Der Weg der Erleuchtung

1 Gopi Krishna: *Kundalini*, Berkeley 1970, p. 62.
2 Buber, M.: *Ekstatische Konfessionen*, München 1909, S. 51.
3 Kaluahana, D. u. I.: *The Way of Siddharta*, Boulder 1982, p. 32.
4 *Dhammapada*, II, 21.
5 Huxley, A.: *Letters*, New York 1969, p. 527.
6 Ouspenski, P. D.: *Auf der Suche nach dem Wunderbaren*, Bern 1978, S. 174.
7 Suzuki, S.: *Zen-Geist, Anfänger-Geist*, Zürich 1975.
8 Krishnamurti, J.: *Notebook*, New York 1976, pp. 196–197.
9 Watts, A.: *In My Own Way*, New York 1972, p. 367.
10 *Milindapanha*, 25–28.
11 Patanjali, *Yoga Sutra*, I, 1.
12 *Nad-bindu Upanishad*, 31-41.
13 Montaigne, M. de: *Essais*, III, 3.
14 Emerson, R. W.: *Essays*, Zürich 1982

15 «Tolstoy´s letter to Aleksandra Andreievna Tolstoy, 3 May 1859», in: R. Rolland: *Vita di Tolstoy*, Torino 1972, pp. 285–286.
16 Herold, C.: *Mistress to an Age*, New York 1958, pp. 188, 22.
17 Zolla, E.: *I Mistici*, Milano 1963, pp. 940–941.
18 Zu Boehme: Foster Case, P.: *The Tarot*, Richmond 1947, p. 99.
19 Teresa d´Avila: *Life*, XXVIII, 5.
20 Mahadevan, T. M. P.: *Ramana Maharshi*, London 1977, p. 17.
21 Madhava Vidyaranya: *Sankara Digvijaya – The Traditional Life of Sri Sankaracharya*, Madras 1980, p. 60.
22 *Meister Eckhart*, New York 1941, p. 87.
23 Sankaracharya: *Crest Jewel of Discrimination*, New York 1947, p. 85.
24 Herbert, J. (ed.): *Sri Ramakrishna – Alla Ricerca di Dio*, Roma 1963, p. 270.
25 Lash, J.: *Helen and Teacher – The Story of Helen Keller and Anne Sullivan Mac*, New York 1978, p. 781.
26 Schelling, F. W.: *Werke*, I, 318.
27 *Teachings of Tibetan Yoga*, New York 1973, p. 94.
28 Marc Aurel: *Selbstbetrachtungen*, Stuttgart 1938.
29 *Theologia deutsch*, Stuttgart 1855.
30 Tommaso da Celano: *Vita Prima di San Francesco d´Assisi*, VII, 17.
31 De Caussade, J. P.: *Abandonment to the Divine Providence*, I, 4.
32 Evans Wentz, W. Y.(ed.): *Tibetan Yoga and Secret Doctrines*, London 1951, pp. 71, 86.
33 *Lankatavara Sutra*, 154.
34 Aurobindo, S.: *Tales of Prison Life*, Calcutta 974, p. 64.
35 Froebel, F.: *Autobiography*, London o. J. pp. 107–108.
36 Rousseau, J. J.: «Letter 2 to Malesherbes», in: *Lettere Morali*, Roma 1978, pp. 200–201.
37 Silber, K.: *Pestalozzi – The Man and His Work*, London 1960, p. 76.
38 Froebel, F.: *Autobiography*, London o. J., p. 109.
39 Maroger, D.: Les idées pédagogiques de Tolstoy, Lausanne 1974, p. 164.
40 Standing, E. M.: *Maria Montessori – Her Life and Work*, London 1957, p. 34.
41 Cenker, W.: *The Hindu Personnality in Education*, Manohar 1976, p. 50.
42 De Guimps, R.: *Pestalozzi – His Life and Work*, London 1980, p. 72.
43 *Froebel´s Chief Writings on Education*, London 1912, p. 110.

44 De Guimps, R.: *Pestalozzi – His Life and Work*, London 1980, p. 75.
45 Standing, E. M.: *Maria Montessori – Her Life and Work*, London 1957, p. 34.
46 Buber, M.: *Between Man and Man*, New York 1965, pp. 1–2.
47 Magidoff, R.: *Yehudi Menuhin – Mensch und Musiker*, Wiesbaden 1958.
48 Steiner, R.: *La mia vita*, Milano 1937.
49 *La vie de Madame Guyon écrite par elle-même*, XIII, 5. Paris 1983, p. 339.
50 Russel, B.: *Autobiography*, London 1971, p. 149.
51 Plato: *Republik*, XI, 1, 611–612.
52 Spinoza, B.: *De intellectus emendatione*. Preface, Padova 1969, pp. 45–54.
53 Da Celano, T.: *Vita Prima di San Francesco d'Assisi*, XXIX, 80; und *Vita Seconda di San Francesco d'Assisi*, CXXIV, 165.
54 Burtt, E. A.: *The Teachings of the Compassionate Buddha*, New York 1955, p. 47.

Der Weg von Ritual und Tanz

1 Shawn, T.: *Gods Who Dance*, New York 1929, p. 12.
2 Barrault, J.-L.: *Souvenirs pour Demain*, Paris 1972, p. 211.
3 Al Chung-liang Huang: *Embrace Tiger, Return to Mountain*, Moab 1973, p. 70.
4 Reps, P.: *Zen Flesh, Zen Bones*, New York 1961, p. 166.
5 Eliade, M.: *Yoga – Unsterblichkeit und Freiheit*, Frankfurt 1984.
6 Nijinsky, R.: *Nijinsky*, New York 1934, p. 113.
7 Hemery, D.: *The Pursuit of Sporting Excellence*, London 1986, p. 112.
8 Zum Tanz: Nadel, M. H.; Nadel, C. G. (eds.): *The Dance Experience*, New York 1970. Sorell, W.(ed.): *The Dance Has Many Faces*, Cleveland 1951. Cunningham, M.: *The Dancer and the Dance*, London 1985. Mara, Th.: *To Dance, To Live*, New York 1977.
9 Béjart, M.: «Danzare, come dire vivere», *Alfabeta*, N. 78, November 1985.
10 Bourguignon, E.: «Trance Dance», *Dance Perspectives*, N. 35, 1968.
11 Sorell, W.(ed.): *The Mary Wigman Book – Her Writings Edited and Translated*, Middletown 1973, p. 52.

12 Gopal, R.: *Rhythm in the Heavens – An Autobiography*, London 1957.
13 Lucian: *Dialogue on Dance*, VII.
14 Shawn, T.: *Dance We Must*, London 1946, p. 11.
15 Nijinsky, R.: *Nijinsky*, New York 1934, p. 159.
16 Reiss, F.: *Nijinsky – A Biography*, London 1960, p. 69
17 Buckle, R.: *Nijinsky*, Middlesex 1975, p. 267.
18 Zu Isadora Duncan: Murphy, M.; White, Rh.: *The Psychic Side of Sport*, Reading 1978, p. 22.
19 Magriel, P. (ed.): *Nijinsky, Pavlova, Duncan*, New York 1977, p. 11.
20 Zolla, E. (ed.): *I Mistici*, Milano 1963.
21 Backman, L.: *Religious Dances*, London 1952, p. 66 ff.
22 Wild, H.: «Les Dances sacrées en Orient», in: *Les Dances Sacrées*, Paris 1963, p. 33.
23 Wild, H.: «Les Dances sacrées en Orient», Paris 1963, p. 281 ff.
24 Sarabhai, M.: *Longing for the Beloved*, Gujarat 1976.
25 Fisk Talyor, M.: *A Time to Dance*, Philadelphia 1967, p. 124.
26 Sachs, C.: *La Storia della Danza*, Milano 1966, p. 22. *Siehe auch*: Friedlander, I.: *The Whirling Dervishes*, New York 1975.
27 Burke, M.: *Among the Dervishes*, London 1973, p. 50
28 Neidhardt, J.: *Schwarzer Hirsch, ich rufe mein Volk*, Olten/ Freiburg 1981, S. 50–51.
29 Suzuki, S.: *Zen-Geist, Anfänger-Geist*, Zürich 1975.
30 Guardini, R.: *Lo Spirito della Liturgia*, Brescia 1961.
31 *Fioretti di San Francesco*, ca. 53.
32 Suzuki, D.: *Zen and Japanese Culture*, Princeton 1959, p. 314; pp. 271–314.
33 Hammitzsch, H.: *Zen in der Kunst der Teezeremonie*, Bern 1977, S. 24.
34 Apuleius: *Der goldene Esel*, Zürich 1960, S. 503.
35 *Rig Veda*, VIII, 48, 3.
36 Evans-Wentz, W. Y. (Hrsg.): *Das Tibetanische Totenbuch*, Zürich; Leipzig 1935, S. 48.
37 Zu Mitterwurzer: Kjerbuhl-Petersen, L.: *Psychology of Acting*, Boston 1935, p. 210.
38 Cole, T.; Krich, Ch.: *Actors on Acting*, New York 1949, p. 135.
39 Olivier, L.: *Confessions of an Actor*, London 1982, p. 117.
40 Stanislavski, K.: *Mein Leben in der Kunst*, Berlin 1951, S. 271.
41 Le Gallienne, E.: *The Mystic in the Theatre – Eleonora Duse*, London 1965, p. 37.

Der Weg der Wissenschaft

1 Moszkowski, A.: *Conversations with Einstein*, London 1970, p. 4.
2 Howard, J.: *Margaret Mead – A Life*, New York 1985, p. 129.
3 Flammarion, C.: *Dieu dans la nature*, Paris 1871, pp. 545–546.
4 Weyl, H.: *Il Mondo Aperto*, Torino 1981, p. 37.
5 Fabre, A.: *The Life of Jean Henri Fabre, the Entomologist*, London 1921, p. 263.
6 Frangsmyr, T.: *Linnaeus – The Man and His Work*, Berkeley 1983, p. 12.
7 Eccles, J.; Gibson, W.: *Sherringston – His Life and Thought*, Locarno 1970, p. 142.
8 Hooper, J.; Teresi, D.: *The Three-Pound Universe*, New York 1986, p. 390.
9 Lukas, M. u. E.: *Teilhard*, New York 1981, p. 328.
10 Straus, E.: «Memoir», in: *Einstein – A Centenary Volume*, Cambridge 1979, p. 31.
11 Clark, R.: *Einstein, the Life and Times*, New York 1971, p. 141.
12 Ostwald, W.: *Les Grandes Hommes*, Paris 1912, p. 104.
13 Wilber, K.: *Quantum Questions – Mystical Writings of the World´s Great Physicists*, Boulder 1984, p. 61.
14 Dirac, P.: «The Evolution of the Physicist´s Picture of Nature», *Scientific American*, May 1963, p. 47.
15 Poincaré: «The Foundations of Science», *Science Press* 1924, pp. 383–394.
16 Oliphant, M.: *Rutherford – Recollections of the Cambridge Days*, Amsterdam 1972, p. 65.
17 Straus, E.: «Memoir», in: *Einstein – A Centenary Volume*, Cambridge 1979, p. 32, 71.
18 Holton, G.: *The Scientific Imagination*, Cambrige 1978, p. 272–273.
19 Jacob, F.: *La statue intérieure*, Paris 1987, p. 330.
20 Wertheimer, M.: *Il pensiero produttivo*, Firenze 1965.
21 Geymonat, L.: *Galileo Galilei*, Torino 1957.
22 Badash, L.: «Chance favors the prepared mind», *Archives des Sciences*, Jan.-June 1965, pp. 56–66, nn. 70–71.
23 Cussy, H.: *Pasteur – la vita il pensiero i testi esemplari*, Milano 1974, p. 168.

24 Lavoisier, A.: *Oeuvres*, I, 3.
25 Jung, C. G.: *Erinnerungen, Träume, Gedanken*, Olten/ Freiburg 1984.
26 Greenwald, A.: «The Totalitarian Ego», *American Psychologist*, n. 35, 1980, pp. 603–618.
27 Beveridge, W.: *The Art of Scientific Investigation*, New York 1950, p. 5.
28 Judson, H. F.: *The Eighth Day of Creation – The Makers of the Revolution in Biology*, New York 1979, p. 41.
29 Fabre, A.: *The Life of Jean Henri Fabre, the Entomologist*, London 1921, p. 121.
30 Huxley, Th. H.: «Letter to Charles Kingsley, 23. september 1860», in: Huxley, L.: *Life and Letters of Thomas Henry Huxley*, New York 1900, Vol I, p. 235.
31 MacKenzie, C.: *Alexander Graham Bell – Überwinder der Distanz*, Innsbruck; Wien 1951, S. 83.
32 Sagredo: *Aneddotica delle Scienze*, Milano 1960, p. 329.
33 Towle, G.: *Heroes and Martyrs of Invention*, Boston 1903, pp. 104–105.
34 Thompson, H.: *The Age of Invention*, New Haven 1921, p. 231.
35 Lipset, D.: *Gregory Bateson – the Legacy of a Scientist*, Boston 1980, p. 148.
36 Hoard, J.: *Margaret Mead – A Life*, New York 1984, p. 163.
37 O'Neill, J.: *Prodigal Genius – The Life of Nikola Tesla*, London 1968, pp. 54–56.
38 Savorgnan di Brazzà, F.: *Da Leonardo a Marconi – Invenzioni e scoperte italiane*, Milano 1939, p. 198.
39 Masini, G.: *Marconi*, Torino 1975, p. 56.
40 Shrady, M.: *Moments of Insight*, New York 1972, pp. 63–65.
41 Watson, J.: *The Double Helix*, New York 1969.
42 Miller, A.: *Imagery in Scientific Thought*, Boston 1984.
43 Dante Alighieri: *Paradiso*, XXXI, 134.
44 Shakespeare, W.: *Sonnet* LXXIII.
45 Palladio: *I quattro libri dell'architettura*, chapter IV.
46 Stendhal: *Vita di Haydn*, Firenze 1983, pp. 94–96.
47 Zu Heraklit: *Fragment* 91, Diels.
48 Plato: *Republik*, 508–509.
49 Wittgenstein: *Tractatus*, 6.341.
50 Lao Tse: *Tao Te Ching*, XI.
51 *Bhagavad Gita*, VI, 19.
52 Shankaracarya: *Viveka Chudamani*.

53 Meadowcroft, W.: *Edison*, Paris 1929, pp. 108–109.
54 Aubery, M.: *Le vittorie della medicina*, Milano 1960.
55 Larsen, E.: *Storia delle invenzioni*, Roma 1968, p. 302.
56 Larsen, E.: 1968, p. 351.
57 Dubois, R.: *Louis Pasteur, franc tireur de la science*, Paris 1955, p. 332.
58 Aubery, M.: *Le vittorie della medicina*, Milano 1960.
59 Miller, A.: *Imagery in Scientific Thought*, Boston 1984, p. 13.
60 Cussy, H.: *Pasteur – La vita le opere i testi esemplari*, Milano 1974, p. 170.
61 Nitske, R.: *The Life of Wilhelm Conrad Roentgen*, Tucson 1971, p. 94.
62 Beveridge, W.: *Seeds of Discovery*, London 1980, p. 18.
63 Macfarlane, G.: *Alexander Fleming – The Man and the Myth*, London 1984.
64 Segrè, E.: *Enrico Fermi – Physicist*, Chicago 1970, p. 80.
65 Duncan, I.: *My Life*, New York 1927, p. 75.
66 Renoir, J.: *Renoir mio padre*, Milano 1963, p. 129.
67 *The Life of Swami Vivekananda by His Eastern and Western Disciples*. Vol I. Calcutta 1979, p. 132.
68 Cronin, V.: *Napoleon*, New York 1972, p. 235.
69 Cassarà, E.: *Le quattro vite di Reinhold Messner*, Varese 1981, p. 89.
70 Barrett, C.: *Great Short Biographies of the World*, New York 1929, p. 713; Manuel, F.: *A Portrait of Isaac Newton*, London 1980, p. 86.
71 Dimier, L.: *Buffon*, Paris 1919, p. 216.
72 Curie, E.: *Madame Curie*, New York 1938, pp. 158, 171.
73 Bellivier, A.: *Henri Poincaré ou la vocation souveraine*, Paris 1956, p. 216.
74 Russell, B.: *Autobiography*, London 1975, pp. 154–155.
75 Einstein: *A Centenary Volume*, Cambridge 1979, p. 31.
76 Fox Keller, E.: *A Feeling For the Organism*, New York 1983, p. 117.
77 Moszkowski, A.: *Conversations with Einstein*, London 1972, p. 45.
78 Fabre, A.: *The Life of Jean Henri Fabre, the Entomologist*, London 1921, p. 102.
79 Allason, B.: *Goethe a colloquio*, n. 275 with J. D. Falk before 1826, Torino 1947, pp. 244–245.
80 Goethe, W.: *Italienische Reise*, Bd. 1, Frankfurt 1976.
81 Orsag Madigan, C.; Elwood, A.: *Brainstorms and Thunderbolts – How Creative Genius Works*, New York 1983, p. 110.
82 Meadowcroft, W.: *T. A. Edison*, Paris 1929, pp. 181–182.

83 Olson, R.: *The Art of Creative Thinking*, New York 1980, p. 65.
84 Kimball Smith, A.; Weiner, C. (eds.): Oppenheimer, R.: *Letters and Recollections*, Cambridge 1980, p. 155.
85 *Einstein – A Centenary Volume*, Cambridge 1979, p. 67.
86 Savorgnan di Brazzà, F.: *Da Leonardo a Marconi – invenzioni e scoperte italiane*, p. 82.
87 Segre, E.: *Personaggi e scoperte nella fisica classica*, Milano 1983, p. 33.
88 Schiapparelli, G.: *Le più belle pagine di astronomia popolare*, Milano 1925, p. 4.
89 Lyell, Ch.: *Reisen in Nordamerika*, Halle 1846, S. 34.
90 Jacob, F.: *La Statue Interieure*, Paris 1987, p. 331.
91 Lilly, J.: *Communication between Man and Dolphin*, New York 1978, pp. x-xii.

Der Weg der Andacht und Verehrung

1 Bly, R.: *The Kabir Book*, Boston 1977, p. 23.
2 *The Dialogue of Saint Catherine of Siena*, Rockford 1974, p. 187.
3 *The Philokalia*. Vol I, London 1979, p. 264.
4 Norwich, J. of: *Revelations of Divine Love*, Middlesex 1966, p. 183.
5 Celano, T. da: *Vita Seconda di San Francesco d'Assisi*. Cap. LXXXIX, p. 126.
6 Grunebaum, E.v.; Callois, R. (eds.): *The Dream and Human Societies*, Berkeley 1966, p. 397.
7 Suso, H.: *The Life of the Servant*, Cambridge 1982, p. 29.
8 Isherwood, C.: *Ramakrishna and His Disciples*, New York 1959, p. 65.
9 Teresa of Avila: *Life*. Chap. XXXII, 1-4.
10 John of the Cross: *The Dark Night*. Chap. VII, 3.
11 Angela da Foligno: *L'esperienza di Dio Amore*, Roma 1973, p. 106.
12 Rolle, R.: *The Fire of Love*. Prologue, Middlesex 1981, p. 45.
13 *The Cloud of Unknowing*. Chap. VI, 3.
14 Teresa of Avila: *The Interior Castle*. Chap. V, 7.
15 *The Dialogue of Saint Catherine of Siena*, Rockford 1974, p. 198.
16 *Theologia deutsch*, Stuttgart 1855, VI. Kap., S. 19.
17 *Imitation of Christ*. Chap. V, 4.
18 Danielou, A.: *Yoga – The Method of Re-integration*, New York 1949, p. 108.

19 Bremond, H.: *Histoire Littéraire du Sentiment Religieux en France.* Vol VII, Paris 1968, p. 9.
20 Guyon, J.: *Experiencing the Depths of Jesus Christ*, Augusta 1980, p. 16.
21 Ramdas, S.: *Carnet de Pélèrinage*, Paris 1973, pp. 138–139.
22 *Aufrichtige Erzählungen eines russischen Pilgers*, Freiburg 1959, S. 56.
23 Teresa of Avila: *Life*. Chap. XII, 2.
24 Thérèse of Lisieux: *Storia di un´anima.* Roma 1980, p. 289, n. 317.
25 *Ignatius von Loyola*, Freiburg/ Basel/ Wien 1978, S. 63.
26 Di Chantal, G.: *Volerci come Dio ci vuole – Scritti spirituali*, Roma 1984, p. 165.
27 *Philokalia.* Vol. I., p. 162.
28 Bremond, H.: *Histoire Littèraire du sentiment religieux en France.* Vol. VII, paris 1968, p. 58.
29 Goethe, W. v.: *Dichtung und Wahrheit*, Basel 1949.
30 John of the Cross: *Ascent to Mount Carmel.* Chap. I, 6–11.
31 *Imitation of Christ.* Chap. XXIII, 9.
32 *Philokalia.* London 1979, p. 35.
33 *Theologie deutsch*, Stuttgart 1855.
34 Guyon, J.: *Experiencing the Depths of Jesus Christ*, Augusta 1980, p. 33.
35 De Chantal, G.: *Volerci come Dio ci vuole.* N. 61, Roma 1984, p. 95.
36 Zolla, E. (ed.): Veronica Giuliani: *I Mistici*, Milano 1963, p. 978.
37 Thérèse of Lisieux: *Storia di un´anima*, Roma 1979, p. 230.
38 *M. Gospel of Ramakrishna*, New York 1947, p. 89.
39 *Theologia deutsch*, Stutgart 1855.
40 De Caussade, J.-P.: *Hingabe an Gottes Vorsehung*, Zürich 1981.
41 De Caussade, J.-P.: 1981, p. 74.
42 John of the Cross: *Ascent to Mount Carmel.* Chap. III, 2, 4.

Der Weg des Willens

1 Sorenson, J.: *The Saga of Fridtjof Nansen*, New York 1932, p. 146.
2 Cousteau, J.: *Il Mondo Silenzioso*, Milano 1954, p. 37
3 Siffre, M.: *Beyond Time*, New York 1964.
4 Suzuki, D.: *Zen and Japanese Culture*, Princeton 1971, p. 177.
5 Bannister, R.: *The Four-Minute Mile*, London 1955, p. 49.
6 Byrd, R.: *Alone*, Los Angeles 1986, p. 192.
7 Bonington, C. (ed.): *Quest for Adventure*, New York 1981, p. 225.

8 Neider, C. (ed.): *Man against Nature – Tales of Adventure and Exploration*, New York 1954, p. 366.
9 Roditi, E.: *Magellano del pacifico*, Milano 1977, p. 145.
10 Leonard, G.: *The Ultimate Athlete*, New York 1975, pp. 246–247.
11 Terray, L.: *Conquistadors of the Useless – From the Alps to the Annapurna*, London 1963, p. 165.
12 Lindbergh, Ch.: *The Spirit of St. Louis*, New York 1953, p. 352.
13 Bridgeman, W.: *The Lonely Sky*, New York 1955, p. 303.
14 Maiorca, E.: *La Nazione*, 15 August 1973.
15 Prahbu, R. K.; Rao, U. R. (eds.): *The Mind of Mahatma Gandhi*, Ahmedabad 1967, p. 59.
16 Gandhi: *Lettres à l'Ashram*, Paris 1960, p. 158.
17 Duncan, R. (ed.): *Gandhi – Selected Writings*, New York 1972, p. 45.
18 Beebe, W.: *The Arcturus Adventure*, New Work 1926, pp. 340–341; Beebe, W.: *Mille metri soo'acqua*, Milano 1950, p. 151.
19 Casteret, N.: *Ten Years under the Earth*, Teaneck 1939, p. 143.
20 Amundsen, R.: *Nordwest-Passage*, München 1908, S. 540–541.
21 Herzog, M.: *Annapurna*, New York 1952, pp. 132–133.
22 Glaisher, J.; Flammarion, C.; de Fonvielle, W.; Tissander, G.: *Voyages aériens*, Paris 1870, pp. 158, 192.
23 Byrd, R.: *Alone*, Los Angeles 1986, pp. 120, 129, 161, 183.
24 Mitchell, E.: «Outer Space to Inner Space», *Saturday Review*, 22 February 1975, p. 20.
25 James, G.: *Joan of Arc*, London 1910, pp. 51–52.
26 Messner, R.: *La mia strada*, Varese 1983, p. 190.
27 Lindbergh, Ch.: *The Spirit of St. Louis*, New York 1953, p. 389.
28 Charcot, J.-B.: *Cristoforo Colombo Marinaio*, Firenze 1982, p. 211.
29 Oates, St.: *Let the Trumpet Sound – The Life of Martin Luther King Jr.*, New York 1982, pp. 88–89.
30 Prahbu, R. K.; Rao, R. U. (eds.): *The Mind of Mahatma Gandhi*, Ahmedabad 1967, pp. 33, 44.
31 Fogelman, E.; Wiener, V.: «The Few, the Brave, the Noble», in: *Psychology Today*, August 1985, p. 61.
32 Huntford, R.: *The Last Place on Earth*, London 1985, p. 540.
33 Malvezzi, P.; Pirelli, G.: *Und die Flamme soll euch nicht versengen*, Zürich 1955, S. 155–156.
34 Hammarskjöld, D.: *Zeichen am Weg*, München; Zürich 1965.
35 Jung, C. G.: *Erinnerungen, Träume, Gedanken*, Olten/ Freiburg 1984.

36 Kelen, E.: *Hammarskjöld*, New York 1966, p. 167.
37 Heim, A.: «Remarks of Fatal Falls», in: Noyes, R.; Kletti, R.: «The Experience of Dying from Falls», *Omega*, Vol 3, 1972, pp. 46–47.
38 Lindbergh, Ch.: *The Spirit of St. Louis*, New York 1953, p. 390.
39 Ungaretti, G.: *Vita di un uomo*, Milano 1974.
40 Schweitzer, A.: *Johann Sebastian Bach*, Leipzig 1915.
41 Mozart, W. A.: «Brief vom 9. Juli 1778 an seinen Vater».
42 Marc Aurel, *Selbstbetrachtungen*, Stuttgart 1938.
43 Montaigne, M. de: *Essais*, III, 13.
44 Conze, E.: *Buddhist Meditation*, London 1956, pp. 103–104.
45 Goddard, D. (ed.): «Life and Hymns of Milarepa», in: *A Buddhist Bible*, Boston 1966, p. 568.
46 Waley, A.: *Three Ways of Thought in Ancient China*, London 1969, pp. 21–22.

Merkmale der transpersonalen Erfahrung

1 Dante Alighieri: *Divina Commedia*, Purgatorio, XXXIII, 144.
2 Shelley, P. B.: *Letters*, Vol. I, N. 358.
3 Hanson, L.: *Gauguin*, Milano 1958, p. 255.
4 Ghiselin, B. (ed.): *Nietzsche, F. – The Creative Process*, New. York 1952, p. 202.
5 Otto, R.: *Das Heilige*, München 1971.
6 Rousseau, J.-J.: *Träumereien eines einsamen Spaziergängers*, Zürich 1985, S. 90-91.
7 Tennyson, Lord A.: *A Memoir by his Son*, London 1897.
8 Maine de Biran, F. P:. *Tagebuch*, Brief April 1920, Hamburg 1977, S. 160.
9 Vivekananda: *The Life of Swami Vivekananda by his Eastern and Western Disciples*. Vol. I. Calcutta 1979, p. 19.
10 Isherwood, C.: *Ramakrishna and his Disciples*, New York 1970, pp. 197, 206.
11 Biagini, M.: *Pascoli – il poeta solitario*, Milano 1963, p. 500.
12 Ludwig, E.: *Goethe – storia di un uomo*, Milano 1932, pp. 208–210.
13 Ramaswami, S.: *Tagore*, Madras pp. 39–40.
14 Thoreau, H. D.: *Journal*. 17 March 1852, New York 1960, p. 85.
15 Cate, C.: *Antoine de Saint-Exupéry*, New York 1970, p. 332.

16 Dubois, R.: *Louis Pasteur – franc tireur de la science*, Paris 1955, p. 396.
17 Shirer, W.: *Gandhi – A Memoir*, New York 1979, p. 74.
18 Fedorov, G. P. (ed.): *A Treasury of Russian Spirituality*, London 1981, p. 274.
19 Narasimha S.: *Self-Realization – The Life and Teachings of Sri Ramana Maharshi*, Tiruvannamalai 1976, pp. 243, 248.

Bibliographie

A A.V V.: *Altered States of Consciousness*, San Francisco 1972.

Achterberg, Joan: *Imagery in Healing*, Boulder 1986.

Adams, James: *Conceptual Blockbusting – A Guide to Better Ideas,* New York 1974.

Alberti, Alberto: «Psicosintesi e immagine dell'uomo», in: A A.V V., *Immagini dell'uomo,* Firenze 1986.

Alberti, Alberto: *La volontà di sintesi,* Firenze 1986.

Angyal, Andras: *Neurosis and Treatment: A Holistic Theory*, New York 1965.

Angyal, Andreas: *Foundations for a Science of Personality,* New York 1969.

Anthony, Dick; Ecker, Bruce; Wilber, Ken: *Spiritual Choices,* New York 1987.

Arieti, Silvano: *Creativity: The Magic Synthesis,* New York 1976.

Assagioli, Roberto: *Per l'armonia della vita la psicosintesi,* Firenze 1966.

Assagioli, Roberto: *Jung and Psychosynthesis*, New York 1967.

Assagioli, Roberto: «Symbols of Transpersonal Experiences», *Journal of Transpersonal Psychology,* Vol.1, 1969.

Assagioli, Roberto: *Psychosynthese, Prinzipien, Methoden und Techniken,* 2. Aufl. 1988.

Assagioli, Roberto: *Die Schulung des Willens*, Paderborn 1986.

Assagioli, Roberto: *Per vivere meglio,* Firenze 1975.

Assagioli, Roberto: *I tipi umani,* Firenze 1976.

Assagioli, Roberto: *Intervista con Sam Keen*, Firenze 1987.

Assagioli, Roberto: *Interviste 1972–74*, Firenze 1987.

Assagioli, Roberto: *Lo Sviluppo Transpersonale*, Roma 1988.

Aurobindo: *Die Synthese des Yoga,* 2. Aufl. 1976.

Austin, James: *Chase, Chance, and Creativity: the Lucky Art of Novelty,* New York 1977.

Bancroft, Anne: *Modern Mystics and Sages,* London 1978.
Bartoli, Sergio: «Joy», *Psychosynthesis Digest,* Vol. I, No. II, Estate 1982.
Bateson, Gregory: *Ökologie des Geistes,* Frankfurt 1981.
Bateson, Gregory: *Geist und Natur – eine notwendige Einheit,* Frankfurt 1982.
Benoit, Hubert: *Die hohe Lehre – Der Zen-Buddhismus als Grundlage psychologischer Betrachtungen,* München-Planegg 1958.
Berkowitz, Bill: *Local Heroes,* New York 1987.
Berti, Alessandro (curatore): *Assagioli 1988–1988,* Firenze 1988.
Berti, Alessandro: *Roberto Assagioli – Profilo biografico degli anni di formazione,* Firenze 1988.
Beveridge, W. I. B: *Seeds of Discovery,* London 1980.
Beveridge, W. I. B.: *The Art of Scientific Investigation,* New York.
Blofeld, John: *The Tantric Mysticism of Tibet,* New York 1970.
Blyth, R. H: *Zen in English Literature and Oriental Classics,* New York 1960.
Boggio Gilot, Laura: *Forma e sviluppo della coscienza: psicologia transpersonale,* Roma 1987.
Bohm, David: *Wholeness and the Implicate Order,* London 1980.
Borysenko, Joan.: *Gesundheit ist lernbar.* Bern/München/Wien 1989.
Bos, Ben: *Je bent het Zelf,* Amersfoort 1982.
Bremond, Henri: *Histoire Littéraire du Sentiment Religieux en France,* 11 vol., Paris 1967.
Briggs, John: *Fire in the Crucible – The Alchemy of Creative Genius,* New York 1988.
Brown, Daniel; Engler, Jack: «Stages of Mindfulness Meditation», *Journal of Transpersonal Psychology,* Vol. 12, 1980, No. 2.
Brown, Barbara: *Supermind: the Ultimate Energy,* New York 1980.
Buber, Martin: *Ich und Du,* Darmstadt 1983.
Buber, Martin (Hrsg.): *Ekstatische Konfessionen,* 1909.
Bucke, Richard Maurice: *Die Erfahrung des kosmischen Bewußtseins,* Hamburg 1988.
Burckhardt, Titus: *Scienza moderna e saggezza tradizionale,* Torino 1968.
Burckhardt, Titus: *An Introduction to Sufi Doctrine,* Wellingborough 1976.
Burckhardt, Titus: *Vom Wesen heiliger Kunst in den Weltreligionen, Hamburg 1990.*
Burckhardt, Titus: *Mirror of the Intellect – Essays on Traditional Science and Sacred Art,* Cambridge 1987.
Campbell, Joseph: *Der Heros in tausend Gestalten,* Frankfurt 1989.

Capra, Fritjof: *Das Tao der Physik,* Bern/München/Wien 1985.
Carter-Haar, Betsie: «Identity and Personal Freedom», *Synthesis,* Vol. 1, No. 2, 1975.
Carter-Haar, Betsie: *L'integrazione della personalità,* Firenze 1986.
Chinen, Allan: «Fairy Tales and Transpersonal Development in Later Life», *Journal of Transpersonal Psychology,* Vol. 17, 1985, No. 2.
Cirlot, J.E.A.: *Dictionary of Symbols,* London 1962.
Conze, Edward: *Buddhistisches Denken,* Stuttgart 1988.
Coomaraswami, Ananda: *Time and Eternity,* Ascona 1947.
Coppes, Dolf: *De Tijd van je leven,* Amersfort 1982.
Cousins, Norman: *Der Arzt in uns selbst – Die Geschichte einer erstaunlichen Heilung,* Reinbek 1984.
Cousins, Norman: *The Healing Heart,* New York 1983.
Crampton, Martha: «Psychological Engergy Transformations», *Journal of Transpersonal Psychology,* Vol. 6, 1974. No. 1.
Crampton, Martha: *Psychosynthesis – Some Key Aspects of Theory and Practice,* Montreal 1977.
Daumal, René: *Rasa,* New York 1982.
David-Neel, Alexandra: *Lama Yongde – The Secret Oral Teachings in Tibetan Buddhist Sects,* San Francisco 1967.
David-Neel, Alexandra: *Initiations and Initiates in Tibet,* Berkley 1973.
Davis, Philip: *Erfahrung Mathematik,* Basel/Boston/Stuttgart 1985.
De Sainte Colombe, Paul: *Graphotherapeutics,* Los Angeles 1972.
De Vries, Marco: *The Redemption of the Intangible in Medicine,* London 1981.
Deikman, Arthur: *Therapie und Erleuchtung,* Reinbek 1986.
Desoille, Robert: *Théorie et Pratique du Rêve Eveillé Dirigé,* Genève 1961.
Desoille, Robert: *Entretiens sur le rêve éveillé dirigé en psychothérapie,* Paris 1973.
Deussen, Paul: *The Philosophy of the Upanishads,* New York 1966.
Dodds, Eric: *Die Griechen und das Irrationale,* Darmstadt 1970.
Donnelly, Morwenna: *Founding the Life Divine – An Introduction to the Integral Yoga of Sri Aurobindo,* London 1955.
Dossey, Larry: *Die Medizin von Raum und Zeit,* Basel 1984.
Eastcott, Michal: *The Silent Path,* London 1969.
Eastcott, Michal: *«I» – The Story of the Self,* London 1979.
Eigen, Manfred: *The Hypercycle – A Principle of Natural Self-Organization,* Heidelberg 1979.

Eliade, Mircea: *Ewige Bilder und Sinnbilder,* Olten; Freiburg 1986.
Eliade, Mircea: *Yoga, Unsterblichkeit und Freiheit,* Frankfurt 1984.
Eliade, Mircea: *Mythen, Träume und Mysterien,* Luzern o.J.
Eliade, Mircea: *Das Heilige und das Profane,* Frankfurt 1990.
Eliade, Mircea: *Mephistophélès et l'Androgyne,* Paris 1962.
Eliade, Mircea: *Das Mysterium der Widergeburt,* Frankfurt 1988.
Engler, Jack. «Therapeutic Aims in Psychotherapy and Meditations – Developmental Stages in the Representation of Self», *Journal of Transpersonal Psychology,* Vol. 16, 1984, No. 1.
Epstein, Mark: «The Deconstruction of the Self: Ego and «Egolessness» in Buddhist Insight Meditation», *Journal of Transpersonal Psychology,* Vol. 20, 1988, No. 1.
Epstein, Mark: «Psychiatric Complications of Meditation», *Journal of Transpersonal Psychology,* Vol. 13, 1981. No. 2.
Evans, Joan: «The Process and Principles of Empowering», *Institute of Psychosynthesis Yearbook IV,* London 1984.
Evans-Wentz, W.: *Das tibetanische Totenbuch*, Olten/Freiburg 1972.
Evans-Wentz, W.: *The Tibetan Book of the Great Liberation*, London 1968.
Evans-Wentz, W.: *Geheimlehren aus Tibet – Yoga und der Pfad des Mahayana Buddhismus,* Basel 1987.
Feldmann, David; Goldsmith, Lynn: *Nature's Gambit – Child Prodigies and the Development of Human Potential,* New York 1986.
Ferguson, Marilyn: *Geist und Evolution – Die Revolution der Gehirnforschung,* Gütersloh 1986.
Ferguson, Marilyn: *Die sanfte Verschwörung,* Basel 1982.
Ferrucci, Piero: *Werde was du bist,* Reinbek 1986.
Firman, John; Vargiu, James: «Dimensions of Growth», *Synthesis* 3-4, 1976.
Fischle, Willy: *The Way to the Centre,* London 1982.
Frankl, Viktor: *Ärztliche Seelsorge – Grundlage der Logotherapie und Existenzanalyse,* Wien 1982.
Freeland Judson, Horace: *The Search for Solutions,* New York 1980.
Frost, Bede: *The Art of Mental Prayer,* London 1966.
Fresia, Giorgio: «Terapia Psicosintetica», *Psicosintesi,* dicembre 1983.
Fugitt, Eva: *He Hit Me Back First,* Rolling Hills Estates 1979.
Funk, Joel: «The Self and the Study of Art», *ReVISION,* Vol.6, No. 1.
Gardner, Howard: *Art, Mind and Brain,* New York 1982.
Gardner, Howard: *Abschied vom IQ – Die Rahmen-Theorie der vielfachen Intelligenzen,* Stuttgart 1991.

Ghiselin, Brewster (Hrsg): *The Creative Process,* New York 1980.
Gleick, James: *Chaos – Die Ordnung des Universums,* München 1990.
Globus, Gordon; Maxwell, Grover; Savodnick, Irwin: *Consciousness and the Brain,* New York 1976.
Godel, Roger: *Essais sur l'expérience libératrice,* Paris 1952.
Goldberg, Philip: *Der zündende Funke – die Kraft der Intuition,* Reinbek 1988.
Goldstein, Joseph: *The Experience of Insight,* Boulder 1976.
Goleman, Daniel: *Mediation – Wege nach innen,* Weinheim/Basel 1989.
Goleman, Daniel; Davidson, Richard (Hrsg): *Consciousness, Brain, Awareness and Mysticism,* New York 1979.
Goleman, Daniel; Smith, Huston; Ram Dass: «Truth and Transformation in Psychological and Spiritual Paths», *Journal of Transpersonal Psychology,* Vol. 17, 1985. No. 2.
Gordon, William: *Synectics,* New York 1961.
Gorman, Paul; Ram Dass: *How Can I Help?,* New York 1987.
Govinda, Lama Anagarika: *Grundlagen tibetischer Mystik,* Zürich/Stuttgart 1975.
Govinda, Lama Anagarika: *Schöpferische Meditation und Multidimensionales Bewußtsein,* Hamburg Frankfurt 1988.
Dürckheim, Karlfried Graf von: *Alltag als Übung*, Bern 1962.
Grant, Patrick (Hrsg): *A Dazzling Darkness – an Anthology of Western Mysticism,* Glasgow 1985.
Green, Elmer; Green, Alyce: *Beyond Biofeedback,* New York 1977.
Grof Stanislav: *Topographie des Unbewußten,* Stuttgart 1988.
Grof, Stanislav: *Die Begegnung mit dem Tod*, Stuttgart 1988.
Grof, Stanislav: *Geburt, Tod und Transzendenz*, München 1985.
Grof, Christina und Stanislav: *Spirituelle Krisen – Chancen der Selbstfindung*, München 1990.
Gruber, Howard: *Darwin on Man – A Psychological Study of Scientific Creativity,* Chicago 1981.
Guenon, René: *L'uomo e il suo divenire secondo il Vedanta,* Torino 1965.
Guenon, René: *Introduzione generale allo studio delle dottrine indù,* Torino 1965.
Hadamard, Jacques: *The Psychology of Invention in the Mathematical Field,* Princeton 1945.
Haken, Hermann: *Erfolgsgeheimnisse der Natur,* Stuttgart 1981.
Hamel, Peter Michael: *Durch Musik zum Selbst,* München 1984.

Happold, F. C.: *Mysticism: a Study and an Anthology,* Harmondworth 1963.
Hardy, Jean: *A Psychology with a Soul,* London 1987.
Harman, Willis: «The New Copernican Revolution», *Journal of Transpersonal Psychology,* Vol. 1, 1969, No. 2.
Harman, Willis: *Bewußt-Sein im Wandel,* Hagen 1989.
Harman, Willis: *How To Think About Peace,* Sausalito, Institute of Noetic Sciences.
Harman, Willis; Rheingold, Howard: *Die Kunst, kreativ zu sein,* Bern 1989.
Haronian, Frank: *Repression of the Sublime,* New York 1967.
Heard, Gerald: «Can This Drug Enlarge Men's Minds?», *Psychedelic Review,* Estate 1963 No. 1.
Hemery, David: *The Pursuit of Sporting Excellence,* London 1986.
Hesse, Mary: *Models and Analogies in Science,* Notre Dame 1966.
Hindle, Brooke: *Emulation and Invention,* New York 1981.
Hooper, Judith; Teresi, Dick: *Das Drei-Pfund-Universum,* Düsseldorf 1988.
Horowitz, Mark: «Pschology in the Global Area», *Institute of Psychosynthesis Yearbook,* III., London 1983.
Houston, Jean: *Der mögliche Mensch,* Basel 1984.
Hunt, Morton: *The Universe Within – A New Science Explores the Mind,* New York 1983.
Huntley, H. E.: *The Divine Proportion,* New York 1970.
Hurley III, Thomas: «The Perennial Puzzle of Untapped Potentials», *Noetic Sciences Review,* Winter 1986, No. 1.
Hurley III, Thomas: «The Exceptional Abilities Program», *Noetic Sciences Review,* Inverno 1987. N. 5.
Hurley III, Thomas (Hrsg): «The Greater Self», *Noetic Sciences Review,* Primavera 1988, No. 6.
Hurley III, Thomas; O'regan, Brendan: «Placebo- the Hidden Asset in Healing», Sausalito, Institute of Noetic Sciences, 1985.
Huxley, Laura: *Glücklichsein ist keine Kunst,* Basel 1989.
Huxley, Laura: *This Timeless Moment,* New York 1968.
Huxley, Laura; Ferrucci, Piero; Ferrucci, Paola: *The Child of your Dreams,* Minneapolis 1987.
Huxley, Aldous: *The Perennial Philosophy,* New York 1944.
Huxley, Aldous: «Knowledge and Understanding», in: *Tomorrow and Tomorrow and Tomorrow,* New York 1954.
Huxley, Aldous: *Die Pforten der Wahrnehmung,* München/Zürich 1989.
Huxley, Aldous: *Eiland,* München/Zürich 1988.

Huxley, Aldous: *The Human Situation,* New York 1977.
James, William: *Die Vielfalt religiöser Erfahrung,* Olten/Freiburg 1979.
Jantsch, Erich: *Die Selbstorganisation des Universums,* München 1980.
Jantsch, Erich (Hrsg): *The Evolutionary Vision: Toward a Unifying Paradigm of Physical, Biological, and Sociocultural Evolution,* Boulder 1981.
Jaynes, Julian: *The Origin of Consciousness in the Breakdown of the Bicameral Mind,* Boston 1976.
Jenny, Hans: *Kymatik*, Wien 1974.
Johnston, William: *Klang der Stille,* Hamburg; Frankfurt 1978.
John-Steiner, Vera: *Notebooks of the Mind,* New York 1985.
Jung, Emma; Von Franz, Marie-Louise: *Die Gralslegende in psychologischer Sicht,* Olten Freiburg 1980.
Jung, Carl Gustav: *The Secret of the Golden Flower,* New York 1931.
Jung, Carl Gustav: *Erinnerungen, Träume, Gedanken,* Olten/Freiburg 1984.
Jung, Carl Gustav: *Aion – Untersuchungen zur Symbolgeschichte,* Zürich 1951.
Jung, Carl Gustav: *Die Archetypen und das kollektive Unbewußte,* Hagen 1989.
Kapleau, Philip: *Die drei Pfeiler des Zen,* Bern 1979.
Kayser, Hans: *Akròasis – die Lehre von der Harmonik der Welt,* Basel 1964.
Kelley, Kevin (Hrsg): *Der Heimatplanet,* Frankfurt 1989.
Keys, Donald: «The Synthesis of Nations», *Synthesis,* Vol.1., No. 2, 1975.
Koestler, Arthur: *The Act of Creation,* London 1964.
Kohn, Alfie: *No Contest – The Case Against Competition,* Boston 1986.
Kolm, Serge-Cristophe: *Le Bonheur-liberté:- Bouddhisme profond et modernité,* Paris 1982.
Krippner, Stanley (Hrsg): «The Plateay Experience- A. A. Maslow and Others», *Journal of Transpersonal Psychology,* Vol. 4, 1972, No. 2.
Krishna, Gopi: *Kundalini – Erweckung der geistigen Kraft im Menschen,* Bern 1983.
Krishnamurti, J: *Schöpferische Freiheit,* Hamburg/Frankfurt 1986.
Kubie, Lawrence: *Psychoanalyse und Genie,* Reinbek 1966.
Kuebler-Ross, E: *Interviews mit Sterbenden,* Gütersloh 1987.
Kuhn, Thomas: *Die Struktur wissenschaftlicher Revolutionen,* Frankfurt 1990.
Kull, Steve: *Evoluzione e personalità,* Firenze 1986.
Laberge, Stephan: *Hellwach im Traum,* Paderborn 1987
Laszlo, Ervin: *Evolution – Die neue Synthese,* Wien 1987.

Leary, Thimothy: «The Religious Experience – Its Production and Interpretation», *The Psychedelic Review,* Vol. I, No. 3, 1964.
Lee Whorf: *Language, Thought, and Reality,* Cambridge 1956.
Leonard, George: *Education and Ecstasy,* New York 1968.
Leonard, George: *The Ultimate Athlete,* New York 1974.
Leshan, Lawrence; Margenau, Henry: *Einstein's Space and Van Gogh's Sky – Physical Reality and Beyond,* New York 1982.
Leuner, Hanscarl: *Katathymes Bilderleben,* Bern/Stuttgart/Wien 1983.
Levine, Stephen: *Who Dies? – An Investigation of Conscious Living and Conscious Dying,* New York 1982.
Lilly, John: *Programming and Metaprogramming in the Human Biocomputer,* New York 1974.
Lilly, John: *Das Zentrum des Zyklons,* Frankfurt 1984.
Linssen, Robert: *Living Zen,* New York 1960.
Lukoff, David: «Transpersonal Perspectives on Manic Psychosis- Creative, Visionary, and Mystical States», *Journal of Transpersonal Psychology,* Vol. 20, 1988, No. 2.
Martinetti, Giovanni: *La vita fuori del corpo,* Leumann 1986.
Maslow, Abraham: *Motivation und Persönlichkeit,* Frankfurt 1984.
Maslow, Abraham (Hrsg): *New Knowledge in Human Values,* New York 1959.
Maslow, Abraham: *Psychologie des Seins,* Frankfurt 1985.
Maslow, Abraham: *Die Psychologie der Wissenschaft,* München 1977.
Maslow, Abraham: *Religion, Values, and Peak Experiences,* New York 1970.
Maslow, Abraham: *The Farther Reaches of Human Nature,* New York 1971.
Matter, Joseph: *Love, Altruism, and World Crisis,* Totowa 1975.
Matthews-Simonton Stephanie; Simonton, Carl: *Getting Well Again,* New York 1978.
Maturana, Humberto; Varela, Francisco: *Der Baum der Erkenntnis,* Bern/München/Wien 1987.
May, Rollo: *Der Mut zur Kreativität,* Paderborn 1987.
McKellar, Peter: *Imagination and Thinking,* New York 1957.
Metzner, Ralph: «Metaphors of Self-transformation», *Journal of Transpersonal Psychology,* Vol. 12, 1980. No. 1.
Miller, Arthur: *Imagery in Scientific Thought,* Boston 1984.
Miller, S.: «Dialogue With the Higher Self», *Synthesis,* Vol.1, No. 2, 1975.
Mitchell, Edgar: *Psychic Exploration – A Challenge for Science,* New York 1976.

Murphy, Gardner: *Human Potentialities,* New York 1958.
Murphy, Michael: «Education for Transcendence», *Journal of Transpersonal Psychology,* Vol. 1, 1969. No. 1.
Murphy, Michael: «The Future of the Body», *Noetic Sciences Review,* Autunno 1987. No. 4.
Murphy, Michael; White, Rhea: *The Psychic Side of Sports,* San Francisco 1978.
Murti, J.: *The Central Philosophy of Buddhism – A Study of the Madhyamika System,* London 1955.
Myers, F. W. H.: *Human Personality and Its Survival of Bodily Death,* New Hyde Park 1961.
Naranjo, Claudio; Ornstein, Robert: *Psychologie der Meditation,* Frankfurt 1988.
Needlemann, Jacob: *The Encounter of Modern Science and Ancient Truth,* New York 1961.
Neumann, Erich: *Ursprungsgeschichte des Bewußtseins,* Zürich 1949.
Neumann, Erich: *Amor und Psyche,* Olten/Freiburg 1979.
Nicholson, Reynold: *The Mystics of Islam,* London 1963.
Nyanaponika, Thera: *The Heart of Buddhist Meditation,* London 1962.
O'Regan, Brendan: «Healing – Synergies of Mind and Spirit», *Institute of Noetic Sciences Newsletter,* Primavera 1986. Vol. 14, No. 1.
Odent, Michel: *Die sanfte Geburt,* München 1986.
Oliner, Samuel; Oliner, Pearl: *The Altruistic Personality,* New York 1988.
Olson, Robert: *The Art of Creative Thinking,* New York 1979.
Ornstein, Robert: *The Psychology of Consciousness,* New York 1972.
Orsag Madigan, Carol; Elwood, Ann; Brainstorms and Thunderbolts - How Creative Genius Works, New York 1983.
Otto, Rudolf: *Das Heilige*, München 1971.
Parrinder, Geoffrey: *The Indestructible Soul*, London 1973.
Pelletier, Kenneth: *Die neue Medizin – Gesundheit durch Vermeidung von Streß*, Frankfurt 1982.
Penfield, Wilder: *The Mystery of the Mind*, Princeton 1975.
Perkins, D. N.: *The Mind's Best Work*, Cambridge 1981.
Perry, John Weir: *The Self in Psychotic Process – Its Symbolization in Schizophrenia*, Dallas 1987.
Pickering, George: *Creative Illness*, New York 1974.
Pierrakos, John: *Core Energetik – Zentrum Deiner Lebenskraft*, Essen 1986.
Polanyi, Michael: *Knowing and Being*, Chicago 1969.

Poppwe, Karl; Eccles, John: *Ich und sein Gehirn*, München; Zürich 1982.
Priestley, J. B.: *Man and Time*, London 1964.
Prigogine, Ilya: *Vom Sein zum Werden*, Zürich München 1979.
Radakrishnan, Sarvepalli (Hrsg): *The Bhagavadgita*, London 1948.
Rainwater, Janette: *You Are in Charge – A Guide for Becoming Your Own Therapist*, Los Angeles 1978.
Ram Dass: *Reise des Erwachens – Handbuch zur Meditation*, München 1986.
Ram Dass: *The Only Dance There Is*, New York 1974.
Ram Dass: «A Tenyear Perspective», *Journal of Transpersonal Psychology*, Vol.14, 1982, No. 2.
Remen, Naomi: «Spirit: Resource for Healing», *Noetic Sciences Review*, Autunno 1988, No. 8.
Ring, Kenneth: *Life at Death*, New York 1980.
Ring, Kenneth: *Den Tod erfahren – das Leben gewinnen*, Bern 1986.
Robertson, Chris: «Changing The Concept of Change», *Institute of Psychosynthesis Yearbook,* III., London 1983.
Rosenfeld, Edward: *The Book of Highs*, New York 1973.
Rosselli, Massimo: «Psicoterapia: regressione e crescita», *Atti dell'VIII Congresso Nazionale di Psicosintesi*, Firenze 1985.
Rossi, Ernest: *The Psychobiology of Mind-Body Healing*, New York 1986.
Roszak, Theodore: *Unfinished Animal – The Aquarian Frontier and the Evolution of Consciousness*, London 1976.
Roszak, Theodore: *Mensch und Erde auf dem Weg zur Einheit*, Prien 1982.
Rothenberg, Albert: *The Emerging Goddess – The Creative Process in Art, Science, and Other Fields*, Chicago 1979.
Satprem: *Sri Aurobindo oder Das Abenteuer des Bewußtseins*, Gladenbach 1991.
Schimmel, Annemarie: *Mystische Dimensionen des Islam*, Köln 1985.
Scholem, Gershom: *Die jüdische Mystik in ihren Hauptströmungen*, Zürich 1957.
Shattock, E.H.: *An Experiment in Mindfulness*, New York 1970.
Sheldrake, Rupert: *Das schöpferische Universum – die Theorie des morphogenetischen Feldes*, München 1985.
Sheldrake, Rupert: *Das Gedächtnis der Natur*, Bern 1990.
Shrady, Maria: *Moments of Insight – the Emergence of Great Ideas in the Lives of Creative Men*, New York 1972.
Siddheswarananda, Swami: *La méditation selon le Yoga-Vedanta*, Paris 1955.
Sivananda Sarasvati, Swami: *La pratique de la méditation*, Paris 1950.

Sorokin, Pitimin: *Altruistic Love*, Boston 1950.
Sorokin, Pitimin: *The Ways and Power of Love*, Boston 1954.
Spangler, David: *Relationship and Identity*, Forres 1978.
Spencer Brown, G.: *Laws of Form*, London 1969.
Spielberg, Frederic: *Spiritual Practices of India*, New York 1951.
Stauffer, Edith: *Unconditional Love and Forgiveness*, Burbank 1987.
Sutich, Anthony: «Transpersonal therapy», *Journal of Transpersonal Psychology*, Vol. 5, 1973. No. 1.
Sutich, Anthony: «The Emergence of the Transpersonal Orientation – A Personal Account», *Journal of Transpersonal Psychology*, Vol. 8, 1976, No. 1.
Suzuki, Daisetz: *On Indian Mahayana Buddhism*, New York 1968.
Suzuki, Daisetz: *Essays in Zen Buddhism*, 3 Vol., London 1970.
Suzuki, Daisetz; Fromm, Erich; De Martino, Richard: *Zen-Buddhismus und Psychoanalyse*, Frankfurt 1977.
Szent-Györgyi: «Drive in Living Matter to Perfect Itself», *Synthesis*, Vol 1. No. 1, 1974.
Tart, Charles: *Das Übersinnliche*, Stuttgart 1986.
Tart, Charles: «Transpersonal Potentialities of Deep Hypnosis», *Journal of Transpersonal Psychology*, Vol. II, 1970. No. 1.
Tart, Charles: *States of Consciousness*, New York 1975.
Tart, Charles: *Hellwach und bewußt leben – Wege zur Entfaltung des menschlichen Potentials*, Olten/Freiburg 1988.
Tart, Charles: *Transpersonale Psychologie*, Olten/Freiburg 1978.
Tarthang Tulku: «A View of Mind», *Journal of Transpersonal Psychology*, Vol. 8, 1976, No. 1.
Tarthang Tulku: *Time, Space, and Knowledge*, Emeryville 1977.
Teilhard de Chardin: *Der Mensch im Kosmos*, München 1959.
Teilhard de Chardin: *Das göttliche Milieu*, Olten/Freiburg 1990.
Teilhard de Chardin: *Die Menschliche Energie*, Olten/Freiburg 1982.
Thom, René: *Stabilità strutturale e morfogenesi*, Torino 1980.
Tilli, Sebastiano: *Concetti della psicologia umanistica di Roberto Assagioli*, Firenze 1980.
Trungpa, Chogyam: *Das Märchen von der Freiheit und der Weg der Meditation*, Braunschweig 1978.
Undelhill, Evelyn: *Mystik*, Bietigheim 1973.
Underhill, Evelyn: *Practical Mysticism*, New York 1915.
Vachot, Charles: *Le yoga de l'art*, Paris 1981.

Valiuddin, Mir: *Contemplative Disciplines in Sufism*, London 1980.
Vargiu, James: «Subpersonalities», *Synthesis*, Vol. 1, No. 1, 1974.
Vargiu, James: «Creativity», *Synthesis*, No. 3–4, 1976.
Vaughan, Frances: *Intuitiver leben*, Frankfurt 1991.
Vaughan, Frances: *The Inward Arc*, Boulder 1985.
Vaughan, Frances; Walsh, Roger: *Beyond ego – Psychologie in der Wende*, Bern/München/Wien 1985.
Vernon, P. E. (curatore): *Creativity*, Harmondsworth 1970.
Van Bertalanfey, Ludwig: *Teoria generale dei sistemi*, Milano 1983.
Walsh, Roger: «Meditation Research», *Journal of Transpersonal Psychology*, Vol. 11, 1979. No. 1.
Watson, Lyall: *Lifetide*, London 1979.
Watts, Alan: *Im Einklang mit der Natu –. Der Mensch in der natürlichen Welt und die Liebe von Mann und Frau*, München 1981.
Watts, Alan: *Dies ist es*, Basel 1979.
Watts, Alan: *Psychotherapy East and West*, New York 1961.
Watts, Alan: *The Two Hands of God*, New York 1963.
Weber, René: *Wissenschaftler und Weise*, München 1987.
Wechsler, Judith (Hrsg): *On Aesthetics in Science*, Cambridge 1978.
Weiser, John; Yeomans, Tom: *Readings in Psychosynthesis- Theory, Process, and Practice*, Toronto 1985.
Weiser, John; Yeomans, Tom: *Psychosynthesis in the Helping Professions – Now and for the Future*, Toronto 1984.
Welwood, John: «Exploring Mind – Form, Emptiness, and Beyond», *Journal of Transpersonal Psychology*, Vol. 8, 1976, No. 2.
White, John: *The Highest State of Consciousness*, New York 1973.
White, John: *What is Enlightenment?* Boston 1984.
Whitemore, Diana: *Psychosynthesis in Education*, Wellingborough 1987.
Widmann, Claudio; Caldironi, Bruno: *Le visualizzazioni guidate in psicoterapia*, Piovan 1980.
Wilber, Ken: *Das Spektrum des Bewußtseins*, Bern 1987.
Wilber, Ken: *Das Atman-Projekt – Der Mensch in transpersonaler Sicht*, Paderborn 1990.
Wilber, Ken (Hrsg.): *Das holographische Weltbild*, Bern 1986.
Wilber, Ken: *Up From Eden- A Transpersonal View of Human Evolution*, Boulder 1983.
Wilber, Ken (Hrsg): *Quantum Questions – Mystical Writings of the World's Great Physicists*, Boulder 1984.

Wilber, Ken; Engler, Jack; Brown, Daniel: *Psychologie der Befreiung*, Bern 1988.
Woods, Richard (Hrsg): *Understanding Mysticism*, New York 1980.
Young Brown, Molly: *The Unfolding Self*, Los Angeles 1983.
Zimmer, Heinrich: *Kunstform und Yoga im indischen Kultbild*, Berlin 1926.
Zimmer, Heinrich: *Mythen und Symbole in indischer Kunst und Kultur*, Zürich 1951.
Zimmer, Heinrich: *Philosophie und Religion Indiens*, Frankfurt 1985.
Zolla, Elémire: *I mistici*, Milano 1963.
Zolla, Elémire: *Archetypes*, London 1981.
Zukav, Gary: *Die tanzenden Wu Li Meister*, Reinbek 1981.

Register

Allegria inspiration

DR. JOSEPH MURPHY
Wie uns die Liebe heilt
Laminierter Pappband, 160 Seiten
€ [D] 10,– / € [A] 10,30
sFr 18,50
ISBN-13: 978-3-7934-2050-7
ISBN-10: 3-7934-2050-7

Liebe ist die subtile Ausstrahlung des Menschen, durch die er das Gefühl von Einssein mit allem Leben hat. Wenn der Mensch nach Liebe in anderen sucht, wird er sie auch finden. Wenn wir die Welt im richtigen Licht sehen, werden wir auch den Überfluß des Lebens finden…«

Joseph Murphy

Vom alltäglichen Umgang mit der Erleuchtung

SATYAM S. KATHREIN
Leben wie ein Buddha
Vom alltäglichen Umgang mit dem Erleuchtungsweg
Gebunden mit Schutzumschlag
304 Seiten, mit Meditations-CD
13,5 x 21,5 cm
€ [D] 24,– / € [A] 24,70 / sFr 42,–
ISBN-13: 978-3-7934-2008-8
ISBN-10: 3-7934-2008-6

SATYAM S. KATHREIN
Erlösung der Lebensthemen
Der Schlüssel zu Liebe, Gesundheit, Berufung und Glück
384 Seiten
€ [D] 8,95 / € [A] 9,20 / sFr 16,50
ISBN-13: 978-3-548-74190-1
ISBN-10: 3-548-74190-8

ULLSTEIN